深水桥梁群桩基础冲刷机理及其承载性能演化

梁发云　王　琛　张　浩　著

内容简介

本书第1章对深水桥梁群桩基础冲刷的基础知识和研究现状进行了介绍；第2章至第5章主要针对群桩基础冲刷的机理和分析方法进行阐述，包括物理模拟、理论分析和数值分析等方面的研究；第6章至第8章分析了冲刷对群桩基础承载性能的影响，分别从静力作用和动力响应等方面进行论述；第9章主要针对冲刷防护技术进行详细论述。

本书内容包含作者团队最新的科研成果，内容更注重我国的工程建设背景和特点，对跨江河桥梁、海上风机等近岸、离岸工程的设计建设具有重要参考价值。本书可作为土木工程类、水利工程类和地质工程类的研究生教材，也可供相关专业的科研人员和工程技术人员参考。

图书在版编目(CIP)数据

深水桥梁群桩基础冲刷机理及其承载性能演化 / 梁发云，王琛，张浩著. --上海：同济大学出版社，2021.1

ISBN 978-7-5608-9705-9

Ⅰ.①深⋯ Ⅱ.①梁⋯ ②王⋯ ③张⋯ Ⅲ.①桥墩—水力冲刷—研究 ②桥墩—桩承载力—研究 Ⅳ.①U443.22

中国版本图书馆 CIP 数据核字(2021)第 010344 号

深水桥梁群桩基础冲刷机理及其承载性能演化
梁发云　王　琛　张　浩　著

责任编辑　李　杰　　责任校对　徐春莲　　封面设计　陈益平

出版发行	同济大学出版社　www.tongjipress.com.cn (地址：上海市四平路1239号　邮编：200092　电话：021-65985622)
经　　销	全国各地新华书店、建筑书店、网络书店
排　　版	南京月叶图文制作有限公司
印　　刷	常熟市华顺印刷有限公司
开　　本	787mm×1092mm　1/16
印　　张	16
字　　数	399 000
版　　次	2021年1月第1版　2021年1月第1次印刷
书　　号	ISBN 978-7-5608-9705-9
定　　价	98.00元

本书若有印装质量问题，请向本社发行部调换　　版权所有　侵权必究

前　言

随着我国经济的高速发展，对交通基础设施的需求日益增长，交通基础设施的建设规模迅猛发展。在我国高速铁路、高速公路等交通干线上分布着数量众多的跨江海桥梁，成为国家经济大动脉上的关键节点。跨江海桥梁基础通常位于水深流急、水文地质复杂的环境中，从施工难度、技术可靠性和经济角度出发，群桩作为跨江海桥梁的基础支撑体系已在实践中得到了广泛的应用。然而，在桥梁建设和运营期间，不可避免地要面临洪水冲刷带来的工程灾害，如何考虑洪水对桥梁基础的冲刷影响是桥梁工程科研和设计人员需要解决的难点问题。

自1873年Durand Claye发表了关于桥墩局部冲刷的论文以来，有很多学者对桥梁基础冲刷进行了大量的研究和工程实践工作。随着近年来跨江海桥梁工程建设的迅速发展，国内外在此方面的科研工作取得了显著的进展。然而，目前还鲜有专门阐述深水桥梁基础冲刷方面的论著。本书结合作者多年来在该领域开展的研究工作，试图通过对深水桥梁基础冲刷方面的基础知识、研究进展以及工程实践等进行系统的介绍，以期读者能够较为全面地了解深水桥梁基础的冲刷问题，并希望本书能鼓励读者在掌握相关理论和已有成果的基础上开展新的研究和探索。

本书第1章对深水桥梁群桩基础冲刷的基础知识和研究现状进行了介绍，由于冲刷研究涉及多个学科，需要对冲刷分析涉及的水流、土体侵蚀以及桥梁基础特性进行必要的了解；第2章至第5章主要针对群桩基础冲刷的机理和分析方法进行阐述，所涉及的物理模拟、理论分析和数值分析主要侧重于机理方面的研究；第6章至第8章则侧重于介绍冲刷对群桩基础承载性能的影响，分别从静力作用和动力响应等方面进行论述；第9章主要针对冲刷防护技术进行详细论述。本书由梁发云、王琛和张浩共同撰写，其中第1，2，3，4，5，9章由梁发云和王琛撰写，第6，7，8章由梁发云和张浩撰写，刘兵提供了第8章的部分初稿。全书最后由梁发云统稿。

本书的研究工作得到了国家自然科学基金项目(41172246，41672266)、国家重点研发计划项目(2016YFC0800200)、上海市青年科技启明星计划(10QA1407000)、上海市人才发展资金资助计划(201548)等项目的资助，特此向所有支持本课题研究的单位和个人表示衷心的感谢。自2008年以来，本课题组的研究生王亚强、李彦初、贾承岳、王玉、杨昕、彭君、刘兵、陈海兵、张浩、王琛、张力、袁野、梁轩、郑瀚波等先后参与了项目研究，感谢他们所付出的辛勤工作。本书引用了许多专家学者的资料和研究成果,在参考文献中列出了主要的引用目录,在此一并致谢。

由于作者水平所限,书中的纰漏或不足之处在所难免,恳请读者不吝赐教,提出宝贵的意见和建议。

著者

2020 年 9 月

目　　录

前言

第1章　绪论　　1

  1.1　桥梁基础冲刷概述 / 1

    1.1.1　液体的主要性质 / 2

    1.1.2　河流及流域 / 5

    1.1.3　土体的主要性质 / 6

    1.1.4　桥梁及桥梁基础 / 6

    1.1.5　桥梁墩台冲刷类型 / 7

  1.2　群桩基础冲刷研究现状 / 8

    1.2.1　桥梁水毁原因分析 / 10

    1.2.2　冲刷深度的计算方法 / 11

    1.2.3　冲刷防护对策及方法 / 12

第2章　深水桥梁群桩基础冲刷的物理模拟　　14

  2.1　桥梁群桩基础 / 14

    2.1.1　常用的桥梁深水基础型式 / 14

    2.1.2　深水桥梁群桩基础 / 14

  2.2　群桩基础冲刷的物理模型试验 / 15

    2.2.1　波流水槽模型试验 / 15

    2.2.2　相似理论和模型设计 / 18

    2.2.3　单桩冲刷模型试验 / 20

    2.2.4　双桩的冲刷特性研究 / 21

    2.2.5　群桩的冲刷特性研究 / 22

    2.2.6　群桩(环式布置)局部冲刷波流水槽模型试验 / 25

  2.3　河床材料对桩基础冲刷的影响 / 27

        2.3.1 砂性土与黏性土的冲刷特征 / 27
        2.3.2 上覆粗砂层河床群桩冲刷特性 / 27
        2.3.3 黏性-砂性土层的群桩冲刷特性 / 30

第3章 深水桥梁群桩基础的冲刷机理 33

3.1 冲刷过程及影响因素 / 33
3.2 水动力学基础 / 38
        3.2.1 描述液体运动的两种方法 / 39
        3.2.2 欧拉法的基本概念 / 41
        3.2.3 液流 / 43
        3.2.4 流体动力学 / 45
        3.2.5 明渠水流 / 46
        3.2.6 边界层分离和柱体绕流现象 / 53
3.3 泥沙运动理论 / 55
        3.3.1 泥沙主要特性 / 56
        3.3.2 沙质河床的泥沙运动与输沙率 / 57
        3.3.3 淤泥质河床泥沙运动 / 59
        3.3.4 泥沙颗粒运动的细观试验 / 61

第4章 深水桥梁群桩基础冲刷的数值分析 63

4.1 岩土工程常用数值分析方法概述 / 63
4.2 数值计算模型及分析方法 / 64
        4.2.1 多物理场数值仿真计算模型 / 64
        4.2.2 计算流体力学模型 / 66
        4.2.3 数值分析方法对比 / 69
4.3 数值计算分析实例 / 69
        4.3.1 单桩数值分析 / 70
        4.3.2 双桩数值分析 / 73
        4.3.3 群桩数值分析 / 73
4.4 桥梁大直径基础冲刷的数值分析 / 77
        4.4.1 模型建立 / 78
        4.4.2 数值计算结果与分析 / 79
        4.4.3 大直径基础冲刷发展规律初探 / 80

第5章 冲刷深度的预测分析方法　　82

5.1 概述 / 82
5.2 常用冲刷深度预测方法 / 83
5.2.1 中国计算公式 / 83
5.2.2 美国计算公式 / 85
5.2.3 新西兰计算公式 / 86
5.2.4 冲刷深度修正公式 / 87
5.3 冲刷深度预测方法对比 / 88
5.4 大直径基础冲刷预测分析方法探讨 / 92
5.5 冲刷深度的模态分析 / 100
5.5.1 模态分析理论 / 100
5.5.2 单桩冲刷的模态反演试验 / 101

第6章 考虑冲刷作用的桥梁桩基承载变形特性　　105

6.1 概述 / 105
6.2 冲刷状态下桩基的竖向静载模型试验 / 106
6.2.1 试验设备及模型布置 / 106
6.2.2 土样参数及模型相似比 / 109
6.2.3 试验方案设计 / 112
6.2.4 试验结果分析 / 114
6.3 桩周土体物理力学性质冲刷变化的分析模型 / 116
6.3.1 冲刷坑形态及其引起的桩周残余土体应力变化 / 116
6.3.2 冲刷后桩周残余土体的物理力学性质 / 119
6.4 冲刷状态下桩基的水平承载变形特性分析 / 120
6.4.1 分析方法 / 120
6.4.2 算例验证 / 121
6.4.3 参数分析 / 122
6.4.4 结果与讨论 / 123
6.5 冲刷状态下竖向荷载对桩基水平承载变形特性的影响 / 132
6.5.1 分析方法 / 132
6.5.2 方法验证 / 137
6.5.3 算例分析 / 139
6.5.4 结果与讨论 / 139

第 7 章　冲刷状态下桥梁桩基的动力特性及地震响应　　147

- 7.1　概述 / 147
- 7.2　冲刷状态下的桥梁桩基动力阻抗 / 148
  - 7.2.1　分析方法 / 148
  - 7.2.2　算例分析 / 154
  - 7.2.3　结果与讨论 / 155
- 7.3　冲刷状态下结构-桥梁群桩基础地震响应离心振动台模型试验 / 164
  - 7.3.1　试验概况 / 164
  - 7.3.2　试验结果及分析 / 168

第 8 章　冲刷状态下桥梁桩基的抗震性能及易损性分析　　175

- 8.1　概述 / 175
- 8.2　冲刷状态下单墩模型桥梁桩基的抗震性能及其易损性分析 / 176
  - 8.2.1　简化的单墩桥梁有限元模型 / 176
  - 8.2.2　冲刷状态下单墩桥梁地震分析 / 179
  - 8.2.3　冲刷状态下桥梁桩基地震易损性分析 / 184
  - 8.2.4　地震易损性曲线计算方法对比 / 191
  - 8.2.5　结论 / 191
- 8.3　冲刷状态下全桥模型桥墩和桩基的抗震性能及其易损性分析 / 192
  - 8.3.1　工程概况以及有限元建模 / 192
  - 8.3.2　桥墩和桩基地震易损性曲线 / 194
  - 8.3.3　连续冲刷深度下的地震易损性曲线 / 204
  - 8.3.4　结论 / 206

第 9 章　冲刷防护技术　　208

- 9.1　概述 / 208
- 9.2　冲刷防护方法 / 208
  - 9.2.1　抛石防护方法(被动防护) / 209
  - 9.2.2　牺牲桩防护方法(主动防护) / 210
  - 9.2.3　常见局部冲刷防护方法对比分析 / 211
- 9.3　牺牲桩防护方法的模型试验及数值计算 / 212
  - 9.3.1　牺牲桩防护方法的模型试验 / 212
  - 9.3.2　牺牲桩防护方法的数值计算 / 216

9.4 冲刷的主被动联合防护方法 / 220

    9.4.1 主被动联合防护方法概述 / 220

    9.4.2 主被动联合防护方法效果初探 / 221

    9.4.3 冲刷防护方法的细观机理分析 / 222

附录   224

  附录A 土体响应的 Mindlin 解 / 224

  附录B 土体柔度矩阵系数与积分求解 / 225

  附录C 转换矩阵 / 229

  附录D 变分控制方程的矩阵表达 / 230

  附录E 选取的地震波 / 232

参考文献   233

第1章
绪　论

1.1　桥梁基础冲刷概述

随着我国经济的高速增长,交通基础设施建设迅猛发展,在高速铁路、高速公路等交通干线上分布数量众多的跨江海桥梁,成为国家经济大动脉上的关键节点。我国东部和南部大陆海岸线长达1.8万多千米,大量的跨江海桥梁正在如火如荼地规划和建设中,我国桥梁工程正在不断从内陆向近海延伸。这些已建、在建和待建的涉水桥梁不仅跨度和规模越来越大,面临的自然环境也越来越复杂,保障其在服役期内的使用安全直接关系到人民的生命财产安全。

国内外统计资料表明,冲刷是导致桥梁破坏最为主要的原因之一。美国联邦高速公路局(Federal Highway Administration, FHWA)的年度报告指出,截至2006年,美国超过25%的桥梁存在结构性或功能性的缺陷(FHWA,2006)。Wardhana和Hadipriono(2003)研究了1989年至2000年间超过500座桥梁的垮塌事故,发现其中超过半数的破坏都与水毁有关。2007年,美国密西西比河上的一座跨河大桥(I-35 W)发生垮塌,如图1.1(a)所示,造成了11人死亡,上百人受伤,带来了很大的社会负面影响。Sutherland(1986)研究了1960年至1984年间新西兰境内发生的108起桥毁事件,发现其中29起与冲刷有关。我国在1995年统计了155座桥梁的水毁事故,发现其中80%是由于冲刷导致的桥梁破坏。近年来,我国发生了多起典型的桥梁冲刷破坏事故。例如,2009年,黑龙江铁力市西大桥由于桥墩基础被冲刷掏空而发生垮塌,造成4人死亡,4人重伤,如图1.1(b)所示;2015年,湖南岳阳县筻口镇内的省道S306游港河筻口大桥发生垮塌,如图1.1(c)所示,是由于当时上游(临湘市)持续暴雨洪水天气引起桥墩基础被掏空所导致的。近年来,极端天气频发,给已有桥梁的安全稳定带来了很大的挑战。例如,2018年,四川涪江流域遭遇洪水,宝成铁路涪江大桥受到影响,成都铁路局调集两列负重共8 000吨重载的列车上桥,通过"重车压梁"增强桥梁自重,采用临时手段避免桥梁发生水毁破坏,如图1.1(d)所示,而该线的广汉段石亭江大桥曾于2010年被洪水冲断。此外,铜陵大桥、南京二桥、苏通大桥等桥墩的最大冲刷深度甚至超过了20 m(曹圣华,2006)。特别是汶川地震灾后,成都和德阳地区多条河流上的桥梁基础也出现了严重的冲刷现象,对桥梁的安全稳定十分不利(邬贵全,2013)。综上所述,桥梁基础大多位于水深流急、地质条件复杂的环境中,对其安全性有着极高的要求。

冲刷(Scour)是水流作用引起河床剥蚀的一种自然现象,其发生和发展过程实际上是水流、桥梁基础和河床材料之间相互作用的结果。本章首先对上述要素的基础知识进行简要介绍,以便读者可以更好地理解本书的后续章节。

(a) I-35 W 大桥垮塌

(b) 黑龙江铁力市西大桥垮塌

(c) 湖南岳阳县箓口大桥垮塌

(d) 宝成铁路涪江大桥"重车压梁"

图 1.1 近年来桥梁水毁案例(图片来源于网络)

1.1.1 液体的主要性质

分析桥梁基础周围冲刷的发生和发展过程,需要对冲刷过程中的每个环节进行研究。水流是冲刷发生的原动力,其运动规律需要从液体的物理性质着手。一般地,液体与机械运动有关的主要性质及常用概念包括以下六个方面(吴持恭,2016)。

1. 惯性、质量和密度

液体与其他物体一样都具有惯性。惯性是物体保持原有运动状态的特性,大小以质量来度量,质量越大的物体,惯性也越大。当液体受到力作用使运动状态发生改变时,由于其自身惯性引起对外界抵抗的反作用力称为惯性力 $\boldsymbol{F}$。设物体的质量为 m,加速度为 $\boldsymbol{a}$,则惯性力为

$$\boldsymbol{F} = -m\boldsymbol{a} \tag{1.1}$$

密度是指单位体积液体所含有的质量。液体的密度常以符号 ρ 表示。若均质液体质量为 m,体积为 V,密度为 ρ,则

$$m = \rho V \tag{1.2}$$

液体的密度随温度和压强而变化,但这种变化很小,所以一般将水的密度视为常数。采用一个标准大气压下,温度为 4℃ 时蒸馏水的密度来计算,此时 ρ 为 1 000 kg/m³。

2. 重力

冲刷过程中的各要素也会受到重力的影响,在研究液体和泥沙作用时,重力也是很重要的影响因素。质量为 m 的液体,所受重力的大小为

$$G = mg \tag{1.3}$$

式中,g 为重力加速度,$g=9.8$ m/s²。

3. 液体的黏滞性

当液体处在运动状态时,若液体质点之间存在相对运动,则质点间会产生内摩擦力以抵抗其相对运动,这种性质称为液体的黏滞性,此内摩擦力又称为黏滞力。如图 1.2 所示,液体沿着一个固体平面壁作平行的直线流动,且液体质点是有规则地一层一层向前运动而不互相混掺(这种各液层间互不干扰的运动称为"层流运动")。由于液体具有黏滞性,靠近壁面附近的流速较小,远离壁面处的流速较大,因而各个不同液层的流速大小并不相同。若距固体

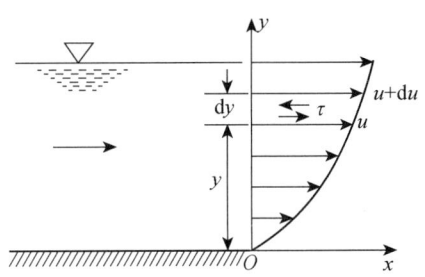

图 1.2　液体沿壁面运动示意图

边界为 y 处的流速为 u,在相邻位置 $y+\mathrm{d}y$ 处的流速为 $u+\mathrm{d}u$,两层液体间将由于其流速差别发生相对运动,彼此之间产生内摩擦力。作用在上面一层液体上的摩擦力有减缓其流动的趋势,作用在下面一层液体上的摩擦力有加速其流动的趋势。

已有研究证明,相邻液层接触面的单位面积上所产生的内摩擦力 τ 的大小满足以下关系式:

$$\tau = \eta \frac{\mathrm{d}u}{\mathrm{d}y} \tag{1.4}$$

式中,η 为随液体种类不同而异的比例系数,称为动力黏度,简称黏度。两液层间流速增量与其距离的比值 $\dfrac{\mathrm{d}u}{\mathrm{d}y}$ 称为流速梯度。

式(1.4)即"牛顿内摩擦定律",可以表述为:作层流运动的液体,相邻液层间单位面积上所作用的内摩擦力(或黏滞力),与流速梯度成正比,同时与液体的性质密切相关。

液体的性质对摩擦力的影响,通过黏度 η(单位为 Pa·s)来反映。黏性大的液体 η 值大,黏性小的液体 η 值小。液体的黏滞性还可以运动黏度 ν 来表示,它是动力黏度 η 和液体密度 ρ 的比值($\nu=\eta/\rho$),因为 ν 不包括力的量纲而仅仅具有运动量的量纲 L^2T^{-1},故称其为运动黏度,单位为 m²/s。

同一种液体中,η 或 ν 值均随温度和压力而异,但随压力变化关系甚微,对温度变化较为敏感。不同温度时水的 ν 值可见表1.1。

表 1.1　　　　　　　　　　不同水温时得到的运动黏度 v 值

温度/℃	$v/(m^2 \cdot s^{-1})$	温度/℃	$v/(m^2 \cdot s^{-1})$	温度/℃	$v/(m^2 \cdot s^{-1})$
0	0.017 75	16	0.011 18	35	0.007 25
2	0.016 74	18	0.010 62	40	0.006 59
4	0.015 68	20	0.010 10	45	0.006 03
6	0.014 73	22	0.009 89	50	0.005 56
8	0.013 87	24	0.009 19	55	0.005 15
10	0.013 10	26	0.008 77	60	0.004 78
12	0.012 39	28	0.008 39		
14	0.011 76	30	0.008 03		

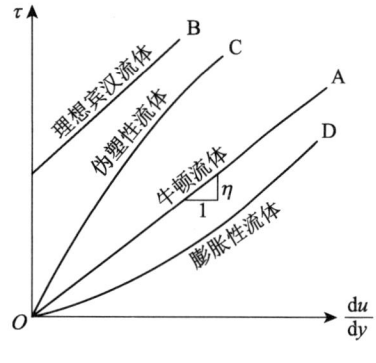

图 1.3　几种流体类型

牛顿内摩擦定律只能适用于一般流体,对于某些特殊流体是不适用的。一般把符合牛顿内摩擦定律的流体称为牛顿流体,反之称为非牛顿流体。如图 1.3 所示,A 线为牛顿流体,在温度不变的条件下,这类流体的 η 值不变,切应力与剪切变形速度成正比,是一条斜率不变的直线。B 线为一种非牛顿流体,叫作理想宾汉流体,如泥浆、血浆等,这种流体只有在切应力达到某一值时,才开始发生剪切变形,但变形率是常数。C 线为另一种非牛顿流体,叫作伪塑性流体,如尼龙或橡胶的溶液、颜料、油漆等,其黏度随剪切变形速度的增加而减小。还有一类非牛顿流体叫作膨胀性流体,如生面团、浓淀粉糊等,其黏度随剪切变形速度的增加而增加,如 D 线所示。所以在应用牛顿内摩擦定律时,应注意其适用范围。

4. 压缩性

液体不能承受拉力,但可以承受压力。液体受压后体积缩小,压力撤除后也能恢复原状,这种性质称为液体的压缩性或弹性。液体压缩性的大小是以体积压缩率 κ 或体积模量 K 来表示的。

体积压缩率是液体体积的相对缩小值与压强的增值之比。若某一液体在承受压强为 p 的情况下体积为 V,当压强增加 dp 后,体积的改变值为 dV,其体积压缩率为

$$\kappa = -\frac{\dfrac{dV}{V}}{dp} \tag{1.5}$$

式中,负号是考虑到压强增大,体积缩小,所以 dV 与 dp 的符号始终是相反的,为保持 κ 为正数,因此加一个负号。κ 值越大,则液体压缩性越大,κ 的单位为 Pa^{-1}。

式(1.5)经过推导,还可以表示为

$$\kappa = -\frac{1}{\rho}\frac{d\rho}{dp} \tag{1.6}$$

体积模量 K 为体积压缩率的倒数。K 值越大,表示液体越不容易被压缩,$K\to\infty$ 表示绝对不可压缩。K 的单位为 Pa。

水的压缩性很小,在10℃时体积模量 $K=2.10\times10^9$ Pa。也就是说,每增加一个大气压,水的体积相对压缩值约为两万分之一,所以对一般的土木工程来说,认为水不可压缩是足够精确的。

5. 连续介质和理想液体

液体和任何物质一样都是由分子所组成,分子与分子之间是不连续而有空隙的。在研究冲刷过程中的液体运动时,一般只研究由于外力作用下的机械运动,不研究液体内部的分子运动,也就是说,只研究液体的宏观运动而不研究其微观运动。分子间空隙的距离与研究的流体尺度相比极为微小,因此,液体常常被看作连续介质,即假设液体是一种连续充满其所占空间而毫无空隙的连续体,液体运动是连续介质的连续流动。如果把液体视为连续介质,则水流中的一切物理量(如速度、压强、密度等)都可以视为空间坐标和时间的连续函数,因此,在研究液体运动规律时,就可以利用连续函数的分析方法。长期的生产和科学实践证明:通过假定连续介质所得出的有关液体运动规律的基本理论符合客观实际。

为了使问题简化,可以引入理想液体的概念,认为水是绝对不可压缩、不能膨胀、没有黏滞性和表面张力的连续介质。实际液体的压缩性和膨胀性很小,表面张力也很小,与理想液体没有很大差别,因此,是否考虑黏滞性是理想液体和实际液体的最主要差别。

6. 作用在液体上的力

处于平衡或运动状态的液体,都受到各种力的作用。作用于液体上的力,按其物理性质可分为重力、惯性力、弹性力、摩擦力、表面张力等;按其作用的特点可分为表面力和质量力两大类。

表面力是作用于液体表面,并与被作用的表面积成比例的力。例如,固体边界对液体的摩擦力,边界对液体的反作用力,一部分液体对相邻的另一部分液体(在接触面上)产生的水压力都属于表面力。

质量力是指通过所研究液体的每一部分质量而作用于液体的、其大小与液体的质量成比例的力。如重力、惯性力就属于质量力。在均质液体中,质量和体积成正比,故质量力又称为体积力。

1.1.2 河流及流域

深水桥梁群桩基础的冲刷一般发生在河流中,因此,研究河流及流域的基本特征十分有必要。河流的参数通常可以用河流断面、河流长度及河流比降来表示(许珊珊,2015)。河流断面有横断面和纵断面。垂直于水流方向的断面称为河流横断面,其一般形状如图1.4所示。横断面内,自由水面高出某水准基面的高程(m),称为水位。高水位以下的河床,由河槽与河滩两部分组成。

河槽是河流宣泄洪水和输送泥沙的主要通道,往往是常年流水,底沙处于运动状态,植物不易生长;河槽中沿两岸较高的、可移动的泥沙堆称为边滩,其余的部分称为主槽。河滩只在汛期才有水流,无明显的底沙运动,通常生有草、树木等植物,有的还种植农作物。只有河槽而无河滩的横断面称为单式断面,有河槽又有河滩的横断面称为复式断面。河流横断

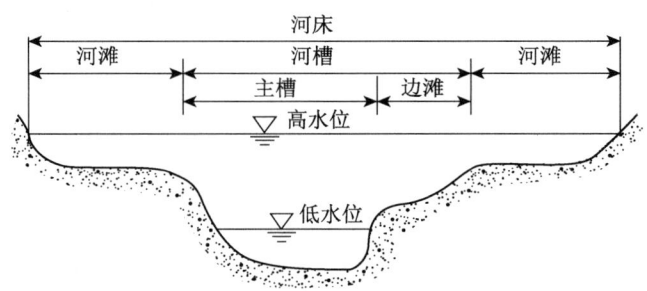

图 1.4　河流横断面的一般形状

面能表明河床的横向变化。横断面内通过水流的部分称为过水断面,过水断面的大小随断面形状和水位而变化。

河流中沿水流方向各横断面最大水深点的连线,称为深泓线,沿河流深泓线的断面称为河流纵断面。河流纵断面能表明河床的沿程变化。河流断面(横断面和纵断面)可以用来表示河床的形态特征。由于水流与河床的相互作用,断面形状在时刻不停地发展变化着。

1.1.3　土体的主要性质

土是由不同成因的岩石经风化作用后以不同的搬运方式,在不同地点沉积下来的自然历史产物。土是由固态的矿物颗粒、孔隙中的水和气体三部分组成。日常所见到的土有干燥的、潮湿的、密实的或松散的,它们之所以呈现出不同的物理状态,是由于颗粒、水和空气三部分所占比例不同,而这三部分之间的比例关系随着周围条件的变化而变化。土颗粒之间相互排列和联结的形式称为土的结构。

土在荷载作用下其体积将发生压缩,测定土的压缩特性可以分析工程建筑物的地基沉降和土体变形。饱和黏土的压缩时间取决于土中孔隙水排出的快慢。逐渐完成土压缩的过程,即土中孔隙水受压而被排出土体,同时导致孔隙水压力消失的过程称为土的固结或渗压。关于土的物理性质和工程分类在土力学中已经有详细的讲解,在此不再赘述。值得注意的是,目前的研究表明,砂性土和黏性土在冲刷中表现出不同的性质,因此,关于冲刷方面的研究往往针对这两类土分别展开。

1.1.4　桥梁及桥梁基础

桥梁,一般指架设在江河湖海上,使车辆、行人等能顺利通行的构筑物。为适应现代高速发展的交通行业,桥梁亦引申为跨越山涧、不良地质或满足其他交通需要而架设的使通行更加便捷的建筑物。桥梁一般由上部构造、下部结构、支座和附属构造物组成。上部结构又称桥跨结构,是跨越障碍的主要结构;下部结构包括桥台、桥墩和基础;支座是指在桥跨结构与桥墩或桥台的支承处所设置的传力装置;附属构造物是指桥头搭板、锥形护坡、护岸、导流工程等。

跨江海大桥是典型的涉及冲刷问题的桥梁,指跨越江河、海湾、海峡、深海、入海口或其他水域的桥梁,一般有较长跨度和线路,短则几千米,长则几十千米。跨江海大桥所处的自然环境十分恶劣,设计使用年限内承受着多种随空间和时间变化的环境荷载,如风浪、水流、潮汐、地震等作用。为了减少事故发生的概率,保障人民的生命财产安全,要求跨江海大桥的桥梁基础的建设能够适应高水深,复杂水流,严酷海相、气象条件,软弱地基土以及较短的施工工期等工程条件。

在实际桥梁工程中,群桩基础由于其经济性和稳定性,是运用比较广泛的基础型式。例如,苏通大桥主桥两个主墩基础分别采用131根直径2.5~2.85 m、长约120 m的灌注桩,每个主桥墩平面尺寸为113.75 m×48.1 m,是世界规模最大的群桩基础;又如在杭州湾大桥工程中,基础工程复杂且规模巨大,仅全桥水中低墩区的钢管桩(桩径不小于1 500 mm)总数就多达4 000多根。除此以外,桥梁基础还会根据实际情况采用沉井基础、钟形基础、明置基础以及地基加固隔震沉箱基础等其他型式。

桩是深入土层的柱形构件,桩与连接桩顶的承台组成深基础,简称桩基。其作用是将上部结构的荷载,通过较弱地层或水等传递到深部较坚硬的、压缩性小的土层或岩层。桩基础是桥梁基础中较为经济的基础型式,可按承台高度分为水上高承台桩基础、水下高承台桩基础和低承台桩基础,如图1.5所示。承台高度应根据桥墩基础受力情况、地形、地质、水文以及施工条件和工期等因素来确定。在水流冲刷作用下,随着地基土被冲刷掉,桩基的承载性状必然发生变化。由于对冲刷作用机理不了解,往往会导致设计计算不合理,造成工程上的不安全或不经济,这就需要对冲刷作用机理和规律提高认识,准确判断影响大小,进而采取安全、经济的处理措施。

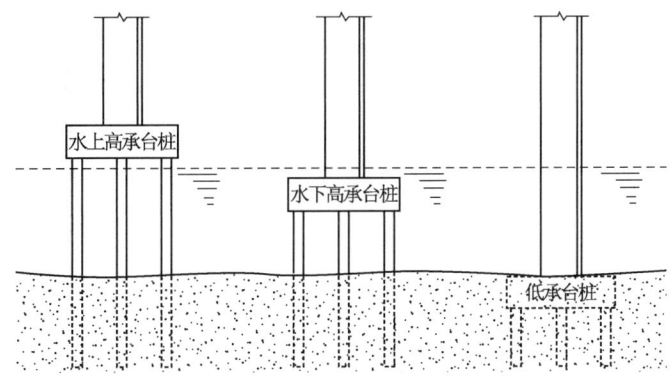

图1.5 水上高承台桩基础、水下高承台桩基础和低承台桩基础示意图

由于桩基础的刚度小,在流速大、冲刷深的情况下,桩的直径必须随冲刷深度的增加而增大,这不仅会增加造价,也对施工机械提出巨大的挑战。与普通桩基相比,桥梁深水桩基还要考虑船舶碰撞力,因此所受水平力较大,作用在承台上的合力与垂线的夹角也较大,这将影响桩基结构型式的选择。深水桩基中较多采用斜桩,因为它对抵抗水平力非常有效,但其斜度不宜过大,以免造成打桩或钻孔困难。另外,当覆盖层中具有很厚的淤泥质软土层时,斜桩将会产生相当大的附加弯矩,计算中须予以考虑。

1.1.5 桥梁墩台冲刷类型

由于桥梁墩台减小了河流的过水断面面积,对水流形成阻碍作用,必然导致河流中水流结构和泥沙状况发生变化,长此以往,在宏观上使得河床大量泥沙迁移,高程也产生相应的改变,也就是说,桥梁墩台周围必然发生冲刷现象,且如果冲刷没能控制在一定范围内,便有可能使桥梁建筑物本身的安全与稳定受到威胁,不但修复工程要耗费国家大量人力、物力和财力,而且桥梁功能性的中断会直接或间接地使国民经济蒙受重大损失,因此桥梁桩基础的冲刷问题是不容忽视的。

一般认为冲刷由三部分组成(Melville 和 Coleman,2000):

(1)一般冲刷(General Scour):在桥梁下方的河床全断面发生的冲刷现象,该过程与桥梁或其他阻水物存在与否无关,可以是长期的或短期的,使桥下河床断面不断扩大。

(2)收缩冲刷(Contraction Scour):由于河道中阻水物(如桥梁基础、桥梁墩台等)的存在而引起整个河道宽度的减小所造成的冲刷作用,其影响范围仅限于河道上下游的小段距离。

(3)局部冲刷:水流因受阻水物(包括桥梁基础、桥梁墩台,也包括海底管线、海上风电基础、海上钻井平台等)阻挡,在其附近发生的冲刷现象。

已有研究表明,局部冲刷深度往往比一般冲刷深度和收缩冲刷深度大得多,相差在一个数量级(Lagasse 等,2007)。因此,在冲刷研究中,局部冲刷深度的确定及对相关问题的研究十分重要。

图 1.6 为桥梁周围的一般冲刷和局部冲刷的示意图。

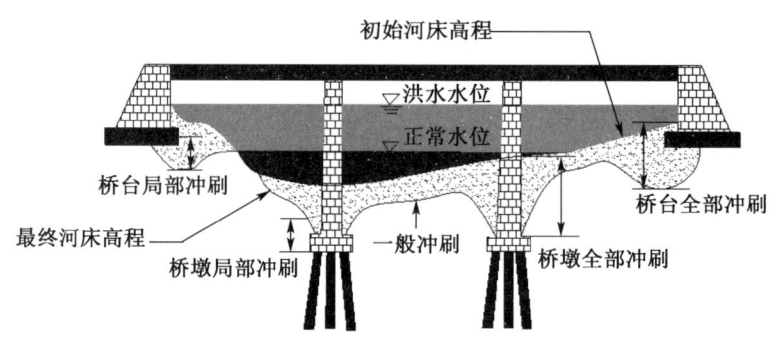

图 1.6 桥梁周围的一般冲刷和局部冲刷(Melville 和 Coleman,2000)

1.2 群桩基础冲刷研究现状

桥梁冲刷被认为是引发跨江海桥梁破坏的主要因素之一,近 100 多年来备受学者关注。已有成果主要可以分为两类:①科学角度,其目的在于研究桥梁冲刷的发生和发展过程,主要围绕其内在机理进行研究;②工程角度,其目的在于对生产实践提供指导,包括对冲刷影响的预测、冲刷的监控以及冲刷防护方面的设计。桥梁冲刷方面的研究内容基本可以概括为图 1.7 所示的框架,本小节将从其中与本书比较密切的几个方面对研究现状进行介绍。

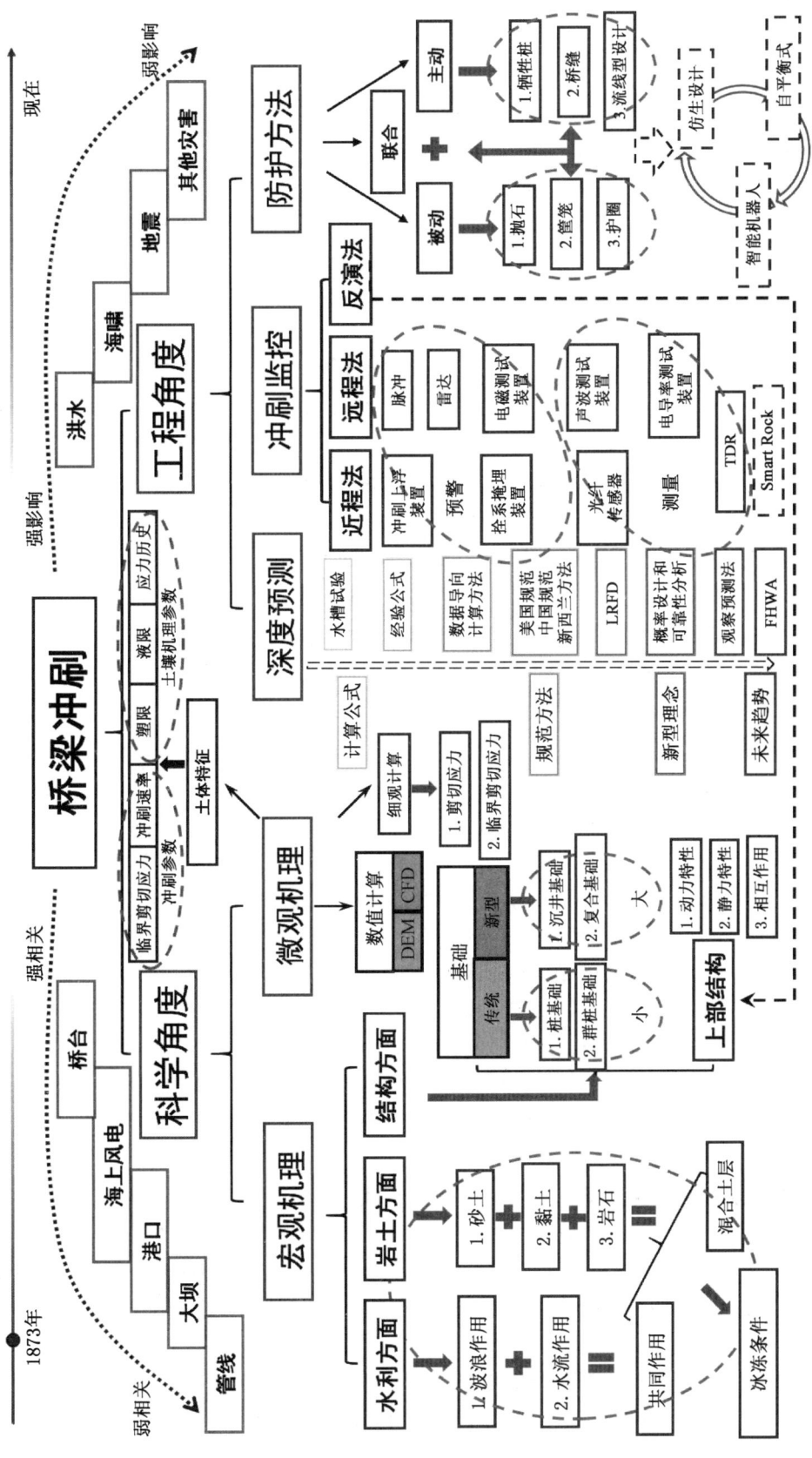

图 1.7 桥梁冲刷领域研究内容框架图

1.2.1　桥梁水毁原因分析

随着我国交通基础设施建设的快速发展,在高速铁路、公路等交通干线上分布着数量众多的桥梁,而作为交通运输的枢纽,桥梁结构在整个服役期间可能会遭受各种自然灾害的作用,其中地震和洪水冲刷是导致桥梁损毁的两类主要灾害(Banerjee 和 Prasad,2013;Ghosn 和 Moses,2003)。地震导致的桥梁损毁事故屡有报道,典型的如 1995 年日本阪神大地震,造成了正在施工中的明石海峡大桥两个桥塔基础被拉开了将近 1 m,1976 年的河北唐山大地震、2008 年的四川汶川地震、2010 年的青海玉树地震以及 2011 年的东日本大地震,更是造成了大批桥梁的垮塌和严重损毁。

与地震的偶发性相比,冲刷导致的桥梁灾害则要频繁得多。例如,据美国高速公路管理局(FHWA)的统计,1964—1972 年间,每次因重大洪水造成桥梁水毁事故而引起的损失高达 1 亿美元(Melville 和 Coleman,2000);1985—1987 年间,在美国宾夕法尼亚州、弗吉尼亚州、西弗吉尼亚州、纽约和新英格兰地区就有近 90 座桥梁由于洪水冲刷受损或被毁(Richardson 和 Davis,1995)。

位于地震和冲刷频发地带的桥梁结构对基础的动力性能、承载变形特性和稳定性提出了极高要求,由于基础破坏而导致的桥梁损毁在过往的地震和冲刷灾害中屡见不鲜。然而,有关桥梁基础冲刷承载特性的研究还不够深入,考虑到地震和冲刷的双重作用(胡聿贤,2006;Alipour 等,2013;Prasad 和 Banerjee,2013;Kameshwar 和 Padgett,2014;Wang 等,2014a,2014b;Song 等,2015;Wang 等,2015;Guo 等,2016),即桥梁结构在长期冲刷状态下同时遭遇地震的作用,针对冲刷条件下桥梁基础动力性能的分析还显得远远不够。

桩基础因其能满足较高的承载力和变形要求,而被广泛地应用于桥梁结构(刘自明 等,2003;陈国兴,2007;钟锐,2013)。苏通大桥、东海大桥、杭州湾跨海大桥等诸多重要工程的实践证明,桩基础能够很好地满足桥梁在正常使用状态下的功能和安全要求。然而,正如前文所述,对于冲刷条件下桥梁桩基承载变形特性和动力性能的分析,尚存在一些关键问题亟待解决。例如,冲刷坑的形态、尺寸和范围以及由此引发的土体应力状态改变对桩基水平承载变形特性的影响;冲刷条件下竖向荷载对桩基水平承载变形特性的影响;考虑冲刷作用的群桩基础动力阻抗;冲刷条件下的桩基-结构地震响应等。

对冲刷条件下的桥梁桩基础承载变形特性和地震响应进行系统研究具有重要的工程意义,可为桥梁设计提供重要的理论基础,对提高桥梁基础的安全性具有科学的指导意义,并可为桥梁设计规范的修订提供重要的参考和借鉴。目前针对这部分内容的研究主要有以下几个方面。

1. 考虑冲刷作用的桩基承载变形特性研究现状

目前关于水流冲刷作用的研究主要为冲刷深度的确定和冲刷作用机理的分析(Melville 和 Sutherland,1988;Sumer 等,1992;Briaud 等,1999;Richardson 和 Davis,2001;Zanke 等,2011;Matutano 等,2013;Qi 和 Gao,2014),对于冲刷条件下桩基承载变形特性的研究则相对较少。

2. 竖向荷载对水平承载变形特性的影响

冲刷条件下的桥梁桩基础除承受上部结构的自重外,还可能受到风、地震、波浪等较为显著的水平荷载作用。然而,针对此类桩基承载变形特性的分析多为以下三个方面:①忽略冲刷的作用;②单独考虑桩头作用竖向荷载以评估其竖向承载力和沉降(例如,Whitaker,1957;Coyle 和 Reese,1966;Ottaviani,1975;Randolph 和 Wroth,1978;Kraft 等,1981;Trochanis 等,1991;Xu 和 Poulos,2000;Zhu 和 Chang,2002;Wang 和 Sitar,2004);③只考虑水平荷载的作用以求解桩头水平位移和桩身弯矩(例如,Matlock 和 Reese,1960;Broms,1964;Poulos,1971a,1971b;Reese 等,1974;Banerjee 和 Davis,1978;Muqtadir 和 Desai,1986;Rollins 等,1998;Yang 和 Jeremic,2005;Basu 和 Salgado,2007)。

3. 冲刷条件下的桩基-桥梁地震动力响应

冲刷是一个较长时间持续存在的状态,且地震能量的释放也是一个持续的过程,主震后可能紧跟着一系列余震。因此,位于地震与冲刷频发地带的桥梁结构在长期冲刷状态下同时遭遇地震及其余震作用的概率相当高。例如,2009 年 1 月,美国华盛顿州在发生洪水冲刷灾害后的第 3 周,遭受了 4.5 级地震,造成的经济和社会损失远高于单一地震作用;四川地区许多跨河桥梁的基础都存在明显的冲刷现象,汶川大地震主震以及主震后的一系列强度较高的余震,使得该地区跨河桥梁遭受洪水冲刷和强震的双重作用而加剧桥梁的损坏。直观来看,洪水冲刷在带走桥梁桩基附近土层的同时,增加了其裸露长度,改变了桩周残余土体的应力状态及物理力学性质,从而将影响桩基乃至整个桥梁结构的动力特性。然而,目前有关该问题的研究还相对较少。

1.2.2 冲刷深度的计算方法

长期以来,桥梁基础附近由于局部冲刷产生的局部水流结构十分复杂,影响冲刷的因素众多,大体可以分为三个方面,具体关系如图 1.8 所示。已有研究针对桥梁基础或桥墩周围的局部冲刷开展了大量的试验研究,尝试从机理上建立描述这一过程的数学模型,但仍有不少困难。因此,有一些学者尝试将模型试验、天然实测资料、各地调查资料、因次分析及多变量相关分析等方面的研究相互结合,从不同途径获得了桥墩局部冲刷公式。这些关于冲刷的理论研究大多集中于冲刷深度的确定方面,主要以经验模型为主。

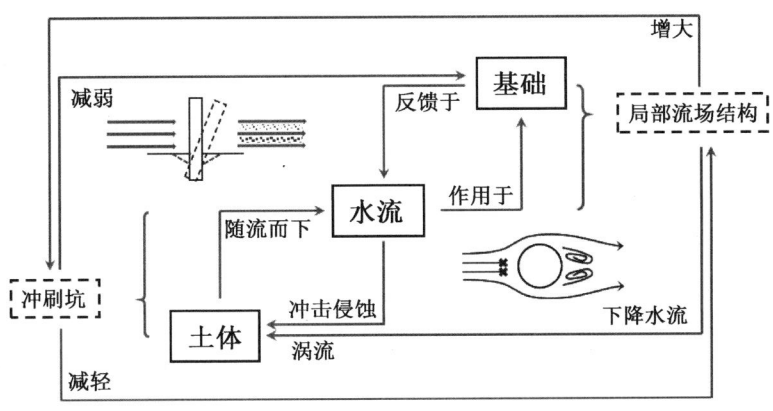

图 1.8　桥梁基础冲刷各要素相互关系

在实际工程中,准确地预测局部冲刷深度十分重要。在过去数十年中,国内外学者基于试验和现场结果提出了很多相关计算公式。由于对已有数据的依赖比较强,这些计算模型往往存在一定的缺陷,主要体现在以下几个方面:①室内试验与实际情况相比存在一定差别,且受设备限制,无法开展较大尺寸或较复杂基础的试验;②实际过程中的河床材料和水力条件十分复杂,现有计算方法往往进行了较多的简化处理;③现有的实测数据基本是过去常用的小直径基础或简单的基础型式,对于大直径、复杂基础和新型基础型式的数据十分缺乏;④即便是现有的实测数据,受测量手段和环境因素的影响,也并不完全准确。

对局部冲刷深度的低估会导致对基础埋深和防护手段的设计不足,在桥梁服役期间会存在一定的灾变风险,而对其冲刷深度的高估将提高设计预算,不够经济。目前,已有很多针对单桩和群桩冲刷深度的经验模型(Laursen 和 Toch,1956;Jain 和 Fischer,1979;Melville 和 Sutherland,1988;Mohamed 等,2005;Ataie-Ashtiani 和 Beheshti,2006;Amini 等,2011;Kumar 和 Sreeja,2012),且对冲刷深度与冲刷相关因素(如流体的水力参数、基础的结构型式和河床的组成特性)之间关系的研究也取得了一定进展。为测试现有计算方法的准确性,也有学者将具有代表性的计算方法进行了比较(Lu 等,2008;Gaudio 等,2010;Park 等,2017;Sheppard 等,2014)。这些比较尽管在某些方面存在一定区别,但整体上均认为现有的计算方法大多偏于保守。随着数学算法的不断发展,学者也根据多年来已有的数据提出了基于数学算法的模型,如神经网络算法(Lee 等,2007;Kaya,2010)、遗传算法(Khan 等,2012)和支持向量回归算法(Goel 和 Pal,2009;Pal 等,2011)。然而,这些计算方法与传统的经验公式一样,一方面都对数据依赖性较强,另一方面都没能从深层机理对局部冲刷过程进行分析,仅通过数学手段或物理现象建立冲刷的因果关系。除此之外,国内外学者还提出了一些比较新颖的设计思路,各具特点。例如,Briaud 等(2009)和 Govindasamy 等(2012)提出了一种基于实际观测的预测方法,该方法不需要现场测试或室内试验,而是通过调研历史洪水资料和冲刷深度,并结合未来洪水发生的情况进行预测。

1.2.3 冲刷防护对策及方法

对桥梁基础局部冲刷进行防护是实际工程中抵御水毁灾变的重要环节。水流与桥梁基础的作用过程可划分为三个部分:

(1)前进水流漩涡,主要是指上游的前进水流遇到桥梁基础时会产生漩涡,进而卷动泥沙形成冲刷坑,可以采用减缓水流能量或改变水流-基础作用方式来应对,即改变墩土自身结构。

(2)下降水流淘底,主要指来流撞击桥墩时一部分水流主动下降,对墩底进行淘刷,应对时可以采用阻碍水流下冲的手段,或增大泥沙启动时需要的动力,即床面放置实体材料。

(3)尾流漩涡冲坑,主要指水流绕过障碍物后形成的漩涡,会带走基础后方及基础周围卷扬起的泥沙,应对措施是进行下游的护尾,即下游装置收尾处理。

针对这三方面采取合理的防护措施,按照防护措施的位置,可以分为前、周、后三种位置的防护。基础前阻水,旨在与前进水流作用,起到防护作用;基础周围加固,旨在其周围进行适当加固,让水流减速,起到护底防淘刷的作用;基础后收尾,旨在减小尾流作用,减小其后的冲刷坑。现行的实验室或工程措施大多是以上述几种思路进行设计和研究,如图 1.9 所示。Chiew(1992)按防护机理把桥墩局部冲刷防护工程措施分为两类：一类是从被冲刷物质着手，提高河床材料的抗冲刷性能；另一类是从水流着手，减小冲刷的原动力。前者可以称为被动防护，后者可以称为主动防护。

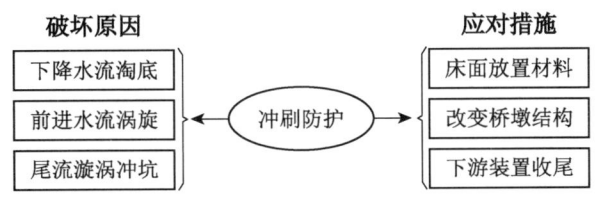

图 1.9　桥梁基础局部冲刷防护方法主要思路

主动防护方式从水流着手，为减小冲刷的原动力，一般主要通过在河床高程附近增设底板或护圈等，旨在减小水流动力以降低来流的能量，起到"减冲"的作用。比较典型的方法有墩前牺牲桩、护圈防护、环翼式桥墩、护壳防护、开缝防护和下游石板防护。被动防护方式则是从被冲刷物质着手，主要是通过在桥墩周围的河床铺设如碎石一类的保护层，旨在增强基础周围河床材料的抗力，起到"增抗"的作用。比较典型的方法有抛石防护、扩大墩基础防护、四面体透水框架群等。

近年来，随着国内桥梁工程的迅速发展，对桥梁冲刷的重视程度也越来越高，对防护方式也越来越重视，不仅对新修建的桥梁采用合理的防护方法，还对已有桥梁进行相应加固。例如，京广线 K648+623 黄河铁路大桥（马明正，2005）建于 1958 年，有 2 个桥台，70 个桥墩，基础埋深 30 m，基底为粉砂，墩周河床地质均为粉砂土，大桥位于游荡性河床范围内，容易在桥墩周围产生局部冲刷，在流量超过 2 500 m³/s 时，局部冲刷增大，极易超过一般冲刷线，危及大桥安全。因此，在运营过程中，每年汛期都采取预抛片石笼的防护措施，确保了大桥的安全畅通。但是每年抛投的片石笼都会有不同程度的损坏，导致年年抛投，年年流失，经济损失较大。后来采用了四面六边透水框架群的技术，取得了较好的效果。类似的还有西江特大桥（陈伟锋，2011）、石泉汉江大桥（张辉清 等，2004）、新沂河桥（郦仲焕，1991）以及苏通大桥（曹圣华，2006）等。因此，有必要继续开展有关冲刷防护方法的研究。

第 2 章
深水桥梁群桩基础冲刷的物理模拟

2.1 桥梁群桩基础

2.1.1 常用的桥梁深水基础型式

跨江海桥梁的基础大多位于水深流急、地质条件复杂的环境中,对其安全性有着极高的要求,从施工难度、技术可靠性和经济角度出发,群桩作为跨江海桥梁的基础支撑体系已在实践中得到了广泛的应用(刘自明 等,2003;陈国兴,2007)。目前,针对单桩局部冲刷特性的研究已较为深入,关于群桩基础的研究也在逐步开展。王亚强(2011)曾基于波流水槽模型试验,开展了针对不同波浪条件下埋置在砂土中的单桩和群桩基础的研究,取得了一定进展,为后续工作提供了经验。王玉(2014)在此基础上,同样基于波流水槽模型试验,采用不同水力条件,观测了砂土中单桩周围的冲刷深度和冲刷坑形态,并对群桩基础的冲刷性能进行了初步探究。

目前国内外已建成的桥梁深水基础主要类型有桩基础、管柱基础、沉井基础、组合基础和特殊基础(包括双承台管柱基础、锁口管桩基础、连续墙基础和沉箱基础等)。刘自明等(2006)初步归纳了桥梁深水基础的主要特点,主要包括:①基础所受水平力比陆上或浅水基础大得多;②深水基础的稳定性与安全度一般受水文条件控制;③除了考虑环境水侵蚀,还要考虑其他水毁问题;④深水基础类型选择要认真考虑,并进行全面分析,因为它不仅关系到造价高低,还直接影响到桥梁工程的成败、质量和工期。

2.1.2 深水桥梁群桩基础

群桩基础是比较常用的深水桥梁基础之一。早在 1873 年,Durand-Claye 就发表了第一篇关于桥墩局部冲刷的论文。20 世纪 50 年代以来,国外众多学者对桥墩局部冲刷做了大量的研究和实践工作,就权威性来说,主要分为两大体系:一类为国际水力学协会(IAHR)组织国际专家编著出版的文件和手册;另一类为美国的行业规范。

我国于 1958 年开始逐步开展该项工作,1964 年中国土木工程学会桥梁工程委员会召开的桥渡冲刷学术会议,总结产生了在生产中推荐使用计算桥墩局部冲刷的 65-1 公式和 65-2 公式,其中对于群桩桥基的局部冲刷,在 1975 年中国行业规范中采用"墩形系数法"进行预测计算。该方法的主要思路是以一个单一圆柱形桩作为参照墩,而桩群的影响采用"桩群系数"进行计算,即针对行业规范《公路工程水文勘测设计规范》(JTG C30—2015)中的 65-2 公式和 65-1 公式作出的补充计算。

Breusers 和 Raudkivi(1991)的研究结果指出,桥墩群(双桩墩)的局部冲刷深度主要受相对桩距(桩距/桩径)和相对于水流作用方向的桩墩布局的影响,限于试验内容和组织,未能提出计算公式。

美国联邦公路局于 1995 年发布了《水力工程通报》(HEC-18,HEC-20 和 HEC-23),这实际为美国国家行业规范。在上述规范性文件中,仅是针对简单布设群桩的桥基在单向水流作用下的局部冲刷推荐预测公式。

Coleman(2005)在长 43 m×宽 1.5 m×深 0.4 m 的波浪水槽中进行模拟群桩冲刷的试验,并提出一种新的预测复杂桩墩局部冲刷深度的方法。

Ataie-Ashtiani 和 Beheshti(2006)在不同群桩布置形式、桩间距、水流流速和泥沙粒径等条件下进行了 112 组冲刷模拟试验,观测到有些情况下群桩的最大冲刷深度能达到同条件下单桩的两倍甚至更多,并且根据试验数据结合前人的试验成果提出了预测群桩最大冲刷深度的校正系数。

卢中一等(2006)研究了稳定流和潮流作用下桥墩局部冲刷的发展过程和机理,深入分析了现阶段两种不同倾向结果的内在原因,给出了两种结果的合理解释,修订完善原有行业规范中稳定流作用下群桩冲刷深度的计算方法,推荐潮流作用下复杂布设群桩局部冲刷最大深度的预测公式,指出在机理上和计算应用中必须把握和界定好潮流与稳定流作用下局部冲刷的主要区别。

梁发云等(2010)在长 42 m×宽 0.8 m×深 1.25 m 的波浪水槽中进行了 1×1 单桩和 1×2、3×3 群桩在波浪荷载作用下的冲刷模型试验,分析群桩布置形式和位置对冲刷深度以及桩身波浪力的影响。

2.2 群桩基础冲刷的物理模型试验

桥梁基础在水流的冲刷作用下,其周围地基土将被冲刷掉,造成基础埋深减小,承载性状改变,进而可能引发桥梁垮塌破坏,造成经济损失甚至人员伤亡。如前文中提到,冲刷过程涉及流-固-颗粒等多方面的因素,其相互作用机理十分复杂。在实际工程的设计和研究中,针对某一特定问题的几方面条件进行深入研究时,往往可采用两种方式,一种是物理试验,另一种是数学模型。就目前研究阶段而言,由于其形象直观、概念明确,物理模型试验依然是研究桥梁冲刷问题最为常见和有效的手段。以现场试验作为主要研究手段不仅操作困难、代价较大,而且无法根据需要调整水力条件、结构形式和泥沙参数等对冲刷结果影响较大的因素。因此,尽管模型试验在比尺确定和颗粒选择方面存在一定困难,但室内波流水槽试验依然是目前可行性最佳、应用最广的研究手段。

2.2.1 波流水槽模型试验

1. 波流水槽

本节中的试验均是在同济大学水利港口综合试验室的波流水槽中进行的,并使用该套装置的造流功能。水槽底部为混凝土结构,槽体采用钢架结构,两个边壁镶嵌有 20 mm 厚的玻璃便于观测。水槽首端设有液压造波机系统,造波机的后部设有消能网,以消除直立壁对波浪的反射;水槽末端设置消能滩,滩上装有格栅及袋装块石,借以吸收波浪能量,基本上能

消除反射波。该波流水槽与常见模型布置方式如图2.1所示,其主要特征参数和功能如下:

(1) 长50 m,宽0.8 m,深1.2 m;

(2) 造波周期0.5～5 s,最大波高30 cm,可双向造波,最大流量0.3 m³/s;

(3) 可进行波流共同作用下泥沙运动和水流冲刷等试验;

(4) 双向流场模拟系统可以模拟恒定流及非恒定流,最大流速值为0.3 m/s。

2. 试验沉砂池

在波流水槽中段设置沉砂池,如图2.1(c)所示,该池深1.0 m,宽0.65 m,长2.7 m,使用时填满试验用砂,使试验砂与水槽底部标高一致,可以较好地模拟实际中桥梁基础所处的河床条件和相应的水力条件,得到更为贴近实际情况的试验结果。本节中试验主要在此沉砂池中进行。

(a) 波流水槽　　　　(b) 试验布置方式　　　　(c) 沉砂池试验段

图2.1　同济大学水利港口综合试验室

3. 桥梁基础模型

试验所用桥梁基础模型均由铝合金材料制成,根据研究目的和实际工况采用不同几何参数及布置方式,如单桩模型试验中使用的模型桩和沉井基础模型如图2.2所示。选择铝合金管主要是因为本节目的是研究群桩基础周围的局部冲刷机理,局部冲刷的形成与所选模型桩的外形尺寸关系密切,与桩身材料关系不大,而且铝合金管坚固、耐久又易加工。

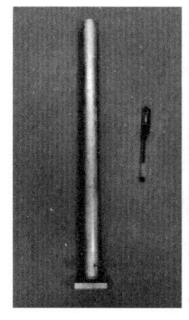

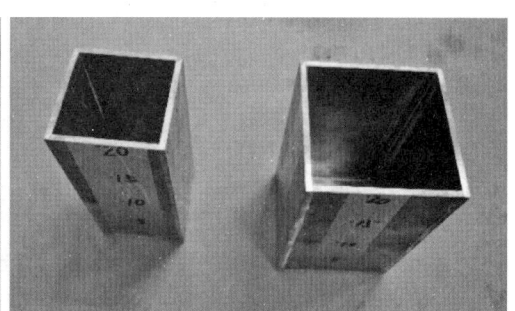

(a) 模型桩　　　(b) 圆形沉井基础模型　　　(c) 方形沉井基础模型

图2.2　试验中采用的几种桥梁基础模型

4. 声学多普勒测速仪

Vectrino("小威龙")是一款高精度声学多普勒点式流速仪(Acoustic Doppler Velocimete, ADV),用来测量水流的三维流速,主要用于实验室,比如在水工实验室里测量湍流和三维流速,以及用于水槽、水池和水工模型中。也可用于河道测量以及海洋测绘,用来测量流速的快速波动。测量技术的基础是相干多普勒处理,其特点是测量精度高,没有零点漂移。

Vectrino声学多普勒点式流速仪包括一个发射换能器和四个接收换能器,如图2.3所示。采样点远离传感器,从而避免了仪器本身对水流的干扰。Vectrino由发射换能器发射一个短的声学脉冲,当该脉冲经过四个接收换能器的聚焦点时,"回声"被四个声学接收换能器同时接收。通过处理反射回来的声波,得到多普勒频移。多普勒频移还要根据水中声波的传播速度进行调整(所以温度也要测量),流速的矢量数据被快速传送到计算机。ADV使用时如图2.4所示布置在待测流速区域。

图2.3 ADV　　　　　　　　图2.4 ADV布置方式

本节中的波流水槽试验均采用相同的试验步骤,只是不同试验模型与参数间存在差别,基本步骤如下:

(1) 在水槽中段的沉砂池中铺设模型砂并注适量水,最终模型砂表面与水槽地面平齐,关闭水槽下游尾门,向水槽内缓慢注水,直至充水至砂面以上,静置固结12 h,使土体充分饱和。

(2) 根据试验方案,在沉砂池中部布置相应的试验模型,并在水槽上游放置缓冲网,下游放置消能挡板,在待测流速区域布置ADV,在试验段上方和侧面布设高精度摄像设备。

(3) 试验开始前,从水槽前后向水槽内缓慢注水,使水深达到10 cm,然后逐渐增大进口的流量,缓慢打开尾门放水,再按照试验方案调节进口流量和尾门水位,检查ADV是否工作正常,打开数据采集设备。

(4) 打开水槽造流或造波功能,使水力条件达到设计要求,根据试验方案进行试验,观察并记录试验现象,当冲刷发展到既定状态时,停止造流或造波功能,缓慢排出水槽内水流,采用测针对模型周围河床情况进行测量。

(5) 根据每组试验条件,按照以上(1)—(4)的步骤进行下一组试验。

2.2.2 相似理论和模型设计

1. 模型相似比

本节试验重点在于探究砂土中典型桥梁基础的局部冲刷特性。由于泥沙运动的复杂性，黏性相似条件和重力相似条件存在矛盾，模型试验中水流和泥沙各自的相似条件难以同时满足，因此，波流水槽模型试验往往抓住主要矛盾，遵循重力相似准则，即满足模型和原型之间的弗劳德数(Fr)相等：

$$\frac{V_\mathrm{m}}{\sqrt{gL_\mathrm{m}}} = \frac{V_\mathrm{p}}{\sqrt{gL_\mathrm{p}}} \tag{2.1}$$

式中，g 为重力加速度；V，L 分别为物体的速度和长度，下标 m，p 分别代表模型和原型，模型长度比尺为 $L_\mathrm{p}/L_\mathrm{m}=\lambda_\mathrm{L}$。

一般的波流水槽模型试验采用上述相似原理即可进行设计，然而，仅该相似准则并不能用于所有模型试验的设计。由于水槽边壁的存在会对其附近区域水流结构产生扰动，为避免试验测试段中模型受此影响，Ataie-Ashtiani 和 Beheshti(2006)建议模型尺寸不宜大于水流断面的12%，Whitehouse(1998)建议水槽宽度与模型宽度的比值大于6。因此，当波流水槽宽度固定时，模型的宽度会受到一定限制，这就导致在模型设计时可能无法在各方向采用同一长度比尺，特别是有些模型试验中需要对多种直径的颗粒进行缩尺模拟，此时需要采用全沙模型相似律进行设计(窦国仁，1977)，其相似准则如下。

颗粒比尺：
$$\lambda_\mathrm{d} = \frac{\lambda_v^2}{\lambda_{C_0}^2 \lambda_{(\gamma_\mathrm{s}-\gamma)}} \tag{2.2}$$

谢才系数比尺：
$$\lambda_{C_0} = \sqrt{\frac{\lambda_\mathrm{L}}{\lambda_\mathrm{H}}} \tag{2.3}$$

时间比尺：
$$\lambda_\mathrm{t} = \frac{\lambda_{\gamma_0} \lambda_\mathrm{H} \lambda_\mathrm{L}}{\lambda_\mathrm{qsb}} \tag{2.4}$$

单宽底沙流量比尺：
$$\lambda_\mathrm{qsb} = \frac{\lambda_{\gamma_\mathrm{s}}}{\lambda_{(\gamma_\mathrm{s}-\gamma)}} \cdot \frac{\lambda_v^4}{\lambda_{C_0}^2 \lambda_\mathrm{w}} \tag{2.5}$$

沉降比尺：
$$\lambda_\mathrm{w} = \lambda_{(\gamma_\mathrm{s}-\gamma)}^{0.5} \lambda_\mathrm{d}^{0.5} \tag{2.6}$$

流速比尺：
$$\lambda_v = \sqrt{\lambda_\mathrm{H}} \tag{2.7}$$

材料比尺：
$$\lambda_{(\gamma_\mathrm{s}-\gamma)} = \frac{(\gamma_\mathrm{s}-\gamma)_\mathrm{p}}{(\gamma_\mathrm{s}-\gamma)_\mathrm{m}} \tag{2.8}$$

式中，λ_L 是水平长度比尺；λ_H 是竖向长度比尺；γ_s 是材料容重；γ 是水的容重。本节中试验涉及的模型比尺问题均采用此准则。

2. 泥沙参数

为方便各组试验进行对比分析，本节试验均采用同一种泥沙。用筛析法进行泥沙颗粒分析，测定图中各种颗粒组占该土总质量的百分数，颗粒大小分析试验记录见表2.1。从级配曲线看出泥沙的粒径大多集中在 0.1~0.3 mm 之间,中值粒径 $d_{50}=0.15$ mm,不均匀系数 $C_u=d_{60}/d_{10}=3.11<5$,土质较为均匀,砂土饱和密度 $\rho=1.99$ g/cm³,干密度 $\rho_0=1.55$ g/cm³。

Raudkivi 和 Ettema(1983)以及 Melville 和 Chiew(1999)认为,模型直径与泥沙中值粒径的比值,即 D/d_{50},应大于 50,以更好地模拟真实情况中的冲刷条件,避免缩尺试验带来的偏差。本节中所有的试验模型均满足此要求。

表 2.1 筛分试验结果记录

筛号	孔径/mm	累积留筛土质量/g	小于该孔径的土质量/g	小于该孔径的土质量百分比/%
1	2	0.878	199.122	99.561
2	0.5	24.102	175.020	87.510
3	0.25	11.974	163.046	81.523
4	0.075	123.046	40.000	20.000
底盘		10	0	0

3. 水力参数

选定泥沙后,可根据泥沙起动条件对局部冲刷明显发生的水力条件进行判断。窦国仁(1999)将泥沙的起动分为三个阶段,即将动未动、少量动和普遍动。将动未动是指床面泥沙除了个别突出床面的颗粒可动外,其他基本不动;少量动是指床面上的泥沙时而这个部位起动,时而那个部位起动,经常能看到有少量颗粒起动;普遍动是指在一定观察时段内,在床面上各部位都能看到泥沙的运动。为了可以很好地观察试验现象,探究桥梁基础的冲刷特性,本节试验均采用窦国仁(1999)泥沙起动公式进行起动流速的估算,并根据计算结果进行初步试验,确定床砂达到普遍起动状态,采用相应的流速条件进行后续模型试验。窦国仁(1999)的泥沙起动摩阻流速公式为

$$v_c = k\left(\ln 11 \frac{h}{\Delta}\right)\left(\frac{d'}{d^*}\right)^{\frac{1}{6}}\left\{3.6\frac{\gamma_s-\gamma}{\gamma}gd+\left(\frac{\gamma_0}{\gamma_0^*}\right)^{\frac{5}{2}}\left[\frac{\varepsilon_0+gh\delta(\delta/d)}{d}\right]\right\}^{\frac{1}{2}} \quad (2.9)$$

$$k = \begin{cases} 2.5\times 0.105 = 0.26, & 将动未动 \\ 2.5\times 0.128 = 0.32, & 少量动 \\ 2.5\times 0.164 = 0.41, & 普通动 \end{cases} \quad (2.10)$$

$$\Delta = \begin{cases} 1.0\text{ mm}, & d \leqslant 0.5\text{ mm} \\ 2d, & 0.5\text{ mm} < d < 10\text{ mm} \\ 2d^{*0.5}d^{0.5}, & d \geqslant 10\text{ mm} \end{cases} \quad (2.11)$$

$$d' = \begin{cases} 0.5\text{ mm}, & d \leqslant 0.5\text{ mm} \\ d, & 0.5\text{ mm} < d < 10\text{ mm} \\ 10\text{ mm}, & d \geqslant 10\text{ mm} \end{cases} \quad (2.12)$$

式中，h 为水深；d 为泥沙粒径；γ_0 为床面泥沙干容重，γ_0^* 为泥沙颗粒的稳定干容重，一般情况下，$\gamma_0/\gamma_0^*=1$；ε_0 为综合黏结力参数，对于一般泥沙，$\varepsilon_0=1.75 \text{ cm}^3/\text{s}^2$；$\delta$ 为薄膜水厚度参数，取 2.31×10^{-5} cm（相当于 770 个水分子度）；Δ 为床面糙率高度。

在判断河床泥沙起动状态时，也可采用希尔兹参数（Shields Parameter）进行判断，其计算公式如下：

$$\theta_s = \frac{\tau_s}{\rho g(s-1)d_{50}} \tag{2.13}$$

式中，ρ 为水的密度；g 为重力加速度；s 为砂的相对密度；d_{50} 为泥沙中值粒径；τ_s 为剪切应力，可由 Soulsby(1997) 提出的公式计算得到：

$$\tau_s = \rho C_D \bar{U} \tag{2.14}$$

式中，$\bar{U}$ 为平均流速；$C_D = \left[\dfrac{\kappa}{\ln(z_{0s}/h)+1}\right]^2$，其中 κ 为卡曼常数（Karman Constant），通常取 0.4，z_{0s} 为河床粗糙度，由 $d_{50}/12$ 计算得到，h 为水流深度。

4. 试验终止条件

当局部冲刷进展到一定程度时，冲刷坑形态基本不再发生改变，冲刷深度基本不再增加，这时可判断模型周围的局部冲刷达到其平衡状态，试验即可终止。根据 Sumer 等 (1992) 提出的计算单桩冲刷达到平衡时所需时间的经验公式可以预估各组试验达到冲刷平衡时所需的大概时长，其经验公式如下：

$$T = \frac{D^2}{[g(s-1)d_{50}^3]^{1/2}}T^* \tag{2.15}$$

$$T^* = \frac{\delta}{2\,000D}\theta_s^{-2.2} \tag{2.16}$$

式中，T 为冲刷时间，s；D 为沉井等效直径，m，对于圆形沉井，为其直径，对于方形沉井，为其垂直水流方向的宽度；δ 为边界层厚度（此处根据实际情况取 0.35 m）；T^* 为冲刷的无量纲时间标度；s 为砂的相对密度（本试验取 2.67）；θ_s 为谢尔兹参数（本试验中为 0.042）；g 为重力加速度；d_{50} 为泥沙中值粒径。

2.2.3 单桩冲刷模型试验

试验所用模型桩为铝合金管，直径为 0.03 m，桩长为 0.6 m，布置在沉砂池中央。为探究水深和流速对单桩冲刷结果的影响，试验选取了三种水深条件，即 10 cm，15 cm 和 20 cm，针对每组水深分别测试了流速为 5.0 cm/s，7.5 cm/s，10.0 cm/s 和 12.5 cm/s 时单桩周围的冲刷结果。

砂性土层中桥墩基础在单向流作用下的局部冲刷过程中，起初床面上部分泥沙受到水流作用而起动，靠近模型桩位置将形成下降水流以及在其周围形成马蹄形漩涡，这些水流由于被阻挡而对周围河床泥沙发生侵蚀作用。此时，单桩迎水面附近及其两侧的泥沙明显被水流卷扬带走,在桩后不远处形成回落堆积,与此同时,床面明显变形,在桩后方出现多层砂纹。随着时间的推移,冲刷坑的规模逐渐扩大,床面砂纹也越来越整齐,但冲刷坑深度的发展速率逐渐变缓,这是由泥沙和水流等多方面的因素造成的:

其一,由于先前形成的冲刷坑逐渐扩大,使得冲刷坑内墩周的水流流速较之前逐渐减小,水流产生的剪切应力也逐渐减小。

其二,由于冲刷坑的存在,使得上游有一部分泥沙在冲刷坑内滚动回落,这一部分即使再次被冲刷起动,但卷扬高度不够,无法超越冲刷坑的深度,于是逐渐堆积在冲刷坑的尾部。

其三,坑底那些较容易被冲走的较细土颗粒逐渐被冲刷掉,剩下那些不容易被冲刷走的粗颗粒泥沙基本都留在了冲刷坑底部,且一层一层地覆盖,在坑底形成一层粗颗粒土的表层,对其下面的泥沙颗粒起到了掩盖防护的作用,提高了土层的临界剪切应力,使之难以被冲刷起来。一段时间后,冲刷坑发展的速率变得非常缓慢,冲刷坑的深度基本不再增加,砂纹也不再增高,逐渐达到平衡状态。最终冲刷结果如图 2.5 所示。

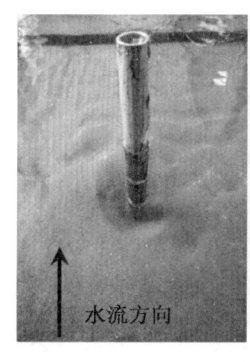

(a) 单桩冲刷最终正面　　　　(b) 单桩冲刷最终侧面

图 2.5　单桩局部冲刷试验结果

了解单向流作用下砂土中单桩局部冲刷这一最基本的冲刷工况有助于理解更复杂的冲刷工况,并为后续试验打下良好基础。当水深相同时,冲刷深度随水流流速的增大而增大;当流速相同时,冲刷深度随水深的增大而减小。

2.2.4　双桩的冲刷特性研究

在单桩局部冲刷试验的基础上,分别针对 1×2 和 2×1 的单排桩,选取冲刷特征最明显的水深(15.0 cm)和流速(12.5 cm/s),选取了 4 种桩间距,即 3.0 cm,6.0 cm,12.0 cm 和 24.0 cm,观测冲刷深度随桩间距的变化,研究不同布置形式下群桩的冲刷特性。

对于前后串排的双桩,与单桩类似,在开始阶段,床面部分泥沙起动,水流由于前后两桩的先后阻碍,在前桩周围形成的马蹄形漩涡受到后桩影响变得更为复杂。因此,水流被阻挡后产生的侵蚀作用在前后桩处也存在一定差别,在前桩的迎水面和两侧的泥沙明显地被水流卷扬带走。由于前桩的存在,后桩周围形成的漩涡强度较小,虽然也存在泥沙翻卷,但较前桩减弱不少,其下游不远处也出现上游泥沙的回落堆积,因此,前桩周围形成的冲刷坑比后墩周围明显。当改变不同的桩间距进行试验时,冲刷坑的形成过程也略有差别。同时,前后串排的双桩在冲刷过程中,后桩的冲刷坑深度和范围总是比前桩小,且随着桩距的改变,前桩位置的冲刷坑变化较后桩受到的影响小。随着桩间距的增大,前桩的冲刷深度逐渐减小,后桩的冲刷深度先减小后增大。以桩间距为 2 倍桩径为例,最终冲刷结果如图 2.6(a)所示。

对于左右并排的双桩,同样在开始阶段,床面部分泥沙起动,水流受到左右两桩的共同阻碍,在其周围形成漩涡,卷扬并带走泥沙。相比单桩和前后串排的双桩而言,左右并排的双桩对水流的阻碍作用更为明显,由于左右两桩的存在使其中间的水流受到挤压,当桩距较小时会发生射流现象。与单桩试验相同,冲刷坑在前期发展迅速,总冲刷时间的前 1/10 时长完成了最大冲刷深度约 70% 的冲刷量。与此同时,床面明显变形,在双墩后出现多层砂纹。随着时间的推移,冲刷坑规模不断扩大,砂纹也越来越整齐,但是冲刷坑的深度发展的速率逐渐变缓。一段时间后,冲刷坑的深度基本不再增加,逐渐达到平衡状态。改变不同的桩间距进行试验可以发现,桩距不同导致冲刷坑形成过程也略有差别。左右并排的双桩在冲刷过程中,两桩的冲刷坑深度和范围总是基本对称,随着桩间距的增大,双桩的冲刷深度减小。以桩间距为 2 倍桩径为例,最终冲刷结果如图 2.6(b)所示。

 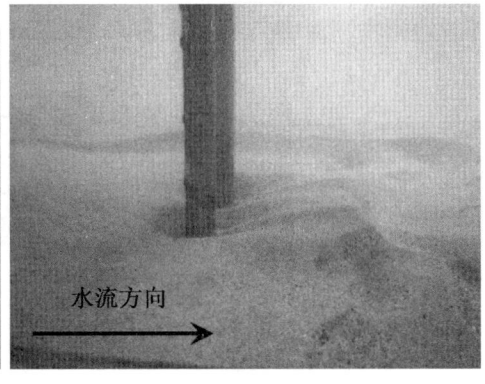

(a) 前后串排双桩试验结果　　　　　　(b) 左右并排双桩试验结果

图 2.6　双桩局部冲刷试验结果(以桩间距为 2 倍桩径为例)

群桩的阻力特性是群桩基础各桩基间水流结构和冲刷机理研究的基础,同时,理解双桩单元的冲刷特性是探究群桩冲刷特性的基础。典型的桩间相互影响有以下两类:①遮蔽效应,即前后串排的双桩,由于前桩的遮挡掩护,使得后桩受到水流的冲击作用变小,由此引起的冲刷深度也随之变小;②射流效应,即左右并排的双桩,由于两桩间水流结构受到挤压,使其内流速增大,由此造成的冲刷深度也随之增大。从试验结果可以看出,当桩间距为 8 倍以上桩径时,桩间影响几乎消失,成为相互独立的两根单桩。

2.2.5　群桩的冲刷特性研究

在单桩与双桩试验的基础上,笔者还开展了 3×3 群桩的局部冲刷的模型试验。同样选取了冲刷特征最明显的水深(15.0 cm)和流速(12.5 cm/s)作为试验的水力条件,采用单倍桩径和 4 倍桩径两种桩间距，即 3 cm 和 12 cm，对群桩局部冲刷机理进行研究。

在砂性土层中，在单向流作用下，3×3 群桩周围的水流结构变得非常复杂，既有外围绕流，也有桩间射流，射流的明显程度沿水流方向前排桩—中排桩—后排桩处依次递减。以单倍桩径桩间距为例，其群桩附近水流结构如图 2.7(a)所示。在起始阶段，床面泥沙部分起动，群桩范围内及周边泥沙随后大量起动，其中前排桩最为明显，中排桩次之，后排桩冲刷最弱，如图 2.7(b)所示。仅从冲刷坑形成过程来看，既有从前排到后排呈现出的递减现象，同时，与冲刷发展同步的还有部分泥沙在中排桩和后排桩周围产生回落堆积，这一补偿现象也使得中后排桩的局部冲刷在起始阶段便比前排桩大幅减弱，如图 2.7(c)所示。一段时间后，如图 2.7(d)所示，前排桩周围的冲刷坑持续增大，当达到某一时刻，后部堆积回落的泥沙已达到一个极限高度不再增加，此时形成明显的沉积区，对后排桩周围的泥沙既形成了一层屏障，也对后桩产生的冲刷坑产生补偿，使得后排桩的冲刷深度很小。随着时间的推移，前排桩周围的冲刷坑继续增大，此时前排桩与中排桩周围形成的冲刷坑随着冲刷的发展已基本连在一起，原本回落堆积的泥沙高度逐渐减小，整体上呈现出泥沙被推动的效果，沉积区向后排桩位置移动，如图 2.7(e)所示。在回落堆积的沙丘被水流一点点地向下游"搬运"的过程中，随着沙丘跨逐渐跨过后排桩，后排桩周围的冲刷发展的速率也加快了起来，如图 2.7(f)所示。与中排桩类似，后排桩周围也没有产生独立的冲刷坑，而是与前两排桩周冲刷坑连成一片，如图 2.7(g)所示。在这一过程的起始阶段，虽然冲刷坑逐渐连成一片，但在各个桩周围仍可见一个小冲刷坑轮廓，随着时间的推移，各个小冲刷坑之间的沙脊变得越来越平坦，逐渐形成围着 3×3 群桩的大冲刷坑整体，如图 2.7(h)所示。

(a) 群桩附近水流试验

(b) 冲刷起始状态

(c) 中排桩后部泥沙回落堆积

(d) 中排桩后部泥沙高度达到峰值

(e) 中排桩后部堆积的泥沙向后推移

(f) 堆积沙丘向后推移跨过后排桩

(g) 各排冲刷坑连成整体

(h) 整体冲刷坑发展逐渐成形

图 2.7　单倍桩间距群桩(排式布置)冲刷发展过程

单向流作用下的群桩基础冲刷其实是桩-水、桩-土和桩-桩复杂相互作用的结果,其冲刷形态由单桩两侧水流变化为"穿桩水流"和"两侧水流"并存。穿桩水流在近迎水面前排流速最大,后排由于桩体阻力作用而逐渐减小,群桩的桩数越多,桩体阻力减弱越明显。单向恒定流仅在迎水面一端形成单一冲刷坑,冲刷深度明显,后方由于群桩之间相互阻碍影响,冲刷深度逐渐变小,呈现出"勺状冲刷形态"的剖面。由于遮蔽效应和射流效应的共同存在,各桩所处位置的最终冲刷结果实际上是其周围水流多种效应共同作用的结果,因此冲刷平面形态可以概括为"冲深明显区""桩间冲刷受阻区""两侧冲刷沟"和"桩后浅淤(冲)区"四个平面分区,如图 2.8 所示。

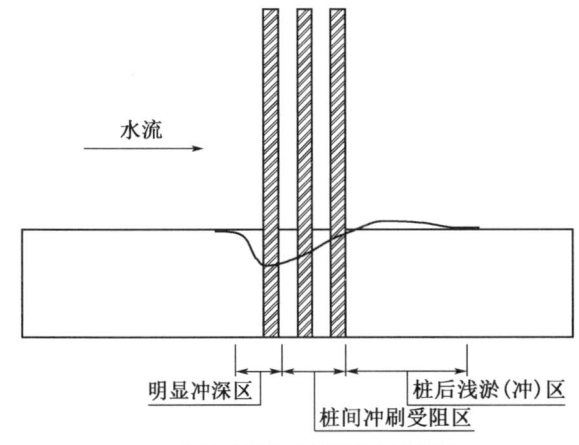
(a) 群桩冲刷典型剖面形态示意图

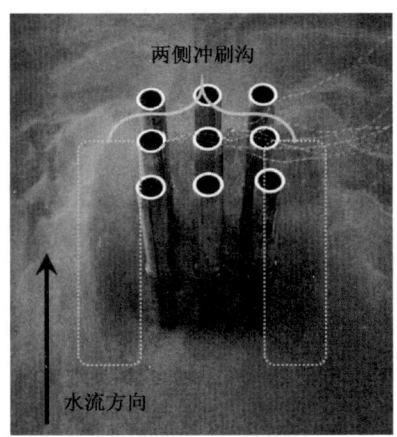
(b) 群桩冲刷典型形态俯视图

图 2.8　单向流作用下群桩(排式布置)冲刷典型形态

2.2.6 群桩（环式布置）局部冲刷波流水槽模型试验

在上述模型试验的基础上，为进一步探究单向流作用下群桩基础间的相互作用，并与其余典型桥梁深水基础的冲刷性能进行对比，开展了环式布置的群桩基础局部冲刷试验。此外，为便于与后续试验结果进行比对分析，环式布置的群桩外包尺寸与拟开展的沉井基础外径大小一致。

1. 试验方案

试验中群桩布置方式如图 2.9 所示，为了更准确地探究桩间相互影响，并与同样外包尺寸的沉井基础进行比较，环式布置的群桩基础模型采用直径为 10 mm 的铝合金模型桩，相邻两桩间距离为 35 mm 和 46 mm 两种，以对应群桩外包尺寸为 90 mm 和 120 mm 两种布置情况。经过式（2.9）计算与实际测试，并综合考虑相应直径沉井基础的情况，选取 22.5 cm/s 的流速和 25 cm 的水深作为试验的水力条件，并由式（2.15）对几类典型桥梁深水基础的冲刷时间进行预估，每组试验时间选取为 180 min，在此条件下，基础模型的局部冲刷均已达到平衡状态。

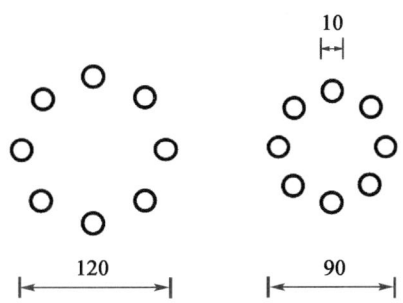

图 2.9　单向流作用下群桩基础环式布置示意图（单位：mm）

2. 试验结果分析

在砂性土层中，在单向流作用下，环式布置的群桩基础周围的水流结构同样十分复杂。在冲刷发展的全过程中，环式布置的群桩基础与排式布置的群桩基础的试验现象有相似之处，也存在一定的不同。以 12 cm 外包直径的群桩布置为例，局部冲刷首先在各桩周围开展，如图 2.10(a)所示，冲刷开始时，水流与群桩相互作用产生局部旋涡和下降水流，河床泥沙也随之开始迅速起动，各桩周围形成小冲刷坑，其中，上游位置的桩受到的冲刷更为严重，而下游位置的桩由于一定的遮蔽作用，冲刷坑发展较缓慢。随着局部冲刷的继续发展，各桩周围冲刷坑不断增大，但冲刷发展速度明显减缓，相邻桩间的冲坑逐渐相连，如图 2.10(b)所示。与排式布置的群桩基础类似，由于射流效应的存在，各桩间侧的冲刷深度较大，非桩间侧的冲刷深度相对较小。一段时间后，各桩周围的冲刷坑已基本趋于平衡，但群桩外侧河床泥沙依然在水流作用下缓慢运动。事实上，局部冲刷依然在缓慢进行，但与上述个体冲刷不同，群桩基础此时作为一个整体与水流相互作用，模型桩群的上游和下游位置相当于群桩整体的迎水侧和背水侧，最终个体冲刷与整体冲刷均达到平衡状态，如图 2.10(c)所示。

在单向流作用下，环式布置的群桩基础冲刷也是桩-水、桩-土和桩-桩复杂相互作用的结果，其冲刷形态由单桩两侧水流变化为"穿桩水流"和"两侧水流"并存，冲刷坑的形式也从单桩的单坑发展变化为"个体冲刷坑"和"整体冲刷坑"并存。实际上，尽管整体冲刷的试验现象在试验进展到后期才比较明显，但整体冲刷这一过程贯穿环式布置的群桩冲刷过程始终。根据式（2.15）对冲刷终止时间进行估计，当群桩作为整体被冲刷时，其等效半径变大，达到平衡时所需时间变长。两组试验的最大冲刷深度随时间发展曲线如图 2.10(d)所示。

为了使试验结果能更好地与其余典型桥梁深水基础进行对比，图中纵轴采用无量纲化处理后的冲刷深度值（即冲刷深度/群桩外径）。从图 2.10(d)中可以看出，在试验进行到 60 min 时，群桩冲刷深度的发展已经基本稳定，外径为 90 mm 的群桩在接下来的 120 min 内仍有比较明显的冲刷作用，而外径为 120 mm 的群桩在接下来的时间里冲刷已不明显。这是由于当桩间距离变大时，桩间联合阻水效果下降，其面对来流的整体性减弱，整体冲刷不易发生。当桩间距离足够大时，整体冲刷将不再发生，群桩体系的冲刷变为各单桩的冲刷。

简而言之，当桩群外包尺寸相对较小时（桩间距在 4 倍桩径以内），其面对局部冲刷时的整体性更显著，反之（桩间距在 4 倍桩径以上），群桩基础面对局部冲刷时的个体性更显著。事实上，排式布置的群桩基础的冲刷也是由个体冲刷和整体冲刷组成的，如图 2.8(b)所示，两侧冲刷沟就是其整体冲刷与个体冲刷共同作用的结果，但由于排式布置的群桩选用的单桩直径较大，在该水力条件作用下，两种冲刷过程在试验现象中的差异并不明显，无法将其像环式布置群桩基础周围的冲刷一样清晰地区分出来。

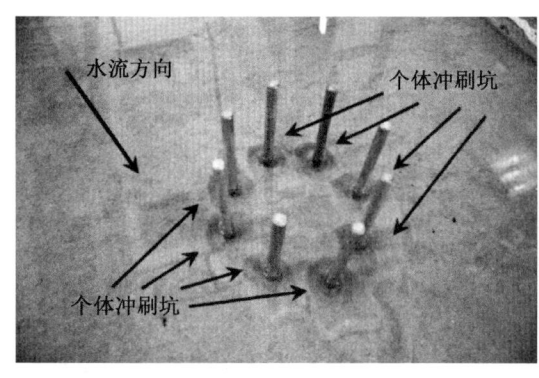

(a) 冲刷起始状态　　　　　　　　　　(b) 个体冲刷坑逐渐相连

(c) 最终冲刷坑形态　　　　　　　　　(d) 冲刷随时间发展曲线

图 2.10　单向流作用下群桩（环式布置）冲刷发展过程及典型形态

2.3 河床材料对桩基础冲刷的影响

2.3.1 砂性土与黏性土的冲刷特征

长期以来,由于桩基础附近的水流结构复杂,影响冲刷的因素众多,因此想要全面地了解冲刷作用是十分困难的。国内外很多学者对桥墩局部冲刷做了大量的试验研究,试图从理论上建立描述冲刷的数学模型,目前尚有不少困难,因而将模型试验、天然实测资料、调查资料、因次分析及多变量相关分析等方法与理论研究相互结合、相互补充,从不同途径获得了桥墩局部冲刷公式。目前关于冲刷的理论研究大多集中于冲刷深度的确定和冲刷的作用机理。

黏性土与非黏性土的区别在于黏性土颗粒的黏结力处于主导作用,黏结力属于分子力,来源于黏胶体,而胶体带电荷,在颗粒表面形成双电层(薄膜水),因而黏结力是一个很复杂的问题。此外,原状黏性土的矿物组成、有机质的非均匀性及水的化学成分作用相互交结,所以原状黏性土的桥墩局部冲刷是一个很复杂的现象。

2.3.2 上覆粗砂层河床群桩冲刷特性

1. 河床粗化

当上游来砂量小于水流的输砂能力而水流强度不足以使泥沙所有粒级起动时,床面泥沙将发生分选输移,较细的颗粒可能被冲刷下移,而较粗的颗粒则留在床面基本不动,致使床面在下切的同时床砂不断地变粗,最终将形成以不动颗粒为主体的粗化稳定结构,称之为粗化层(泰荣昱,1981),以限制河床持续侵蚀。若水流强度增大,则可动泥沙粒径范围扩大,上层粗化层中较细的部分将被清水冲刷下移,并形成新的级配更粗的粗化层,直至出现极限或临界粗化层。

河床粗化过程中,根据河床砂层级配,可分为三种类型(窦国仁,1999):

(1) 河床表层砂层为细砂,下卧床砂为卵石层。当表层细砂被冲走,卵石层露头后,床面发生急剧粗化,河床下切受到一定的抑制。

(2) 床砂为卵石夹砂,在冲刷过程中,水流不易将卵石起动,遗留在河床表面,形成抗冲铺盖层。

(3) 细砂河床由于水流的分选作用而发生粗化。一方面,冲刷过程中细颗粒比粗颗粒冲走得多,同时由于冲积河流比降上陡下缓,沿程比降逐渐减小,水流将上游河段带来的一部分较粗颗粒的泥沙落淤下来,通过悬砂与床砂的交换而发生粗化。

2. 物理试验方案设计

本试验主要针对单向流作用下,探究上覆粗砂层对桥墩基础局部冲刷机理的影响,兼顾同济试验水槽条件的限制(最大造流流速为 30 cm/s),主要考虑上覆粗砂层厚度以及单群桩条件的局部冲刷。

试验在不同粗砂层厚度条件下,分别对单桩、前后串排双桩、左右并排双桩以及 2×2 四桩等四种情况进行冲刷试验,根据模型桩布置形式和粗砂层厚度设计 11 组试验,布置形式如表2.2所示,立面示意图如图2.11所示,其中T1,T4,T7和T10作为对照组。

表2.2　　　　　　　　　　　　　试验方案布置

试验	试验组别	布置形式	粗砂层厚度/cm
单桩	T1	水流方向→ 桩径	0
	T2		0.5
	T3		1.0
前后串排双桩	T4	水流→ a b 桩间距2D	0
	T5		0.5
	T6		1.0
左右并排双桩	T7	水流↓ a b 桩间距2D	0
	T8		0.5
	T9		1.0
2×2四桩	T10	桩间距2D b c 水流→ a d	0
	T11		1.0

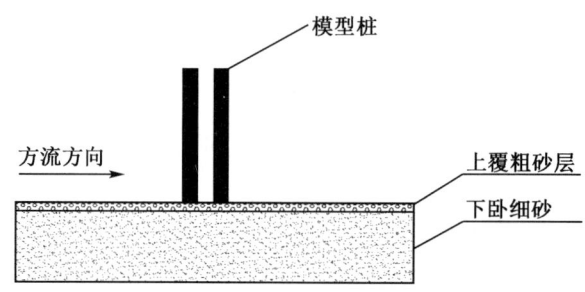

图2.11　上覆粗砂层群桩冲刷立面示意图

3. 试验结果及分析

不同粗砂层厚度单桩局部冲刷结果如表2.3中的T1,T2和T3所示。单层细砂中桩基础在单向流作用下的局部冲刷过程中,由于行近水流受到桩基础的阻碍作用,桩周水流形成马蹄形漩涡,桩前水流则顺着单桩下切侵蚀床面泥沙,桩周以及桩前泥沙明显被水流卷起挟走,而桩后由于单桩的阻水作用,马蹄形漩涡强度较小,仅卷起少量的泥沙。与此同时,上游水流卷起的泥沙在桩后马蹄形漩涡强度较低处落淤,桩后出现明显的泥沙淤积堆,如图2.12(a)所示。随着冲刷的进行,桩周的冲刷坑深度和范围不断扩大,但可以看出,其发展速度明显减缓,直到不再出现变化,达到冲刷平衡状态。

表 2.3　　上覆粗砂层河床的最终冲刷深度

试验组别	粗砂层厚度/cm	桩号	最终冲刷深度/cm			
			前	后	左	右
T1	0	—	3.8	2.7	3.5	3.5
T2	0.5	—	2.2	1.6	2.1	2.2
T3	1.0	—	1.9	1.3	1.8	1.9
T4	0	a	4.1	3.3	3.8	3.8
		b	2.8	1.0	1.7	1.5
T5	0.5	a	2.2	1.5	1.8	2.0
		b	1.6	0.4	1.3	1.5
T6	1.0	a	1.7	1.2	1.5	1.4
		b	0.9	−0.4	0.8	0.6
T7	0	a	4.9	3.8	4.2	4.0
		b	4.8	3.4	4.5	4.2
T8	0.5	a	2.5	1.8	2.3	2.2
		b	2.3	1.7	2.3	2.2
T9	1.0	a	2.0	1.5	2.0	2.0
		b	1.9	1.5	1.8	1.9
T10	0	a	5.1	4.3	4.8	5.0
		b	5.0	4.5	5.0	4.9
		c	4.5	2.4	3.5	3.0
		d	4.3	2.5	3.2	3.5
T11	1.0	a	1.8	1.2	1.5	1.7
		b	1.8	1.4	1.4	1.5
		c	1.0	−0.5	0.4	0.5
		d	0.9	−0.6	0.5	0.5

上覆粗砂层单桩最终冲刷形态如图 2.12(b)所示,在整个冲刷过程中,除了桩周冲刷的范围内,床面其他位置并未发生明显的变形,没有出现类似于单层细砂冲刷的尾纹及尾坑。其原因是桩周形成的马蹄形漩涡的影响范围有限,在马蹄形漩涡之外的行近水流强度不足以卷起床面粗砂并挟走,而单桩的阻水作用所形成的马蹄形漩涡则完全可以将桩周的粗砂颗粒卷起带走并在墩后沉积。

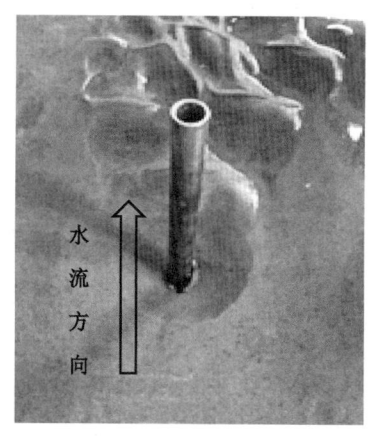 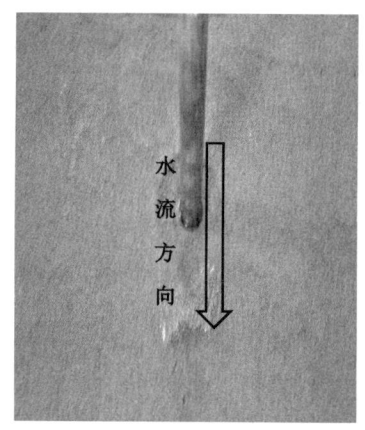

（a）单层砂土　　　　　　　　（b）上覆粗砂层

图 2.12　上覆粗砂层单桩冲刷形态

2.3.3　黏性-砂性土层的群桩冲刷特性

1. 单桩局部冲刷水槽模型试验结果分析

对于砂性土层上覆黏性土层的情况，单桩周围的水流结构与无覆盖时基本一样，在桩墩周围形成马蹄形漩涡。但黏性土的存在使得桩墩周围没有像完全砂性土层中的那样迅速发展，床面也无明显的变形，如图 2.13 所示，直到试验终止，床面也未见明显纹状，上覆黏性土层除被冲刷掉的范围，其他位置依然比较平整。在起始的一段时间内是上覆黏性土层被冲，冲刷坑发展速率很慢。黏性土层与砂性土层之间存在交界面，于是黏性-砂性复合土层的冲刷过程也存在一个临界点，在这个临界点前，冲刷发生在上覆黏性土层，随着时间的推移，黏性土层被冲刷得越来越薄，当突破黏性土层和砂性土层的交界面之后，冲刷开始发生在下卧的砂性土层中，冲刷速率突然变大，之后黏性土层部分的冲刷范围会逐渐增大，砂性土层部分的冲刷深度会逐渐加深，直到达到平衡状态，冲刷深度不再增加。

 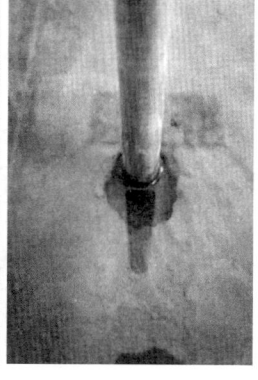 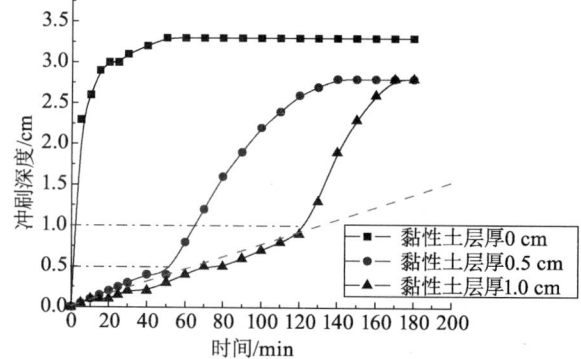

（a）冲刷正面　　　（b）冲刷坑细部　　　　　　（c）冲刷随时间发展

图 2.13　砂性-黏性土层中单桩局部冲刷

2. 冲刷深度随时间发展

图 2.13 给出了单桩冲刷的照片和深度随时间发展的曲线。图中点划线为黏性-砂性土层交界面深度,小于交界面的深度为黏性土层冲刷,当冲刷超过交界面深度后,砂性土层开始受到冲刷,即黏性土层被冲刷透至砂性土层时,砂性土层继续被冲刷,上覆黏性土层部分的冲刷速率明显比砂性土层缓慢,即当冲刷深度跨过黏性土层与砂性土层的交界面时,冲刷速率会产生陡增突变。黏性土层受到冲刷时,水流带走的不仅有黏性土颗粒,还有由黏性土颗粒结成的黏性小块。冲刷坑由两部分组成,上半部分由上覆黏性土层冲刷得到,下半部分由下卧砂性土层冲刷得到,由于上覆黏性土层的存在使得冲刷坑形状不像全砂性土层中冲刷坑那样规则,且冲刷坑黏性土层部分冲刷坑比砂性土层部分陡峭,这也限制了冲刷坑范围的大小,由此也使得黏性-砂性复合土层比单一砂性土层的冲刷深度略小。

3. 试验结果分析

表 2.4 给出了在上覆不同厚度的黏性土层的条件下,室内水槽冲刷试验平衡时单桩前后左右四个方向位置上的最终冲刷范围值。为更直观地表示,将其按不同水深和不同流速分类绘成曲线图(图 2.14)。

表 2.4　　砂性-黏性单桩各方向上的最终冲刷范围

水深/cm	流速/(cm·s^{-1})	桩径/cm	黏性土层厚/cm	最终冲刷范围/cm			
				前	左	后	右
15	12.5	3	0.5	3.1	2.9	4.1	2.0
15	12.5	3	1	3.0	1.3	3.0	1.0

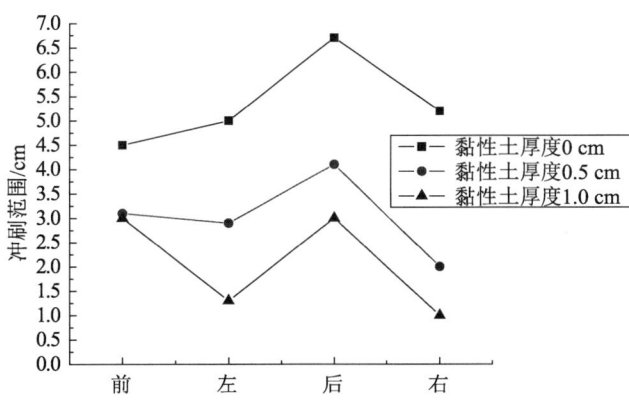

图 2.14　砂性-黏性单桩各方向上的最终冲刷范围

从图 2.14 中能直观地看出,黏性-砂性复合土层中的单桩周围冲刷坑与单一砂性土层中的冲刷坑相比,冲刷范围明显在前后左右四个方向上都偏小,而且从试验结果照片上可以分辨出,冲刷坑的形状不再像单一砂性土层中那般平滑,而是冲刷坑边缘有凹有凸,变得十分不规则。根据黏性土层厚度不同来比较,黏性土层越厚,冲刷坑的范围越小。

如果将冲刷坑的形状和深度方向结合起来看的话,可以发现,冲刷坑的上半部分为黏性土层,下半部分为砂性土层,黏性土层部分的冲刷坑坡度比较陡,棱角分明,砂性土层部分的冲刷坑坡度比较缓，表面也比较圆滑。

在我国行业规范中，关于复合土层的冲刷计算提及，"当桥下河床由多层成分不同的土质组成时，分层土河床的冲刷可采用逐层渐近计算法进行"。美国 Briaud 等（2001）关于分层土冲刷的方法是以 SRICOS-EFA 方法为基础提出的，SRICOS-EFA 方法是通过 Briaud 等人研发的一套用于测定土样耐冲刷性的装置，通过这套装置把土样耐冲刷性归为一条冲刷速率与水流流速（剪切力）之间的曲线关系。但究其实质，上述二者的核心思想其实是一致的，即为从上而下逐层渐近地计算。

而本节的结果表明，由于上覆黏性土层的存在会使复合土层跨土层的冲刷坑深度比单一砂性土层的冲刷坑深度略小，分析原因应为黏性土层的土性所导致的冲刷范围偏小。假设在砂性土层部分的冲刷坑与单一砂性土层中的冲刷坑坡脚相同，则在更小的冲刷范围内必定导致更小的冲刷深度，而且黏性土层部分冲刷坑较为陡峭，棱角分明，对坑内泥沙起到一定程度的保护作用，使得坑内泥沙不易被带出坑外。

第 3 章
深水桥梁群桩基础的冲刷机理

3.1 冲刷过程及影响因素

桥梁局部冲刷是一个十分复杂的过程，是水流作用下桥梁基础周围土体不断被剥蚀的自然现象，主要体现在水流、基础与河床材料间的相互作用。因此，这一课题的研究实际上是多学科交叉问题，主要涉及水利工程、岩土工程和结构工程，其相互关系如图 3.1 所示。水利工程方面，主要通过对流体力学及流体动力学方面的研究，着眼于水流与阻水物间的相互作用；岩土工程方面，主要通过对河床材料及其力学特性的研究，探究土体侵蚀与变形的内在机理，研究水流直接作用于土体以及流体-结构相互作用形成的局部流场作用于土体的结果；结构工程方面，主要关注其上部结构与基础体系在局部冲刷前后的变化，重点研究上部结构以及上部结构和基础的动力与静力学问题。因此，本课题的开展需要综合运用上述三个学科的知识，并通过耦合分析方法将其有机地结合起来，对局部冲刷的机理，即流-固-颗粒体系的相互作用进行深入分析。

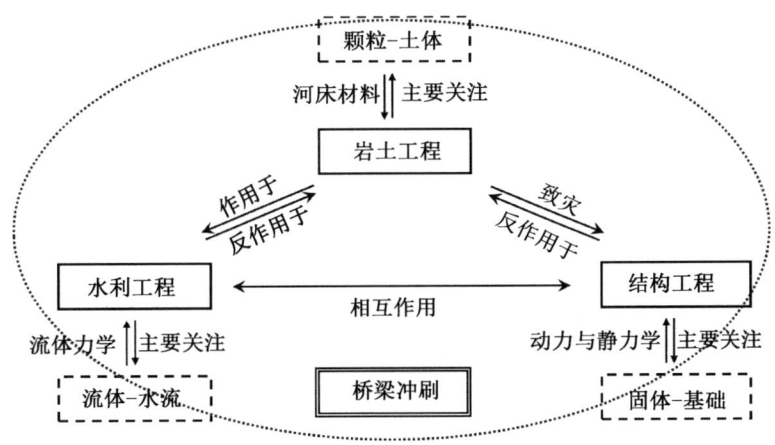

图 3.1 桥梁基础局部冲刷学科间相互关系示意图

现有的桥梁基础局部冲刷研究主要围绕其宏观机理开展，可以根据冲刷过程所涉及的领域分为以下三个方面。

1. 水利工程方面

流体在局部冲刷过程中的作用，如图 3.2 所示，可以分为以下三个方面：

（1）由于阻水物存在，导致水流在基础周围加速而产生马蹄形旋涡，这部分局部流体会将基础周围的泥沙材料卷扬而起。

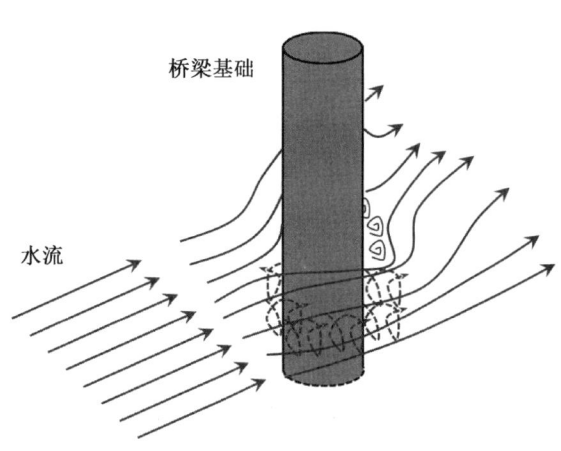

图 3.2　水流与桥梁基础相互作用形成的局部流场与流线示意图

(2) 由于阻水物的阻挡,本应通过这部分的水流不得不在此位置下降至基底河床,此时也将对河床材料进行冲击,发生侵蚀。

(3) 绕过桥梁基础的尾流将在下游区域产生旋涡,对下游的河床材料也会造成一定影响。

为更好地模拟实际河流中的情况,目前的研究通常采用波流水槽试验对局部冲刷过程进行探究。试验中通过改变流体参数(如水流、波浪或波流混合作用的不同水力条件)、河床材料(如黏性土、非黏性土或混合土体的不同颗粒参数)以及基础型式,对目标问题开展研究。而事实上,水流作用与波浪作用产生的局部冲刷过程存在一定差别,砂土与黏土的局部冲刷特性也有明显区别,不同基础型式周围局部冲刷的发生发展过程也不尽相同。本节主要着眼于探究砂性土条件下的水流对不同桥梁基础周围的局部冲刷作用,因此,本节将主要对这部分的研究现状进行简要介绍。

恒定流作用下的桥梁基础冲刷是室内试验中最基本的模型,同样也是理解复杂冲刷过程的基础。采用波流水槽试验的手段,多位学者研究了局部冲刷深度与其相关参数之间的关系(Chiew,1984;Melville 和 Sutherland,1988;Breusers 和 Raudkivi,1991;Sheppard 等,1995;Dey 等,1995;Melville 和 Coleman,2000)。这些研究认为,砂性土条件下,圆柱体基础周围无量纲化处理后的局部冲刷深度(d_s/D,d_s 为冲刷深度,D 为基础直径)与以下参数密切相关:流体密度(V/V_c)、无量纲化处理后的水深(y_0/D)以及无量纲化处理后的桩径(D/d_{50})。Sheppard 等(2004)在此基础上,将室内试验的数据延伸到更大范围的无量纲化处理后的桩径值。在上述较为初步的探索之后,学者们继续通过室内试验的手段对局部冲刷过程进行研究,并提供了大量数据,以便更好地对现有计算方法进行修正和补充(Salim 和 Jones,1996;Sumer 等,2005;Ataie-Ashtiani 和 Beheshti,2006;Amini 等,2011)。另外,这些早期的波流水槽模型试验也为后续的研究提供了一定的经验,如试验材料选择与试验时长估算。Raudkivi 和 Ettema(1983)与 Melville 和 Chiew(1999)建议,在研究局部冲刷时应当避免出现 $D/d_{50}<50$ 的情况,以保证试验结果的准确性。上述研究对现阶段的桥梁基础局部冲刷研究有着十分重要的意义,这是由于水力因素是整个冲刷过程中最初和最主要的发展原因,对于整个基础-河床体系而言相当于外部作用。然而,室内试验存在一些不可避免的局限性,如模型比尺导致的不准确、测量误差和细节难以观测等。作为一种依赖计算机及算法的研究手段,数值计算方法可以较好地克服上述问题,也因此逐渐受到学者们的关注。

随着计算流体力学理论的不断发展和计算机运算能力的不断提升,数值计算方法较传统试验方法的优点越来越显著:①可以采用原型尺寸进行建模,避免由于缩尺导致的误差;②模型参数和布置更为准确,尤其当水力条件、河床参数和基础型式比较复杂时;③可以得到详细而准确的计算结果,同时可以捕捉到各位置的冲刷发生和发展过程;④节约空间、人力和时间。但数值计算方法中的一些泥沙运动模型往往来自室内试验的结果,因此,在计算过程中同样存在一定的不足。

对于水下的上部结构-基础-土体的整个体系,其各组件之间的相互作用十分复杂。计算流体力学(Computational Fluid Dynamics,CFD)被广泛地运用于水流和阻水物之间的计算中,相关研究主要可以分为三类:①水流结构及冲刷过程的计算(Kocaman 等,2010;Richardson 和 Panchang,1998;Zhu 和 Liu,2012);②试验方法与数值方法之间的对比(Zhao 等,2010;Lu 等,2008;Gaydarov 等,2014);③不同水力参数条件下的冲刷过程(Vasquez 和 Walsh,2009;Adhikary 等,2009)。同样是常用的数值计算方法,有限单元法(Finite Element Method,FEM),无法直接运用在组成复杂的河床颗粒材料的计算中,但该方法可以用来研究局部冲刷其他方面的影响,如分析冲刷坑的存在对桥梁相应特性的影响(Foti 和 Sabia,2010)。与此同时,河床材料的颗粒间作用往往可以通过离散元法(Discrete Element Method,DEM)进行模拟。采用 CFD 与 DEM 的耦合计算方法,可以更好地模拟局部冲刷过程。其中,采用 DEM 解决颗粒尺度上的力学问题,如作用力和颗粒运动,而流体尺度的问题依然可以采用 CFD 或 FEM 进行计算(Bierawski 和 Maeno,2006)。

尽管现在数值计算的硬件与算法相较于过去几年已取得了长足的进步,但数值计算方法同样存在一定的缺陷。精确的模拟结果需要精细的网格划分或生成大量的土颗粒,相当耗费时间,而粗略的网格划分或较少的土颗粒则无法提供准确合理的计算结果。另外,通过 CFD(或 FEM)与 DEM 将固相和液相进行耦合在理论和实践上均不容易实现。在进行液相计算时,颗粒占据的空间以及颗粒间相互作用产生的影响往往需要被忽略掉,而进行颗粒计算时流体的属性及其力学特征则无法同时考虑。为了得到更好的计算结果,数值计算方法依然有很大的进步空间,也需要更多的实践检验。

2. 岩土工程方面

土体参数对局部冲刷的结果也有很大的影响,不同的土体特征也表现出不同的冲刷特性,例如,粗颗粒与细颗粒在冲刷过程中表现出的特点就存在很大区别。为了从岩土工程的角度理解局部冲刷过程的发展机理,需要解决以下几个问题:①颗粒在什么时候起动;②颗粒将被携带至何处;③颗粒间是如何互相影响的。这些问题主要由土体材料自身的参数(如颗粒粒径、黏聚力)以及土体结构(如土层的组成方式、土体饱和度、应力历史)共同决定。

目前对砂性土中单桩的探索已经比较深入,相关研究已经积累了大量的经验(Imberger 等,1982;Melville,1984;Melville 和 Sutherland,1988;Mueller 和 Landers,1996),本节将开展的研究也建立在这些已有经验的基础上。无黏性土的冲刷一般是以颗粒为单位逐个被侵蚀冲走,且冲刷发展速度极快,往往在洪水发生的数小时或几天内即达到最大冲刷深度。而黏性土不同,其冲刷可能是以颗粒为单位,也可能是以黏土块为单位。两种典型土体材料的冲刷特征如图 3.3 所示。目前针对这两种土体的冲刷研究中,砂性土方面的研究主要为宏观方面的研究,黏性土方面则逐步开展了一定的细观研究(Sheppard 等,2006;Briaud,2015a,b;Dolinar,2010)。本节的研究主要针对砂土中桥梁基础的局部冲刷,因此,黏性土的冲刷特性将不再赘述。

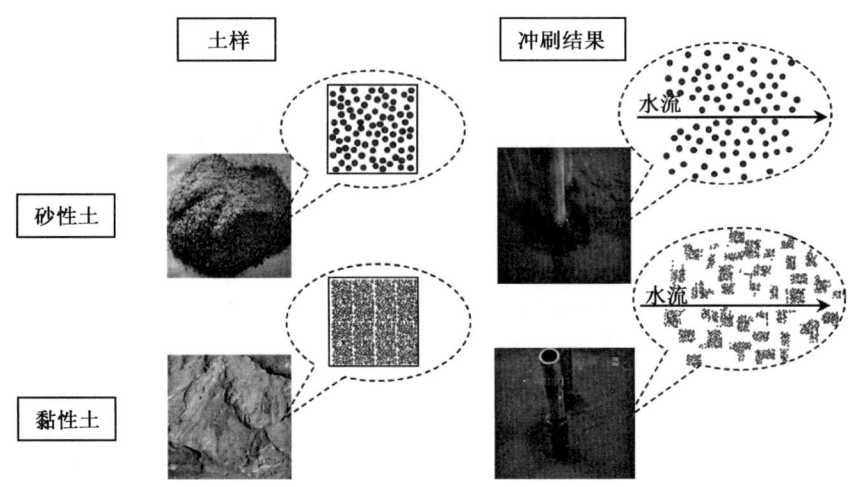

图 3.3　典型土体材料的冲刷特征示意图

在砂土的侵蚀过程中,有两个参数最为重要,即临界剪切应力(τ_c)和临界流速(V_c)。当剪切应力小于临界剪切应力时,侵蚀将不会发生;反之,侵蚀将会发生。类似地,当流速小于临界流速时,侵蚀将不会发生;反之,侵蚀将会发生。对于黏土和砂土而言,其发展过程有所不同。砂土中颗粒的侵蚀破坏主要是由颗粒的滚动和滑动造成的,而剪切应力和水流的流速是颗粒起动的原因。White(1940)建议临界剪切应力通过下式计算得到:

$$\tau_c = 0.18(\gamma_s - \gamma)d_{50}\tan\theta \tag{3.1}$$

式中,τ_c 为临界剪切应力;γ_s 为土颗粒的单位重度;γ 为水的单位重度;d_{50} 为砂土颗粒的中值粒径;θ 为河床材料在水中的自然休止角。

试验手段方面,Briaud 等(1999)提出了一种侵蚀功能测试装置(Erosion Function Apparatus,EFA),通过分析不同土样的测试结果,认为砂土的剪切应力满足如下简单的关系:

$$\tau_c(\text{N/m}^2) = d_{50}(\text{mm}) \tag{3.2}$$

之后,Briaud(2008)进一步分析了 TAMU(Briaud 等,2001),Vanoni(1975)和 White(1940)等试验中的测试数据,绘制了临界剪切应力与泥沙粒径关系的曲线。Briaud 等(2001)认为,不同粒径的颗粒侵蚀性能不同,并绘制了侵蚀抗力随颗粒粒径谱的变化。然而,这些计算方法或试验方法无法考虑更多的现实因素,且试验过程比较复杂,依赖于造价昂贵的精密仪器。

临界剪切应力和临界流速经常被用于室内试验和实际情况中,其相互关系也可以由 Richardson 和 Davis(2001)提出的公式计算得到:

$$V_c = \sqrt{\frac{\tau_c y_0^{0.33}}{\rho g n^2}} \tag{3.3}$$

式中,V_c 为临界流速;τ_c 为临界剪切应力;y_0 为水深;ρ 为水的密度;g 为重力加速度;n 为曼宁系数(Manning's Coefficient)。

与临界流速不同，阈值速度（threshold velocity，V_t）用于判断河流条件为清水冲刷还是动床冲刷。当流速小于阈值流速时，上游的泥沙不会补充进已形成的冲刷坑中，此时直接测量出的冲刷深度即为实际冲刷深度。当流速大于阈值流速时，床面泥沙大量起动，冲刷坑内得到上游床砂补给，冲刷深度随流速而增大的幅度大为减弱，此时的冲刷深度由于上游泥沙的补给而减小。清水冲刷与动床冲刷发展过程的示意图如图 3.4 所示。阈值流速可以通过下式计算得到（Melville 和 Coleman，2000）：

$$\frac{V_t}{u_{*c}} = 5.75 \lg \left(5.53 \frac{y_0}{d_{50}}\right) \tag{3.4}$$

$$u_{*c} = \begin{cases} 0.0115 + 0.0125 d_{50}^{1.4}, & 0.1\ \text{mm} < d_{50} < 1.0\ \text{mm} \\ 0.0305 d_{50}^{0.5} - 0.0065 d_{50}^{-1}, & 1.0\ \text{mm} < d_{50} < 100\ \text{mm} \end{cases} \tag{3.5}$$

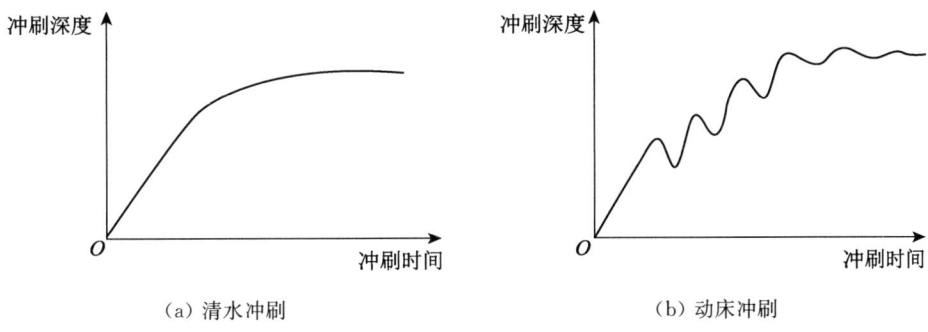

(a) 清水冲刷　　　　　　　　　(b) 动床冲刷

图 3.4　清水冲刷与动床冲刷发展过程的示意图

3. 结构工程方面

结构工程方面的研究一般针对既有冲刷坑对基础及其上部结构产生的影响。最初，关于局部冲刷的研究主要集中在最简单的情形，即恒定流作用下单桩的局部冲刷过程。随着研究的不断深入和桥梁建设技术的不断提高，越来越多的新型基础型式（图 3.5）被运用在跨江海桥梁中，这也使得冲刷方面的研究需要面向更复杂的基础型式。尽管针对单桩冲刷特性的研究已经十分深入（Raudkivi 和 Ettema，1983；Melville 和 Sutherland，1988；Sumer 等，1992b；Whitehouse，1998；Melville 和 Coleman，2000；Richardson 和 Davis，2001；Sumer 等，2007），但群桩基础及复杂基础周围的冲刷机理尚待继续发掘（Salim 和 Jones，1999；Sumer 等，2005；Myrhaug 和 Rue，2005；Ataie-Ashtiani 和 Beheshti，2006；Amini 等，2011；Zhao 等，2012）。基础的布置型式对其冲刷特性也有很大的影响，例如，群桩冲刷不仅涉及桩-土-水间相互影响，还涉及桩-桩间相互影响，因此，其冲刷作用机理比单桩机理要复杂很多。现有研究成果主要为小直径单桩的试验结果，关于群桩基础、复杂基础以及大直径基础的冲刷机理研究还不够完善。此外，局部冲刷坑的存在对基础承载性能的影响也是近年来局部冲刷在结构工程方面的研究重点（Daniels 等，2007；陈鹏 等，2007；叶爱君 等，2007）。这些研究与岩土工程方面的研究息息相关，并且明确了冲刷带来的基础灾变机理，但这些研究往往并没有考虑真实的水流和波浪作用，而是对冲刷坑的形态进行简化处理，与实际问题相比存在一定的局限性。

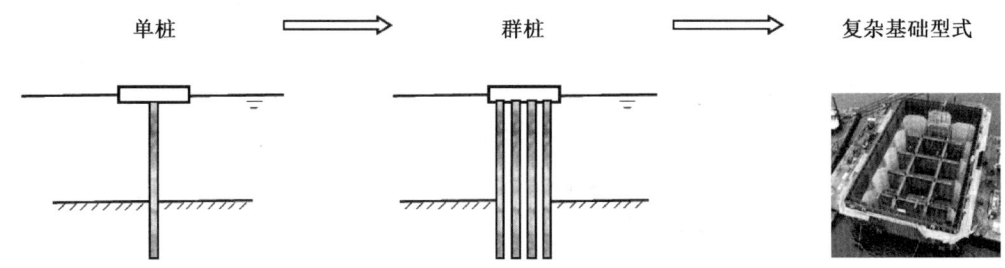

图 3.5　桥梁工程中常见基础型式

3.2　水动力学基础

海岸工程及近海工程的结构物中,特别是固定式结构物和一些半潜式浮动结构物中,各种型式的杆件或柱形结构得到了广泛的应用。这些杆件或柱体可以是垂直的、水平的或斜向布置的,其截面尺度相对于波要素可以是小尺度的,也可以是大尺度的。为了适应来自不同方向的海浪而保持较小的体形阻力系数,其截面形状多半是圆形的。在各种方向布置的构件中,最典型的是垂直构件,波浪力的计算按照其尺度大小的不同而导致受力特性的不同,有两种不同方法(李玉成,滕斌,2015):

(1) 对于小直径构件,至今仍主要采用 1950 年由美国加利福尼亚州伯克利大学的莫里森等人所提出的方法,目前通称为莫里森方程(或方法)。这是一个半经验半理论方法,它认为当构件直径 D 与波长相比很小,即 $D/L \leqslant 0.15$ 时,波浪场将基本上不受极柱存在的影响而传播。这时其所受波浪力可视为由两部分力组成,一部分是由未扰动的波浪速度场所产生的速度力,另一部分是由波浪加速度场所产生的加速度力。

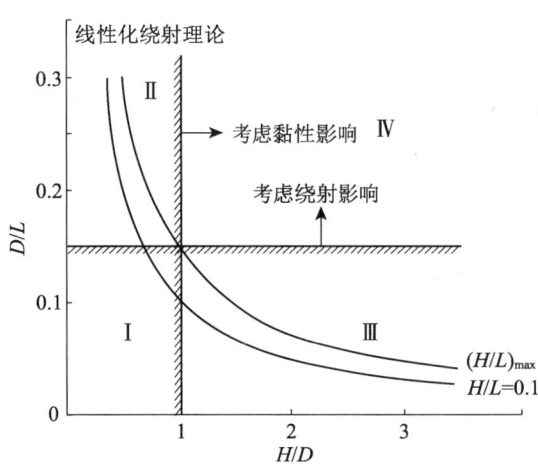

图 3.6　采用无利性假定划分的 4 个区域

(2) 对于大直径构件,通常采用 1954 年由美国工程兵团所提出的绕射理论。它假定水体是无新性的,波浪作有势运动,并取线性化后的自由水面边界条件,因而其适用条件大体为:首先是符合线性化条件,一般认为当 $D/L > 0.25$ 时,线性化误差不大;其次是流体绕过柱体时不发生分离现象,为此要求 $H/D \leqslant 1.0$,即波高与柱径之比较小,此时可采用无利性的假定(图 3.6)。

根据 D/L 及 H/D 两参数的不同组合可以划分为 4 个区域:

Ⅰ区:$D/L < 0.15$ 及 $H/D < 1.0$,此时不考虑黏性及绕射的影响,可按莫里森方程进行计算;

Ⅱ区:$D/L > 0.15$ 及 $H/D < 1.0$,此时不考虑黏性,但应考虑绕射作用,可按线性绕射理论(MacCamy 方法)进行计算;

Ⅲ区：$D/L < 0.15$ 及 $H/D > 1.0$，此时不考虑绕射影响，可按莫里森方程进行计算；

Ⅳ区：$D/L > 0.15$ 及 $H/D > 1.0$，此时应既考虑黏性又考虑绕射的影响，而波浪的极限波陡为 $(H/L)_{max} \approx 0.15$，所以此区的波浪已经破碎，实际上不存在，可不予考虑。

3.2.1 描述液体运动的两种方法

液体的物理特性是具有流动性，其静止只是相对的，而运动才是绝对的。水动力学研究的主要问题是流速和压强在流场中的分布。所谓流场，即液体的流动空间。在这两大问题中，流速居首要地位。为建立液体运动要素的数学表达式，通常有两种方法（叶镇国，彭文波，2011），即拉格朗日（J. L. Lagrange）法和欧拉（L. Euler）法，理解这两种基本方法对描述冲刷过程中的流场条件十分必要。现分述如下。

1. 拉格朗日法

此法引用固体力学方法，即把液体看成是一种质点系，把流场中的液体运动看成是由无数液体质点迹线构成。每一质点运动都有其运动迹线，由此可进一步获得液体质点流速及加速度等运动要素的数学表达式。综合每一质点的运动状况，即可获得整个液体的流动状况，即先从单个质点入手，再建立流场中液流流速及加速度的数学表达式。可见，拉格朗日法是用迹线来描绘流场中的运动状况。设 $t = t_0$ 时，某液体质点的初始坐标为 (a, b, c)，则在任一时刻 t，此质点的迹线方程可表达为

$$\begin{cases} x = x(a, b, c, t) \\ y = y(a, b, c, t) \\ z = z(a, b, c, t) \end{cases} \tag{3.6}$$

式中，(a, b, c, t) 为拉格朗日变数。

不同的初始值 (a, b, c) 表示流场中不同液体质点的初始位置。因此，每一质点的流速 u 及加速度 a 可表达为

$$\begin{cases} u_x = \dfrac{\partial x}{\partial t} = u_x(a, b, c, t) \\ u_y = \dfrac{\partial y}{\partial t} = u_y(a, b, c, t) \\ u_z = \dfrac{\partial z}{\partial t} = u_z(a, b, c, t) \\ a_x = \dfrac{\partial u_x}{\partial t} = a_x(a, b, c, t) \\ a_y = \dfrac{\partial u_y}{\partial t} = a_y(a, b, c, t) \\ a_z = \dfrac{\partial u_z}{\partial t} = a_z(a, b, c, t) \end{cases} \tag{3.7}$$

式中　u_x, u_y, u_z——液体质点流速 u 沿三坐标轴的分量；

a_x, a_y, a_z——液体质点加速度 a 沿三坐标轴的分量。

由式(3.7)可知，按拉格朗日法确定流场中液体质点的流速及加速度等运动要素分布关

系的先决条件是建立确定的迹线方程,但这在数学上往往难以实现。因此,除分析波浪运动、水文测验及水工模型试验示踪测速等情况外,水力学中较少采用这一方法建立数学模型。

2. 欧拉法

此法直接从流场中每一固定空间点流速分布规律入手建立流速、加速度等运动要素的数学表达式,然后从中综合整体水流的运动规律,进一步建立液体运动的质量守恒方程、能量守恒方程及动量方程。欧拉法和拉格朗日法的不同点是,它只以空间点的流速、加速度为研究对象,并不涉及液体质点的运动过程,也不考虑各点流速及加速度属于哪一质点,这就大大简化了对运动的分析方法。实际工程问题绝大多数也不需要追究流体流动的全过程,而只需确定流场中每一固定点的运动要素。例如,水流流过桥孔、涵洞或从自来水龙头处流出,工程设计只需掌握在桥涵或自来水龙头处的水位、流速及压强,并不需要追究水从何处来,到何处去。

因此,欧拉法便成了液体力学中用于理论分析的主要方法。用此法描述运动时,有

$$\begin{cases} u_x = u_x(x, y, z, t) \\ u_y = u_y(x, y, z, t) \\ u_z = u_z(x, y, z, t) \end{cases} \tag{3.8}$$

$$\begin{cases} a_x = \dfrac{\mathrm{d}u_x}{\mathrm{d}t} = \dfrac{\partial u_x}{\partial t} + u_x \dfrac{\partial u_x}{\partial x} + u_y \dfrac{\partial u_x}{\partial y} + u_z \dfrac{\partial u_x}{\partial z} \\ a_y = \dfrac{\mathrm{d}u_y}{\mathrm{d}t} = \dfrac{\partial u_y}{\partial t} + u_x \dfrac{\partial u_y}{\partial x} + u_y \dfrac{\partial u_y}{\partial y} + u_z \dfrac{\partial u_y}{\partial z} \\ a_z = \dfrac{\mathrm{d}u_z}{\mathrm{d}t} = \dfrac{\partial u_z}{\partial t} + u_x \dfrac{\partial u_z}{\partial x} + u_y \dfrac{\partial u_z}{\partial y} + u_z \dfrac{\partial u_z}{\partial z} \end{cases} \tag{3.9}$$

式中 x, y, z, t ——欧拉变数;

$\dfrac{\partial u}{\partial t}$ ——当地加速度;

$u_x \dfrac{\partial u_x}{\partial x}, u_y \dfrac{\partial u_y}{\partial x}, u_z \dfrac{\partial u_z}{\partial x}$ ——迁移加速度。

当地加速度是因时间推移而出现的速度变化,例如河水上涨时,河水中任一点的速度将随时间而变化;迁移加速度是不同空间点液体的速度变化,例如河水流经宽窄不同的河段时,其流速将因位置不同而发生变化。

当上述运动要素是三个空间坐标的函数时,称为三元流动,天然河道中的水流即属于此类;当运动要素只是空间两个坐标的函数时,称为二元流动;当运动要素只是一个坐标的函数时,称为一元流动。显然,坐标变量越少,问题的处理就越简单。水力学中多用一元流动方法(又称为流束理论)研究河道或管道中沿程流速和压强或水深的变化规律。若以流动路程 s 为坐标轴(可为曲线坐标轴),则式(3.8)及式(3.9)可表达为

$$\begin{cases} u = u(s, t) \\ a_s = \dfrac{\partial u}{\partial t} + u \dfrac{\partial u}{\partial s} \\ p = p(s, t) \end{cases} \tag{3.10}$$

式中，p 为压强。

值得注意的是，欧拉变数 (x, y, z, t) 与拉格朗日变数 (a, b, c, t) 中的坐标在概念上是有区别的，其运动要素 u 和 a 的概念也不同。欧拉变数的坐标 (x, y, z) 只是空间点的位置坐标，与液体运动轨迹无关，其 u 和 a 只是指流经某空间点时的速度与加速度，不只限于某一质点流经该空间点时的速度与加速度。而拉格朗日法中的坐标 (x, y, z) 是指单一质点在各时刻所处的位置，u 和 a 则是单一质点在不同时刻、不同位置的速度与加速度，它与迹线有关。

3.2.2 欧拉法的基本概念

通常，确立有关概念，建立相关要素的数学表达式，而后推求有关要素关系的数学物理方程，这是创立计算理论的基本手段。运用欧拉法建立液流三大方程除需运用式(3.10)对运动的数学描述方式外，还需借助于以下设定的有关概念作为过渡手段，现分述如下（叶镇国，彭文波，2011）。

1. 流线

式(3.8)只能确定液流质点流速的大小，而对于流速的方向，欧拉法则采用流线描述。所谓流线，即同一时刻与流场中各质点运动速度矢量相切的曲线。它是一根描述液体运动的方向线，欧拉法用一系列流线来描绘流场中的流动状况，由此构成的流线图，称为流谱。图 3.7(a)所示为流线，图 3.7(b)，(c)分别为水流经桥墩绕流和管径沿程变化管道中的流谱。可以证明，流线密处流速大，流线稀处流速小。

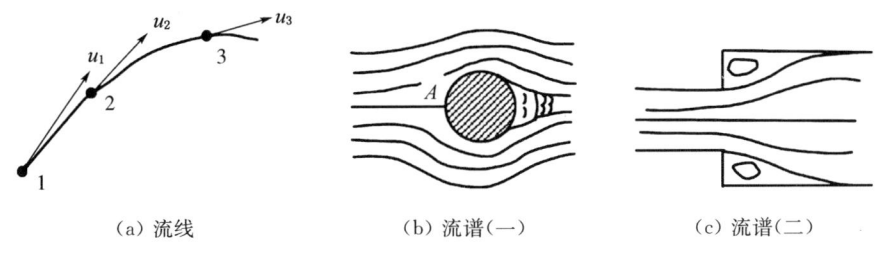

(a) 流线　　　　　　(b) 流谱(一)　　　　　　(c) 流谱(二)

图 3.7　流线与流谱

按流线定义，它具有如下特性：

(1) 流线一般不会相交，也不会呈 90°折转，否则，在交点或折点处将出现两种运动方向的矛盾结果，但图 3.7(b)所示的驻点 A 除外。

(2) 流线只能是一根光滑曲线。因液体为连续介质，故运动要素的空间分布为连续函数。

(3) 任一瞬时，液体质点沿流线的切线方向流动，在不同瞬时，因流速可能有变化，流线的图形可以不同。

按流线定义，在流线上含某点 M 取一微元长度 ds，它在三个坐标轴向的投影分别为 dx, dy, dz，M 点的流速为 u，它在三轴向的分量为 u_x, u_y, u_z，因流线上每一点的流速矢量与流线相切，故有

$$\begin{cases} \cos\alpha = \cos(u,x) = \dfrac{u_x}{u} = \dfrac{\mathrm{d}x}{\mathrm{d}s} \\ \cos\beta = \cos(u,y) = \dfrac{u_y}{u} = \dfrac{\mathrm{d}y}{\mathrm{d}s} \\ \cos\gamma = \cos(u,z) = \dfrac{u_z}{u} = \dfrac{\mathrm{d}z}{\mathrm{d}s} \end{cases} \quad (3.11)$$

由此得流线方程为

$$\frac{\mathrm{d}x}{u_x} = \frac{\mathrm{d}y}{u_y} = \frac{\mathrm{d}z}{u_z} = \frac{\mathrm{d}s}{u} \quad (3.12)$$

式中，u_x，u_y，u_z，u 都是关于坐标 x，y，z 及时间 t 的函数，因此 t 亦为流线方程的参数，不同时刻的流线不同。对于同一时刻的积分流线方程，t 可看作常数。

2. 流管与流股

如图 3.8(a)所示，在流场中取一封闭的几何曲线 C，在此曲线上各点作流线，则可构成一管状流动界面，称为流管。流管是欧拉法将流场划分成若干流动小空间，并为之建立运动方程的一种手段。流管内的液流，称为流股，又称为流束，如图 3.8(b)所示。显然，在流管内外的液流将不会互相作穿越流管的交流。

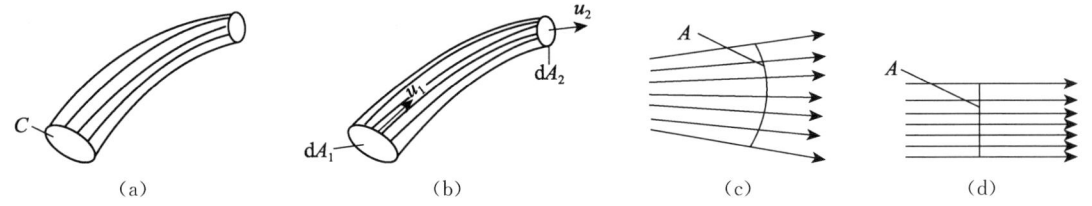

图 3.8　流管、流股与过水断面

3. 过水断面

如图 3.8(c)所示，垂直于流线簇所取的断面，称为过水断面。当流线簇彼此不平行时，过水断面为曲面，当流线簇为彼此平行的直线时，过水断面为平面，如图 3.8(d)所示。例如，等直径管道中的水流，其过水断面即为平面。由于过水断面与流速矢量正交，故液流不会沿过水断面方向流动。

4. 元流与总流

过水断面无限小的流股，称为元流，如图 3.9(a)所示。由于元流的过水断面无限小，故断面上的压强、流速都可看作是均匀分布，即元流过水断面上各点流速及压强都相等。元流的极限情况即为流线。

无数元流的总和，称为总流。如图 3.9(b)所示的涵洞水流即为总流，它是有限断面的整股水流，在总流的过水断面上，流速和压强一般呈不均匀分布。例如，河中水流，由于两岸边界情况的影响，河流中间的流速较大，两岸处的流速则较小。

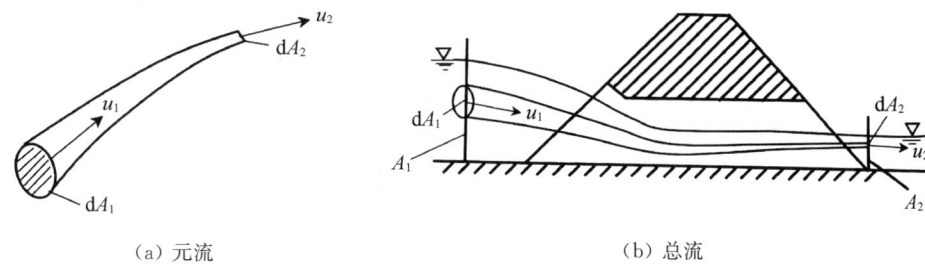

(a) 元流　　　　　　　　　　　　　　(b) 总流

图 3.9　元流与总流

3.2.3　液流

1. 液流计量方法

液体是一种不可数物质,为定量计算,主要定义以下两个参数(叶镇国,彭文波,2011)。

(1) 流量

单位时间内流经过水断面的液体体积,称为流量,以 Q 表示。

如图 3.10(a)所示,设元流过水断面面积为 dA,断面上的流速为 u,dt 时间内充水的距离为 ds,则通过元流过水断面的液体体积 dV 有

$$dV = ds dA = u dt dA \tag{3.13}$$

$$dQ = \frac{dV}{dt} = u dA \tag{3.14}$$

$$Q = \int_A dQ = \int_A u dA \tag{3.15}$$

式(3.14)与式(3.15)分别为元流与总流流量的定义式。式中流量的单位为 m³/s 或 L/s。此流量亦称为体积流量。若取单位时间内流经过水断面液体的重量或质量,则称为重量流量 Q_G 或质量流量 Q_ρ。三种流量的关系如下:

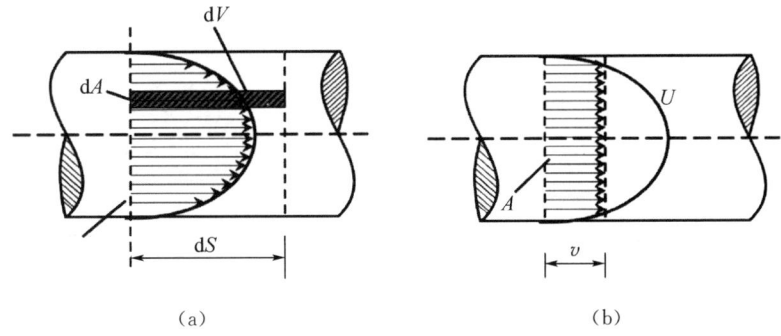

图 3.10　流体参数示意图

$$\begin{cases} Q = \int_A u dA & (\text{m}^3/\text{s}) \\ Q_G = \gamma Q & (\text{kN/s}) \\ Q_\rho = \rho Q & (\text{kg/s}) \end{cases} \tag{3.16}$$

（2）断面平均流速

实际液体受黏滞性的影响，过水断面上的流速一般呈不均匀分布，各点流速的加权平均值称为断面平均流速，用 v 表示。如图 3.10(b) 所示，有

$$v = \frac{\int_A u \, dA}{\int_A dA} = \frac{Q}{A} \tag{3.17}$$

式中，A 为过水断面面积。

引入断面平均流速概念，是欧拉法将三元流动简化为一元流动的科学手段。当流量一定时，过水断面越大，断面平均流速越小；过水断面越小，则断面平均流速越大。若沿流程取坐标轴 s，可有

$$v = v(s, t) \tag{3.18}$$

2. 液流分类

为便于分析研究，水力学中常将液体流动按以下三种方式划分（叶镇国，彭文波，2011）。

（1）恒定流与非恒定流

运动要素不随时间变化的流动，称为恒定流，否则称为非恒定流。水力学中的水流通常作为恒定流处理。

（2）均匀流与非均匀流

流线簇彼此呈平行直线的流动，称为均匀流，否则称为非均匀流。

在均匀流中，过水断面为平面，沿程断面流速分布相同，断面平均流速相等，过水断面的大小形状一致，沿程动能修正系数及动量修正系数均相等，这是一种匀速直线流动。液体在离进口较远处的等直径长管道中的流动或在过水断面形状大小沿程一致的长直渠道中的流动均属此类。液体在渐缩或渐扩大的管道、弯管、断面沿程变化的河渠中的流动，均属于非均匀流。非均匀流中，过水断面为曲面，流速分布沿程不同，流速沿程不等，动能修正系数及动量修正系数沿程也分别不相等。

此外，非均匀流中，又可分渐变流与急变流两类。

流线簇彼此呈接近平行直线的流动，称为渐变流，又称为缓变流。它是一种近似的均匀流，其极限情况即为均匀流。在渐变流中，各流线间夹角很小，曲率也很小，沿程的迁移加速度也很小，惯性力影响可以忽略不计。

流线簇彼此不平行，流线间夹角大或流线曲率大的流动，称为急变流。在急变流中，惯性力不可忽视。

（3）有压流与无压流

过水断面的全部周界都与固体边壁接触且无自由表面，液体压强不等于大气压强的流动，称为有压流，自来水管中的水流即属此类。有压流又称有压管流。在有压流中，由于液流受到边界条件约束，流量变化只会引起压强、流速的变化，但过水断面的大小、形状不会改变。

过水断面部分周界具有自由表面的流动，称为无压流或明渠流。显然，在无压流中，自

由表面处的相对压强为零,表面压强为大气压强。这类水流的特性与有压流不同,当流量变化时,过水断面的大小、形状均可随之改变,故流速和压强的变化表现为流速及水深的变化,并可有流速大、水深小,流速小、水深大等多种组合情况(详见第 6 章明渠非均匀流部分),因此,明渠流较有压流复杂,河渠水流即属于此类。

区分液流的类型,将有助于由浅入深、由简而繁去研究水流的运动规律。

3.2.4 流体动力学

莫里森方程的基本假定是柱体的存在不影响波浪的运动,亦即波浪速度及加速度仍可按原来的波浪尺度并由拟采用的波浪理论来加以计算。这一假定对于小直径桩柱而言是可以接受的。所产生的波浪力由以下两部分组成(李玉成,滕斌,2015)。

(1) 惯性力 F_i

由于柱体的存在,柱体所占空间的水体必须由原处于波浪运动之中变为静止不动,因而对柱体产生一个惯性力。它等于这部分水体质量乘以它的加速度。由于这部分体积中各点的加速度并不相同,为此可取柱体中轴线处的加速度以代表该范围的平均加速度。另外,除了柱体本身所占据的水体外,其附近一部分水体也将随之变速,这部分水体的质量称为附连水质量,则真正作用于柱体上的质量应乘上一个质量系数,该质量系数即等于惯性力系数 C_m。

$$F_i = f_i \Delta Z = C_m \rho \Delta V \frac{\partial u}{\partial t} = C_m \rho \frac{\pi D^2}{4} \frac{\partial u}{\partial t} \Delta Z \tag{3.19}$$

则

$$f_i = C_m \rho \frac{\pi D^2}{4} \frac{\partial u}{\partial t} \tag{3.20}$$

其中

$$C_m = 1 + C_m' \tag{3.21}$$

式中,f_i 为单位高度柱体上所受的惯性力;D 为柱体直径;C_m' 为附连水质量系数。

(2) 速度力 F_d 在稳定流条件下,当为紊流时,速度力为

$$F_d = f_d \Delta Z = C_d \frac{\rho}{2} D u^2 \Delta Z \tag{3.22}$$

则

$$f_d = C_d \frac{\rho}{2} D u^2 \tag{3.23}$$

考虑水流的往复性,速度力也有往复性,即有正有负,因而式(3.22)中的 u^2 项应改为 $u|u|$,同时速度力系数 C_d 也应按不同流态取用适当的数值,则速度力公式可表述为

$$f_d = C_d \frac{\rho}{2} D u |u| \tag{3.24}$$

综上,作用于单位高度柱体上的总波浪力 f 为

$$f = f_i + f_d \tag{3.25}$$

根据微幅波理论，取如图 3.11 所示的坐标系，则总波浪力

$$f = f_{xi} + f_{xd} = f_{xi\max}\sin\omega t + f_{xd\max}\cos\omega t |\cos\omega t| \quad (3.26)$$

式中

$$f_{xi\max} = C_m \frac{\gamma\pi D^2 kH}{8} \frac{\cosh k(z+d)}{\cosh kd} \quad (3.27)$$

$$f_{xd\max} = C_d \frac{\gamma DkH^2}{4} \frac{\cosh^2 k(z+d)}{\sinh 2kd} \quad (3.28)$$

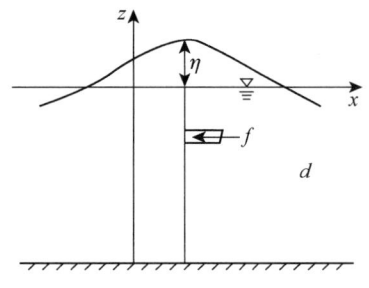

图 3.11 坐标系

由 $\dfrac{df_x}{dt}$ 得

$$\frac{df_x}{dt} = -\omega\cos\omega t(f_{xi\max} + 2f_{xd\max}\sin\omega t) = 0 \quad (3.29)$$

式(3.71)能够成立的条件为

$$\cos\omega t = 0 \quad (3.30)$$

因

$$f_{xi\max} + 2f_{xd\max}\sin\omega t = 0 \quad (3.31)$$

由于 $|\sin\omega t|\leqslant 1$，则 $f_{xd\max}$ 必须等于或大于 $0.5f_{xi\max}$，因而可得：

(1) $f_{xd\max} < 0.5f_{xi\max}$ 时，最大波浪力出现的时间应满足式(3.30)，即在 $\cos\omega t = 0$ 时出现。在线性波理论中，此时间对应质点的水平速度为 0，即波面刚通过静水面，此时有

$$f_{x\max} = f_{xi\max} \quad (3.32)$$

(2) 当 $f_{xd\max} = 0.5f_{xi\max}$ 时，$\sin\omega t = -1$，$\cos\omega t = 0$，则此情况同(1)。因而可归结为在 $f_{xd\max} < 0.5f_{xi\max}$ 条件下最大波浪力在水平分速等于 0 时出现，此时存在式(3.32)，即求最大波浪力，可不计速度力项。

(3) 当 $f_{xd\max} > 0.5f_{xi\max}$ 时，出现最大波浪力的时刻为

$$\sin\omega t = -\frac{1}{2}\frac{f_{xi\max}}{f_{xd\max}} \quad (3.33)$$

此时，最大波浪力为

$$f_{x\max} = f_{xd\max}\left[1 + \frac{1}{4}\left(\frac{f_{xi\max}}{f_{xd\max}}\right)^2\right] \quad (3.34)$$

由式(3.34)可知，当 $f_{xd\max} > 2f_{xi\max}$ 时，$\left(\dfrac{f_{xi\max}}{f_{xd\max}}\right)^2 < \dfrac{1}{4}$，略去此平方项，式(3.34)所产生的误差小于 6.0%，则这种情况下可略去惯性力项。

3.2.5 明渠水流

1. 明渠均匀流的水力特性和发生条件

天然河道、人工渠道（如路基排水沟、边沟、渡槽以及无压力式涵洞流等）统称为明渠。

明渠水流的运动是在重力作用下形成的。理解明渠水流的特点对模拟河流条件下的冲刷过程十分必要。下面将从三个方面对明渠的主要特性作简要阐述(许珊珊,2015)。

(1) 明渠均匀流的水力特性

明渠均匀流是明渠水流中的一种特殊情况,其流线为彼此平行的直线,是明渠中水深、断面平均流速、断面流速分布、动能修正系数、动量修正系数沿程均保持不变的流动,其基本特征可归纳为如下几点:

① 明渠均匀流是一种等深、等速直线运动,断面流速分布沿程不变,有 $\alpha_1 = \alpha_2$,$\alpha_1' = \alpha_2'$。

② 因为流线为平行直线,所以过水断面上的压强满足静水压强分布规律,即测压管水头线、总水头线都平行于水面线,水面线又平行于底坡,因此渠底坡度 i、测压管水头线坡度 J_P、水力坡度 J 三者相等,即 $J_P = J = i$。该式中各变量的物理意义如下:底坡 i 表示单位长度内单位位能的减少;水力坡度 J 表示单位长度的单位能量损失(水头损失);$J = i$ 表示损失的水头由单位位能的减少来提供。

因此,明渠均匀流实际上是重力和阻力达到平衡的一种流动。

(2) 明渠均匀流的发生条件

图 3.12 所示为一明渠均匀流段,从力学角度分析,均匀流为等速直线运动,无加速度,则作用在水体上的力必然是平衡的,列 1—1、2—2 前后两断面的动量方程,有

$$P_1 - P_2 - T + G\sin\theta = 0 \tag{3.35}$$

而

$$\begin{cases} P_1 = P_2 \\ \sin\theta = i = \dfrac{\Delta Z}{L'} \end{cases} \tag{3.36}$$

得

$$\begin{cases} T = Gi \\ G\Delta Z = TL' \end{cases} \tag{3.37}$$

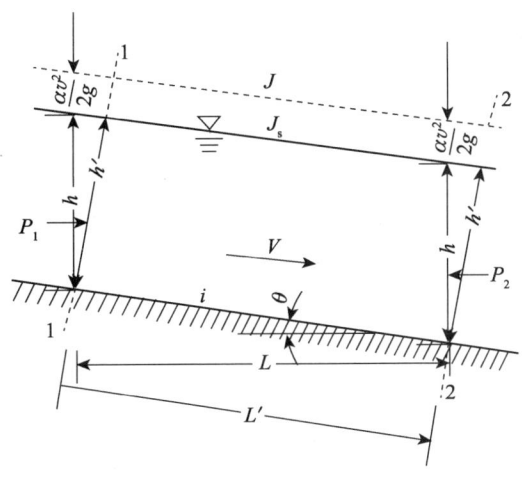

图 3.11 明渠均匀流段

式(3.37)说明明渠均匀流动是重力沿流动方向的分力与阻力相平衡时产生的流动,这

是均匀流的力学本质。从力学意义上来说,均匀流在水流方向上的重力分量必须与渠道边界的摩擦阻力相等才能形成均匀流。因此,只有在正坡渠道明渠均匀流段上才可能形成均匀流。

由上述分析可知,明渠均匀流的发生条件如下:
① 渠道必须是长而直的棱柱形渠道;
② 渠底高程沿程降低,即顺坡 $i>0$,且沿程不变;
③ 过水断面的大小及形状、渠道表面的粗糙系数 n 沿程不变;
④ 无局部障碍;
⑤ 恒定流 Q 为常数。

上述几个条件中任何一个不满足,渠中水流都将会从均匀流转变为非均匀流。凡破坏明渠均匀流条件的局部因素,统称为"干扰"。在长直的棱柱形渠道中,这类干扰有多种。如涵洞压缩了渠道断面、渠道底坡发生折变等,均可导致非均匀流现象。当渠道长度足够长时,远离干扰端的某一断面中可有 $T=Gi$,即可有均匀流。从理论上说,这一均匀流断面应在无穷远处。因此,明渠均匀流计算对于明渠非均匀流计算也有着重要的意义。

2. 明渠几何特征

明渠水流的边界是渠床,边界的几何条件如明渠底坡、横断面形状及表面粗糙度等的变化,都对水流运动状态有着直接的影响。

(1)明渠底坡

渠道底坡指渠道中沿程单位长度内的渠底高差,又称为比降,以 i 表示,如图 3.13 所示。

$$\begin{cases} i = \sin\theta = \dfrac{z_1 - z_2}{L'} \\ i = -\dfrac{\mathrm{d}z}{\mathrm{d}s} \end{cases} \tag{3.38}$$

式中,z_1,z_2 为沿流向的前后高程;L' 为渠道的流程长度;θ 为底坡线与水平线之间的夹角;s 为流程。

当渠底高程沿程下降,有 $z_2<z_1$,$i>0$,故式(3.38)中引入负号;当 $z_2>z_1$,$\mathrm{d}z<0$ 时,有 $i>0$。

通常,渠道底坡很小($i<1\%$),即 θ 角很小,故以两断面间的水平距离 L 来代替渠道水流方向的长度 L',过水断面的水深 h' 也可用铅垂水深 h 代替,即 $\sin\theta = \tan\theta$,有

$$\begin{cases} i = \dfrac{z_1 - z_2}{L'} = \tan\theta \\ h = h' \end{cases} \tag{3.39}$$

按渠道底坡特征,明渠可分为以下三类:
① 渠底标高沿程降低为正坡或顺坡渠道,$i>0$,如图 3.13(a)所示;
② 渠底标高沿程不变为平坡渠道,$i=0$,如图 3.13(b)所示。
③ 渠底标高沿程增加为负坡或逆坡渠道,$i<0$,如图 3.13(c)所示。

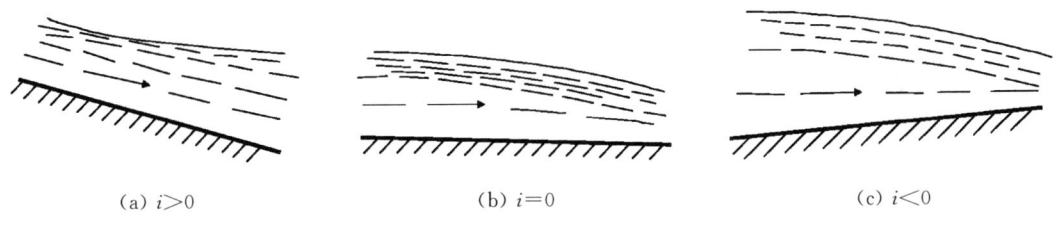

(a) $i>0$　　　　　　(b) $i=0$　　　　　　(c) $i<0$

图 3.13　渠道底坡

对于人工渠道,三种底坡类型均可能出现,但在天然河道中,长期的水流运动形成的往往是正坡。

(2) 明渠断面水力要素

渠道横断面形状有多种,如图 3.14 所示。人工渠道一般为兼顾水力和经济技术条件,常采用对称的几何形状,如梯形、矩形、圆形、抛物线形及多边形等。天然河道的横断面与河质条件及水力条件有关,上游水流湍急,冲刷力强,河床断面多呈 V 形;中下游水流较缓,淤积逐渐加剧,断面多呈复式断面;在弯道上由于水流离心力的影响,河床呈深浅不对称的断面。

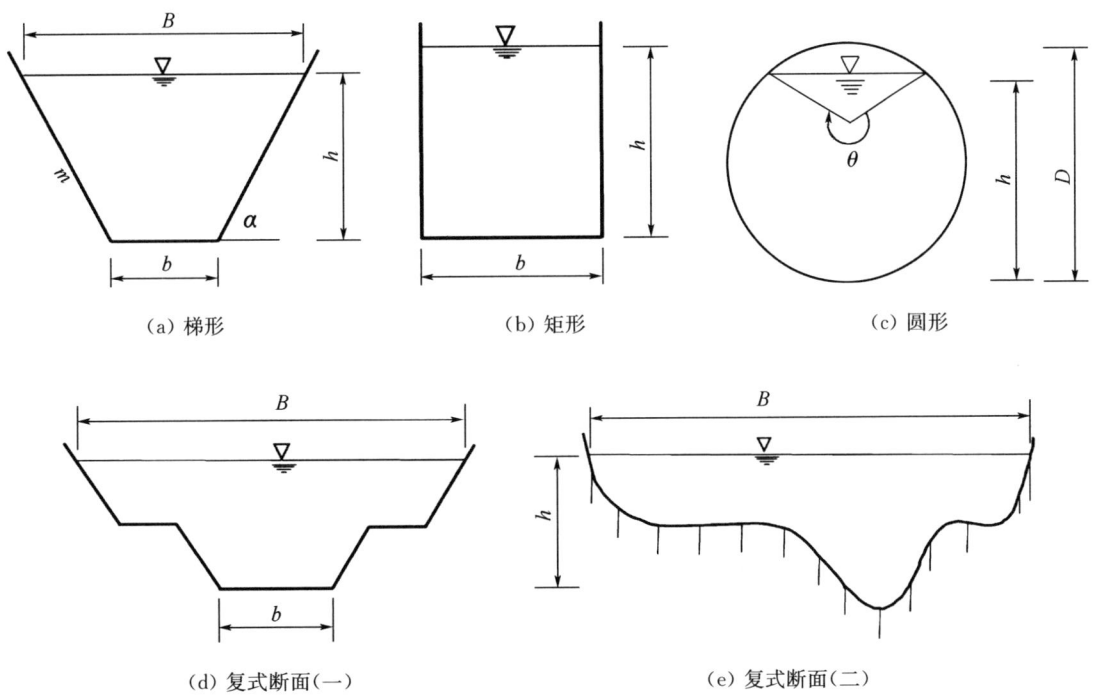

(a) 梯形　　　　　　(b) 矩形　　　　　　(c) 圆形

(d) 复式断面(一)　　　　　　(e) 复式断面(二)

图 3.14　断面形状

在土质地基上的明渠,为避免崩塌和便于施工,多挖成梯形断面(图 3.15),它两侧的倾斜度用边坡系数 m 表示,m 值的大小取决于渠道边坡的土壤性质或护面材料情况,可参考表 3.1 选择。

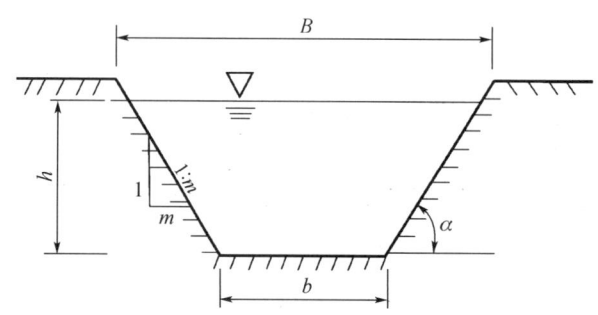

图 3.15 梯形断面

表 3.1　　　　　　　　　　渠道的边坡系数值

土壤种类	边坡系数 m	土壤种类	边坡系数 m
细砂	3.0～3.5	一般黏土	1.0～1.5
砂壤土和松散壤土	2.0～2.5	密实的重黏土	1.0
密实砂壤土和轻黏壤土	1.5～2.0	风化的岩石	0.25～0.5
重黏壤土、密实的黄土	1.0～1.5	未风化的岩石	0～0.25

① 梯形断面

过水断面面积：
$$A = (b+mh)h \tag{3.40}$$

水面宽度：
$$B = b + 2mh \tag{3.41}$$

湿周：
$$\chi = b + 2h\sqrt{1+m^2} \tag{3.42}$$

水力半径：
$$R = \frac{A}{\chi} = \frac{(b+mh)h}{b+2h\sqrt{1+m^2}} \tag{3.43}$$

式中，α 为边坡角，见图 3.15；m 为边坡系数，$m = \cot \alpha$，由土壤的力学性质决定。

② 矩形断面

当 $m=0$ 时，即为矩形断面。

③ 圆形断面

过水断面面积：
$$A = \frac{d^2}{8}(\theta - \sin \theta) \tag{3.44}$$

水面宽度：
$$B = d\sin \frac{\theta}{2} = 2\sqrt{h(d-h)} \tag{3.45}$$

湿周：
$$\chi = \frac{d}{2}\theta \tag{3.46}$$

水力半径：
$$R = \frac{A}{\chi} \tag{3.47}$$

充满度：
$$a = \frac{h}{d} = \sin^2 \frac{\theta}{4} \tag{3.48}$$

式中,θ 为充满角。

此外,由于地形、地质条件的改变及工程上的种种考虑,按明渠横断面形状、尺寸是否沿流程变化可将明渠分为棱柱体明渠和非棱柱体明渠两类。

棱柱体明渠是指断面形状、尺寸沿程不变的长直明渠。在棱柱体明渠中,过水断面面积只随水深变化,即 $A=A(h)$。轴线顺直、断面规则的人工渠道、涵洞、渡槽等均属此类。

非棱柱体明渠是指断面形状、尺寸沿程不断变化的明渠。在非棱柱体明渠中,过水断面面积除随水深变化外,还随流程变化,即 $A=A(h,s)$。常见的非棱柱体明渠是渐变段(如扭面),另外,断面不规则、主流弯曲多变的天然河道也属于非棱柱体明渠。

(3) 渠道容许流速

由前所述,明渠设计时,需考虑渠道的冲淤及运用上的要求,例如,输水和泄水渠道从水力学观点出发,希望渠中流速快、泄量大;但从工程的安全运用出发,要求渠中不出现冲刷现象,渠道使用寿命长;从降低水头损失、提高水头运用效果出发,渠中流速偏小为好,但必须考虑流速过小会引起淤积,使渠道断面变小,泄水能力下降或渠水漫溢。

容许流速是指对渠道本身不会产生冲刷,也不会使水中悬浮的泥沙在渠道中发生淤积的断面平均流速。设渠道的设计流速为 v,渠中容许流速的上、下限值为 $v_{\max}$ 及 $v_{\min}$,则渠中实际流速应按 $v_{\max}<v<v_{\min}$ 控制,其中,$v_{\max}$ 为不冲容许流速,$v_{\min}$ 为不淤容许流速。

容许流速 $v_{\max}$ 及 $v_{\min}$ 由试验确定,已有大量成果可供查用。$v_{\max}$ 取决于土质(土壤种类、颗粒大小及密实程度)、砌衬材料强度、流量及水深。

$v_{\min}$ 与水流中含砂量、泥沙的粒径以及水深等因素有关,一般不小于 0.5 m/s,具体可根据经验公式及有关经验值选用,有

$$v_{\min}=\beta h_0^{0.64}\,(\text{m/s}) \tag{3.49}$$

式中　h_0——作均匀流动时的水深,m。

　　　β——淤积系数,与水流挟沙情况有关。带粗砂,$\beta=0.54\sim0.57$;带中砂,$\beta=0.6\sim 0.7$;带细砂 $\beta=0.39\sim0.41$。

此外,为防止渠中滋生植物,应使 $v>0.6$ m/s;为防止淤泥沉积,应使 $v>0.2$ m/s;为防淤砂,应使 $v>0.4$ m/s。

(4) 渠道糙率 n

渠壁的表面粗糙度用糙率 n 表示,是反映渠道边界和水流对阻力影响的综合参数,影响 n 值的因素很多,确定 n 值主要依靠经验的积累和试验取得。

人工渠道的糙率 n 不仅和渠道的表面材料有关,同时和施工质量以及渠道建成后的使用和养护情况等因素有关。糙率值选择是否恰当,对计算成果和工程造价有很大的影响。如果 n 值选择偏大,即设计阻力偏大,设计流速偏小,则势必增大渠道断面尺寸,增加工程量,造成浪费,而且,渠道中的实际流速将大于设计流速,可能引起渠道的冲刷。反之,如果在设计中选定的 n 值较实际偏小,则设计的渠道断面尺寸必然偏小,影响渠道的过流能力,可能造成水流漫溢,而且,渠道中的实际流速将小于设计流速,可能引起渠道淤积。在水力计算中,应持慎重态度。

天然河道的情况比较复杂,通常要根据对河流的实际量测来确定。对于重要的工程,除

参考前人总结的资料外,最好能采用实测资料。当渠道边界各部分的糙率不同时,应采用综合糙率来进行计算。

3. 明渠均匀流基本公式和水力最优断面

(1) 基本公式

如上所述,在明渠均匀流中,有 $J = J_P = i$,因此,谢才公式可以写成:

$$\begin{cases} v = C\sqrt{Ri} \\ Q = Av = AC\sqrt{Ri} = \kappa\sqrt{i} \\ K = AC\sqrt{R} = \dfrac{Q}{\sqrt{i}} \end{cases} \quad (3.50)$$

式中,K 为流量模数,m^3/s。

式(3.50)即为明渠均匀流的基本公式。

对于梯形断面渠道,当底宽 b、边坡系数 m、糙率 n 一定时,由式(3.50)可得:

$$\begin{cases} K = K(h) \\ K = K(h_0) = \dfrac{Q}{\sqrt{i}} \end{cases} \quad (3.51)$$

式中,h_0 为正常水深;$K(h_0)$ 相当于 h_0 的流量模数。

由式(3.51)可见,正常水深 h_0 与断面尺寸、糙率、流量、底坡有关,并与底坡成反比关系,即

$$h_0 = f(\text{断面尺寸}, n, Q, i), \quad h_0 \propto \dfrac{1}{i} \quad (3.52)$$

(2) 明渠水力最优断面

当渠道过水断面 A、糙率 n 以及渠道底坡 i 一定时,渠道的输水能力(即流量)达到最大的断面称为水力最优断面。

若谢才系数按曼宁公式计算,则有

$$\begin{cases} K = K(h) \\ K = K(h_0) = \dfrac{Q}{\sqrt{i}} \end{cases} \quad (3.53)$$

式中,i,n,A 一定时,要使 Q 最大,即要求 R 最大,即湿周 χ 最小,所以阻力也最小。也就是说,水力最优断面就是湿周最小的断面。

根据几何学的知识,在面积相同的图形中,湿周最小的断面形状为圆形。因此,明渠最优断面形状是半圆形,如预制钢筋混凝土、钢丝网水泥渡槽等。但土渠很难挖成半圆形,且两岸边坡不稳定,从地质和施工条件考虑,工程中接近圆形断面形状的为梯形断面。

水力最优断面形状的选择归结为如何确定最优断面的宽深比关系。下面对土质渠道常用的梯形断面讨论其水力最优条件。

对于梯形断面,由式(3.46)有

$$A = (b+mh)h \tag{3.54}$$

$$\chi = b + 2h\sqrt{1+m^2} = \frac{A}{h} - mh + 2h\sqrt{1+m^2} = \chi(h) \tag{3.55}$$

$$\frac{d\chi}{dh} = -\frac{A}{h^2} - m + 2\sqrt{1+m^2} = 0 \tag{3.56}$$

$\frac{d^2\chi}{dh^2} = \frac{2A}{h^3} > 0$,表明 χ 有最小值。令 $\frac{d\chi}{dh} = 0$,得

$$-\frac{A}{h} - m + 2\sqrt{1+m^2} = 0 \tag{3.57}$$

$$-\frac{b}{h} - 2m + 2\sqrt{1-m^2} = 0 \tag{3.58}$$

故有

$$\beta = \frac{b}{h} = 2(\sqrt{1+m^2} - m) = f(m) \tag{3.59}$$

式中,β 为水力最优断面的宽深比;m 为渠道边坡系数。

式(3.59)即为水力最优断面的宽深比公式。β 只与边坡系数 m 有关。不同 m 值的宽深比见表 3.2。

表 3.2　　　　　　　　　　水力最优断面的宽深比 β

m	0	0.25	0.50	0.75	1.00	1.25	1.50	1.75	2.00	2.50	3.00
β	2.00	1.56	1.24	1.00	0.83	0.70	0.61	0.53	0.47	0.39	0.32

由表 3.2 可见,当 $m>0.75$ 时,$b<h$。水力最佳断面往往为窄深形,达不到经济的目的。因此,水力最优断面可能不是经济上的最优断面,应用上仍有一定的局限性。一般的中小型渠道挖土不深,其建造费用主要取决于土方量,多按水力最优断面条件设计。对于大型渠道,常取 $\beta=3\sim4$,做成宽而浅的断面形状。

在任何边坡系数(m)的情况下,水力最优断面的水力半径(R)为水深(h)的一半。由式(3.59)有

$$\begin{cases} b = 2(\sqrt{1+m^2} - m)h \\ R = \dfrac{A}{\chi} = \dfrac{(b+mh)h}{b+2h\sqrt{1+m^2}} = \dfrac{h}{2} \end{cases} \tag{3.60}$$

当为矩形断面时,$m=0$,其水力最优断面宽深比为:$\beta=2$,$b=2h$。

3.2.6　边界层分离和柱体绕流现象

当流体为理想状态时,作无黏稳定的势流运动(李玉成,滕斌,2015)(图 3.16)。其前后对称点的附加压力亦对称,为 $p=\rho g U^2/2$,速度为 0。上下对称点速度为 $2U$,压力对称并相

等,因而柱体各方所受的力是平衡的,即在理想状态下,柱体上并感受不到力的作用。实际上存在的柱体因绕流而受力是由于流体黏性所产生的现象。由于黏性影响,在固体边界面附近产生流体的边界层,边界层内水流受固体界面影响而流速减小,反过来,水流对固体有剪切力作用,也可称之为表面摩阻力。当雷诺数很小时,该力与水流的速度成正比。对圆球而言,雷诺数 $Re = UD/\nu < 1$,ν 为流体运动黏滞系数,这是柱体受力的第一种情况。当流体运动的雷诺数很大时,边界层沿柱壁逐渐发展并产生分离现象,分离的水流形成紊动而在圆柱体后方产生尾流及涡旋,形成一个负压区,而前方为一正压区,前后的压力差形成一个作用力。边界层的流态也可分为层流与紊流两种(图 3.17)。边界层产生分离现象时的分离点角度 θ 随流态而异,层流边界时,$\theta \approx 82°$,紊流边界时,$\theta = 10° \sim 130°$。此时所产生的力 F_d 与速度 U 的平方成正比,可计算如下:

$$F_d = C_d A \rho \frac{U^2}{2} = C_d D \rho \frac{U^2}{2} \tag{3.61}$$

式中,D 为柱体直径;U 为水流流速;C_d 为阻力系数或速度力系数。已有研究证实,阻力系数 C_d 与雷诺数 Re 有关。

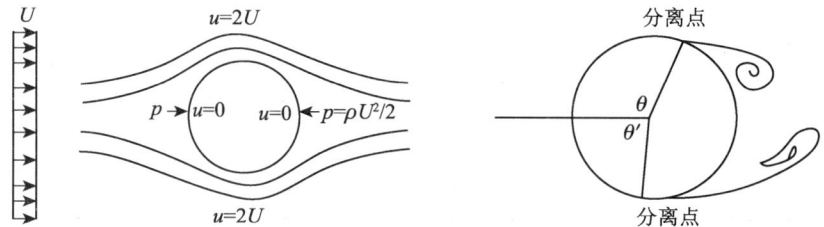

图 3.16 理想流态时的柱体绕流　　图 3.17 柱体绕流的分离

如图 3.18 所示,在亚临界区(水流呈层流状态),$Re < 2.0 \times 10^5$,C_d 值接近常数,可取为 1.2;在临界区(阻力下降区),$Re = 2 \times 10^5 \sim 5 \times 10^5$,此区域内阻力系数迅速下降;在超临界区,柱体后形成强烈涡旋,$Re > 5 \times 10^5$,C_d 值也大体稳定,可取为 0.6~0.7。

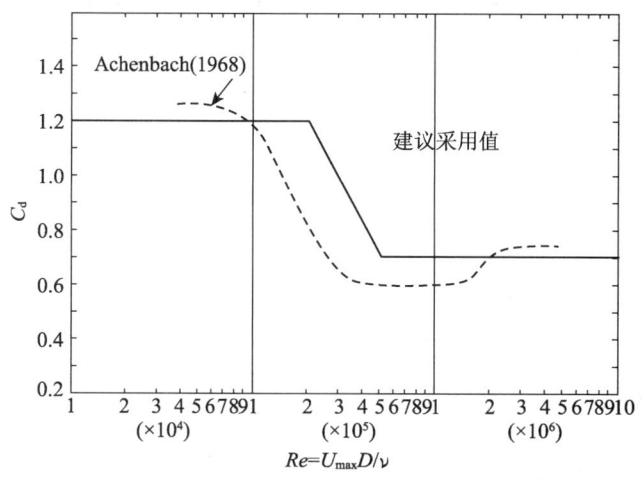

图 3.18 稳定流时的阻力系数

尾流区所释放的涡流可能有如下两种状态：①对称地同步释放等强的涡旋；②不对称释放，可以是不等强度，也可以是不同步的。此时由于涡旋的不对称性，产生垂直于水流方向的横向力，亦可称为升力。特别在不同步涡释时，柱体后水流方向两侧交替、周期性地出现涡旋，形成与涡释交替、周期相同的周期性横向力。横向力的数值虽然比水流纵向力小，但由于它是振动的，就将造成海上细长杆件（如立管）的振动与疲劳问题。

以上是稳定流的情况，当为振荡流时，水流往复振荡，有别于稳定流状态。首先，由于往复振荡，原来处于下游位置的已释放并下移的涡体有可能随水流的回荡而被带回。在回移过程中可能出现多种情况：一些原来发育不良的涡体可能消失；一些较弱的涡体在回移时不一定沿原路且不一定通过柱体；有一些涡体回移并通过柱体，则又将释放新的涡体，从而造成了振荡水流的不稳定性，进而将影响水流力的变化。此时的水流力将有别于稳定流情况，同时这种差异也将影响其升力的变化情况。此外，由于振荡流的水流强度是随时间而变的，其雷诺数也随时间而变，则在不同时间，其流态（包括边界层状况）以及涡释条件均将有所变化。由于涡旋的往复运动，上一时刻的流态对现在及以后时刻的流态将产生影响，这是一个重要特点。

实际的波动水流与上述两种流态都有所区别。按线性波理论，水质点沿椭圆或圆运动，则波动水流绕过柱体运动时就需要同时考察沿椭圆轨迹两个轴向的影响。这种影响对水平构件的影响更为明显。

由于流态不同，水流绕过柱体的状态也将不同，从而将影响构件所受的力。正确合理地确定柱体所受的流体力，其关键之一在于合理选择作用力系数，而该系数的正确确定有赖于正确地了解和分析水流现象，主要是水流绕过柱体后的分离现象。对于这一问题的解决，试验研究和原体观测迄今仍是一种有效的手段，同时随着计算机和计算方法的发展，高速、高效的数值模拟也得到越来越多的关注。

3.3 泥沙运动理论

天然河床由泥、土、沙、石等组成，统称为泥沙。河流中的水流、泥沙在不停地运动着，河床上的泥沙被水流冲起带走，使之形成冲刷；水流夹带的泥沙会沉积下来，使河床形成淤积。在水流与泥沙之间的相互作用下，不停地冲淤变化，构成了河床的自然演变。

根据泥沙在河槽内运动的状况，可将其分为悬移质、推移质和床沙三类。颗粒较细的泥沙，悬浮于水中向下游运动者，称为悬移质；颗粒较大的泥沙，在河床表面上滚动、滑动或者跳跃着向下游移动者，称为推移质；比推移质颗粒更大的泥沙，下沉到河床上静止不动者，称为床沙。悬移质、推移质和床沙之间颗粒大小的分界是相对的，随水流的流速大小而变化。

对于桥梁上、下游，因水流急剧变化，引起河床变形和墩台附近的冲刷，起主要作用的是推移质和床沙；颗粒很细的悬移质泥沙，对长河段的河床演变才起主要作用，例如，黄河中游黄土高原很细的黄土颗粒，对黄河下游河南、山东河段的河床淤积，起着决定性的作用。以下针对冲刷过程中所涉及的泥沙及河床演变方面的内容作简要介绍（许珊珊，2015）。

3.3.1 泥沙主要特性

1. 粒径级配曲线(粒配曲线)

河流泥沙各种颗粒的组成情况,用粒径级配曲线来表示。粒径级配曲线一般画在半对数坐标纸上,如图3.19所示。图中横坐标表示粒径大小,纵坐标表示小于某粒径的泥沙在整个泥沙中所占的质量百分比。粒径级配曲线能表示泥沙的粒径大小和均匀程度。例如在图3.19中,泥沙a的粒径较粗而且较均匀;泥沙b的粒径较细,粒径差别较大。

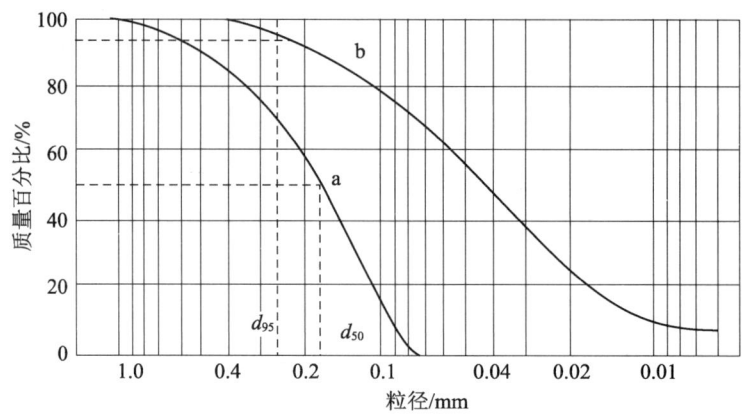

图 3.19 粒径级配曲线

2. 平均粒径($\bar{d}$)和中值粒径(d_{50})

泥沙的代表粒径,常用平均粒径和中值粒径来表示。平均粒径是泥沙中各级粒径(按质量百分比)的加权平均值,可按下式计算:

$$\bar{d} = \frac{\sum d_i p_i}{\sum p_i} \tag{3.62}$$

式中 $\bar{d}$——泥沙的平均粒径,mm;

d_i——各级粒径,mm;

p_i——各级粒径泥沙的质量占泥沙试样总质量的百分比($\sum p_i = 100\%$)。

中值粒径表示大于或小于这种粒径的泥沙各占泥沙试样总质量的一半,粒径级配曲线上纵坐标50%所对应的横坐标,就是中值粒径,以d_{50}来表示。

3. 泥沙的重力特性

泥沙的重力特性用泥沙重度表示,常用符号为γ_s,单位为kN/m^3。泥沙的重度随岩石成分而异,但变化不大,常取$\gamma_s = 26\ kN/m^3$。

4. 泥沙的水力特性

泥沙的水力特性用水力粗度或沉速表示。泥沙在静水中下沉时将受到水流阻力作用,且随泥沙沉降速度的加快而增大,当阻力与泥沙所受重力相等时,泥沙将匀速下沉。泥沙颗粒在静止清水中的均匀下沉速度,称为泥沙的沉速,也称水力粗度,它是泥沙运动及河床冲淤的重要参数。

3.3.2 沙质河床的泥沙运动与输沙率

1. 泥沙的起动

河床上的泥沙在水流推动下,由静止开始运动,这种现象称为泥沙的起动,这时的垂线平均流速或断面平均流速称为起动流速。

我国桥梁冲刷计算中,采用下述公式来计算泥沙的起动流速:

$$v_0 = \left(\frac{h}{d}\right)^{0.14} \left(29d + 6.05 \times 10^{-7} \times \frac{10+h}{d^{0.72}}\right)^{0.5} \tag{3.63}$$

式中,h 为水深,m;d 为粒径,m。

式(3.63)由张瑞瑾导出,该公式不仅适用于黏性细颗粒的散粒体泥沙,也适用于粗颗粒的散粒体泥沙。公式中括号内的第一项反映了重力对抗起动的作用,第二项反映了分子黏结力的作用。对于大颗粒的泥沙,以第一项的数值为主,对于细颗粒的泥沙,则以第二项为主。

2. 泥沙的输沙率

起动流速是推移质运动产生的条件,而推移质运动的强烈程度,则用推移质输沙率的大小来表示。

推移质输沙率是单位时间内在过水断面单位河槽宽度上通过的推移质的质量,单位是 kg/(s·m)。我国桥下河槽一般冲刷计算中,采用了以流速为主要参数的推移质输沙率公式。

窦国仁根据推动推移质的水流能量与泥沙运动动能相平衡的条件,导出的输沙率公式(1997 年)为

$$g_b = \frac{k_0}{C_0^2} \cdot \frac{\gamma_s \gamma}{\gamma_s - \gamma}(v - v_k)\frac{v^3}{g\omega} \tag{3.64}$$

式中 g_b——推移质输沙率,kg/(s·m);

k_0——系数,$k_0 = 0.01$;

C_0——无量纲系数,谢才系数 $C_0 = \dfrac{C}{\sqrt{g}}$;

v_k——起动流速,m/s,窦国仁起动流速计算见《公路桥涵设计手册——桥位设计》(2011 年版);

ω——泥沙沉速,m/s;

γ_s,γ——泥沙和水的重度,N/m³。

式(3.64)中,推移质输沙率 g_b 与流速的 4 次方成正比,表明推移质输沙率对流速十分敏感。因此,大多数推移质集中在流速最大的主流区内,而一年中推移质的很大部分是在几次大洪水过程中通过的。

在平原河流中,水流所挟带的泥沙中往往是悬移质占绝大部分,推移质可以忽略不计,水流的挟沙力常用最大悬移质含沙量表示。当上游来沙量大于河段水流挟沙力时,泥沙将下沉并使河床淤积;当来沙量小于河段水流的挟沙力时,会由本河段泥沙加以补充,造成河

床冲刷。直接影响冲淤的主要是床沙质。在受冲刷河段内,床面上的细颗粒泥沙被水流带走,若得不到上游来沙的补充,则床面泥沙颗粒将逐渐增大并形成自然铺砌现象,称为河床粗化,它对桥下河床冲刷有一定的影响。

推移质输沙率的计算方法可有多种,目前在我国桥下一般冲刷计算中,以流速为主要参数,并按单位河宽的输沙率建立计算公式。如图 3.20(a)所示,推移质厚度 h_s 与泥沙粒径 d 有关,试验得出:$h_s = kd$,其中 k 是系数,试验值 $k = 0.048$;单位河宽的推移质输沙率 g_s 则与流速 v^4 成正比,因此有

$$g_s = \alpha v^4 \tag{3.65}$$

$$G_s = B g_s = \alpha B \left(\frac{Q}{B \bar{h}}\right)^4 \tag{3.66}$$

式中,G_s 为过水断面处的输沙率;B 为河宽;$\bar{h}$ 为断面平均水深;Q 为流量;α 为系数。

桥梁墩台和丁坝等建筑物附近的冲刷,主要与推移质运动有关。

3. 水流挟沙能力

在一定条件下,单位体积的水流能够挟带泥沙的最大数量,称为水流的挟沙能力,单位为 kg/m³。在平原河流中,水流所挟带的泥沙,往往是悬移质占绝大部分,推移质一般可忽略不计。单位体积的水流所含悬移质的数量,称为含沙量(ρ),单位为 kg/m³。

对于某一河段,若上游的来沙量大于本河段的水流挟沙能力,多余泥沙就会沉积下来使河床发生淤积;若来沙量小于本河段的水流挟沙能力,则将会由本河段的泥沙加以补充而造成河床冲刷。

4. 沙波运动

河床床面因推移质运动,常呈此起彼伏的波浪状泥沙集团,称为沙波;形体巨大的沙波,称为沙丘;更大的称为沙洲;位于主河槽两侧的沙滩,称为边滩;位于河槽中心部位的沙滩,称为中心滩。它们都是由推移质形成。

图 3.20(b)所示为实验室中观察到的沙波运动情况。当弗劳德数 $Fr < 1$ 时,即为缓流时,随着流速增大,将形成沙波,并发展为沙丘。流速加大到某一数值时,沙丘消失并成为平底。当弗劳德数 $Fr > 1$ 时,即为急流时,随着 Fr 增大,水面将出现立波,河底出现起伏。Fr 加大,水面仍有立波,河底则会出现向上游运动的逆行沙波。

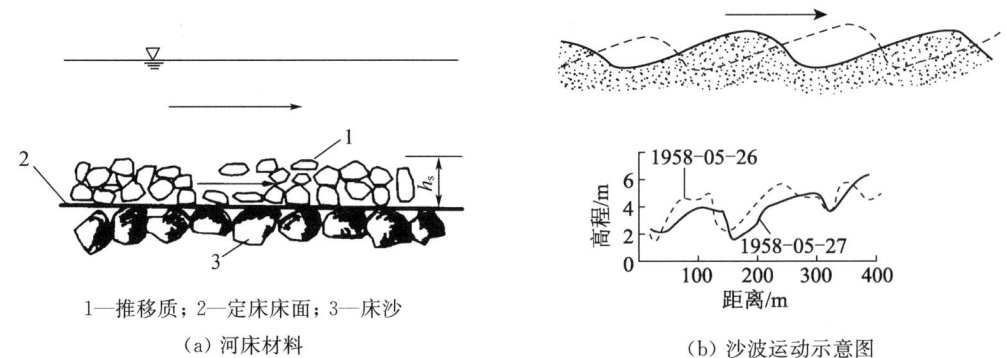

1—推移质;2—定床床面;3—床沙

(a) 河床材料　　　　　　　　(b) 沙波运动示意图

图 3.20　河床材料及沙波运动示意图

3.3.3 淤泥质河床泥沙运动

1. 河床演变

水流促使泥沙运动,使河床的形态不断发生变化,称为河床演变。河床演变可分为纵向变形和横向变形两种。河床的纵向变形是指河床高程沿水流方向的变化,亦即河床纵断面的变化。它是由河流纵向输沙不平衡引起的。随着河流上、中、下游的发育,河源与上游河床逐渐下切,下游河床逐渐淤高,即属于河床纵向变形。洪水期和枯水期或丰水年和枯水年冲淤不同,也会引起局部河床的纵向变形,在细沙河床中这个变形幅度可能很大,但多年平均高程变化不大,其变化幅度随河床土质而异。河床的横向变形是指河湾发展、河槽扩宽、塌岸、分汊、改道、裁湾等河床平面形状的变化。

图 3.21 表示河湾的水流,由于离心力的作用,使凹岸的水面高程比凸岸的高出 Δh [图 3.21(a)],从而引起静水压力差,水沿河底从凹岸流向凸岸,离心力又把水沿水面从凸岸驱向凹岸,形成横向回旋流。这个横向流会导致凹岸冲刷,凸岸淤积。它与河流的主流相结合,就形成螺旋流[图 3.21(b)]。

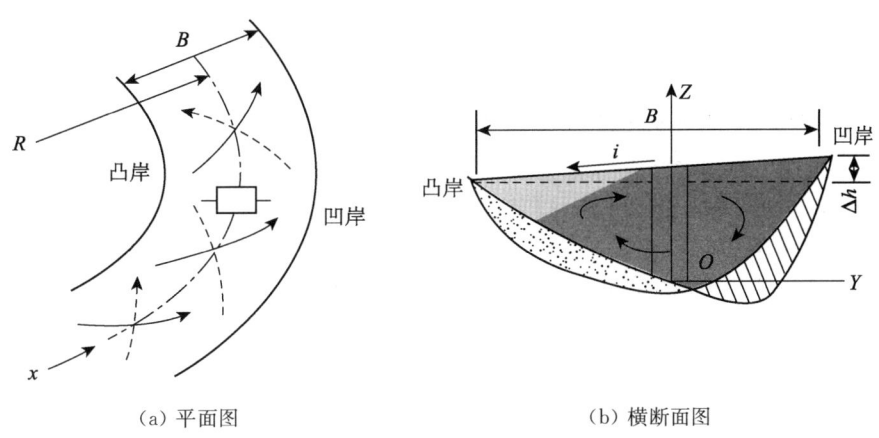

(a) 平面图　　(b) 横断面图

图 3.21　河湾螺旋流

上述的河湾螺旋流使凹岸逐年冲蚀,凸岸沙滩逐年向河中心延伸,使河湾逐年发展,曲率不断增大,河床发生横向变形。

河床演变的因素很多,主要有三个方面:

(1) 流域的产沙数量及其组成,对河流演变有很大影响。例如黄河及华北地区的一些河流,河水的含沙量很大,河道下游淤积十分严重。

(2) 流量的大小与变化。流量越大,水流能挟沙的量就越多;流量变化越大,泥沙运动和河床变形就越剧烈。

(3) 河床的土质与比降。土质坚实的河床,变形缓慢,而土质松软的河床容易被冲刷,变形急剧。河床比降大,水流急,易冲刷;反之,易淤积。

其他因素还有水流比降、副流作用和人类活动等,如图 3.22 所示。河床比降大,流速大,冲刷力强,河床受冲

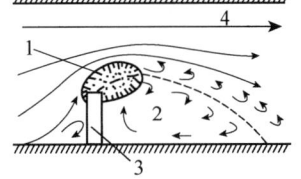

1—冲刷坑;2—回水区;
3—路堤;4—主流

图 3.22　河床演变的其他因素

刷厉害,反之则易于淤积。水流中由于纵、横比降及边界条件的影响,其内部形成一种规模较大的旋转水流,称为副流,它从属于主流而存在,是河床冲淤的直接原因。人类活动则包括兴修水利工程,建造堤坝、桥、涵等,这些都会对河床演变产生重大影响。

2. 造床流量和河相关系

河床的形态是在水力和泥沙因素不断变化的条件下,由长期连续作用而形成的。为了便于对河床演变进行研究,用一个与多年流量过程的综合造床作用相当的流量作为代表流量,称为造床流量。实际工作中,常采用平滩水位相应的流量作为造床流量。一般是选取一个较长的河段作为依据,在某一流量下,若各断面的水位基本上与该河段的河滩齐平,则此流量即为造床流量。此时的水流恰好充满河槽,对河槽形态的塑造作用最大,水位再升高,水流漫过河滩,造床作用反而会削弱。在水流与泥沙长期的相互作用下,冲积河流的河床将形成与水力条件和泥沙条件相适应的一定几何形态。这种河床的几何形态与水力、泥沙条件的直接关系,称为河相关系。

目前,河相关系多按经验公式计算:

(1) 断面宽深比 β

$$\beta = \frac{\sqrt{B}}{h} \tag{3.67}$$

式中,B 为平滩水位(造床流量)时的水面宽度;h 为平滩水位(造床流量)时的断面平均水深。

β 的大小在一定程度上可反映河段的稳定性。β 越大,则河槽越宽浅,河床的稳定性越差。稳定性河段:$\beta=2\sim5$;次稳定性河段:$\beta=5\sim20$;变迁性河段:$\beta=5\sim30$;游荡性河段:$\beta=15\sim40$。例如黄河在河南省境内的游荡性河段,$\beta=19\sim32$,在山东省境内的弯曲性河段,$\beta<6$。

(2) 稳定河宽 B

根据独联体中亚细亚冲积河流的资料,可按下述经验公式计算 B 值:

$$B = \zeta \frac{Q^{0.5}}{i^{0.2}} \tag{3.68}$$

式中,Q 为造床流量,m^3/s;i 为河床比降,以小数计;B 为水面宽度,m;ζ 为稳定河宽系数。稳定沙质河段:$\zeta=1\sim1.3$;不稳定河段:$\zeta=1.3\sim1.7$。

3. 建桥后的河床演变

建造桥梁后导致的河床演变属于人类活动影响因素之一,它发生在桥位上、下游不远的范围内。

(1) 平原弯曲型河段(属于次稳定性河段)

在这类河段上建桥,其孔径一般都大于或等于河槽宽度,建桥对河床的影响小。但是,当桥位通过水深较大的河湾时,因河床自身的天然演变,有可能形成河湾逼近桥台、桥头引道或导流堤,危及桥台基础。

(2) 平原顺直河段(属于稳定性河段)

在这类河段上建桥,其孔径一般也不压缩河槽宽度,故对河槽自然演变的影响不会明显,建桥前后的河床演变将大致相同。但因河槽内交错的边滩不断向下游推移,桥下断面两岸附近将交替出现深槽,两岸墩台有可能受到严重的冲刷。如果河槽受到桥孔的压缩,则可能引起泥沙停滞、河槽两岸坍塌以及边滩变形。

(3) 平原游荡性河段及山前区变迁性河段

在这类河段上建桥,孔径一般小于河槽宽度。若对过水断面压缩程度不大,且有合理的导流建筑物,水流将集中于单一的河道,可移动的泥沙将形成靠岸的暗滩,水深也有所增大;如对河槽压缩过大且无适当的导流建筑物,河槽两岸受水流冲击后,河床将发生较大的变形,并可能引起桥台和导流堤的严重冲刷及桥前淤积,对桥梁危害极大。

(4) 山区河流

在这类河流上建桥,其孔径一般与河槽宽度接近,对河槽断面不作压缩。山区河流河床一般稳定,如桥位布置合理且有合理的导流设施,河床将不会发生较大的变形。

此外,在多沙河流中,建桥后,由于桥前壅水的影响,泥沙可在壅水区内沉积形成沙洲。

3.3.4 泥沙颗粒运动的细观试验

如前文所述,现有工作对河床材料特性的研究还不够充分,无法从细观角度揭示局部冲刷的发生发展规律,仅从颗粒的中值粒径和级配等宏观参数进行分析无法满足本课题的需求。与现有方法不同,本节提出了一种测试土体抵抗局部冲刷能力的室内试验装置(Scour Resistance Apparatus,SRA)及其简化测试方法(Simplified Scour Resistance Test,SSRT),可简单方便地对现场土样的冲刷特性进行测试,揭示砂土特性对局部冲刷影响的细观机理。

局部冲刷的过程与河床材料的性质密切相关,从细观角度而言,其实是河床材料受到水流作用而剧烈侵蚀的现象。由于实际工程中土体的结构多样,颗粒间相互作用机理非常复杂(尤其是黏性土的冲刷,不仅包括颗粒的侵蚀,还包括颗粒块体的侵蚀),同时,实际土体可能会由于压缩或拉伸形成许多微裂隙,进而形成土壤颗粒块体的边界,加剧侵蚀过程的发生(Arneson 等,2012)。通过测试土样的抗冲性能可以直接将其细观特征与宏观现象有机地结合起来,可以更好地模拟原位条件,为设计人员提供更为直观的设计参数,弥补现有设计方法只能从宏观角度着手的缺陷。冲刷过程的细观机理对考虑实际冲刷发展过程及其最终冲刷深度,研究桥梁在服役期内经历多次洪水冲刷作用的影响具有重要意义。

为解决以上问题,笔者提出的一种测试土体抵抗局部冲刷能力的室内试验装置,如图3.23 所示,包括试验样品采集装置、局部流场模拟装置和室内试验控制系统(图中,a 为试验盒直径,h_s 为原位模型土盒高度,h_w 为现场流体样品盒高度)。

在研究桥梁基础局部冲刷时,通常关注以下几个方面,即最大冲刷深度、最大冲刷范围以及达到冲刷平衡状态时所需的时间。冲刷深度和冲刷范围对桥梁基础的承载力有很大影响,过大的冲刷将影响桥梁基础的稳定性,可能引起桥梁的垮塌;而达到冲刷平衡状态时所需时间同样十分重要,其表征了基础周围河床材料达到冲刷平衡状态时所需的时间,这一时间可以反映出该桥梁:①是否对冲刷十分敏感;②是否需要长期监测;③受灾后是否容易修复。从水-土间相互作用角度而言,局部流场对冲刷过程影响很大,这其中包括下降水流以及产生的涡旋。

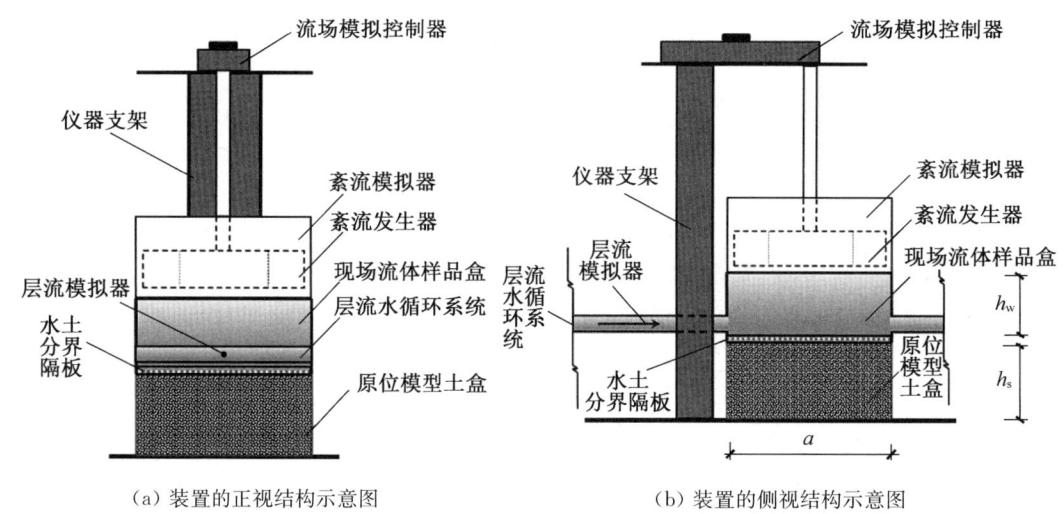

图 3.23 一种测试土体抵抗局部冲刷能力的室内试验装置示意图

最大侵蚀深度值及其动态演化过程可以用来判断土样的冲刷特性。冲刷试验结果包括了侵蚀深度随测试时间发展的规律,同时也可以得到最大冲刷深度随转速变化的曲线。通过这两条曲线可以得到土样的抗冲刷性能。同样地,当土样为现场所取原状土时,可以直观地测得现场河床材料的抗冲刷性能,进而为设计人员提供参考。

第 4 章
深水桥梁群桩基础冲刷的数值分析

4.1 岩土工程常用数值分析方法概述

在局部冲刷的分析研究中,需要改变某一条件或多种条件进行深入研究时,通常采用两种方式,一种是物理模型(即比尺模拟方法),另一种是数学模型(即数值计算方法)。第 3 章主要围绕几种典型桥梁深水基础开展了其在砂土中的波流水槽冲刷试验,通过这些试验揭示了不同体型、参数和布置型式的群桩基础、沉井基础、沉井加桩复合基础以及隔震基础的冲刷特性,为冲刷机理的进一步研究提供了有力支撑,同时对实际工程中的基础选型提供了参考。研究冲刷问题的传统方法一般是采用物理模型,借助波流水槽试验探索冲刷机理,试验除了为实际工程提供较为精确的冲刷深度预测值外,研究者还可以通过水槽试验来研究水文要素、桥墩结构型式、泥沙粒径和级配、斜交角等因素对桥墩基础冲刷的影响以及冲刷坑的形状和平衡冲刷深度经验公式。随着计算机硬件和计算方法的不断发展与进步,数值计算方法试验速度快、费用少,不存在模拟比尺问题,可以模拟多种因素相互作用的复杂物理过程等多项优点。近年来,在众多河流和海岸工程问题上被广泛应用,并取得了良好的效果。美国联邦高速公路局(FHWA)的水利研究实验室(J. Sterling Jones Hydraulic Research Laboratory)肯定了数值计算方法在这一研究领域的贡献,在其未来的发展计划中将投入更多精力借助这一手段进行研究。

同样地,仅采用物理模型手段开展研究还不能满足本课题要求,主要原因有以下两方面:

(1) 作为常规研究手段,物理模型依然存在不足之处,与之相比,数值计算方法存在一定的优越性,主要包括以下四个方面:①可以采用原型的尺寸进行模拟,可避免由于模型缩尺带来的偏差,也避免了水槽宽度带来的试验尺寸方面的限制;②可以精准地布置计算模型、控制影响因素和排除人为干扰,这一点在复杂水力条件方面的研究显得尤其重要;③可以更好地观察和捕捉试验细节,能够直观地展示试验结果及关键参数;④节省试验所用空间资源和人力劳动,大大提高模拟效率。

(2) 如前文所述,局部冲刷这一问题涉及流体、固体和颗粒三者之间的相互作用。如何很好地将这三者在计算中有机地结合起来是研究中一直以来存在的难点,也是研究多种物理模型耦合作用的关键问题。本课题不仅着眼于工程问题,为工程实践提供指导和建议,更致力于探索工程问题背后所蕴藏的科学问题,提出这些问题的解决方法。

本章首先对所用的数值计算模型进行了讨论,并对数值计算软件进行了简要的介绍;其次针对几种典型桥梁深水基础,即群桩基础、圆形沉井基础、正交方形沉井基础以及斜交方形沉井基础的局部冲刷过程进行了数值计算,并在第 3 章的基础上进行了对比分析;

最后,通过对隔震基础冲刷过程的数值模拟进一步对其灾变机理进行了研究。通过开展数值计算方法的研究,对第 3 章的结论进行了对比验证,并拓展了波流水槽试验研究中模型尺寸的范围,数值分析成果可以为工程实践提供一定的指导,也可以为课题研究提供有力的帮助。

4.2 数值计算模型及分析方法

数值计算方法根据基本方程的不同,主要可以分为有限元法(FEM)、有限体积法(FVM)和有限差分法(FDM)等。桥梁基础局部冲刷过程实际上是水流-基础-泥沙三者之间的相互作用,在计算流体、固体和颗粒的过程中涉及流固耦合的计算和颗粒运动的计算,常规单一的计算方法无法直接实现。本节将以两种数值计算模型为例,对其实现局部冲刷计算时采用的方法进行简要介绍,并利用多物理场数值仿真计算软件 COMSOL Multiphysics 和计算流体动力学软件 CFD 对上述模型进行计算,本节后文中进行的数值计算均采用这两种方法进行。

4.2.1 多物理场数值仿真计算模型

1. 控制方程

数值计算模型考虑流体为马赫数(Mach Number)小于 0.3($Ma < 0.3$)的可压缩性流体,将连续性方程和描述黏性牛顿流体的 Reynold-Averaged Navier-Stokes 方程(RANS Equations)作为流体的控制方程,其关系如下:

$$\begin{cases} \rho(u \cdot \nabla)u = \nabla \cdot \left\{ -pI + (\mu+\mu_T)[\nabla u + (\nabla u)^T] - \frac{2}{3}(\mu+\mu_T)(\nabla \cdot u)I - \frac{2}{3}\rho k I \right\} \\ \nabla \cdot (\rho u) = 0 \end{cases}$$

(4.1)

$$\mu_T = \frac{\rho C_u k^2}{\varepsilon} \quad (4.2)$$

式中,ρ 为流体密度;u 为流速;μ 为动力黏度;μ_T 为湍流黏度;k 为湍流动能,其与湍流耗散率 ε 之间的关系如下:

$$\begin{cases} \rho(u \cdot \nabla)k = \nabla \cdot \left[\left(\mu+\frac{\mu_T}{\sigma_k}\right)\nabla k\right] + P_k - \rho\varepsilon \\ \rho(u \cdot \nabla)\varepsilon = \nabla \cdot \left[\left(\mu+\frac{\mu_T}{\sigma_\varepsilon}\right)\nabla \varepsilon\right] + C_{\varepsilon 1}\frac{\varepsilon}{k}P_k - C_{\varepsilon 2}\rho\frac{\varepsilon^2}{k} \end{cases}$$

(4.3)

式中,σ_k,σ_ε,$C_{\varepsilon 1}$ 和 $C_{\varepsilon 2}$ 为校准后的流体模型参数,在本计算模型中分别取 1.0,1.3,1.44 和 1.92(Wilcox, 1998)。P_k 可以由下式计算得到:

$$P_k = \mu_T \left\{ \nabla u : \left[\nabla u + (\nabla u)^T - \frac{2}{3}(\nabla \cdot u)^2 \right] \right\} - \frac{2}{3}\rho k \nabla \cdot u \quad (4.4)$$

当计算颗粒的运动时,为了简化计算,往往假定颗粒为刚性球体,采用牛顿运动定律作为控制方程,由动量守恒可得:

$$\frac{\mathrm{d}}{\mathrm{d}t}(m_\mathrm{p}\boldsymbol{v}) = \boldsymbol{F}_\mathrm{f} + \boldsymbol{F}_\mathrm{g} + \boldsymbol{F}_\mathrm{ext} \tag{4.5}$$

式中,$\boldsymbol{F}_\mathrm{g}$ 为重力矢量;$\boldsymbol{F}_\mathrm{f}$ 为水-土间相互作用力;$\boldsymbol{F}_\mathrm{ext}$ 为其他外力。

在完全饱和的土体中,在计算水-土间相互作用力时,颗粒的受力只考虑作用于其身上的浮力和拖拽力,其中,拖拽力可以由下式计算得到(Wen, 1966):

$$F_\mathrm{d} = \frac{1}{8} C_\mathrm{D} \pi \rho d^2 |u-U|(u-U) \tag{4.6}$$

式中,ρ 为流体密度;d 为颗粒直径;u 和 U 分别为流体速度和颗粒运动速度;C_D 为拖拽力系数,可由下式计算得到:

$$C_\mathrm{D} = \begin{cases} \dfrac{24}{R_\mathrm{e}}(1 + 0.15 R_\mathrm{e}^{0.687}), & R_\mathrm{e} \leqslant 1\,000 \\ 0.44, & R_\mathrm{e} > 1\,000 \end{cases} \tag{4.7}$$

2. 模型建立

上述计算过程通过多物理场数值仿真计算软件 COMSOL Multiphysics 实现(COMSOL Inc, 2018),基于其强大的多物理场处理能力,特别是流体部分的模块,再加上可人为定义的颗粒运动准则,既可以研究流场及其变化特征,也可以根据研究目标实现相应的流固耦合计算。

COMSOL Multiphysics 最初是在 MATLAB 平台上基于偏微分方程的有限元数值分析软件包,是针对各学科和工程问题进行建模和仿真计算的交互式系统。该软件的建模与求解功能基于一般偏微分方程的有限元方法,在建模过程中可以任意添加需要的物理场方程,所以可连接并求解任意物理场的耦合问题。针对不同的问题可以进行静态和动态分析,线性和非线性分析,特征值和模态分析等,其最大特点就是多种物理场的耦合计算。其组成模块包括力学、热传导、光学、电学、化学、声学等,基本涵盖了日常工程问题中涉及的各个方面的内容。在进行仿真计算时,其过程包括几何建模、定义物理和材料参数、划分网格、求解及后处理。建立几何模型时,比较简单的几何模型可以在软件内部建立,比较复杂的模型可以通过其他软件,如 CAD 等,建模后导入。在定义模型的物理和材料参数时,需要在前处理过程中对各类变量进行设置,软件内置了常用材料的相关参数,可在处理时直接附在几何模型中,也可根据需要进行修改,这些参数可以是模型变量、空间坐标以及时间的函数。COMSOL Multiphysics 网格生成器可以自动划分三角形和四面体的单元,还具有自适应网格划分功能(Self-Adaptive Mesh)和移动网格功能(Moving Mesh)。针对特殊的问题,也可以人工参与生成,从而得到更精确结果。软件提供了较强的后处理功能,在求解计算结束之后,可根据问题的需要,对计算结果进行二次处理。

4.2.2 计算流体力学模型

1. 控制方程

一般的连续性方程为

$$V_{F}\frac{\partial \rho}{\partial t}+\frac{\partial}{\partial x}(\rho u A_{x})+R\frac{\partial}{\partial y}(\rho v A_{y})+\frac{\partial}{\partial z}(\rho w A_{z})+\xi\frac{\rho u A_{x}}{x}=R_{DIF}+R_{SOR} \quad (4.8)$$

式中,V_F 为可流动体积分数;ρ 为流体密度;R_{DIF} 为湍流扩散项;R_{SOR} 为质量源分项;u、v、w 分别对应 x、y、z 方向上流速分量;A_x、A_y、A_z 为 x、y、z 方向上的流动面积分量;t 为时间;R 和 ξ 为根据选择的坐标系而确定的系数,当采用笛卡尔坐标系时分别取 1 和 0。

本计算方法考虑流体为牛顿流体,认为流体为不可压缩黏性流体,当选取笛卡尔坐标系并忽略湍流扩散项且不考虑质量源分项时,其连续性方程可以简化为

$$\frac{\partial u A_{x}}{\partial x}+\frac{\partial v A_{y}}{\partial y}+\frac{\partial w A_{z}}{\partial z}=0 \quad (4.9)$$

同样采用 Navier-Stokes 方程作为流体运动的控制方程,当考虑质量源分项和流体损失时为

$$\begin{cases} \frac{\partial u}{\partial t}+\frac{1}{V_F}\left\{uA_x\frac{\partial u}{\partial x}+vA_yR\frac{\partial u}{\partial y}+wA_z\frac{\partial u}{\partial z}\right\}-\xi\frac{A_y v^2}{xV_F}=-\frac{1}{\rho}\frac{\partial p}{\partial x}+G_x+f_x-b_x-\frac{R_{SOR}}{\rho V_F}(u-u_w-\delta u_s) \\ \frac{\partial v}{\partial t}+\frac{1}{V_F}\left\{uA_x\frac{\partial v}{\partial x}+vA_yR\frac{\partial v}{\partial y}+wA_z\frac{\partial v}{\partial z}\right\}+\xi\frac{A_y uv}{xV_F}=-\frac{1}{\rho}\left(R\frac{\partial p}{\partial y}\right)+G_y+f_y-b_y-\frac{R_{SOR}}{\rho V_F}(v-v_w-\delta v_s) \\ \frac{\partial w}{\partial t}+\frac{1}{V_F}\left\{uA_x\frac{\partial w}{\partial x}+vA_yR\frac{\partial w}{\partial y}+wA_z\frac{\partial w}{\partial z}\right\}=-\frac{1}{\rho}\frac{\partial p}{\partial z}+G_z+f_z-b_z-\frac{R_{SOR}}{\rho V_F}(w-w_w-\delta w_s) \end{cases}$$

$$(4.10)$$

式中,p 为压强;G_x、G_y、G_z 分别为 x、y、z 方向上的重力加速度;f_x、f_y、f_z 分别为 x、y、z 方向上的黏滞力加速度,可由式(4.11)计算得到;b_x、b_y、b_z 分别为 x、y、z 方向上的流体损失项,由于本模型认为不存在流体损失,故在计算时可认为此项为 0;u_w、v_w、w_w 分别为源速度在 x、y、z 上的分量;u_s、v_s、w_s 分别为流体在源表面 x、y、z 方向上的相对速度,当不考虑质量源项时,公式末项取 0。

$$\begin{cases} \rho V_F f_x = w_{sx}-\left\{\frac{\partial}{\partial x}(A_x\tau_{xx})+R\frac{\partial}{\partial y}(A_y\tau_{xy})+\frac{\partial}{\partial z}(A_z\tau_{xz})+\frac{\xi}{x}(A_x\tau_{xx}-A_y\tau_{yy})\right\} \\ \rho V_F f_y = w_{sy}-\left\{\frac{\partial}{\partial x}(A_x\tau_{xy})+R\frac{\partial}{\partial y}(A_y\tau_{yy})+\frac{\partial}{\partial z}(A_z\tau_{yz})+\frac{\xi}{x}(A_x+A_y\tau_{xy})\right\} \\ \rho V_F f_z = w_{sz}-\left\{\frac{\partial}{\partial x}(A_x\tau_{xz})+R\frac{\partial}{\partial y}(A_y\tau_{yz})+\frac{\partial}{\partial z}(A_z\tau_{zz})+\frac{\xi}{x}(A_x\tau_{xz})\right\} \end{cases}$$

$$(4.11)$$

式中,w_{sx}、w_{sy}、w_{sz} 为壁面剪切应力,由于模型中不考虑移动边界,计算时可认为此项为 0,而其余项可认为在边界处消散;式(4.10)和式(4.11)中的 R 和 ξ 采用笛卡尔坐标系时分别取 1 和 0,可使计算大大简化;τ_{ij} 为液体单元的剪应力,i 为作用面,j 为作用方向,其计算公式如下:

$$\begin{cases}
\tau_{xx} = -2\mu\left[\frac{\partial u}{\partial x} - \frac{1}{3}\left(\frac{\partial u}{\partial x} + R\frac{\partial v}{\partial y} + \frac{\partial w}{\partial z} + \frac{\xi u}{x}\right)\right] \\
\tau_{yy} = -2\mu\left[R\frac{\partial v}{\partial y} + \xi\frac{u}{x} - \frac{1}{3}\left(\frac{\partial u}{\partial x} + R\frac{\partial v}{\partial y} + \frac{\partial w}{\partial z} + \frac{\xi u}{x}\right)\right] \\
\tau_{zz} = -2\mu\left[\frac{\partial w}{\partial z} - \frac{1}{3}\left(\frac{\partial u}{\partial x} + R\frac{\partial v}{\partial y} + \frac{\partial w}{\partial z} + \frac{\xi u}{x}\right)\right] \\
\tau_{xy} = -\mu\left(\frac{\partial v}{\partial x} + R\frac{\partial u}{\partial y} - \frac{\xi v}{x}\right) \\
\tau_{xz} = -\mu\left(\frac{\partial u}{\partial z} + \frac{\partial w}{\partial x}\right) \\
\tau_{yz} = -\mu\left(\frac{\partial v}{\partial z} + R\frac{\partial w}{\partial y}\right)
\end{cases} \quad (4.12)$$

式中，μ 为动力黏滞系数。

2. 模型建立

上述计算过程通过三维计算流体力学软件 FLOW-3D 实现（Flow Science Inc.，2008），该软件功能强大、操作简单、可视化强，被广泛应用于水利工程、环境工程、船舶近海工程、铸造等领域，与其他 CFD 软件最大的不同在于其描述流体表面的方法，该技术以特殊的数值方法追踪流体表面的位置，并将适合的动量边界条件施加到表面上。

软件中有五种紊流模型，分别是零方程的普朗特混合长度模型、一方程模型、标准的 k-ε 模型、RNG k-ε 模型和大漩涡仿真模型。在局部冲刷模拟中，采用大漩涡仿真模型计算可以捕捉到更为精确的结果，但所需要占用的 CPU 很高，消耗时间很长，不利于模型在实际中的推广运用，故在使用本节的计算模型对局部冲刷进行仿真计算时，采用 RNG k-ε 模型，计算公式在此不再赘述。

在计算泥沙起动与沉积时，河床剪切应力是一个重要参数，它表征流体作用在河床表面时产生的剪切应力，可通过以下公式计算得到：

$$u = u_\tau\left[\frac{1}{\kappa}\ln\left(\frac{Y}{\frac{\nu}{u_\tau}+k_s}\right)\right] \quad (4.13)$$

式中，$u_\tau = \sqrt{\tau/\rho_m}$ 为剪切速度，τ 为河床剪切应力；Y 为计算点与边界的距离；ν 为流体的动力黏度；$\kappa = 0.4$ 为冯卡曼常数；k_s 为 Nikuradse 砂粒糙率，可以由下式计算得到：

$$k_s = c_s d_{50} \quad (4.14)$$

式中，d_{50} 为泥沙中值粒径；c_s 为模型参数，本模型计算中取 2.5。

模型中，泥沙起动和泥沙沉积被认为是同时发生的两个相反的微观过程，两者综合作用的结果决定了河床稳定泥沙与河流裹挟泥沙间网格变化的速率。对于泥沙起动，认为颗粒在达到上举流速时即离开其所处位置，上举流速可由下式计算得到（Winterwerp 等，1992）：

$$\boldsymbol{u}_{\text{lift},n} = \boldsymbol{n}_b \alpha_n d_{*,n}^{0.3}(\theta_n - \theta_{\text{cr},n})^{1.5}\sqrt{gd_n(s_n-1)} \quad (4.15)$$

式中，α_n 为泥沙 n 的起动系数，在本模型中取 0.018；$\boldsymbol{n}_b$ 是河床泥沙表面外侧的法向量；n 表示该泥沙为试验中的第 n 种;θ_n 和 $\theta_{cr,n}$ 分别表示谢尔兹参数(Shields Parameter)和临界谢尔兹参数(Critical Shields Parameter),分别由式(4.16)与式(4.17)计算得到(Soulsby 和 Whitehouse,1997),式(4.18)用于定义河床临界剪切应力。

$$\theta_n = \frac{\tau}{gd_n(\rho_n - \rho_f)} \tag{4.16}$$

$$\theta_{cr,n} = \frac{0.3}{1+1.2d_{*,n}} + 0.055(1 - e^{-0.02d_{*,n}}) \tag{4.17}$$

$$\theta_{cr,n} = \frac{\tau_{cr,n}}{gd_n(\rho_n - \rho_f)} \tag{4.18}$$

$$d_{*,n} = d_n \left[\frac{g(s_n - 1)}{\nu_f^2}\right]^{1/3} \tag{4.19}$$

式中,g 为重力加速度值;ρ_n 为河床材料 n 的密度;d_n 为河床材料 n 的粒径;$d_{*,n}$ 为无量纲粒径;$s_n = \rho_n/\rho_f$;ν_f 为流体动力黏度。

在泥沙沉积过程中,采用泥沙沉积速度判定其是否填补河床位置,可以由下式计算得到(Soulsby,1997):

$$\boldsymbol{u}_{settle,n} = \frac{\boldsymbol{g}}{g}\left[(10.36^2 + 1.049d_{*,n}^3)^{1/2} - 10.36\right]\frac{\nu_f}{d_n} \tag{4.20}$$

式中,$\boldsymbol{g}$ 为重力加速度;$\boldsymbol{u}_{settle,n}$ 与重力加速度方向相同。

模型中还通过计算河床推移质的运动来模拟实际冲刷过程中产生的推沙过程,无量纲形式的河床推移质 n 的速率可由式(4.21)计算得到:

$$\Phi_n = \frac{q_{b,n}}{[g(s_n - 1)d_n^3]^{1/2}} \tag{4.21}$$

式中,$q_{b,n}$ 为河床推移质运动单位宽度上的体积速率。

Φ_n 值还可以由以下公式计算得到(Meyer-Peter 和 Muller,1948):

$$\Phi_n = B_n(\theta_n - \theta_{cr,n})^{1.5}c_{b,n} \tag{4.22}$$

式中,B_n 为河床推移质参数,可根据实际的泥沙运输情况确定;$c_{b,n}$ 为泥沙 n 在河床材料中所占的比例,可由下式计算得到:

$$c_{b,n} = \frac{V_n}{\sum_{i=1}^{N}V_i} \tag{4.23}$$

且满足:

$$\sum_{i=1}^{N}c_{b,n} = 1.0 \tag{4.24}$$

式中,V_n 表示泥沙 n 的网格体积;V_i 表示泥沙 i 的网格体积;N 为泥沙的总网格。

河床材料 n 的推移质速度 $u_{b,n}$ 可以由式(4.25)计算得到：

$$u_{b,n} = \frac{q_{b,n}}{h_n c_{b,n} f_b} \quad (4.25)$$

$$h_n = 0.3 d_n d_{*,n}^{0.7} \left(\frac{\theta_n}{\theta_{cr,n}} - 1\right)^{0.5} \quad (4.26)$$

式中，f_b 为河床泥沙总量；$u_{b,n}$ 和 $q_{b,n}$ 为河床表面流速方向；h_n 为推移质材料的边界层厚度 (Rijn，1984)。

4.2.3 数值分析方法对比

COMSOL Multiphysics 和 FLOW-3D 都可以对本课题中涉及的典型桥梁深水基础局部冲刷作用进行较好的模拟，两种软件均可进行多场分析并输出剪切应力的计算结果，得到局部水流结构的动态演化过程，两者的特点与对比见表 4.1。COMSOL Multiphysics 可以通过设定参数化扫描计算，得到某一参数(如基础直径)在不同取值时的计算结果，并可以根据需要设定计算公式，针对特殊问题或变量进行求解。FLOW-3D 可以同时建立多个模型进行计算，并在多个任务中切换。在计算局部冲刷深度时，FLOW-3D 可以通过泥沙模型直接求解，得到基础周围的冲刷深度变化规律，而 COMSOL Multiphysics 则需要耦合流体计算结果与颗粒运动计算结果得到。由于其功能特点的不同，两个软件被用来实现不同的冲刷计算模型，并与第 2 章中的试验结果进行对照分析，进一步得到典型桥梁深水基础的局部冲刷特性。

表 4.1　　数值计算软件功能与特点对比

数值计算软件	功能与特点					
	冲刷计算	剪切应力计算	参数化扫描	自定义计算	多任务计算	多场分析
COMSOL Multiphysics	需要耦合	可以	可以	可以	不可以	可以
FLOW-3D	直接计算	可以	不可以	不可以	可以	可以

4.3　数值计算分析实例

在第 3 章研究的基础上，本节将建立与室内试验相同的基础布置型式的数值模型进行计算。随着数值计算方法的不断发展和进步，越来越多的学者采用这一手段对冲刷问题进行了探索，并得到了比较满意的结果(Adhikar 等，2009；Zhao 等，2010；Zhu 和 Liu，2012)。如前文所述，在砂性土中，在单向流作用下，单桩的冲刷研究是了解冲刷这一现象和机理的基础。在对单桩局部冲刷进行数值计算和分析的基础上，对不同布置型式的群桩进行数值计算，并与试验结论进行对比分析，通过数值计算方法，可以将结论拓展到试验中难以实现的工况，并得到模型试验中无法直接观测到的结果。

4.3.1 单桩数值分析

以单桩的数值计算模型为例说明采用 FLOW-3D 进行建模的过程,群桩的建模方式类似。设置与试验区域一致的长 2.7 m、宽 0.8 m、高 1.0 m 的计算域,将直径为 0.03 m 的单桩布置在计算域中央位置,取 0.3 m 厚的床砂范围进行计算(泥沙参数与试验中参数一致),为了与实际情况相符,在床砂的前、后、左、右端加设了 0.01 m 厚的挡板。根据第 3 章模型试验的经验,选取了更容易观测到试验现象的水深(25 cm)和流速(22.5 cm/s),并单独开展了单桩在此水力条件下的波流水槽局部冲刷试验,便于与数值计算结果进行对比。软件中自带网格划分功能,取流体域网格体积为 $\Delta x = \Delta y = \Delta z = 0.008$ m。本节研究的对象为桩基础周围的局部冲刷现象,故对桩周围的网格进行加密和优化,总网格数量大于 42 000 000 个。网格过密会导致计算量增大,计算消耗时间变长,而网格过疏会导致计算结果不够准确,无法得到一些细节参数。划分好网格后的单桩局部冲刷计算模型如图 4.1 所示。

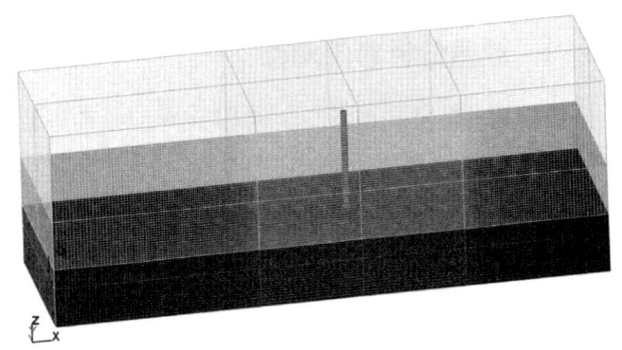

图 4.1 单桩局部冲刷数值计算模型与网格划分示意图(FLOW-3D 建模)

计算模型中,入口边界采用速度边界条件(Specified Velocity),采用流速控制,入口流速为 22.5 cm/s;出口边界采用流出边界条件(Outflow);侧边边界采用对称边界条件(Symmetry);上边界同样采用对称边界条件(Symmetry),下边界采用壁面边界条件(Wall)。具体设置如下:

$$X_{\min}: V \qquad X_{\max}: O$$
$$Y_{\min}: S \qquad Y_{\max}: S$$
$$Z_{\min}: W \qquad Z_{\max}: S$$

物理条件设置重力加速度为 -9.8 m/s^2,湍流模型选择 RNG k-ε 模型。初始条件压力选择静水压力(hydrostatic pressure),用水流高度 25 cm 来对流体进行初始化。

笔者采用上述相同的建模方法,对前后串排双桩、左右并排双桩以及 2×2 排式布置群桩进行了数值计算。

水流从入口处流入,经过一段时间后到达桥墩处,稍后水流稳定,纵向剖面上的流速分布将不再变化,河床高程在冲刷作用下逐渐降低,起初发展迅速,经过一段时间后相对趋于稳定。计算时间为 30 min 时,冲刷深度已经基本不再发生变化,此时认为达到其平衡状态。以单桩为例,其达到平衡时软件计算出的河床等高线如图 4.2 所示,靠近桩周围的河床高程最低,远离桩周围的高程较高。从图中可以看出,冲刷坑的大致形状和最大冲刷深度发生的位置,与试验得到的结果基本一致。河床表面泥沙由于受到水流作用,伴随着局部冲刷一起发生的还有一般冲刷和收缩冲刷,也导致在上下游原理桩基础位置处也存在一定的河床高程变化,而由于单桩的存在,水流被分为两侧水流,产生下游位置的尾流旋涡。

图 4.2 单桩周围河床高程计算结果示意图(单位: m)

以单桩为例,采用瞬态计算,其周围的局部冲刷发展过程在该计算模型中可以较好地被捕捉到,其发展过程如图 4.3 所示。从图中可以看到,在冲刷发展的前期,桩周围的冲刷深度快速增大,随后变化放缓,与试验中现象一致。在开始的前 5 min,单桩周围河床高程由 0.3 m 锐减至 0.26 m,在之后的 25 min 内,该数值降低至 0.231 m。同时,冲刷坑范围也在早期发展最为迅速,随后放缓。

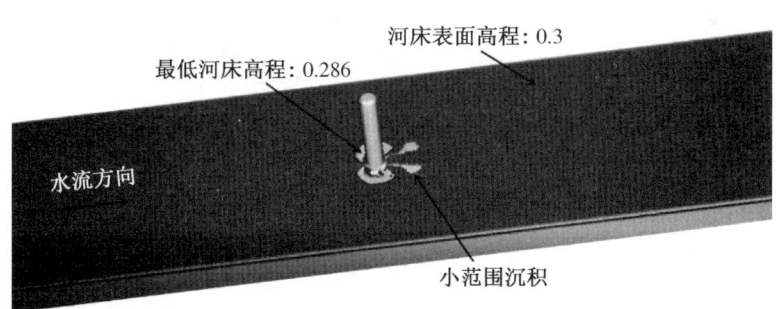

(a) $t=1$ min

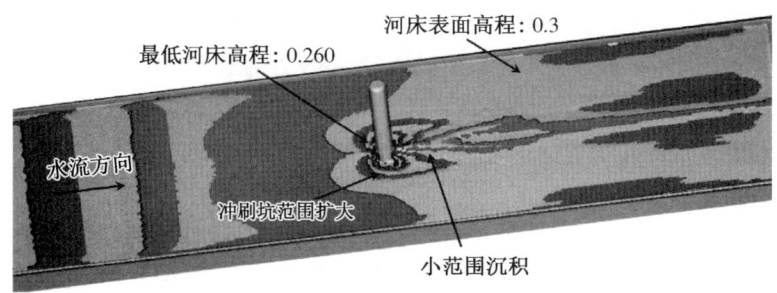

(b) $t=5$ min

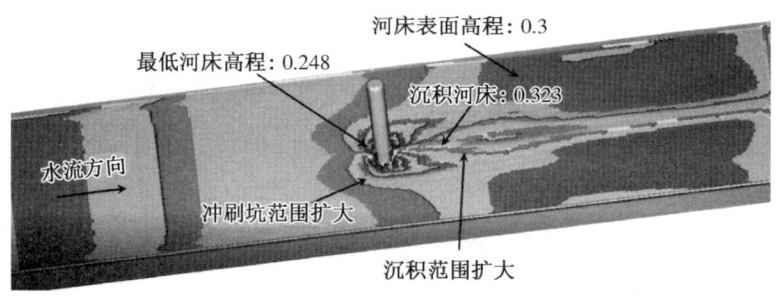

(c) $t=10$ min

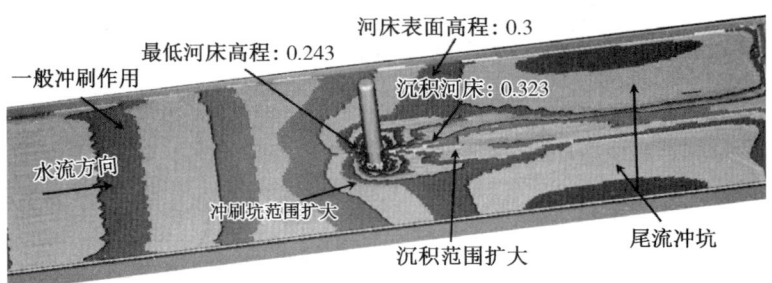

(d) $t=15$ min

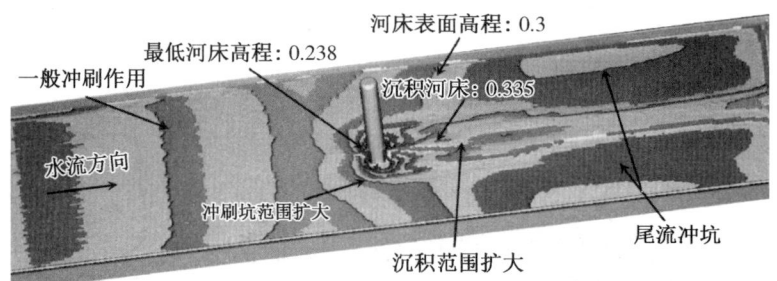

(e) $t=20$ min

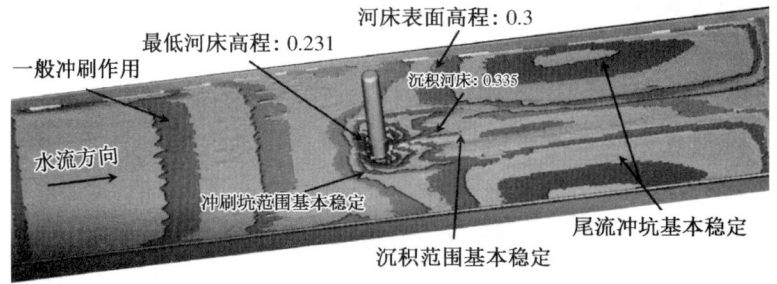

(f) $t=30$ min

图 4.3 单桩周围局部冲刷随时间发展计算结果(单位：m)

4.3.2 双桩数值分析

前后串排双桩、左右并排双桩的冲刷过程不再赘述,其计算结果如图 4.4 和图 4.5 所示。与试验中观察到的现象基本一致,群桩间相互作用主要受到射流效应和遮蔽效应影响,导致其冲刷深度较单桩增大或减小。

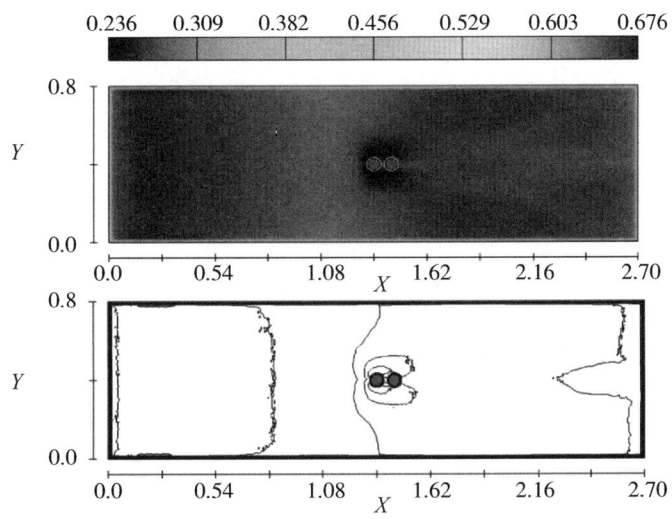

(a) 前后串排双桩周围河床高程计算结果示意图

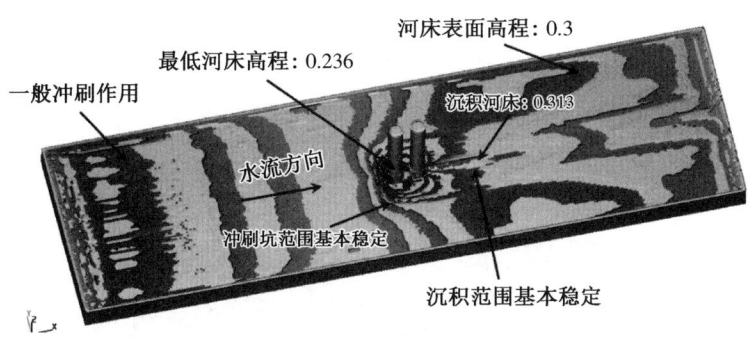

(b) 前后串排双桩局部冲刷达到平衡时的状态

图 4.4 前后串排双桩周围局部冲刷数值模拟计算结果(单位:m)

4.3.3 群桩数值分析

2×2 排式布置群桩的数值计算结果如图 4.6 所示,其冲刷过程中产生的射流效应和遮蔽效应可以从试验结果中较清楚地得到,且与试验中的现象基本一致。四种桩基础型式中,各桩周围的局部冲刷深度的试验结果与数值模型计算结果列于表 4.2,两者间对比如图 4.7 所示。

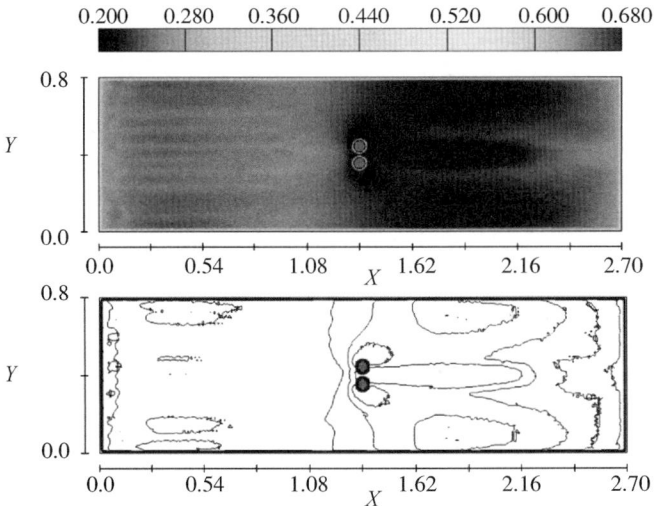

(a) 左右并排双桩周围河床高程计算结果示意图

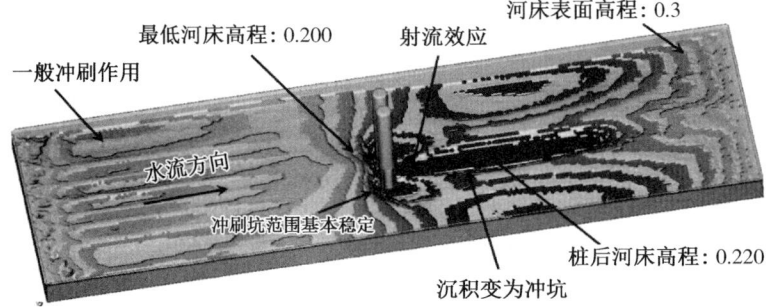

(b) 左右并排双桩局部冲刷达到平衡时的状态

图 4.5 左右并排双桩周围局部冲刷数值模拟计算结果(单位：m)

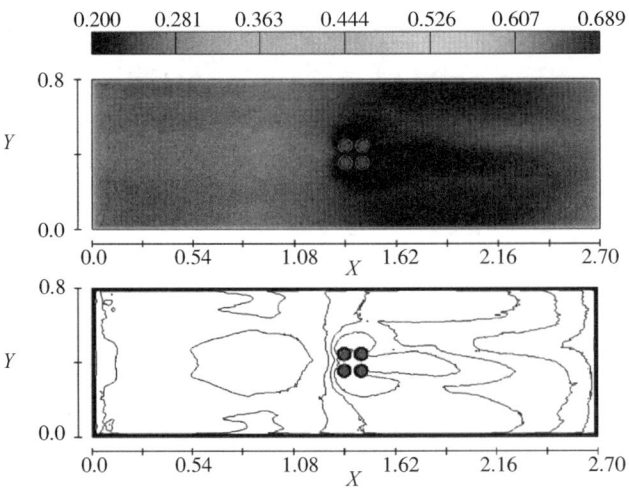

(a) 2×2 排式布置群桩周围河床高程计算结果示意图

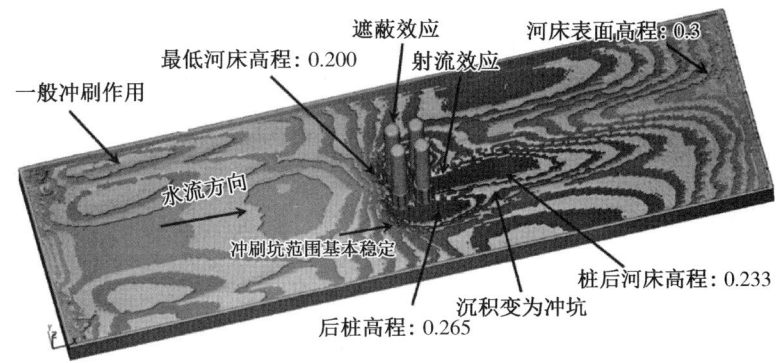

(b) 2×2 排式布置群桩局部冲刷达到平衡时的状态

图 4.6　2×2 排式布置群桩周围局部冲刷数值模拟计算结果(单位：m)

表 4.2　　　　　　　　　桩基础局部冲刷深度室内试验与数值计算结果

布置型式	桩号	最终冲刷深度(试验)/cm				最终冲刷深度(数值计算)/cm			
		前	右	后	左	前	右	后	左
○	—	4.3	3.9	3.2	3.8	4.5	5.3	3.3	5.5
○○	前	4.2	3.9	3.0	3.8	4.6	5.8	2.8	5.6
	后	2.7	2.1	1.5	2.0	2.9	4.2	2.0	4.3
○ ○	左/右	4.3	4.2	3.1	3.9	4.5	5.2	4.2	5.0
A B / C D	A/B	4.5	4.3	3.7	4.1	4.7	5.0	4.7	3.9
	C/D	3.2	2.7	1.7	2.4	3.8	3.9	3.2	2.6

室内试验的结果采用第 2 章中同样的方法测量得到，数值模型的计算结果由 FLOW-3D 计算得到。通过对比可以发现，遮蔽效应与射流效应在室内试验和数值模型中都存在。此外，数值计算结果往往比室内试验结果略高，尤其在各桩两侧位置。两者结果的差别是由以下两方面原因造成的：首先，一些室内试验条件对测试结果会产生一定的影响，这些试验条件包括试验中无法准确保持流速恒定，试验水槽边壁对水流的影响和测量时的误差等。尽管笔者在室内试验中采用多次测量的方法，但上述由于试验系统造成的误差无法完全避免。而数值模拟中采用对称边界可以更好地模拟真实情况，且模拟过程中水流参数可以保

持恒定。其次,在泥沙运动和侵蚀的计算中,数值模型依然存在一定的局限性,尤其在涉及群桩的基础型式时。现有的泥沙计算模型一般为经验公式,主要来源于侵蚀试验,这与水流作用下的泥沙运移并不完全相同,因而在计算时会产生一定误差。整体而言,数值计算结果验证了室内试验得到的相关结论,同时,室内试验结果也对数值计算结果有一定的修正作用;对于实际工程而言,数值计算结果在一定程度上已可以作为设计时的参考手段,必要时辅以室内试验对比论证。

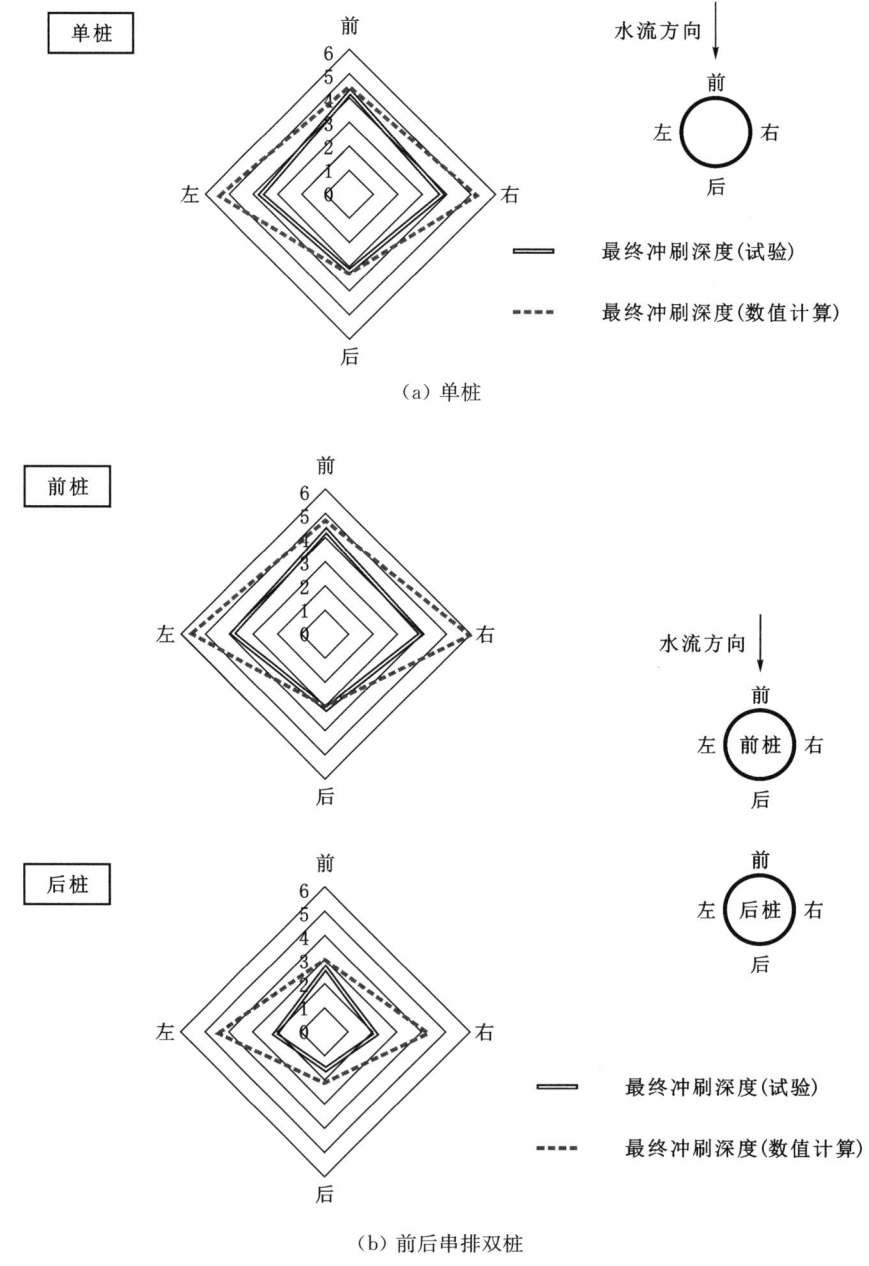

(a) 单桩

(b) 前后串排双桩

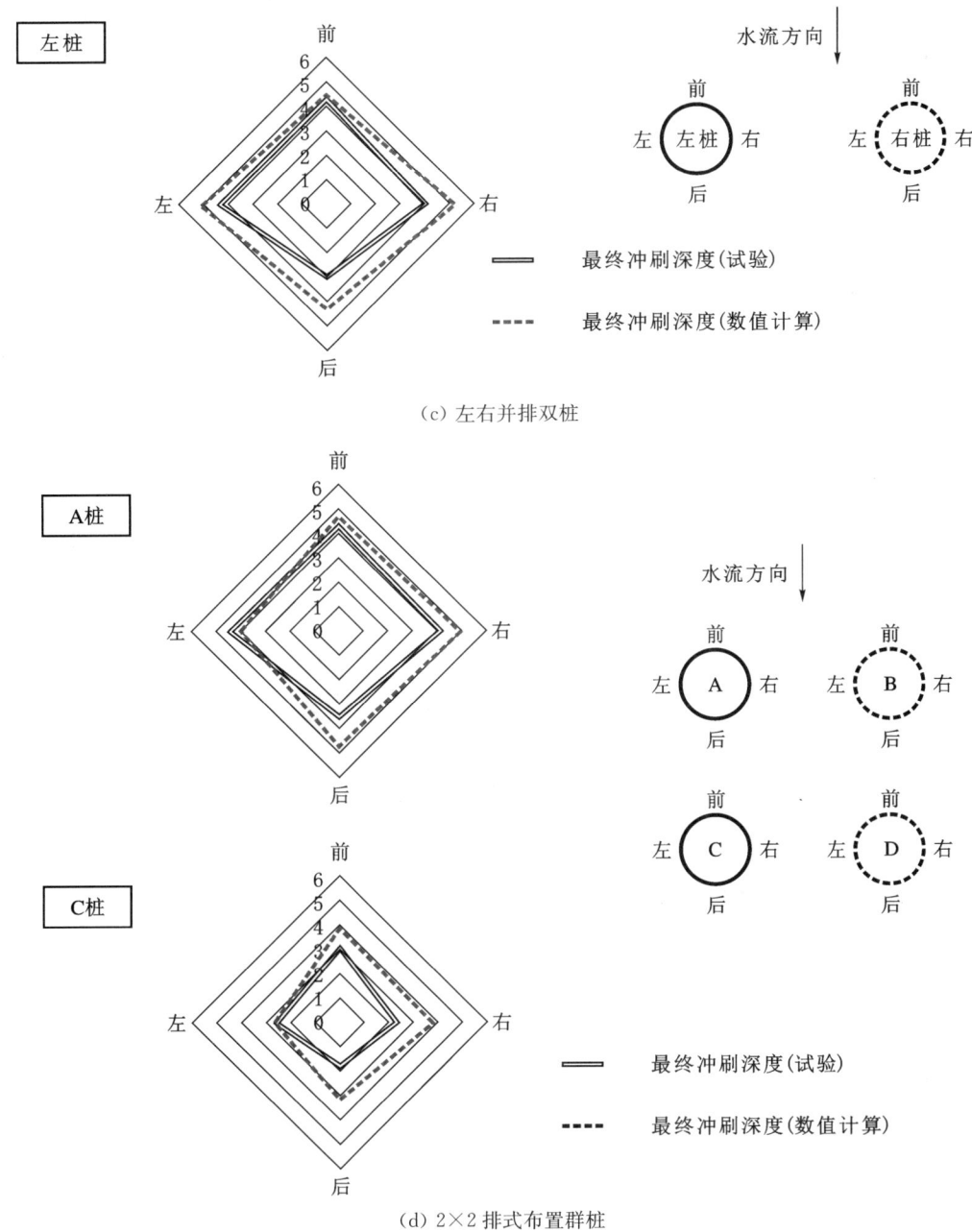

(c) 左右并排双桩

(d) 2×2 排式布置群桩

图 4.7　桩基础周围局部冲刷深度的试验结果与数值计算结果对比（单位：m）

4.4　桥梁大直径基础冲刷的数值分析

为了进一步研究桥梁沉井基础的局部冲刷特性，获取冲刷过程中的细节，本节同样采用数值计算方法开展研究。针对大直径的阻水物而言，数值计算方法可以不再受模型比尺与试验区域的限制，可以按照原型尺寸进行计算。为了更好地研究几类典型桥梁深水基础型式的局部冲刷特性，探索大直径基础的局部冲刷发展规律，并将数值计算模型与室内试验模型进行对比,本节先采用与第 2 章中相应试验一致的参数进行计算分析,并对冲刷过程中流场的变化进行分析,然后将试验模型扩展至更多大直径的工况条件进行研究。

4.4.1 模型建立

前文介绍了以单桩局部冲刷为例,采用 FLOW-3D 进行建模计算的过程,本节将以圆形沉井基础为例,简要介绍采用 COMSOL Multiphysics 进行建模计算的过程。设置计算区域为长 4.7 m、宽 0.66 m、高 0.75 m,采用参数扫描设置将直径为 0.06 m,0.09 m,0.12 m 和 0.15 m 的圆形沉井基础布置在计算域的中央位置,通过参数化扫描功能,可以对不同参数的模型进行计算,得到相应的结果。在研究不同型式与直径的桥梁基础冲刷特征时,主要关注其与水流间的相互作用,因此不考虑泥沙参数与耦合计算,以提高运算速度。同样,根据第 3 章模型试验的经验,选取了更容易观测到试验现象的水深(25 cm)和流速(22.5 cm/s)。采用软件中自带的网格划分功能,本模型利用物理控制方法(Physics-controlled Mesh)取三角形网格进行计算,同样对沉井基础周围的网格进行优化。划分好网格后的圆形沉井基础局部冲刷计算模型如图 4.8 所示。

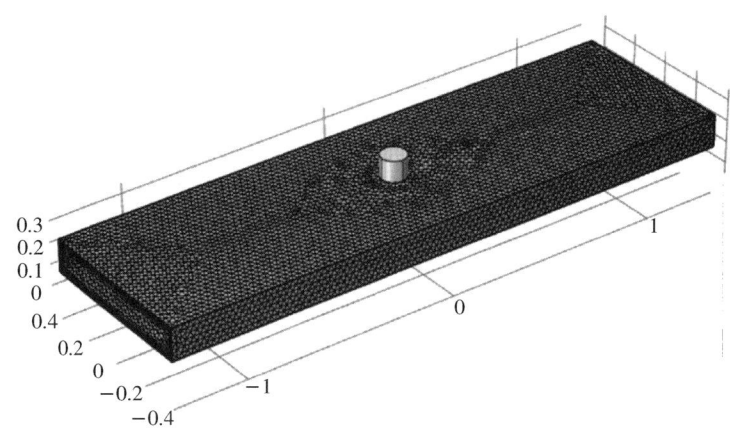

图 4.8 圆形沉井基础局部冲刷数值计算模型与网格划分示意图(COMSOL Multiphysics 建模)

计算模型中,入口边界采用流入边界条件(Inflow),采用流速控制,入口流速为 22.5 cm/s;出口边界采用流出边界条件(Outflow);侧边边界采用对称边界条件(Symmetry);上边界同样采用对称边界条件(Symmetry),下边界采用壁面边界条件(Wall),模型边界也采用壁面边界条件(Wall)。具体设置如下:

$$X_{\min}:\text{V} \qquad X_{\max}:\text{O}$$
$$Y_{\min}:\text{S} \qquad Y_{\max}:\text{S}$$
$$Z_{\min}:\text{W} \qquad Z_{\max}:\text{S}$$

将铝材料的参数附在圆形沉井基础面上,同时在计算域内用水填满,物理条件设置重力加速度为 -9.8 m/s^2,湍流模型选择 RNG $k\text{-}\varepsilon$ 模型。

笔者采用上述相同的建模方法,对直径为 0.06 m,0.09 m,0.12 m 和 0.15 m 的圆形沉井基础、正交方形沉井基础、斜交方形沉井基础以及相同外包尺寸的群桩基础进行了数值计算。

4.4.2 数值计算结果与分析

在冲刷方面的研究中,需要对河床材料冲刷发生的临界条件特别关注。当在临界条件以内时,水力条件不足以引起床面侵蚀,冲刷不会发生;当达到临界条件之后,冲刷就会发生(Arneson 等,2012)。在众多参数中,河床材料的临界剪切应力(τ_c)被认为是判定冲刷发生的最重要的临界条件。当河流产生的剪切应力(τ)小于河床材料的临界剪切应力时,冲刷不会发生。因此,冲刷发生的过程可以认为是这两者间比较的结果,当认为河床各处泥沙材料的临界剪切应力相同时,水流与基础之间相互作用的流场结果便可以反映出其冲刷特性。流体产生剪切应力大的区域将带来更严重的冲刷,相反地,流体产生剪切应力比较小的区域的冲刷将十分轻微。在恒定流作用下,直径为 0.06 m,0.09 m,0.12 m 和 0.15 m 的圆形沉井基础、正交方形沉井基础、斜交方形沉井基础以及相同外包尺寸的群桩基础周围的水流结构及剪切应力如图 4.9 所示。

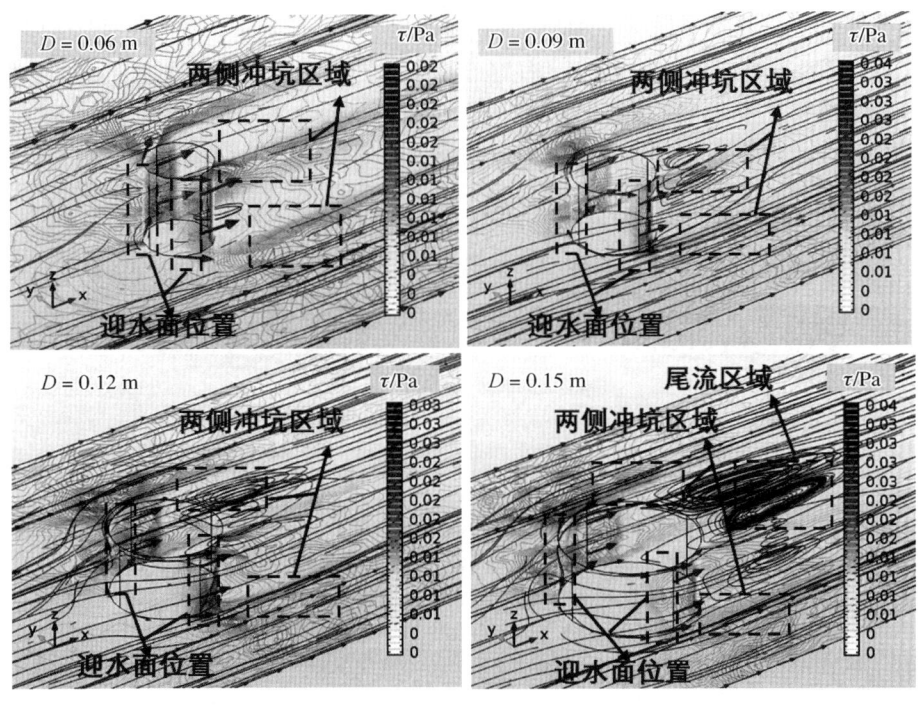

图 4.9 大直径基础周围水流结构及剪切应力计算结果

数值计算结果与模型试验中得到的结论基本一致。从图中可以看出,随着基础直径的增大,其与水流间的相互作用变强,产生的剪切应力变大,同时引起更明显的尾流。圆形沉井基础上游位置的剪切应力最大,导致该沉井基础在此处发生较大的冲刷作用,同时,基础后方产生的尾流区域使得泥沙在此减速回落。在这几种基础型式中,迎水侧的两类角点周围与水流的作用最为剧烈,群桩基础周围的水流结构相对于其他几种型式稍弱;斜交方形沉井产生的尾流最为明显,这也表明了该基础型式迎水侧迎水角点的扰流效果。随着方形基础阻水面积的增大,局部冲刷作用变得更为明显。对于斜交方形沉井基础而言,尽管冲刷在两侧角点位置十分剧烈,但该基础型式在众多基础中依然是受冲刷影响最小的基础型式。对于群桩基础而言,其遮蔽效应和射流效应也很好地体现在各桩的相应位置上。桩间距与布置型式成为影响群桩冲刷坑深度和形状的因素。为了更好地展示流场结构,对其中部分结果的效果图进行了放缩,基础尺寸以图中标记的为准。

4.4.3 大直径基础冲刷发展规律初探

已有研究表明,随着基础直径的增大,基础周围的冲刷深度并不是线性增大的,而是以指数关系增加(Melville 和 Coleman,2000;Arneson 等,2012)。第 2 章关于不同基础型式之间冲刷特性的对比也初步揭示了这一规律。为了进一步研究基础直径对冲刷深度的影响,本节利用 FLOW-3D 计算了比第 2 章试验中直径更大的圆形沉井基础(分别为 0.24 m,0.27 m,0.3 m,0.33 m 和 0.36 m)周围的最终局部冲刷深度,数值模型计算结果如图 4.10 所示。随着基础直径的增大,冲刷坑变得更深且冲刷坑范围变得更大,达到平衡时的冲刷深度随基础直径的变化关系如图 4.11 所示。图中曲线分别用绝对冲刷深度(h_s)和无量纲化的相对冲刷深度(h_s/D)表示,随着直径的增大,绝对冲刷深度从 1.8 cm 增大到 5.8 cm,而相对冲刷深度从 0.6 减小至 0.16。根据前文中室内试验以及数值模拟的结果,当阻水物的直径越大时,水流-结构间的相互作用会变得越剧烈,进而导致冲刷深度更大。

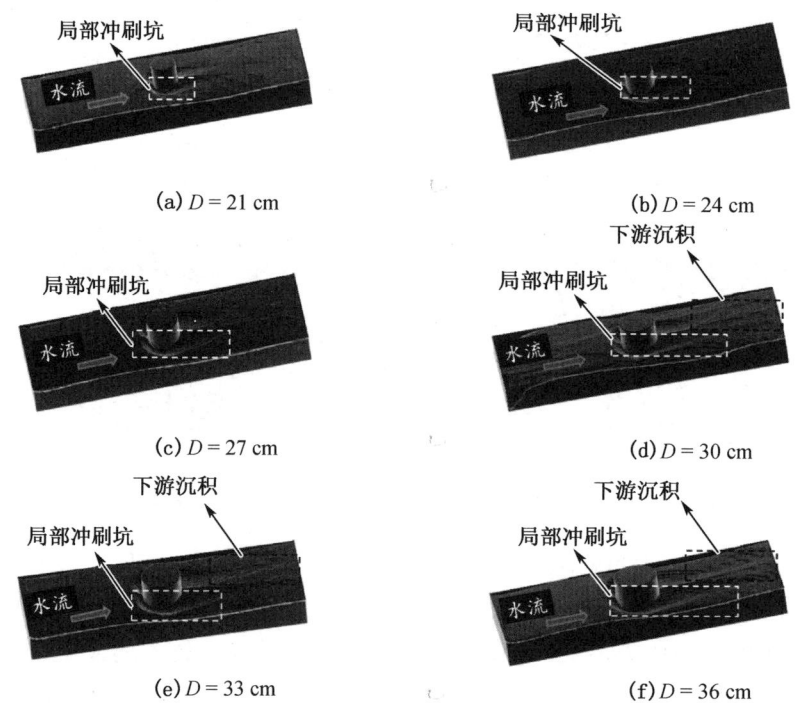

图 4.10 圆形沉井基础周围局部冲刷达到平衡时的数值计算结果

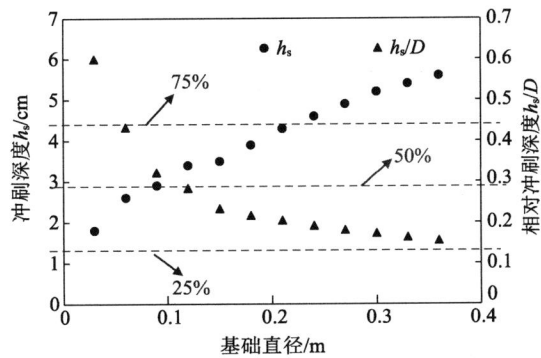

图 4.11　圆形沉井基础达到平衡时的局部冲刷深度随基础直径的变化关系

然而，无论是绝对冲刷深度还是相对冲刷深度，在实际中都应当避免。过大的绝对冲刷深度意味着基础周围河床泥沙被大量掏空，这将导致基础埋深严重不足，无法按照设计要求承担上部结构带来的荷载或其他外界环境作用。而过大的相对冲刷深度意味着基础在面临横向荷载时会变得十分脆弱。

第 5 章
冲刷深度的预测分析方法

5.1 概述

在实际工程中,准确地预测局部冲刷深度是桥梁深水基础设计的一个重要环节,通过预测可以提前了解现场环境条件下基础周围的冲刷情况,以便进一步从基础埋深设计或冲刷防护方法的角度对桥梁工程加以保护。与此同时,如何准确地得到桥梁基础周围的局部冲刷深度也是众多学者在冲刷研究方面所关注的问题之一。各个国家或地区,根据其经验及环境条件都提出了相应的局部冲刷深度计算方法以指导工程实践。其中,美国对局部冲刷这一自然现象研究得最早,其工程经验也最为丰富,美国联邦高速公路管理局推荐使用由Richardson(2000)提出的桥梁局部冲刷公式 HEC-18,成为美国及一些地区常用的局部冲刷预测方法。我国推荐使用的计算桥墩基础局部冲刷的 65-1 公式和 65-2 公式已编入《公路工程水文勘测设计规范》(JTG C30—2015),在国内的工程项目中应用比较广泛。新西兰常用的计算方法是由 Melville 和 Coleman(2000)提出的经验公式,可以用于桥墩与桥台的局部冲刷预测。尽管这些计算方法在指导工程实践中取得了较好的效果,但现阶段对局部冲刷计算方法的研究尚存在一些不足,具体表现为以下几个方面:

(1) 现有的常用局部冲刷预测方法尽管考虑了局部冲刷相关的水力、泥沙和桥梁基础方面的参数,但其相互关系基本是由经验公式得到,缺乏从机理方面提出的计算方法,这也使得上述规范在不同地区使用时的准确率相差较大,有时甚至无法使用。

(2) 随着桥梁工程的不断发展,越来越多的跨江海桥梁采用更大直径或新型基础型式,而目前的冲刷计算方法大多基于数十年前的经验或基于室内试验得到,尽管通过体型系数等方式进行过修正,但对这些桥梁工程中出现的新型式或新趋势无法提供准确的预测。

(3) 在桥梁设计中,其他的主要荷载参数如船撞、风荷载等均采用概率型的计算模型,同时,局部冲刷的影响因素往往也是概率型的自变量,但上述关于局部冲刷的计算方法往往是确定性的方法,使得设计人员对冲刷的考虑无法很好地与其他设计参数相容,一同进行概率设计。

本章首先对现有的常用计算方法进行了介绍,对比分析了中国、美国和新西兰关于局部冲刷的设计规范,研究了各冲刷相关参数在公式中的影响,并对其运用于大直径基础预测时的表现进行了评估;其次,基于前文关于室内试验的结果,笔者与王玉(2014)采用量纲分析的方法提出在典型冲刷过程(即单向流作用下圆柱形单桩桥梁基础)的局部冲刷深度的计算公式,并与现有计算公式的预测结果进行了对比;再次,基于概率论中的分位数统计方法,从宏观角度出发,提出了桥梁局部冲刷的分位数统计方法计算模型;最后,基于第 4 章中关于局部冲刷细观机理的研究,从细观角度出发,建立了砂土中桥梁深水基础局部冲刷的细观设计方法。上述内容中,对现有计算方法的进一步分析有助于对规范进行修正,从而更好地指导工程实践,提出的两种设计方法分别从宏观和细观的角度解释了局部冲刷这一自然现象的概率过程和细观过程,为进一步揭示局部冲刷发展机理提供了重要思路。

5.2 常用冲刷深度预测方法

砂性土中桥梁基础局部冲刷深度计算一般采用的都是基于试验模型校验并吸取实际经验而建立的公式。本节主要针对具有代表性的几种砂性土中局部冲刷计算方法进行对比分析,并介绍笔者与王玉(2014)基于典型冲刷过程的改进公式,同时,对各个公式的优劣进行探讨。在前面章节室内试验与数值计算的基础上,结合实际工程经验,对上述规范中的方法运用于大直径桥梁基础的局部冲刷计算时的表现进行评估,并提出修正建议。

5.2.1 中国计算公式

我国对局部冲刷方面的研究可以追溯到 20 世纪 50 年代,在经过十几年的经验积累之后,1964 年,我国公路、铁路部门根据国内各类代表性河段的 52 座桥梁 99 站年的实测资料和模型试验资料,制定了 65-2、65-1 局部冲刷计算公式。当时的生产实践表明,这两个公式结构比较合理,能反映出冲刷过程中涉及的几个物理量之间的关系,包括冲刷深度随行近流速的变化关系,同时考虑了泥沙对局部冲刷过程的影响。之后,随着我国经济建设的迅速发展,在大江、大河和海湾上修建了很多大跨度公路桥梁,出现了一系列新型桥墩和基础型式,为了让桥位设计更符合实际工程的需要,在 1978 年对规范进行了一次修订,1982 年对墩形进行了一定的补充工作,1991 年对 65-2 公式进行了修正,但发现当墩前行近流速大于泥沙起动流速后,局部冲刷深度的计算值与实测值相比偏于不安全,故取消了对 65-2 公式的修正。目前,65-1 修正式与 65-2 公式刊布后未发现异议,被纳入 2002 年制定的规范《公路工程水文勘察设计规范》(JTG C30—2002)中,至今作为我国的设计规范使用。规范的建立、发展和修正的整个过程如图 5.1 所示。

目前的计算公式如下:

65-1 修正式:

$$h_b = K_\xi K_{\eta 1} D^{0.6} (V - V_0'), \quad V \leqslant V_0 \tag{5.1}$$

$$h_b = K_\xi K_{\eta 1} D^{0.6} (V - V_0') \left(\frac{V - V_0'}{V_0 - V_0'} \right)^{n_1}, \quad V > V_0 \tag{5.2}$$

其中,

$$V_0 = 0.024\,6 \left(\frac{h_p}{\bar{d}} \right)^{0.14} \sqrt{332\bar{d} + \frac{10 + h_p}{\bar{d}^{0.72}}} \tag{5.3}$$

$$K_{\eta 1} = 0.8 \left(\frac{1}{\bar{d}^{0.45}} + \frac{1}{\bar{d}^{0.15}} \right) \tag{5.4}$$

$$V_0' = 0.462 \left(\frac{\bar{d}}{D} \right)^{0.06} V_0 \tag{5.5}$$

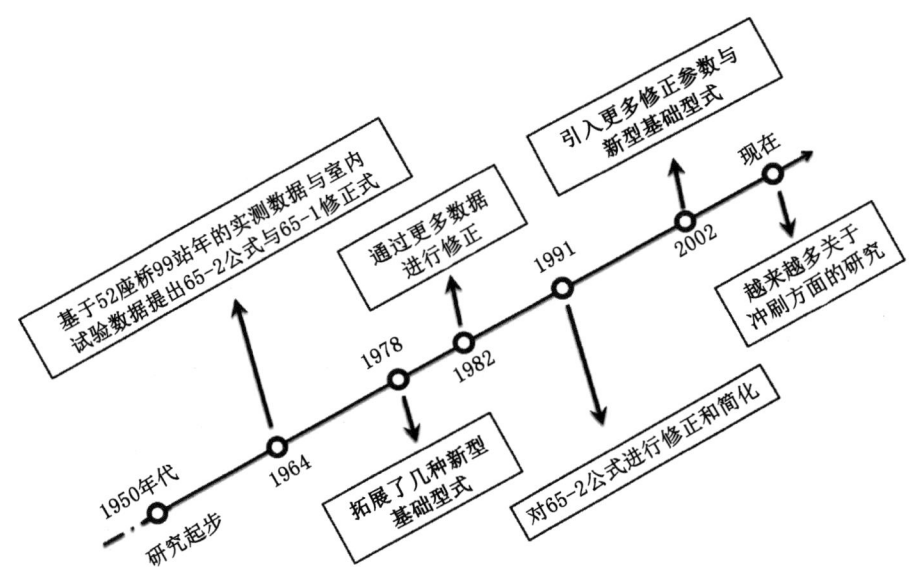

图 5.1 中国规范的建立、发展和修正的过程

$$n_1 = \left(\frac{V_0}{V}\right)^{0.25\bar{d}^{0.19}} \tag{5.6}$$

式中，V_0 为河床泥沙起动流速，m/s；V_0' 为墩前泥沙起冲流速，m/s；K_ξ 为墩形系数，按《公路工程水文勘察设计规范》(JTG C30—2002)的附录 B 选用；$K_{\eta1}$ 为河床颗粒影响系数；n_1 为修正指数；$\bar{d}$ 为河床泥沙平均粒径，mm；D 为桥墩基础计算宽度，m；h_b 为局部冲刷深度；V 为一般冲刷后墩前行近流速，按照《公路工程水文勘察设计规范》(JTG C30—2002)中 7.4.4 条的规定计算。

65-2 公式：

当 $V \leqslant V_0$ 时，
$$h_b = K_\xi K_{\eta 2} D^{0.6} h_p^{0.15}\left(\frac{V-V_0'}{V_0}\right) \tag{5.7}$$

当 $V > V_0$ 时，
$$h_b = K_\xi K_{\eta 2} D^{0.6} h_p^{0.15}\left(\frac{V-V_0'}{V_0}\right)^{n_2} \tag{5.8}$$

其中，

$$V_0 = 0.28(\bar{d}+0.7)^{0.5} \tag{5.9}$$

$$K_{\eta 2} = \frac{0.0023}{\bar{d}^{2.2}} + 0.375\bar{d}^{0.24} \tag{5.10}$$

$$V_0' = 0.12(\bar{d}+0.5)^{0.55} \tag{5.11}$$

$$n_2 = \left(\frac{V_0}{V}\right)^{0.23+0.19\lg\bar{d}} \tag{5.12}$$

式中，V_0 为河床泥沙起动流速，m/s；V_0' 为墩前泥沙起冲流速，m/s；K_ξ 为墩形系数，按《公路工程水文勘察设计规范》(JTG C30—2002)的附录 B 选用；$K_{\eta 2}$ 为河床颗粒影响系数；n_2

为修正指数;$\bar{d}$ 为河床泥沙平均粒径,mm;D 为桥墩基础计算宽度,m;h_b 为局部冲刷深度;V 为一般冲刷后墩前行近流速,按照《公路工程水文勘察设计规范》(JTG C30—2002)中 7.4.4 条的规定计算。

5.2.2 美国计算公式

美国规范对清水冲刷和动床冲刷都适用,一般应用于冲击砂床河道中简单的桥墩布置和河流流动情况,也可用于宽墩情况、复杂桥墩布置、河流扭曲流动、估计桥墩处的碎片冲刷和潮汐水道的冲刷。这一计算方法最早由 Richardson(1987)基于 Colorado State University(CSU)关于圆形桥墩基础的室内试验结果提出,并被美国公路与运输协会标准(American Association of State Highway and Transportation Officials,AASHTO)采纳。在之后的几十年里,根据实际经验引入了更复杂的形状系数和水力条件进行修正(Richardson 和 Davis,2001;Arneson 等,2012),形成了现在的 HEC-18 公式,其表达式如下:

$$\frac{h_b}{h_p} = 2.0 K_1 K_2 K_3 \left(\frac{D}{h_p}\right)^{0.65} Fr^{0.43} \tag{5.13}$$

式中,K_1 为形状修正系数,K_2 为斜交角修正系数,K_3 为河床参数修正系数,上述三种系数均可由表 5.1 查得,其中 K_2 也可由式(5.14)计算得到;D 为基础宽度;h_p 为水深;h_b 为局部冲刷深度;Fr 为弗劳德数,可由式(5.15)计算得到:

表 5.1　　HEC-18 计算方法中各系数取值

系数	取值条件及计算结果				
K_1	桥墩基础迎水面形状				
	方形	圆形	圆柱	圆柱群	尖形
	1.1	1	1	1	0.9
K_2	当 $L/a=4$ 时,对应各斜交角的参数取值				
	0°	15°	30°	45°	90°
	1.00	1.50	2.00	2.30	2.50
	当 $L/a=8$ 时,对应各斜交角的参数取值				
	0°	15°	30°	45°	90°
	1.00	2.00	2.75	3.30	3.90
	当 $L/a \geq 12$ 时,对应各斜交角的参数取值				
	0°	15°	30°	45°	90°
	1.00	2.50	3.50	4.30	5.00
K_3	河床条件				
	清水冲刷	平坦河床及逆沙丘流	小沙丘	中沙丘	大沙丘
	1.1	1.1	1.1	1.1~1.2	1.3

$$K_2 = \left(\cos\theta + \frac{L}{D}\sin\theta\right)^{0.65} \tag{5.14}$$

$$Fr = \frac{V}{\sqrt{gh_p}} \tag{5.15}$$

式中，V 为来流速度；g 为重力加速度；θ 为来流攻角；L 为基础长度。

一般而言，当 $Fr \leqslant 0.8$ 时，$h_b \leqslant 2.4D$；当 $Fr > 0.8$ 时，$h_b \leqslant 3D$。为便于比较无量纲化基础周围的相对冲刷深度，式(5.13)还可变形为

$$\frac{h_b}{D} = 2.0 K_1 K_2 K_3 \left(\frac{h_p}{D}\right)^{0.35} Fr^{0.43} \tag{5.16}$$

当考虑群桩布置条件时，计算公式中引入群桩等效计算宽度 D^* 来体现群桩作为整体与水流之间的作用，可以由下式计算得到：

$$D^* = D_{\text{proj}} K_{\text{sp}} K_{\text{m}} \tag{5.17}$$

其中

$$K_{\text{sp}} = 1 - \frac{4}{3}\left(1 - \frac{1}{D_{\text{proj}}/D}\right)\left[1 - \left(\frac{S}{D}\right)^{-0.6}\right] \tag{5.18}$$

$$K_{\text{m}} = 0.9 + 0.1m - 0.0714(m-1)\left[2.4 - 1.1\left(\frac{S}{D}\right) + 0.1\left(\frac{S}{D}\right)^2\right] \tag{5.19}$$

式中，D_{proj} 为桩群的几何投影宽度；K_{sp} 为桩间距调整系数；K_{m} 为排式布置的群桩调整系数，非排式布置时取 1.0；m 为垂直于水流方向的群桩排数，大于 6 时取 6；S 为桩心距。以 3×4 群桩为例，上述参数意义如图 5.2 所示。

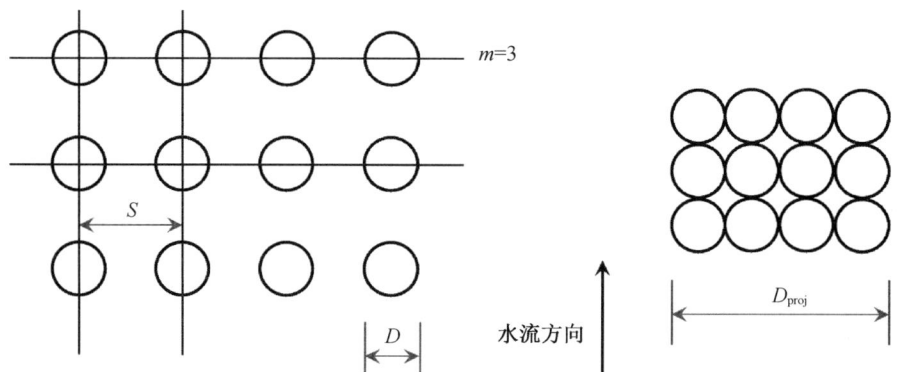

图 5.2　群桩等效计算参数取值示意图

5.2.3　新西兰计算公式

新西兰学者对冲刷的研究也十分深入，其规范对冲刷深度的计算考虑了基础宽度和水深比值、水流速度、河床材料、墩形以及斜交角等诸多因素的综合作用，其计算公式如下：

$$h_b = K_D K_I K_d K_s K_\theta K_G K_t \tag{5.20}$$

式中，K_D由大量试验数据分析后得到，表征水流深度与基础型式之间的关系，随着基础宽度和水深比值(D/h_p)的变化而变化，其计算取值如式(5.21)所示：

$$K_D = \begin{cases} 2.4D, & D/h_p < 0.7 \\ 2\sqrt{Dh_p}, & 0.7 \leqslant D/h_p < 5 \\ 4.5, & 5 \leqslant D/h_p \end{cases} \quad (5.21)$$

水流速度的影响通过K_I体现，对于均匀沙而言(V_c是泥沙的临界起动流速)：

$$K_I = \begin{cases} \dfrac{V}{V_c}, & \dfrac{V}{V_c} < 1 \\ 1, & \dfrac{V}{V_c} \geqslant 1 \end{cases} \quad (5.22)$$

河床影响参数K_d表征河床材料对最大冲刷深度的影响，由经验数据得到其计算关系为

$$K_d = \begin{cases} 0.57\lg\left(2.24\dfrac{D}{d_{50}}\right), & \dfrac{D}{d_{50}} \leqslant 25 \\ 1, & \dfrac{D}{d_{50}} > 25 \end{cases} \quad (5.23)$$

墩形修正系数K_s，斜交角修正系数K_θ和河床修正系数K_G与美国HEC-18公式中的相应参数基本一致，而时间参数K_t是t时刻的最大冲刷深度与最终的最大冲刷深度的比值，当$K_t=1.0$时即为冲刷平衡时的最大冲刷深度，该参数的引入使得冲刷动态演化可定量表示为

$$K_t = \exp\left[-0.03\left|\dfrac{V_c}{V}\ln\left(\dfrac{t}{t_e}\right)\right|^{1.6}\right] \quad (5.24)$$

式中，t_e为冲刷终止时间，由下式确定：

$$t_e(d) = \begin{cases} 48.26\dfrac{D}{V}\left(\dfrac{V}{V_c}-0.4\right), & \dfrac{h_p}{D} > 6, \quad \dfrac{V}{V_c} > 0.4 \\ 30.89\dfrac{D}{V}\left(\dfrac{V}{V_c}-0.4\right)\left(\dfrac{h_p}{D}\right)^{0.25}, & \dfrac{h_p}{D} \leqslant 6, \quad \dfrac{V}{V_c} > 0.4 \end{cases} \quad (5.25)$$

5.2.4 冲刷深度修正公式

单向流作用下小型圆形基础周围的局部冲刷是桥梁冲刷领域的典型冲刷过程，其他基础型式及环境条件下的冲刷均可基于这一典型过程并考虑相互影响和尺寸效应而演化得到。结合室内冲刷试验的结果，笔者和王玉(2014)采用量纲分析的方法推导出在单向流作用下圆柱形单桩桥墩局部冲刷深度的计算公式，再引入水深、墩形以及群桩影响等修正系数，导出单向流作用下群桩桥墩基础周围局部冲刷深度的计算公式，并通过对试验结果的深入分析，结合实测资料，对计算公式进行验算修正。计算方法的推导过程在此不再赘述，得到的公式如下：

$$h_b = 1.13K_{m\varphi}K_wK_{sh}h_p^{0.698}d_{50}^{-0.114}D^{0.416}Fr^{0.42} \quad (5.26)$$

$$K_{\mathrm{w}} = \begin{cases} 0.89\left(\dfrac{h_{\mathrm{p}}}{D}\right), & \dfrac{h_{\mathrm{p}}}{D} < 1.43 \\ 1.0, & \dfrac{h_{\mathrm{p}}}{D} \geqslant 1.43 \end{cases} \quad (5.27)$$

$$K_{\mathrm{m}\varphi} = K_{\mathrm{B}} K_{\mathrm{L}} \quad (5.28)$$

$$K_{\mathrm{B}} = 1 + 4\left[\dfrac{(m-1)\varPhi}{B}\right]^2 \quad (5.29)$$

$$\begin{cases} K_{\mathrm{L}} = 1.16 - 0.16\tan h\left[0.15\left(\dfrac{L}{\varPhi} - 1.8\right)\right], & \dfrac{L}{\varPhi} > 1.8 \\ K_{\mathrm{Lmax}} = 1.16, & \dfrac{L}{\varPhi} = 1.8 \\ K_{\mathrm{L}} = 1.16\tan h \times 1.2\left(\dfrac{L}{\varPhi} + 1\right), & \dfrac{L}{\varPhi} < 1.8 \end{cases} \quad (5.30)$$

式中，h_{p} 为水深；d_{50} 为泥沙中值粒径；D 为桥墩基础直径；Fr 为来流的弗劳德数；K_{w} 为水深影响修正系数；K_{sh} 为桩头形状影响修正系数（取值与表 5.1 中一致）；$K_{\mathrm{m}\varphi}$ 为群桩影响修正系数；K_{B} 为横向排列影响系数；K_{L} 为纵向排列影响系数；当存在斜交角 θ 时进行斜交角影响修正，影响系数取值与表 5.1 中一致，可将桥墩基础宽度修正为 D_1：

$$D_1 = D\left(\cos\theta + \dfrac{L}{D}\sin\theta\right) \quad (5.31)$$

式中，B 为桩群的横向中心距（垂直水流方向）；m 为与水流方向垂直的桩的排数；$\varPhi$ 为桩直径（单桩时即为 D）；L 为桩群纵向（沿水流方向）中心距。

5.3 冲刷深度预测方法对比

上述几种规范中的公式在指导各国生产实践中都起到了积极的作用，从公式的来源和物理意义而言各具特点。为进一步验证和对比上述几种计算公式，汇总了来自多名学者及机构的测量结果，组成了一个较为完整的数据库。这些数据来自 Froehlich(1988)，Landers 等(1991)，Kothyari 等(1992)，Gao 等(1993)，Mueller 和 Landers(1996)，Yeo 和 Gang 等(1999)，Oliveto 和 Hager(2002)，Mueller 和 Wagner(2005)，以及最新的美国国家桥梁冲刷数据库(National Bridge Scour Database)。以其中 Muller 和 Landers(1996)为例，其数据库收集了阿拉斯加州、阿肯色州、科罗拉多州、德拉华州、佐治亚州、伊利诺伊州、印第安纳州、路易斯安那州、马里兰州、密西西比州、蒙大拿州、纽约州、俄亥俄州和弗吉尼亚州56处桥址超过 380 处桥墩冲刷的实测数据。对数据库中数据分别用 HEC-18 公式、中国规范公式、新西兰公式和本书提出的计算公式进行计算，再分别进行比较分析。图 5.3(a)为 HEC-18 公式的计算结果与实测值对比，图 5.3(b)为中国规范公式的计算值与实测值对比（本节中选择更为常用且更具有代表性的 65-2 公式），图 5.3(c)为新西兰公式的计算值与实测值对比，图 5.3(d)为典型冲刷过程的局部冲刷计算公式的计算值与实测值对比。图 5.3 中，横坐标表示实测的冲刷深度值，纵坐标则分别表示 HEC-18 公式、中国规范(65-2 公式)、新西兰公式和本节 5.2.4 中的计算公式的计算值。图中的斜线表征了实测数据与计算结果相等的位置,当图中各点距离这条斜线越近,则说明该计算方法与实际结果吻合得越好,反之,表示吻合得一般。当图中点位置越高,说明计算方法得到的结果比实测值大得越多,计算方法越趋于保守;反之,说明得到的结果比实测值小得越多,计算方法越偏于不安全。

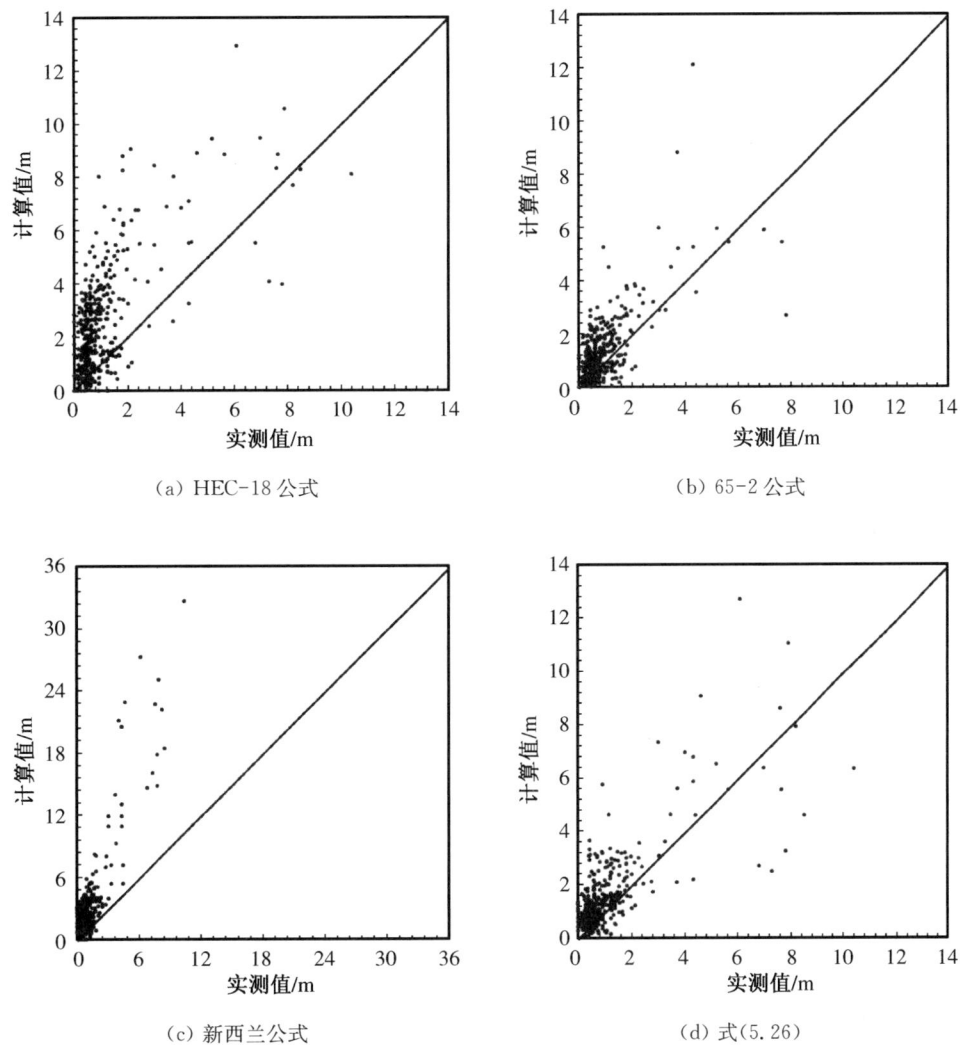

图 5.3　几种冲刷深度预测方法的计算结果与实测值对比

从图 5.3 中可以看出,虽然不同公式的计算结果与冲刷深度都有不同程度的吻合,但也存在明显不同。美国公式(HEC-18)计算得到结果的大部分数据都高于实测值,说明该公式提供的预测偏于保守,虽然比较安全,但是在实际工程设计中会造成一定的浪费。而新西兰公式同样存在偏保守的情况,并且在某些情况下会数倍于实测数据值,此时公式已经基本失效,在设计中已不再具有参考价值。65-2 公式的计算结果在图中展示出的吻合程度较好,但图中实际上删掉了很多计算奇点数据,特别是当粒径较小时,如 0.027 mm,0.008 mm 和 0.036 mm,计算结果已经不符合实际。式(5.26)的计算结果比较靠近中心斜线,且在其两侧分布较为均匀,且不存在 65-2 公式和新西兰公式中出现的失效情况,表明计算结果与实测数据吻合较好。为进一步对比各公式计算的准确性,采用计算结果与实测数据的相对误差进行比较,相对误差的计算式为

$$R = \frac{|C-F|}{F} \tag{5.32}$$

式中,R 为相对误差;C 为计算结果;F 为实测数据。

将相对误差的计算结果分为五个区间,分别是小于 0.2,0.2~0.5,0.5~1,1~5 和大于 5,如图 5.4 所示。图中横坐标分别表示这些区间,纵坐标表示落在该区间内的结果出现的个数。通过比较相对误差在不同区间的分布情况,可以判断出预测方法的准确程度。

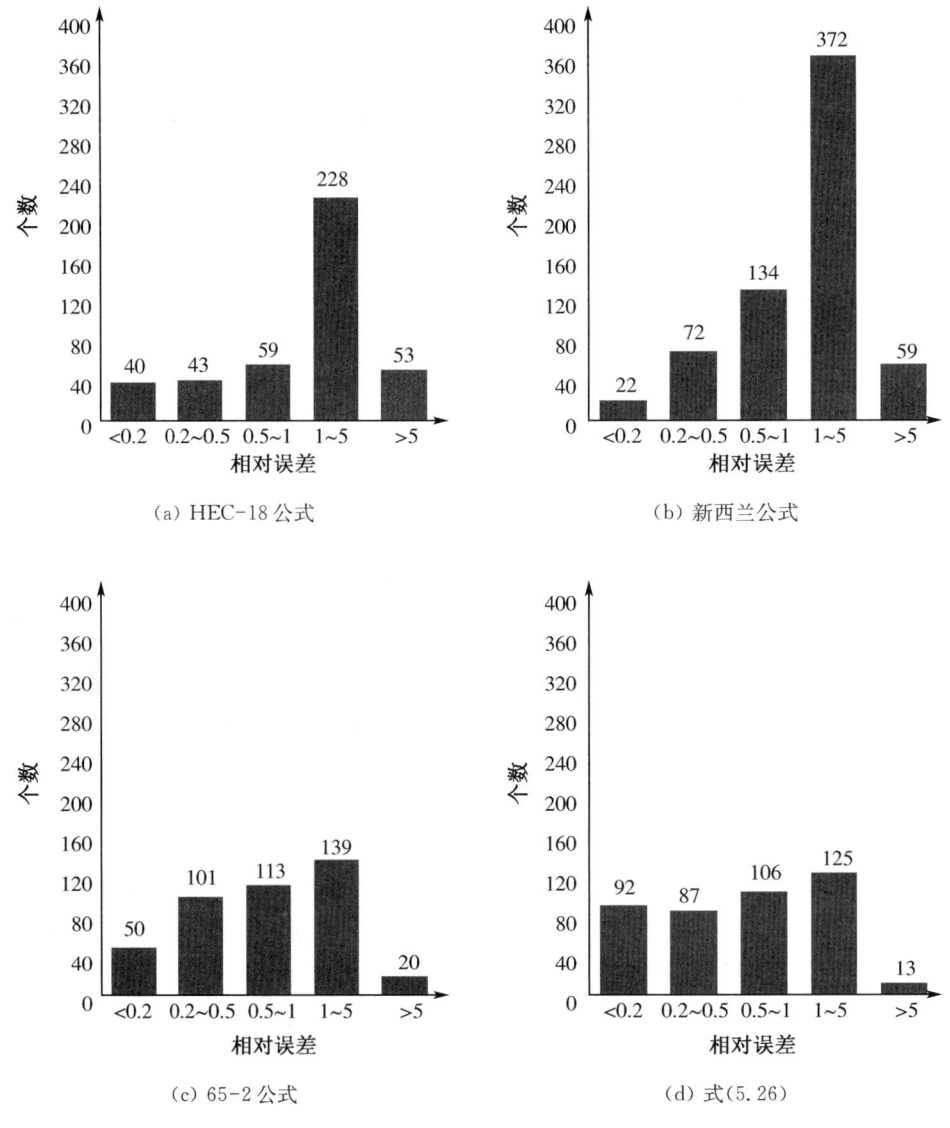

图 5.4　几种预测方法的计算结果的相对误差分布

对于美国规范而言,其误差分布中相对误差较小的占少数,而大多数相对误差都集中在 1~5 的范围内,这也从另一方面说明了该计算方法过于保守。新西兰公式计算的相对误差在 1~5 的范围内占大多数,甚至超过了美国规范。对于中国规范而言,其相对误差的分布范围较 HEC-18 公式好一些,相对误差较小的区间个数增多,而较大相对误差的区间个数变少,但进一步分析数据时会发现,在相对误差大于 5 的范围内,存在相对误差极大的情况,有的甚至超过了 300,如上文中所述,这样是极不合理也是没有任何实际参考价值的。式(5.26)的方法相比较而言,其处在相对误差较小的区间个数更多,而在相对误差较大的区间个数更少,其中相对误差在 20% 以内的个数甚至达到了前三种公式 2 倍以上,而相对误差在 5 以上的 13 个结果中,最大相对误差仅为 10。

为进一步比较上述几种计算方法在大直径基础中的适用性,选取了 Froehlich(1988) 与 Mueller 等(1996)收集的一些小体型基础冲刷实测数据,以及前文中的模型试验、明石海峡大桥(1976)和苏通大桥(2004)收集的大直径基础冲刷实测数据。采用上述计算方法对这些代表性数据的实测结果进行对比,如图 5.5 所示,对于圆形沉井基础而言,有以下进一步结论:

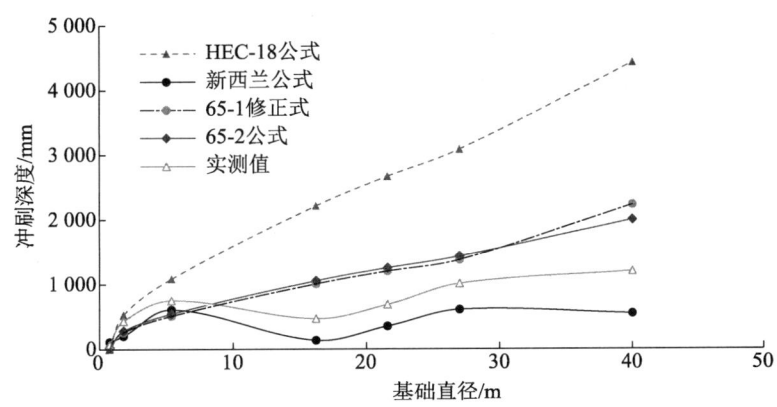

图 5.5 圆形沉井冲刷深度计算与对比

(1) 美国规范(HEC-18 公式)总体上偏保守,新西兰规范的计算方法则偏危险,中国规范(65-1 修正式与 65-2 公式)介于两者之间。

(2) 对于基础直径 5 m 以内的小直径桩墩,各公式计算结果大体上是相当的,均能比较准确地预测局部冲刷深度,为实际工程的设计提供指导。

(3) 直径超过 15 m 后,各公式均不能直接用于工程计算,美国规范和中国规范的计算结果随着基础尺寸的增大而迅速增大,呈发散性增长,而新西兰公式在此条件下则是偏不安全的,与实测值相比显著偏小,此时规范方法基本失效,需要辅以室内试验进行冲刷深度的预测。

对于正交方形沉井,三种规范都是通过墩形系数加以修正,这种方式在计算小直径的桩墩时,计算结果与实测值吻合得较好,但在计算大直径沉井基础时会发生较大偏差,有的规范的方法甚至严重失真,如表 5.2 所示。这是由于在基础直径较小时,角点的存在所造成的水流扰动可以简单修正,但当基础直径较大时,其角点作用已无法采用简单的系数修正来体现,从而造成了较大偏差。

表5.2　　各国规范的方法计算正交方形沉井基础冲刷深度的偏差

直径/m	HEC-18公式	新西兰公式	65-1修正式	65-2公式	冲刷深度实测值/m
0.29	106.45%	138.06%	254.39%	66.16%	0.61
1.22	105.63%	43.87%	37.06%	33.20%	2.01
1.83	184.46%	446.58%	60.45%	75.69%	1.19
9.4	200.37%	447.50%	1019.07%	3657.14%	6.10
21.6	330.85%	43.59%	162.25%	169.32%	8.86

类似地,针对斜交沉井的情况,现有规范都存在一定的缺陷。在HEC-18公式和新西兰公式中,该情况按照斜交水流计算,并乘以尖角折减系数得到,而中国规范对这一情况仅从墩形修正系数进行调整,间接考虑斜交情况。根据前文中的室内试验结果已经了解到,尖角的存在会导致来流分散而使得冲刷减小,且减冲效果十分明显,但现有公式对该工况下的局部冲刷计算过于保守,如表5.3所示。此外,现有规范方法对基础角点影响的考虑还不够深入,仅仅是通过经验系数进行修正,而没有从机理上进行解读。对于带角点的基础型式,现有规范仅通过形状系数进行调整的方法不够完善,应适当考虑方形沉井角点对冲刷产生的影响,但目前相关研究资料比较少,还需要进一步通过室内试验、现场试验和理论研究对其进行定量修正。

表5.3　　各规范的方法计算斜交沉井基础冲刷深度的偏差

直径/m	HEC-18公式	新西兰公式	65-1修正式	65-2公式	冲刷深度实测值/m
1.52	527.87%	805.92%	415.00%	316.70%	0.61
4.6	400.00%	910.12%	357.54%	233.98%	1.70
21.6	814.67%	193.13%	404.07%	339.04%	5.22

5.4　大直径基础冲刷预测分析方法探讨

除了上述几种计算方法以外,在过去的数十年里,众多学者提出了各种各样的局部冲刷预测公式。为考察各冲刷预测公式的准确性,很多学者对此进行了研究,并提出了一定的修正(Gaudio等,2010;Sheppard等,2014;Qi等,2016;Park等,2017)。Gaudio等(2010)对比了6种常见的计算公式,并对比了其在实际使用中的准确性,而Sheppard等(2014)采用大量数据(其中928组现场实测数据及569组室内试验数据)对比验证了22个现有公式的准确性。这些研究主要针对相对较小直径的桥梁基础,而针对大体型基础型式计算方法的研究并不多见。为进一步研究基础体型对局部冲刷深度及其预测的影响,本节对局部冲刷的主要因素进行了更深入的分析。第2章与第3章已经通过室内试验和数值计算的手段得到了一定的规律,桥梁基础受单向流冲刷作用时,其局部冲刷深度主要受到水流流速、水深、基础宽度及形状、来流攻角、河床材料的性质及粒径级配、桩间距等多方面因素的影响,主要体现在以下三个方面：

(1) 水力条件：HEC-18 公式考虑了弗劳德数(Fr)对冲刷深度的影响，并将其作为一项直接列在计算公式中，式(5.26)也同样考虑 Fr 作为影响局部冲刷深度结果的主要项。而中国规范中的公式主要考虑桩前水流的行近流速，类似地，新西兰公式也通过临界流速考虑水流影响，这两种方法都对泥沙起动方面关注较多。

(2) 河床材料：HEC-18 公式中对河床材料的考虑不多，只采用一个简单系数对结果进行修正，这也是造成该公式在某些情况下，尤其在实际河床参数发生变化时，计算不够准确的原因之一。与之不同，中国规范中的公式和新西兰公式对泥沙的考虑更为细致，尤其在其临界起动流速方面。但实际河床中泥沙参数变化较大，往往构成复杂，无法简单确定其冲刷性状。如长江口底质泥沙统计表明，约55%的底质属于黏性细颗粒泥沙，其余则是非黏性的粗颗粒泥沙(张志忠，1996)；位于河口高速沉积区的黄河三角洲，其沉积物类型以黏质粉砂和粉质黏性土为主(许国辉 等，2000)；上海长江大桥，沿线地层－40 m 以上基本上为全新统地层，在冲刷影响深度范围内依次分布有砂质粉土、淤泥质黏性土和黏质粉土等地层(陶静 等，2009)；苏通长江大桥南主墩区域的地层依次为淤泥质粉质黏土、粉质黏性土和粉细砂等(卢中一 等，2009)。

(3) 基础体型：几种计算方法对基础体型的考虑基本一致。作为桥梁冲刷过程中的关键影响因素，计算中将其作为主要项考虑。然而现有计算方法的经验大多来自小尺寸基础，将结果直接推广运用在大体型基础的局部冲刷计算上，这种做法虽然简便，但也会带来一定问题。本节将主要针对基础体型及其与河床材料粒径间的关系，在收集的大直径基础实测数据的基础上，进一步开展研究。

在桩基工程中，直径为 1.0～1.4 m 的桩往往被认为是大直径桩。但在近年来的桥梁工程，尤其是深水桥梁工程和近海工程中，所涉及的基础直径往往比这个数值要大很多。在局部冲刷预测的研究中往往采用无量纲化的局部冲刷深度以在统一尺度下比较计算结果(Melville 和 Sutherland，1988)。Sheppard 等(2011)认为直径大于 10 ft(约 3.048 m)且与泥沙粒径比值大于 100 的桥墩基础可认为是大直径桩，推荐采用式(5.33)进行计算：

$$\frac{h_b}{D} = \begin{cases} 2.5 f_1 f_2 f_3, & 0.4 \leqslant \dfrac{V_1}{V_c} < 1.0 \\ f_1 \left[2.2 \left(\dfrac{V_1/V_c - 1}{V_{1p}/V_c - 1} \right) + 2.5 f_3 \left(\dfrac{V_{1p}/V_c - V_1/V_c}{V_{1p}/V_c - 1} \right) \right], & 1 \leqslant \dfrac{V_1}{V_c} \leqslant \dfrac{V_{1p}}{V_c} \\ 2.2 f_1, & \dfrac{V_1}{V_c} > \dfrac{V_{1p}}{V_c} \end{cases}$$

(5.33)

式中，V_1 为流速；V_c 为河床材料的临界流速；V_{1p} 为动床峰值流速；D 为等效桥墩基础直径；f_1、f_2 与 f_3 为计算参数。

为比较在美国规范中采用的 HEC-18 公式与 NCHRP-682 公式的计算方法，并对比不同基础型式在同样条件下的冲刷特性，对第 2 章中所开展的群桩基础、圆形沉井基础、正交方形沉井基础以及斜交方形沉井基础进行了计算比对，如图 5.6 所示。对于波流水槽试验而言，上述几种基础型式的参数在缩尺计算后已相当于是大直径的阻水物。相较而言，

NCHRP-682公式很好地控制了其结果的高估情况,与实测数据更为接近。对于群桩基础,HEC-18公式对冲刷深度的过度估计较大,这是由于计算方法对群桩基础中复杂的桩-水、桩-土和桩-桩间相互作用的考虑得还不够深入导致的。对于方形沉井基础而言,如第2章和第3章所述,局部冲刷深度受角点影响非常严重,但两种方法对角点的考虑并不深入。而对于体型相对较大的圆形沉井基础而言,两种方法依然在不同程度上高估了局部冲刷的实际值。相对而言,NCHRP-682公式更适合计算较大基础直径周围的局部冲刷深度。

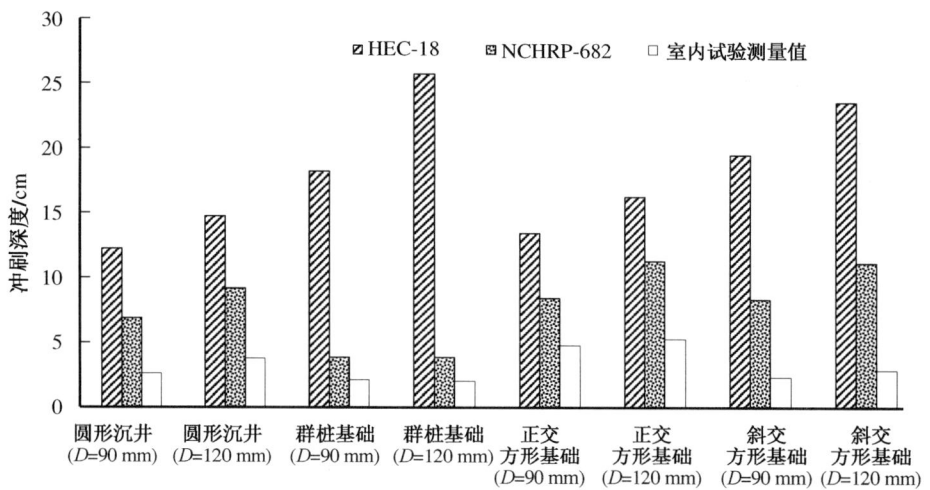

图 5.6　几种不同基础体型的室内试验冲刷实测值与计算值对比

当水深与桥墩基础直径比小于0.8且基础与泥沙直径比大于50时,HEC-18公式将引入修正系数K_w,可由式(5.34)计算得到:

$$K_w = \begin{cases} 2.58\left(\dfrac{y}{D}\right)^{0.34} Fr^{0.65}, & \dfrac{V}{V_c} < 1 \\ 1.0\left(\dfrac{y}{D}\right)^{0.13} Fr^{0.25}, & \dfrac{V}{V_c} \geq 1 \end{cases} \quad (5.34)$$

式中,y为水流深度;D为桥墩基础直径;Fr为弗劳德数;V为来流速度;V_c为临界流速。

而Melville和Coleman(2000)则认为,当基础直径与水深的比值大于5时,可认为基础是大直径的。根据前人的经验并结合笔者对桥梁冲刷方面的理解,在本节研究中,从5.3节所提到的数据库中,选取直径大于5 ft(约1.52 m)的基础进行进一步研究,探索直径小于5 m,介于5 m和15 m之间,以及大于15 m时基础的局部冲刷结果,并对比公式计算结果,同时,也对无量纲化的基础直径(D/d_{50})在小于100,介于100和1 000之间,以及大于1 000的三个区间进行研究。这些数据的泥沙粒径范围位于0.01~108 mm之间,基础直径范围位于1.6~29.5 m之间。

进一步比较现有公式对大直径基础的预测方法,对修正前后的HEC-18公式,中国规范中的公式(65-2公式),以及NCHRP-682推荐的大直径计算公式进行对比分析,同样采用式(5.32)所计算的相对误差对其准确性进行判断。当相对误差小于50%时,表明该预测方法比较合理,辅以适当的局部冲刷防护方法可以很好地控制风险;当相对误差大于150%时,表示该方法此时已经不再适用，设计人员需要采用波流水槽试验辅以更为保守的冲刷防护手段来控制风险。

当桥墩基础为相对较小直径时（<5 m），上述四种计算方法的结果与实测结果对比如图 5.7 所示。从图中可以看出，HEC-18 公式在进行预测时存在很多过于保守的情况，而修正后的 HEC-18 公式在一定程度上减小了这一偏差。同时，65-2 公式的计算结果与实测结果吻合较好，但存在更多低估最大冲刷深度的情况，NCHRP-682 公式也有类似情况。实际上，适当地高估最大冲刷深度可以使得设计更为保守，但低估最大冲刷深度会造成不安全的情况，应当避免。整体而言，上述公式在较小直径时均表现尚可。

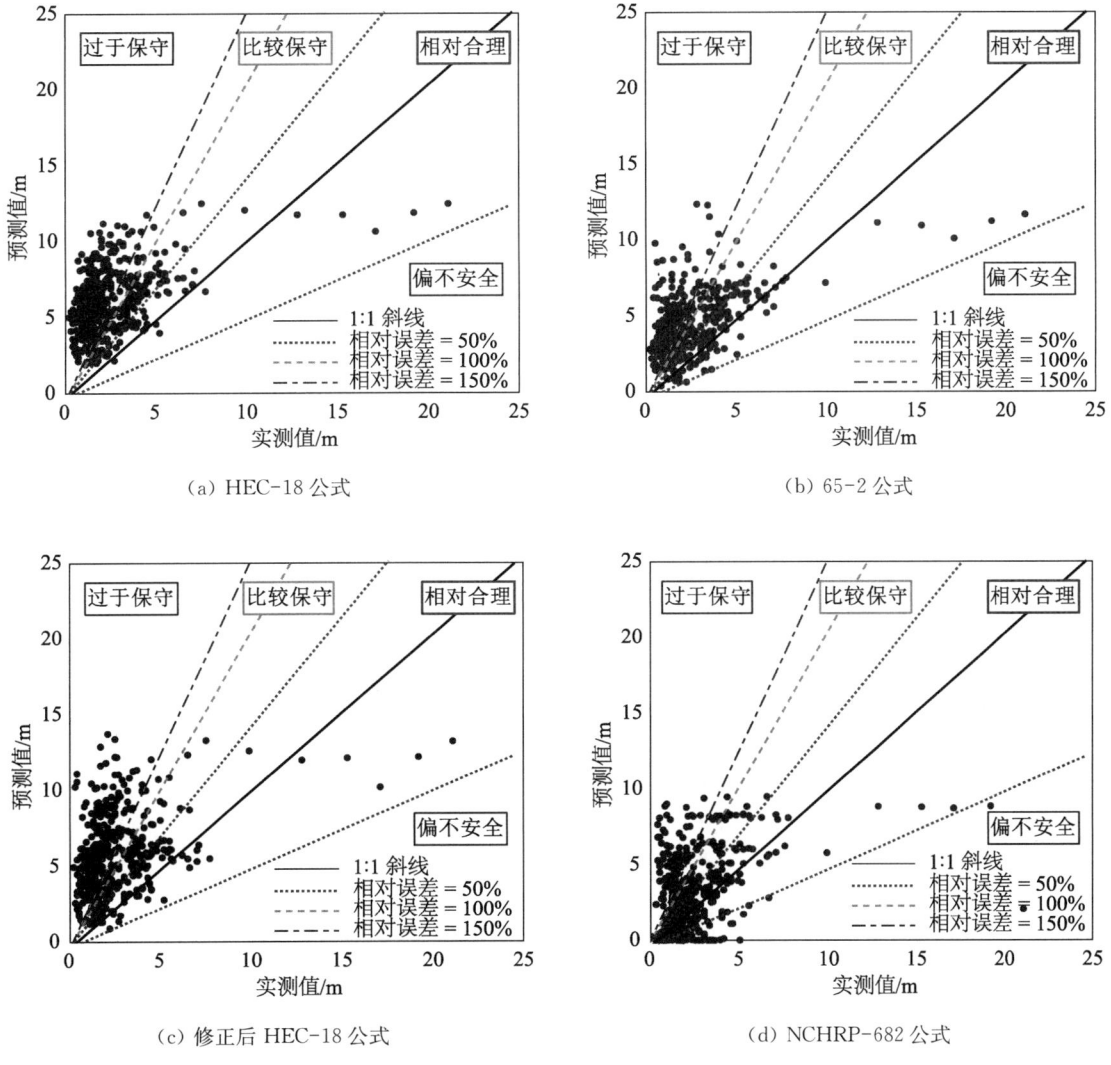

图 5.7　直径小于 5 m 的桥墩基础冲刷实测值与预测值对比

当直径增大时（5～15 m），如图 5.8 所示，对冲刷深度的高估现象与低估现象在上述计算方法中均存在。相对而言，在这几种计算公式中，65-2 公式提供了较好的结果，而修正后的 HEC-18 公式在这个直径范围内却没有表现出很好的效果，反而提供了更多的局部冲刷深度的低估值。对于 NCHRP-682 公式而言,尽管在此区域内的高估值较之前有所减少,但与此同时却出现了很多低估值,如前文所述,这些低估值对实际工程设计而言是十分不安全的(尤其是当相对误差大于 50% 时)。

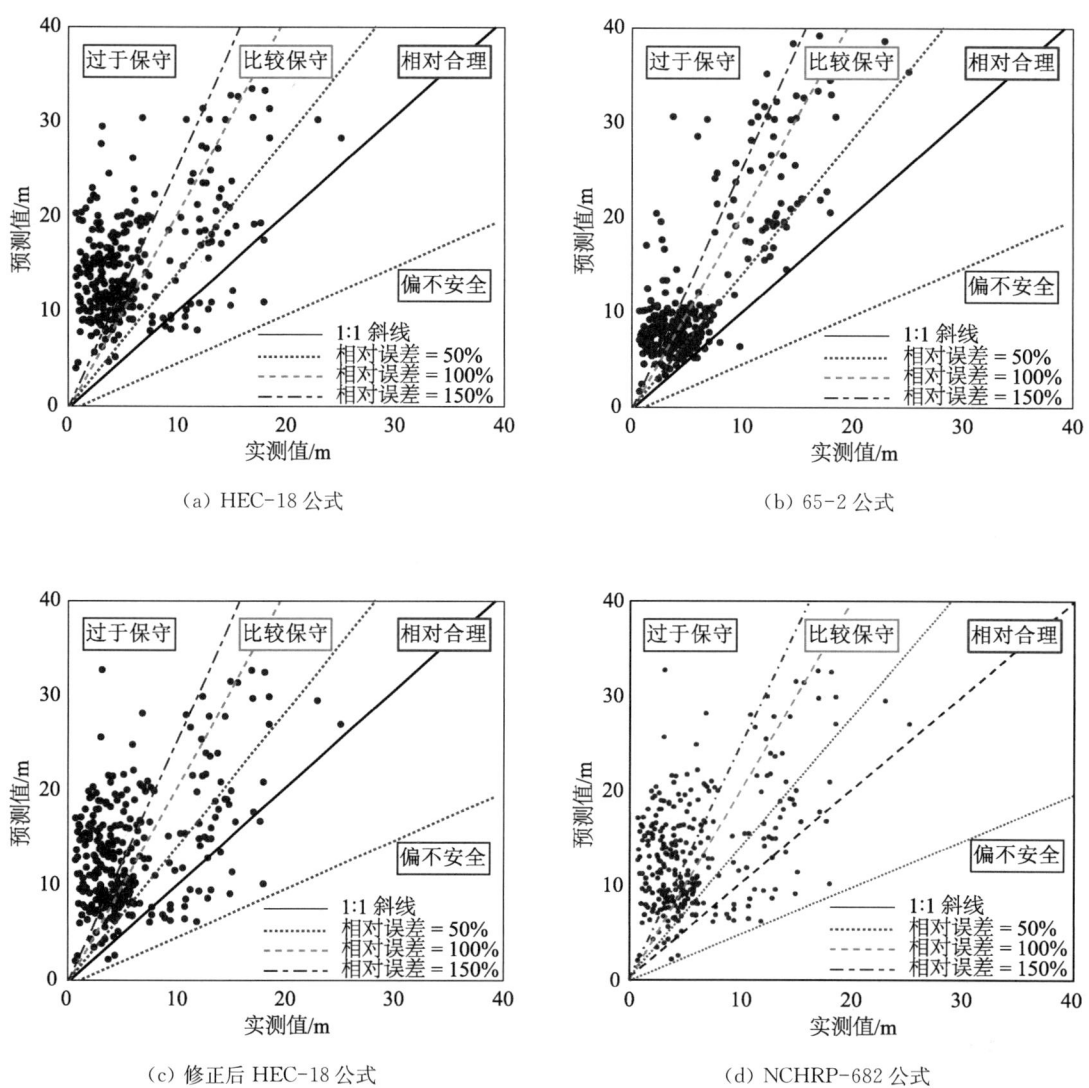

图 5.8 直径位于 5~15 m 之间的桥墩基础冲刷实测值与计算值对比

当直径更大时(>15 m),如图 5.9 所示,过于保守的局部冲刷计算结果出现得更为普遍。尽管使用 K_w 对 HEC-18 公式进行了修正,但依然无法很好地解决 HEC-18 公式对冲刷结果的高估问题。NCHRP-682 公式表现更好一些,这也说明了该计算方法在直径较大时更适合使用。总而言之,HEC-18 公式和 65-2 公式更适合在小直径的桥梁基础设计中使用,在大直径的设计中则显得十分不经济,有时甚至会产生安全隐患。基础体型对流场结构的影响很大,也因此影响了局部冲刷的发展及最终形态。

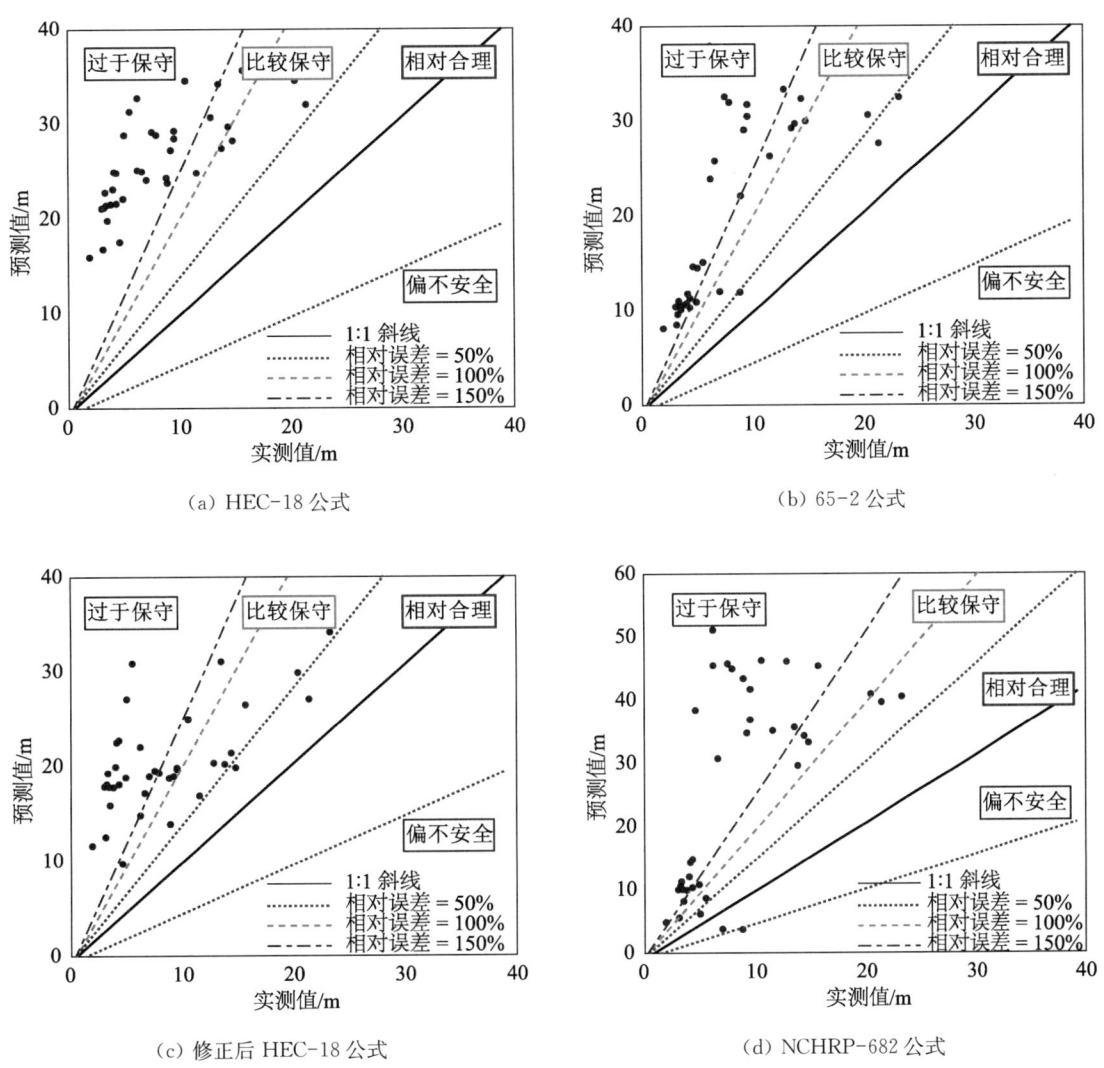

图 5.9　直径大于 15 m 的桥墩基础冲刷实测值与计算值对比

图 5.10—图 5.12 展示了三种无量纲化的基础直径范围内，几种预测方法计算出的冲刷深度与现场实测结果的对比。在较小的无量纲化基础直径条件下（$D/d_{50} \leq 100$），只有 HEC-18 公式及其修正式表现出相对较好的结果，而其他计算公式，除了 NCHRP-682 公式外，都在较大的无量纲化基础直径条件下（$100 < D/d_{50} \leq 1\,000$）表现出了较好的预测结果，这是因为现有局部冲刷计算的经验公式基本都源于这一范围内的数据。当无量纲化的基础直径更大时（$D/d_{50} > 1\,000$），HEC-18 公式，65-2 公式，NCHRP-682 公式出现了更多的高估情况。总之，美国规范和中国规范在合适的无量纲化基础直径范围内表现较好，即 $100 < D/d_{50} \leq 1\,000$，而在此范围外时会出现一定问题。这是由于粒径相对较小的颗粒（$D/d_{50} > 1\,000$）更容易受到来流作用而被侵蚀，而相对较大的颗粒（$D/d_{50} > 1\,000$）采用针对泥沙的计算方法已经不再适用。与单纯考虑基础直径不同，过大或过小的泥沙粒径都可能引起现有计算公式的失准，而无量纲化的基础直径可以很好地反映出各个经验公式的最佳适用条件。

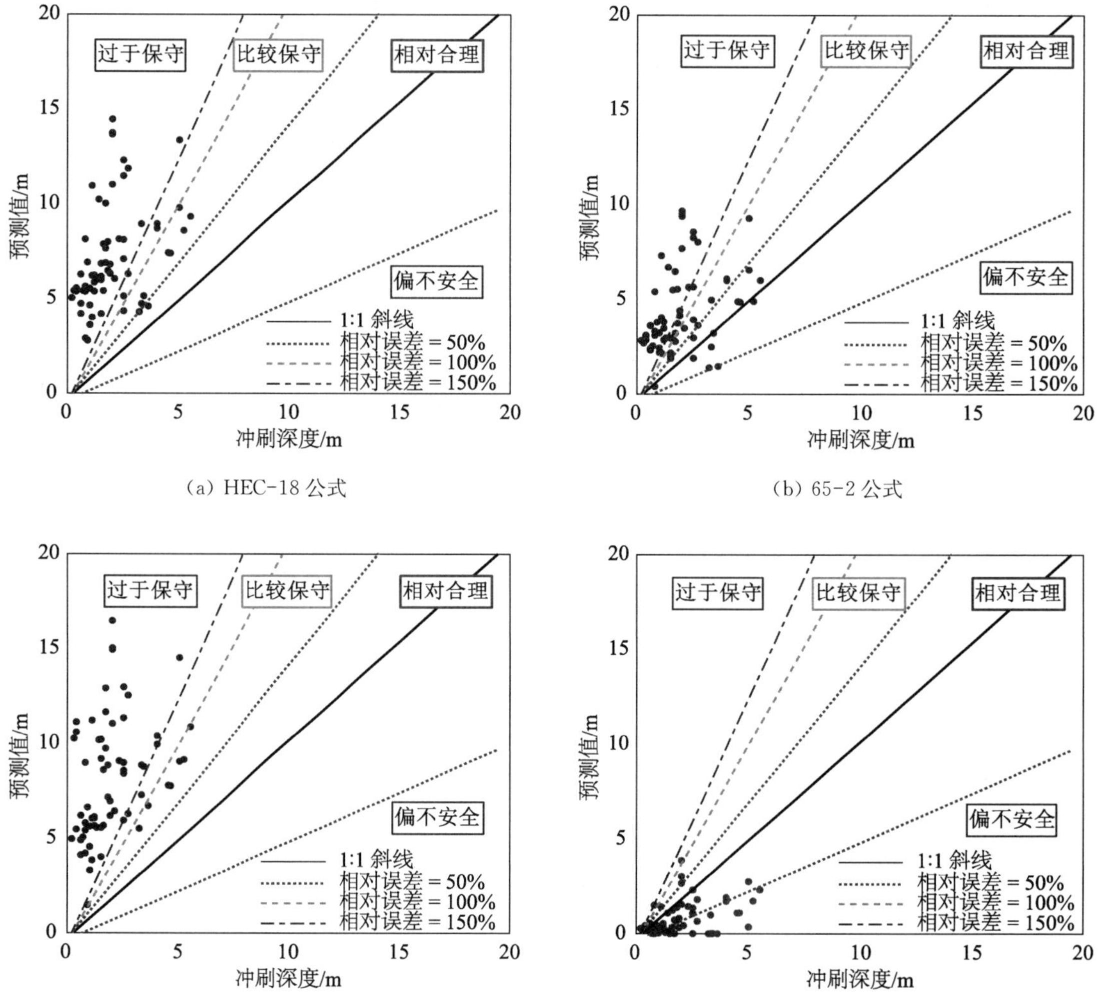

(a) HEC-18 公式

(b) 65-2 公式

(c) 修正后 HEC-18 公式

(d) NCHRP-682 公式

图 5.10　无量纲化基础直径小于 100 的桥墩基础冲刷实测值与计算值对比

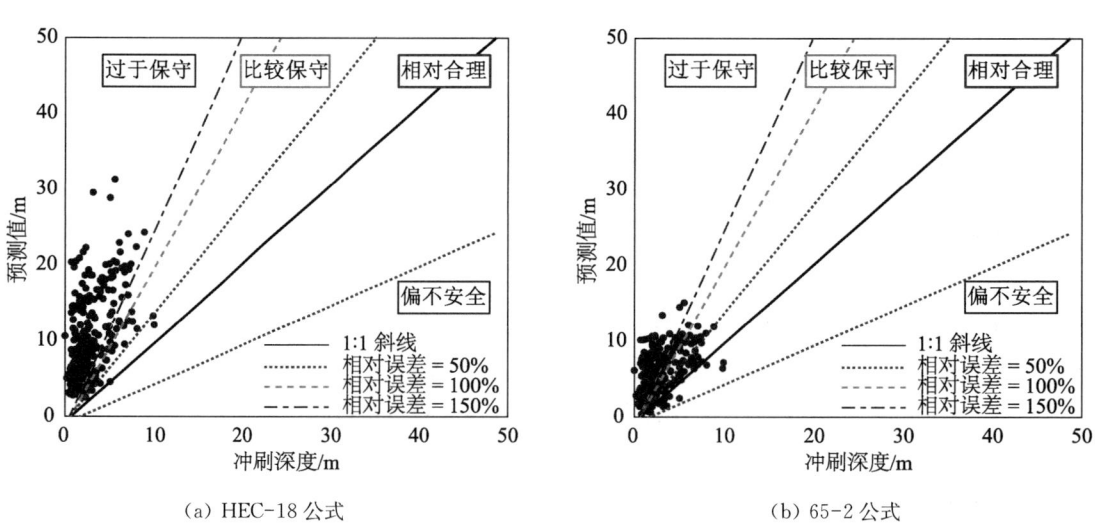

(a) HEC-18 公式

(b) 65-2 公式

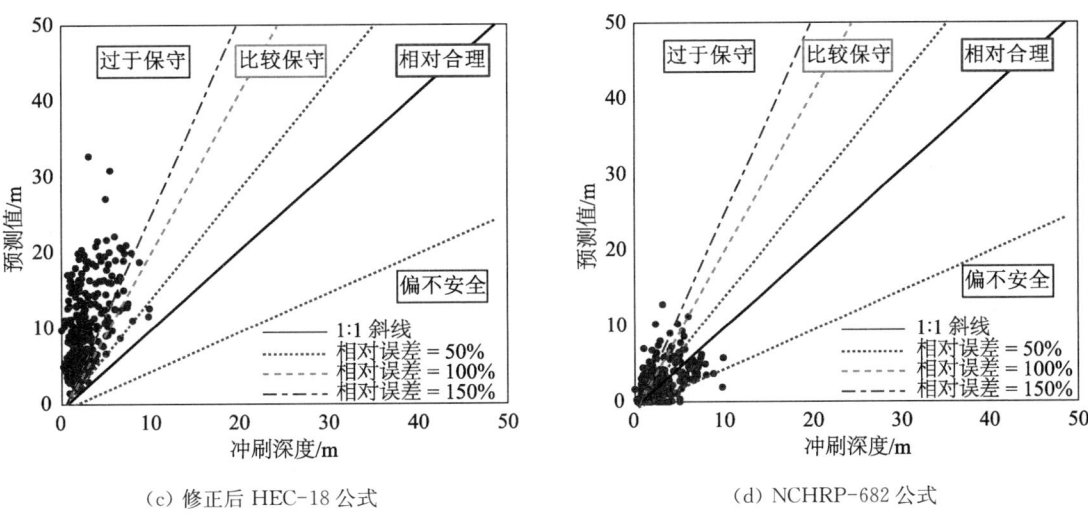

(c) 修正后 HEC-18 公式　　　　　　　　(d) NCHRP-682 公式

图 5.11　无量纲化基础直径介于 100～1 000 之间的桥墩基础冲刷实测值与计算值对比

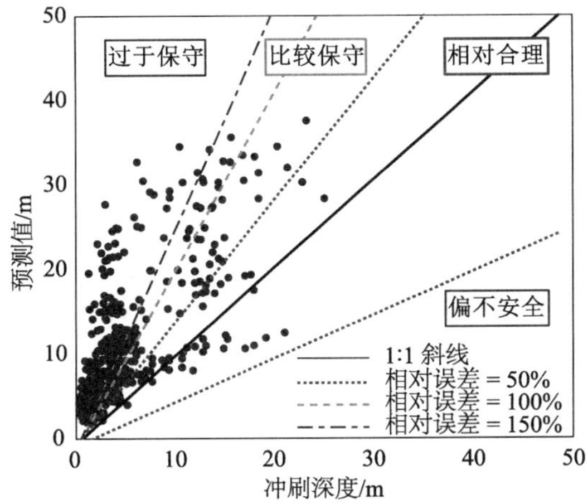

(a) HEC-18 公式 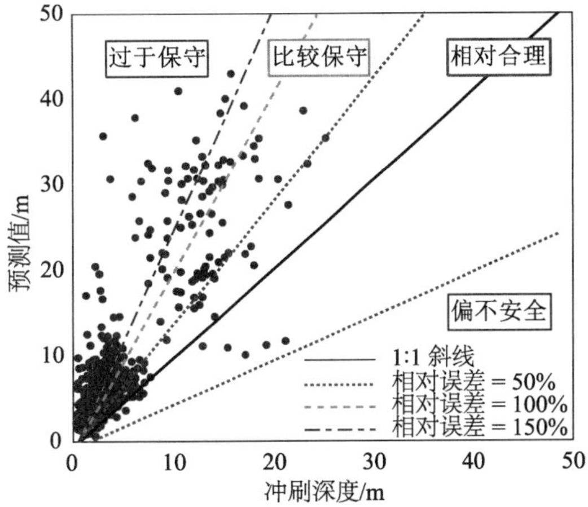　　　　　　　　(b) 65-2 公式

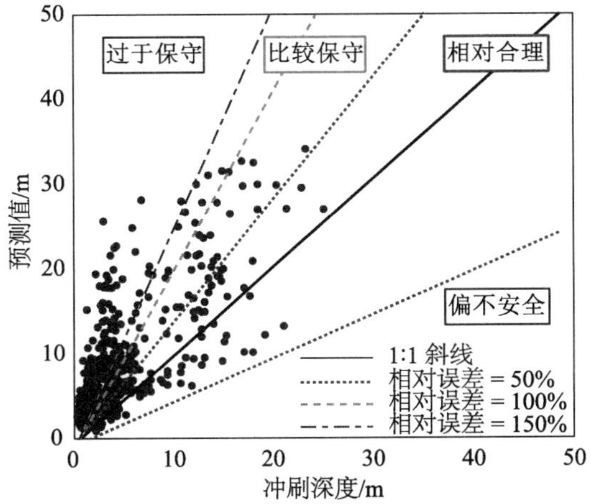

(c) 修正后 HEC-18 公式 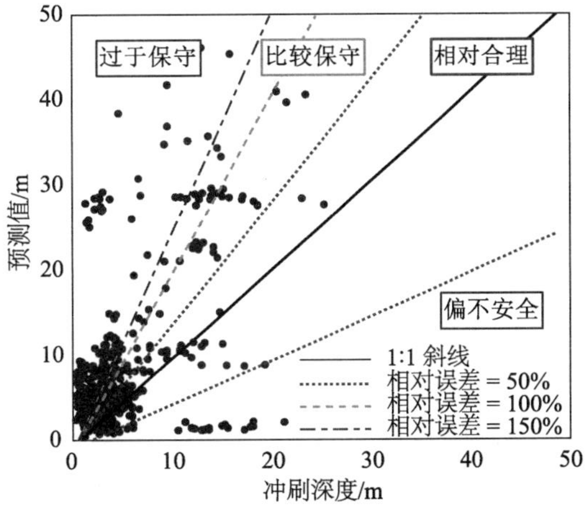　　　　　　　　(d) NCHRP-682 公式

图 5.12　无量纲化基础直径大于 1 000 的桥墩基础冲刷实测值与计算值对比

5.5 冲刷深度的模态分析

5.5.1 模态分析理论

模态分析法是以振动理论为基础,研究模态参数的分析方法,可以将土体对桥梁桩基的约束简化为弹簧,则桥梁-桩基础-土体可以被当作一个完整的振动系统。冲刷带走了桥墩附近的土体,使得振动系统的侧向整体刚度降低,对各阶模态的频率值有较大影响,因此可以通过模态频率值的改变来判断桥梁是否受到冲刷。

1. 模态分析确定冲刷深度问题

通常可将振动问题分为三类:①已知激励和系统特性,求系统响应;②已知激励和响应,反推系统的特定参数;③已知系统的特性和响应输出,反推激励作用。

通过模态分析推断冲刷深度问题,既包含了振动力学中的第 2 类问题:特定参数(冲刷深度)未知;又包含了振动力学中的第 3 类问题:体系所受的激励未知。通过简化激励,体系中的未知量只剩下桥墩的冲刷深度。此时,简支桥模态测试与常规模态测试在试验过程中有明显的区别,常规模态测试需在试验的同时记录激励信号与体系的振动信号,而简支桥模态测试只需记录振动信号。

2. 激励作用及其简化

桥梁-桩基础-土体系中的激励作用难以准确探测,现有的研究中通常把激励简化为白噪声(Ko 等,2010;姚锦宝 等,2008)。瞬时冲击可作为白噪声被广泛应用在模态试验中,并且持续时间越短、能量越大的瞬时冲击,所产生的白噪声频域带宽越宽(姚锦宝 等,2008)。图 5.13 为持续 0.1 s,大小为 10 000 的瞬时冲击功率幅值谱,近似可以作为白噪声。

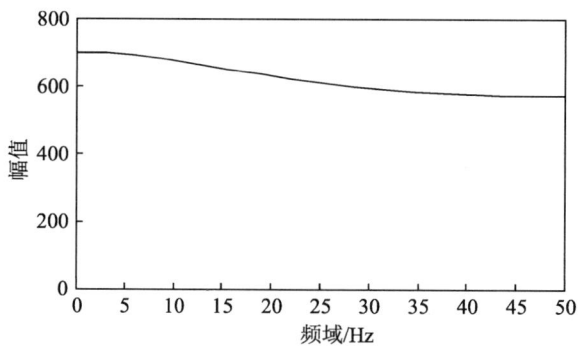

图 5.13 激励作用的简化

3. 模态分析与识别

通过模态分析确定了结构物在某一易受影响的频率范围内各阶主要模态的特性,就能预测结构在此频段内在外部或外部各种振源作用下的实际振动响应。相应地,采用模态分析确定桥梁-桩基础-土体系易受冲刷影响的频率范围及各阶主要模态特性,即可预测桥梁冲刷前后的实际振动响应。傅里叶原理表明:任何连续测量的时序或信号,都可以表示为不同频率的正弦波信号的无限叠加。从试验中测得的振动时域信号很难读出系统的振动频率,需将系统振动的时域信号通过傅里叶变换转换到频域,以得到模态频率。

在研究桥梁模态识别问题时,需要满足以下两个原则:

(1) 敲击点不能为特定模态节点:本节中车流振动作为主要的振动源作用在桥面,桥面在各阶模态中都有较大位移。

(2) 实际测量点尽量为特定模态的反节点:本节先建模计算桥梁易受冲刷影响的特定模态,比较这些模态与其他模态的区别,得到在特定模态下位移较大而在其他模态下位移较小的位置即为适合布设传感器的位置。

5.5.2 单桩冲刷的模态反演试验

1. 单桩模型试验

贾承岳等(2013)对单桩的模态分析方法进行了模型试验,试验基于单桩动力模型试验,研究了冲刷深度和冲刷范围对单桩模态特性的影响规律。

试验结果表明,单桩模态频率随冲刷深度的增加而逐渐减小,且基本呈线性变化。桩-土体系受到冲刷后桩局部冲刷减少,造成了桩-土体系的刚度降低,且刚度降低直接影响单桩频率。当冲刷深度不变、冲刷范围增大时,单桩模态频率也会降低,这是因为冲刷范围不断变大,同样减弱了土体对单桩的约束力,以至于减小体系的刚度,使得单桩模态频率降低,但冲刷范围的影响比冲刷深度要小,为本研究提供了前期的试验基础。

2. 简支桥模型试验

简支桥模型试验采用敲击方式施加简支桥结构激励,利用固定在桥面、桥侧和桥墩处的加速度传感器记录桥梁振动的加速度时程信号,通过频域分析研究三跨简支桥中间两个桥墩处于不同冲刷深度时,在不同位置处采集得到数据的差异,分析简支桥的整体模态频率的变化,并与数值模拟结果进行比较。

3. 试验设备

(1) 模型槽:本试验是在同济大学软土物理模型试验槽中进行的,试验模型槽(净)几何尺寸为 $3\,000\,\text{mm}(L) \times 2\,100\,\text{mm}(B) \times 3\,200\,\text{mm}(H)$,槽底及槽壁均采用钢筋混凝土结构,壁厚 300 mm,模型槽地下 1.8 m、地上 1.4 m。

(2) 模型桩:试验所用模型桩为钢管,长 800 mm,直径 40 mm,壁厚 4 mm,钢管下部封口。钢管弹性模量 212 GPa,泊松比 0.3,密度 $7.85\,\text{g/cm}^3$。钢管桩的优点是质量较大,受传感器的附加质量影响较小。

(3) 简支桥模型:由于铝合金材料较钢材加工简便,同时质量较大,不易受传感器附加质量的影响,本次试验采用铝合金制作简支桥,如图 5.14(a) 所示,三跨简支桥分为桥面板、桥墩承台和桥墩三部分,具体尺寸如图 5.14(b) 所示,其中圆圈为传感器位置。铝合金弹性模量 70 GPa,泊松比 0.3,密度 $2.7\,\text{g/cm}^3$。

(4) 数据采集设备:本次试验用 6 个相同的加速度传感器安装在不同位置共同测试,采用美国朗斯(Lance) LC0120 内装 IC 芯片压电加速度传感器,该传感器灵敏度较高,为 $1\,000\,\text{mV}/g$,量程为 $5g$,抗冲击极限为 $500g$,频率适应范围为 $0.35 \sim 6\,000\,\text{Hz}$,足够包含待测试桥梁模态频率范围,分辨率精度较高,为 $2 \times 10^{-5}g$,质量较小,为 19 g,通过 M5 螺纹安装在模型上,连接方式为旋进刚接,对简支桥动力特性产生的影响较小。

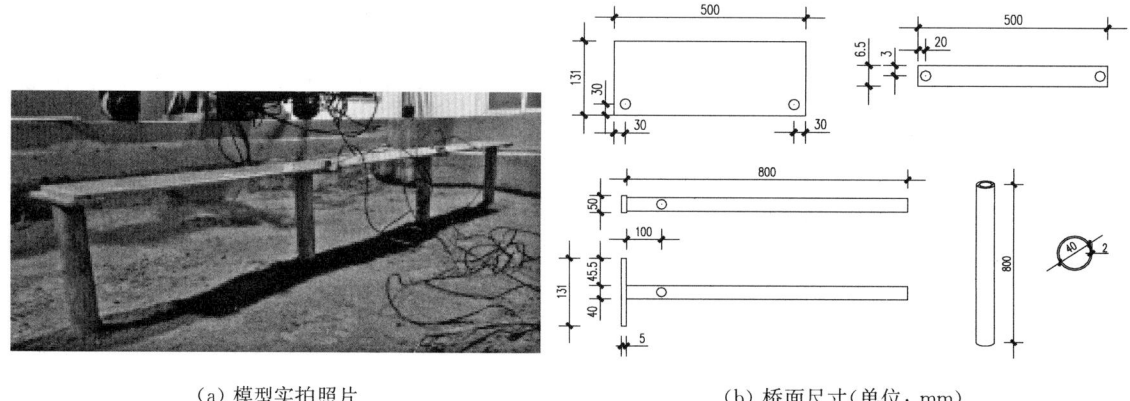

(a) 模型实拍照片　　　　　　　　(b) 桥面尺寸(单位：mm)

图 5.14　简支桥模型设计

（5）土样参数：本次试验所用砂土含水率为 6.3‰，密度为 1.55 g/cm³。采用同济大学电动直剪仪对试验砂土进行快剪试验，测得砂土的内摩擦角为 33.7°，黏聚力为 0.5 kPa。对试验所用砂土进行固结试验，测得此次试验砂土的侧限压缩模量，可取两组试验结果的平均值为 11.6 MPa。

4. 试验方案

本试验目的是研究冲刷对简支桥动力特性的影响。为减少动力边界影响，制作三跨简支桥，外侧两跨是对中间一跨的边界扩展，使得中间跨边界受动力边界影响较小。通过改变中间两墩冲刷深度及冲刷范围，观测简支桥模态频率的变化趋势及对冲刷影响最敏感的位置，分别在中间两墩正上方桥面处水平放置③号、④号传感器，用以测量桥面垂直位移；桥面侧边处竖向放置①号、②号传感器，用以测量桥面侧向移动；桥墩外侧处竖向放置⑤号、⑥号传感器，用以测量桥墩侧向移动。具体试验位置见图 5.15。

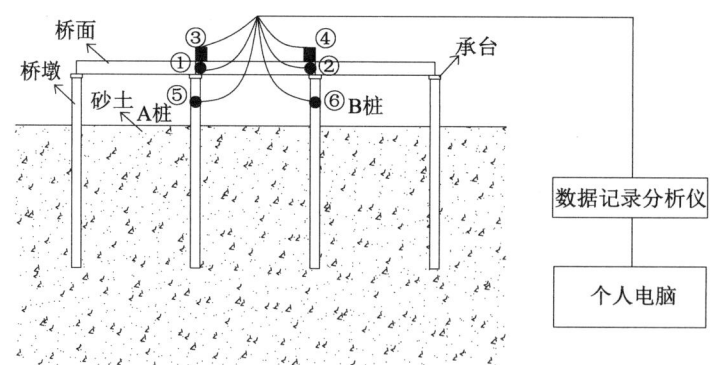

图 5.15　试验方案及传感器位置

（1）加载方式：采用力锤垂直于桥梁方向横向敲击。安装在墩顶的加速度传感器将振动信号传入数据采集仪，由个人电脑记录振动时程数据。

（2）开挖步骤：南京长江三桥（卢中一 等，2005）和钱江四桥（伍冬领 等，2005）的实测冲刷深度表明，大部分桥梁的各个桥墩的冲刷深度并不相同。因此在三跨简支桥试验中，让中

间一跨下面两个桥墩处于不同的冲刷深度,记录数据并总结规律。模拟不均匀冲刷过程如下:

① 桥墩初始埋深为 60 cm,土层以上 20 cm;

② 第 1 组模拟,保持其中一根桥墩未冲刷,另一根桥墩从未冲刷状态每次冲刷 5 cm 至埋深 35 cm,共 6 步;

③ 第 2 组模拟,保持其中一根桥墩冲刷 5 cm,另一根桥墩从冲刷 5 cm 状态一直冲刷到埋深 35 cm,共 5 步;

④ 以此类推,共 6 组模拟,21 步。

每步进行一次模态分析并记录简支桥在各个方向的前 20 阶模态数据,观察受冲刷影响最大的模态,并比较与其他模态在振型上的差别,受冲刷影响明显的模态位移较大,而其他模态位移较小的位置即为适合在实测中布设传感器的位置。

5. 模型试验结果

分析各传感器测得的数据,①,②,⑤,⑥号传感器得到的数据都能较好地读出扭转弯曲模态和侧向弯曲模态的峰值频率。表 5.4 列出了这两个模态频率值随冲刷步骤(图 5.16)的变化规律,分别为 B 墩未冲刷以及受冲刷 5 cm 至 20 cm 的五组试验中简支桥的扭转弯曲与侧向弯曲的模态频率变化。

表 5.4　　　　　　　　　　模型试验数据　　　　　　　　　　(单位:Hz)

A 墩冲刷深度		0	5 cm	10 cm	15 cm	20 cm	25 cm
B 墩未冲刷	扭转	91.21	90.04	89.65	86.91	85.74	84.30
	侧向	75.23	73.24	67.77	63.58	60.55	56.88
B 墩冲刷 5 cm	扭转	—	85.74	84.96	83.40	83.03	82.15
	侧向	—	65.63	64.26	62.90	61.13	59.96
B 墩冲刷 10 cm	扭转	—	—	81.05	80.66	80.12	79.52
	侧向	—	—	59.72	58.42	57.35	56.58
B 墩冲刷 15 cm	扭转	—	—	—	77.54	77.93	76.56
	侧向	—	—	—	53.91	50.59	48.44
B 墩冲刷 20 cm	扭转	—	—	—	—	74.92	72.15
	侧向	—	—	—	—	44.92	44.31

6. 对比分析

将数值模拟与简支桥模型试验进行对比,扭转弯曲模态与侧向弯曲模态的频率值对比如图 5.16 所示,分别为 B 墩未冲刷以及 B 墩冲刷 5 cm 至 20 cm 的情况。

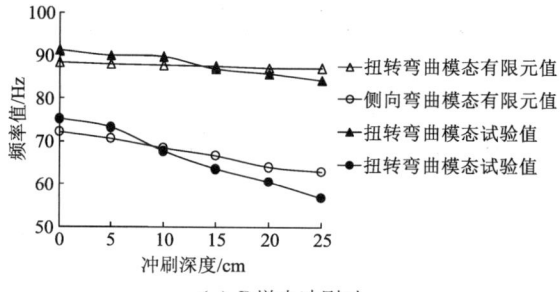

(a) B 墩未冲刷时

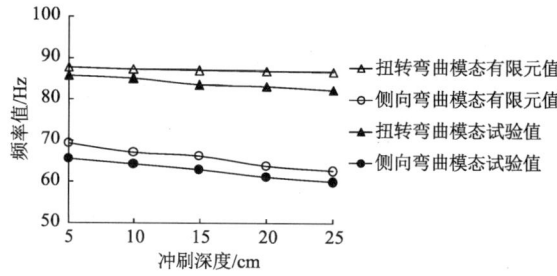

(b) B 墩冲刷 5 cm 时

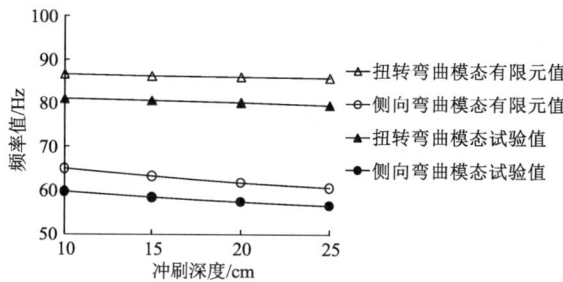

(c) B 墩冲刷 10 cm 时

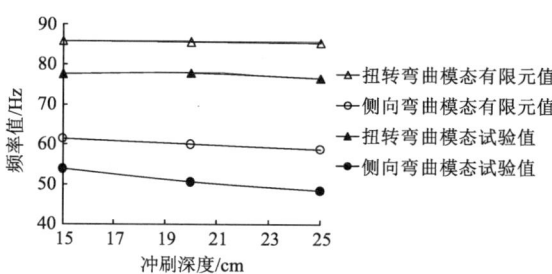

(d) B 墩冲刷 15 cm 时

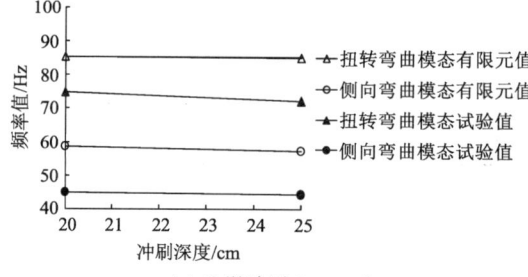

(e) B 墩冲刷 20 cm 时

图 5.16　不同冲刷深度时简支桥模态频率

第 6 章
考虑冲刷作用的桥梁桩基承载变形特性

6.1 概述

冲刷是由于水流作用引起河床侵蚀的一种自然现象。大量统计资料表明,冲刷是导致桥梁破坏的最主要原因,超过 50% 的桥梁破坏与洪水冲刷有关(Richardson 和 Davis,2001;Wardhana 和 Hadipriono,2003;Lagasse 等,2007)。因此有必要针对冲刷条件下的桩基承载变形特性进行深入的研究。目前国内外对冲刷作用下桩基竖向承载性状方面的研究还较少,王亚强(2011)对冲刷作用下竖向受荷单桩进行了有限元分析,重点考察了影响桩基承载性状的重要因素如冲刷深度和冲刷范围等,但其并未考虑冲刷后土体的应力历史和土性参数发生的变化,仅仅简单地将冲刷掉的土体从模型中移去,不能充分反映冲刷对桩基承载性状的影响。因此,本章对 4 根模型单桩依次进行竖向静载试验,通过改变冲刷深度来研究各桩的静承载性状,分析了冲刷深度对竖向静荷载作用下桩基承载性状的影响。

此外,Bennett 等(2009)采用等代群桩基础的方法,对受冲刷影响的桥梁群桩基础水平承载变形特性进行了研究。Lin 等(2010,2014a)考虑冲刷后土体应力历史的影响,分别分析了冲刷条件下砂土和黏土中桩基的水平承载变形特性。Li 等(2013)利用 FLAC 3D 有限差分软件建立三维分析模型,研究了冲刷深度、宽度和坡角对海洋黏土中桩基水平承载变形特性的影响。此外,Lin 等(2014b,2016)采用等效应变楔的方法修正了桩侧 $p\text{-}y$ 曲线,分别研究了冲刷坑形态对砂土和黏土中桩基水平承载变形特性的影响。但是需要注意的是,上述已有的针对冲刷条件下桩基承载性状的分析方法不是忽略了土体应力历史的影响,就是没有考虑冲刷坑形态。因此,本章采用 Mindlin 理论解计算冲刷坑引起的桩周残余土体应力变化,并在此基础上根据临界状态土力学理论对软黏土中桩侧 $p\text{-}y$ 曲线的关键参数进行修正,进而基于修正的 $p\text{-}y$ 曲线建立可同时考虑冲刷坑形态和残余土体应力历史影响的软黏土桩基水平承载变形特性分析模型。通过案例分析,研究冲刷深度、宽度、坡角以及冲刷引起的土体应力历史的改变对软黏土中桩基水平承载变形特性的影响。

在桥梁和近海工程等建筑中,其下部的桩基础除承受上部结构的自重外,还可能受到风、地震、波浪等较为显著的水平荷载作用。以往针对此类桩基承载变形特性的分析多局限于:①单独考虑桩头作用竖向荷载以评估其竖向承载力和沉降;②只考虑水平荷载的作用以求解桩头水平位移和桩身弯矩。关于竖向与横向荷载联合作用下桩基承载性状的研究相对较少。一方面,通过研究发现,水平荷载和弯矩的存在显著降低了桩基竖向承载力(Meyerhof 等,1983;Meyerhof 和 Yalcin,1984),该结论得到了广泛认可;另一方面,针对竖向荷载对桩基水平承载变形特性影响的研究得到了不一致的结论(Hussien 等,2014),有必要进一步深入研究。具体来说,一些针对埋置于砂土中受竖向与横向荷载联合作用的桩基开展的试验研究(Pise,1975;Karasev 等,1977;Zhang 等,2002)与理论分析(Karthigeyan 等,2006;Achmus 和 Thieken,2010a,2010b)表明:竖向荷载的存在提高了桩基的水平承载力;而另一些试验研究(Jain 等,1987;Lee 等,2011,2013)与理论分析(Levy 等,2005)则指出:桩基水平位移和弯矩随竖向荷载的增大而增大。类似地,有关竖向荷载对黏土中桩基水平承载变形特性影响的试验研究(Anagnostopoulos 和 Georgiadis,1993;Zhukov 和 Balov,1978;Sorochan 和 Bykov,1976)与理论分析(Liang 等,2012;Karthigeyan 等,2007)同样得出了不一致的结论。

此外,水流冲刷在带走桩周土体的同时,显著增大了桩基水平位移与桩身内力,并因此可能对竖向与横向荷载联合作用下的桩基水平承载变形特性造成一定的影响。然而,目前有关冲刷条件下桩基水平承载变形特性的研究相对较少,且均未考虑竖向荷载的影响,冲刷坑的形态及冲刷后残余土体物理力学性质的变化也常常被忽略。因此,本章在 Shen 等(1999),Shen 和 Teh(2002)研究的基础上,基于最小势能原理和弹性半空间理论,采用 Mindlin 理论解模拟桩-土相互作用,并通过引入有限项级数表示桩基竖向和水平向变形以及桩侧摩阻力和水平抗力,建立了冲刷条件下受竖向与横向荷载联合作用的软黏土桩基水平承载变形特性分析模型;结合前述研究成果,对模型关键土体参数进行了修正,以考虑冲刷坑形态和冲刷后残余土体应力历史的影响;进而通过案例分析研究了冲刷条件下竖向荷载对桩基水平承载变形特性的影响。

6.2 冲刷状态下桩基的竖向静载模型试验

6.2.1 试验设备及模型布置

本次模型试验槽的槽底及槽壁均采用钢筋混凝土结构,(净)几何尺寸为 3 000 mm(L)× 2 100 mm(B)×3 200 mm(H),槽壁厚 300 mm,模型槽地下部分深 1.8 m、地上部分高 1.4 m。模型槽尺寸示意图及实物照片如图 6.1、图 6.2 所示。

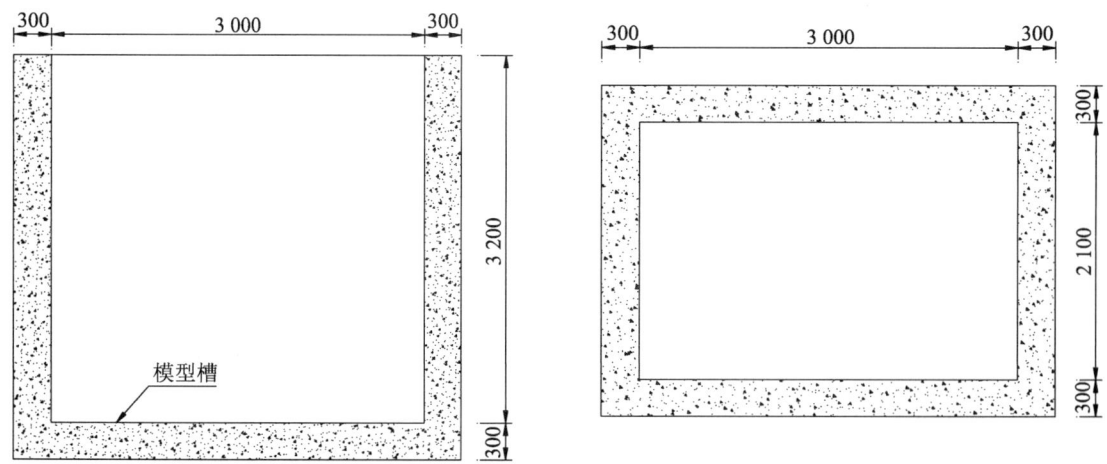

图 6.1 试验模型槽尺寸(单位:mm)

图 6.2 试验模型槽实景图

加载和测量装置采用同济大学自主研制、长春机械科学研究院有限公司加工制造的软土物理模型试验系统(图 6.3—图 6.5)。该系统采用两台德国进口 EDC220 控制器,可进行单向加载,也可进行联合加载,并可进行恒试验力、恒变形试验,以及等速施加试验力、等速变形试验、位移(变形)循环试验等。测量装置集成于该物理模型试验系统中,通过力传感器和位移传感器同步测量力和位移数据。试验系统具体技术参数列于表 6.1。

图 6.3 水平加载作动器和竖向加载作动器

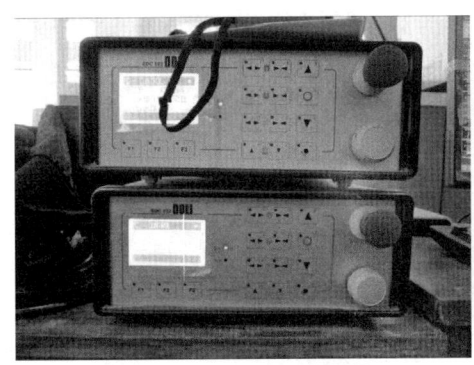 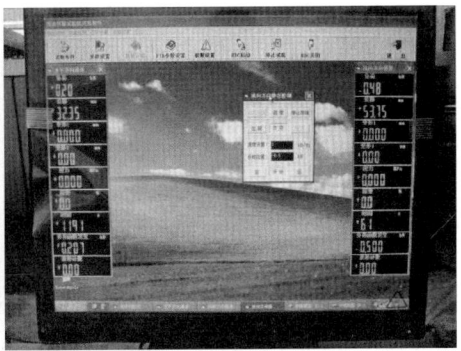

图 6.4 EDC220 控制器　　　　　图 6.5 软件操作界面

表 6.1　　　　　　　　　　　　试验系统主要参数

方向	最大试验力/kN	负荷测量精度	作动器行程/mm	位移测量分辨率/mm	试验频率/Hz	加载波形	控制模式
法向	±100	1%	±50	±0.01	0.01～5	正弦波/三角波/梯形波/组合波	位移/负荷
水平向	±10	1%	±25	±0.01	0.01～5	正弦波/三角波/梯形波/组合波	位移/负荷

本次试验所用模型桩为无缝空心铝管,上、下封底,密度为 2.7×10^3 kg/m³,弹性模量为 70 GPa,泊松比 0.33。桩外径为 83 mm,壁厚 4 mm,桩长 2.2 m,如图 6.6、图 6.7 所示。

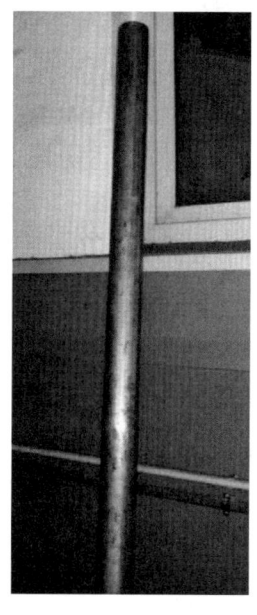
图 6.6　模型桩外观

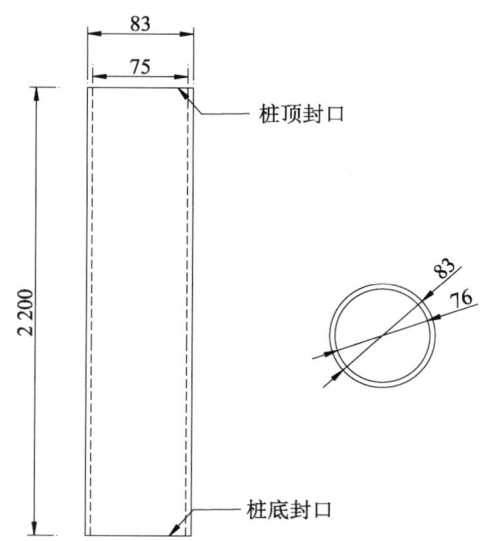
图 6.7　模型桩尺寸(单位:mm)

模型桩对应于直径 1 000 mm、桩长 27.5 m 的原型桩,用以模拟高速铁路桥梁桩基础。选择铝管主要是因为本节的试验目的是研究桥梁桩基础的竖向承载性状,与所选模型桩的外形尺寸关系密切,而与桩身材料属性关系不大,且铝管具有价格低廉、加工方便等优点,提高了试验的经济性和效率。

为适应加载装置的位置调节、控制换填土的工作量、提高试验效率,本次试验选取模型槽的一半为试验区域。已有研究表明,当竖向受荷桩桩间距离 $S>6D$(桩径)时,桩间相互影响已经较小;当 $S>10D$ 时,其相互影响可近似忽略。结合试验条件,本试验选取桩间距离 $S=600$ mm($7.5D$),可近似忽略桩间相互作用,具体模型桩布置情况及实拍照片如图 6.8、图 6.9 所示。

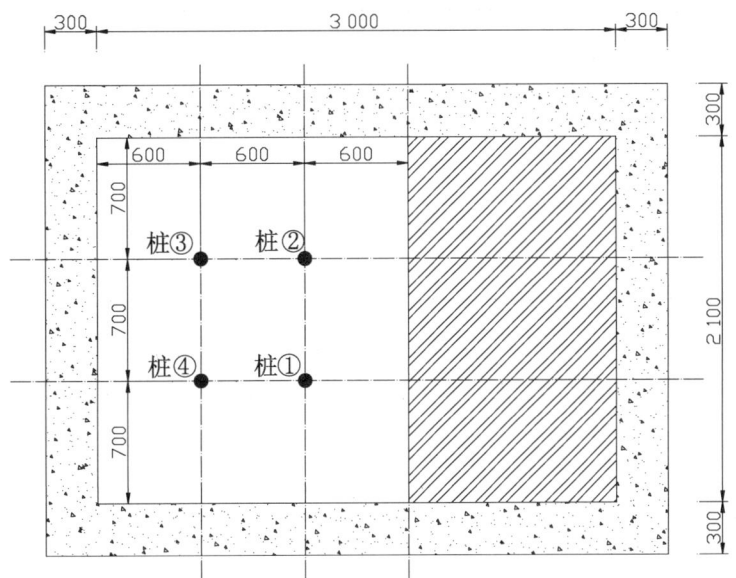

图 6.8 模型桩布置示意图(单位:mm)

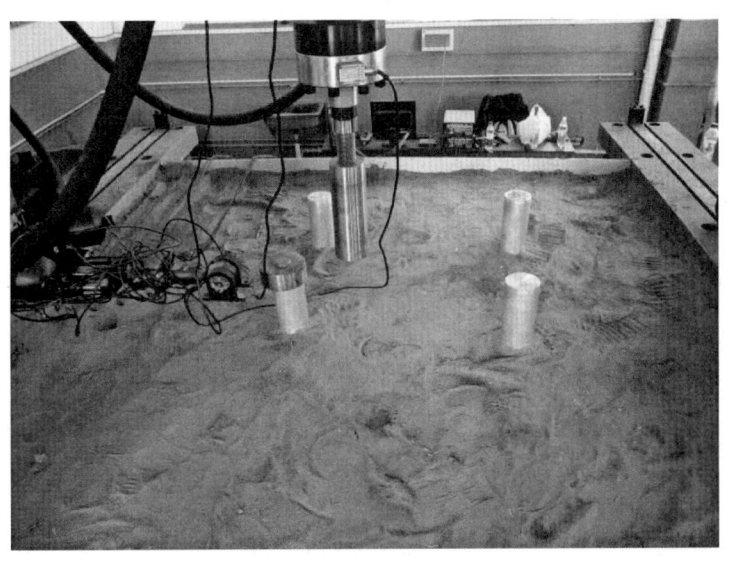

图 6.9 模型桩布置实拍图

6.2.2 土样参数及模型相似比

首先在试验模型槽中取原位砂土进行含水率试验。烘干法操作简单又能确保精度,是测定土样含水率的标准方法,因此本试验采用烘干法测定砂土含水率,分别对 4 组土样进行烘干试验。表 6.2 为含水率试验数据记录表,最终测得本试验所用砂土含水率为 6.33%。

表 6.2　　　　　　　　　　　　　　含水率试验数据

盒号	盒质量/g	盒加湿土质量/g	盒加干土质量/g	含水率/%
①	8.12	15.91	15.46	6.13
②	7.65	16.05	15.53	6.60
③	8.10	19.58	18.90	6.30
④	8.00	18.64	18.01	6.30
平均含水率				6.33

环刀法操作简便且准确,是测定土样密度的基本方法。本试验采用环刀法测定试验用砂土密度,现场取得 3 组土样,试验结果见表 6.3,最终测得本试验所用砂土密度为 1.55 g/cm³。

表 6.3　　　　　　　　　　　　　　砂土密度试验数据

环刀号	环刀质量/g	环刀加土质量/g	土质量/g	密度/(g·cm⁻³)
①	42.23	137.06	94.83	1.58
②	42.17	132.56	90.39	1.51
③	41.16	135.34	94.18	1.57
平均密度				1.55

为测定试验用砂土的强度指标,本试验采用同济大学电动直剪仪对试验用砂土进行了快剪试验,剪切速度为 4 rad/min,试验结果见表 6.4 和图 6.10,得出砂土的内摩擦角为 33.72°,黏聚力为 0.51 kPa。

表 6.4　　　　　　　　　　　　　　快剪试验数据

垂直压力/kPa	50	100	150	200
抗剪强度/kPa	36.08	65.34	97.83	136.48

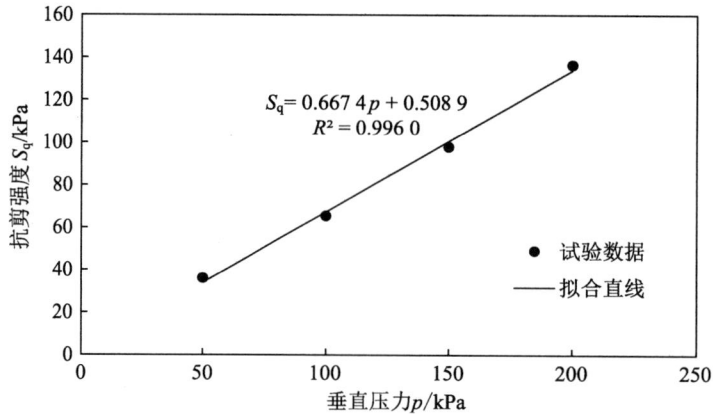

图 6.10　抗剪强度与垂直压力的关系曲线

为测定试验用砂土的压缩模量,本试验采用同济大学固结仪对试验用砂土进行固结试验,试验结果如图 6.11 所示。根据试验结果,本试验用砂土的侧限压缩模量可取两组试验结果的平均值 11.59 MPa。

本试验采用同济大学软土物理模型试验系统对试验用砂土进行载荷板试验,以确定试验用砂土的变形模量 E_0。对于各向同性的地基土,当地表无超载(相当于承压板置于地表)时,土的变形模量可按式(6.1)计算,即

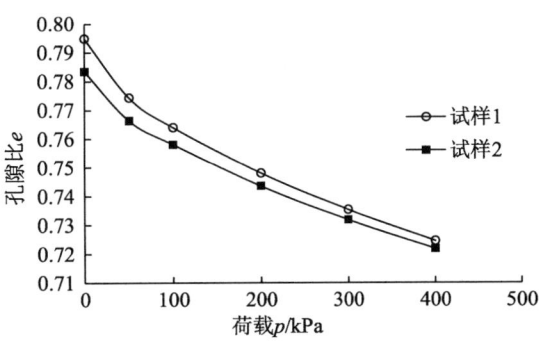

图 6.11　砂土 e-p 压缩曲线

$$E_0 = (1-\mu^2)I_0 I_1 Kb \tag{6.1}$$

式中　b——承压板边长,m;

I_0——承压板位于半空间表面的影响系数,对于方形承压板,$I_0=0.886$;

I_1——承压板埋深 z 时的修正系数,当承压板置于地表时,$I_1=1$;

K——p-s 曲线直线段的斜率,kN/m³;

μ——土体的泊松比。

本次载荷试验主要目的是得到 p-s 曲线的直线段,以得出其斜率 K。因此,为提高试验效率,无需加载到地基破坏。

本次载荷试验采用快速维持荷载法,每级加载 4 kN,每加一级荷载按间隔 15 min 观测一次沉降。每级荷载维持 2 h,即可施加下一级荷载。本次载荷板试验所用承压板为 0.4 m×0.4 m 的方形板,面积为 0.16 m²。试验现场照片及 p-s 曲线分别见图 6.12 和图 6.13。

图 6.12　载荷板试验照片

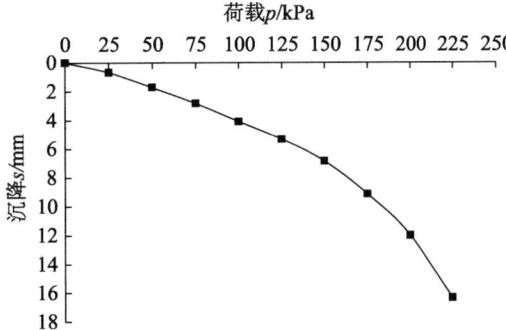

图 6.13　载荷试验 p-s 曲线

本次载荷板试验最终加载到第 9 级,即 36 kN,沉降量达到 16.35 mm,曲线已出现明显转折,转折点发生在第 5 级荷载,此时 $p=125$ kPa,$s=5.32$ mm。因此 p-s 曲线直线段的斜

率为 $K=(125/5.32)\times 10^3 = 23.50\times 10^3$。对于含水率较小的细砂,泊松比可取为 0.25,由此计算得出 $E_0 = 7.81$ MPa,为前文固结试验所得土体侧限压缩模量的 0.67 倍。《土质学与土力学》中指出,基于线弹性假定得到的变形模量与压缩模量之间的关系为 $E_0 = \beta E_s$,其中 $0 < \beta < 1$。本试验为人工填土,结构性较弱,E_0/E_s 应比较接近理论计算的结果。本节土工试验所得 $\beta = 0.67$,因此,固结试验和载荷板试验所得结果可靠。

在相似模型试验中,原型和模型的各对应物理量之间必须满足一定的比例关系,即相似比(如几何相似比、应力相似比、应变相似比、模量相似比、强度相似比等)表达式如下(杨俊杰,2005):

$$\frac{原型物理量}{模型对应的物理量} = 相似比 \tag{6.2}$$

相似模型主要分为定性模型和定量模型两大类。定性模型试验不要求原型和模型之间严格地遵循所有的相似比,只需要满足少数几个主要的相似比即可。这类相似模型试验可以突出事物的主要矛盾,判断何种因素起主导作用,从而可以进一步分析产生的机理及变化规律。定量模型试验则要求所有的主要物理量都满足相似比与相似判据,工作量较大。

在本节所进行的单桩竖向静力加载试验中,根据相似第一定理(徐挺,1995)的基本原理,确定基本量的相似比,力求定量地反映工程实际情况及桩基础的承载特性。

本试验模型桩外径 83 mm,桩长 2.2 m,弹性模量为 70 GPa;对应的原型桩为直径 1 000 mm、桩长 27.5 m 的钢筋混凝土桩,弹性模量为 38 GPa。根据模型试验静力相似性原理,即可确定几何相似比为 $C_L = 12.5$,弹性模量相似比 $C_E = 0.54$。

6.2.3 试验方案设计

绪论中已经介绍过桥梁基础周围的冲刷深度可达数米以上,而冲刷对桩基承载性状的诸多影响因素中,冲刷深度是其中最为重要、影响最大的因素,因此,本次试验将冲刷作用简化考虑为冲刷深度的变化。于清泉(2006)利用室内模型试验的手段研究冲刷对群桩基础的竖向承载力的影响,采用有机玻璃实心管预埋于细砂中模拟 16 根群桩,以挖除土体的方式模拟冲刷深度的变化,进行了未开挖和开挖 1/3 桩长的竖向静载试验。本节将借鉴于清泉(2006)的试验方法,在模型槽中预埋 4 根模型桩,桩头均原始出露 20 cm,再按照各桩的设计冲刷深度挖掉上覆土层,以模拟冲刷深度的变化。

1. 试验方法

本次模型试验采用快速维持荷载法测定单桩竖向承载力。

依据《建筑桩基检测技术规范》(JGJ 106—2018),快速维持荷载法的操作步骤如下:

(1) 荷载分级。每级加载按预估极限承载力的 1/12~1/10 逐级等量施加,直至符合终止加载条件为止。进行卸载时,可按 2 倍加载量的数量逐级卸载,直至到零。试验前对本次静载试验进行了有限元数值模拟,得到预估单桩竖向承载力为 7.0 kN,因此本次试验以 0.5 kN 分级施加。

(2) 每级荷载的维持时间不少于 1 h。每级荷载施加后按 5 min,10 min 测读桩顶沉降量,以后每隔 15 min 测读桩顶沉降量。相对稳定变形标准为:最后 15 min 时间间隔的桩顶沉降量小于相邻 15 min 时间间隔的桩顶沉降量。

（3）当桩顶沉降速率达到相对稳定标准时,再施加下一级荷载。当出现下列情况之一时,即可终止加载:①某级荷载作用下,桩顶沉降量为前一级荷载作用下沉降量的 5 倍;②当 Q-s 曲线呈缓变型时,可加载至桩顶总沉降量 60~80 mm,本次试验选择 60 mm 为破坏沉降量。

（4）单桩竖向极限承载力 Q_u 的确定原则。当 Q-s 曲线上有可判定极限承载力的陡降段时,取第二拐点所对应的荷载为极限荷载;当 Q-s 曲线上没有明显的陡降段而是缓变型曲线时,取破坏荷载(沉降超过 60 mm 对应的荷载)的前一级荷载为极限荷载。

2. 试验过程

试验针对 4 根模型桩分别进行竖向单桩静载试验,各桩布置信息如表 6.5 所示。单桩静载试验按照桩号依次进行,每完成一次静载试验,整体开挖至下一根桩的设计冲刷深度,再对其进行静载试验。试验次序示意图及现场实拍照片见图 6.14 和图 6.15。

表 6.5　模型桩试验参数

桩号	试验顺序	原始出露高度/cm	冲刷深度/cm	总出露高度/cm
1#	1	20	0	20
2#	2	20	20	40
3#	3	20	40	60
4#	4	20	80	100

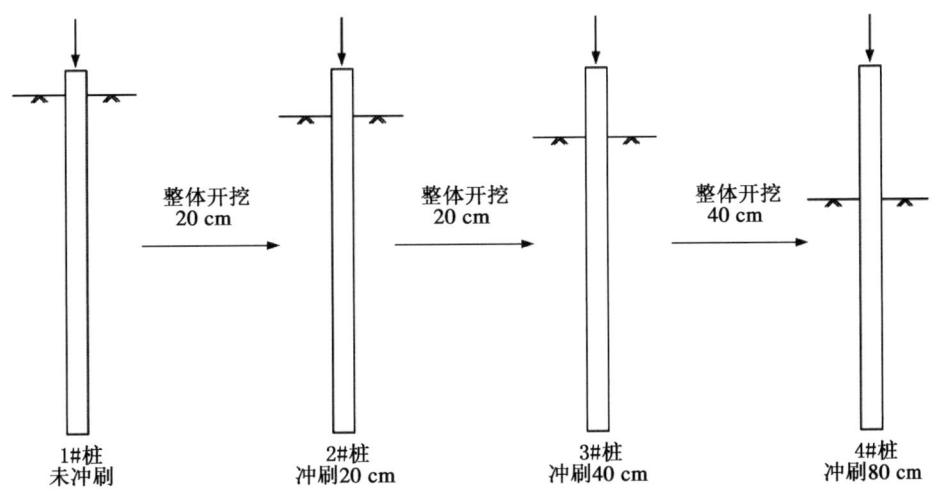

图 6.14　静载试验次序示意图

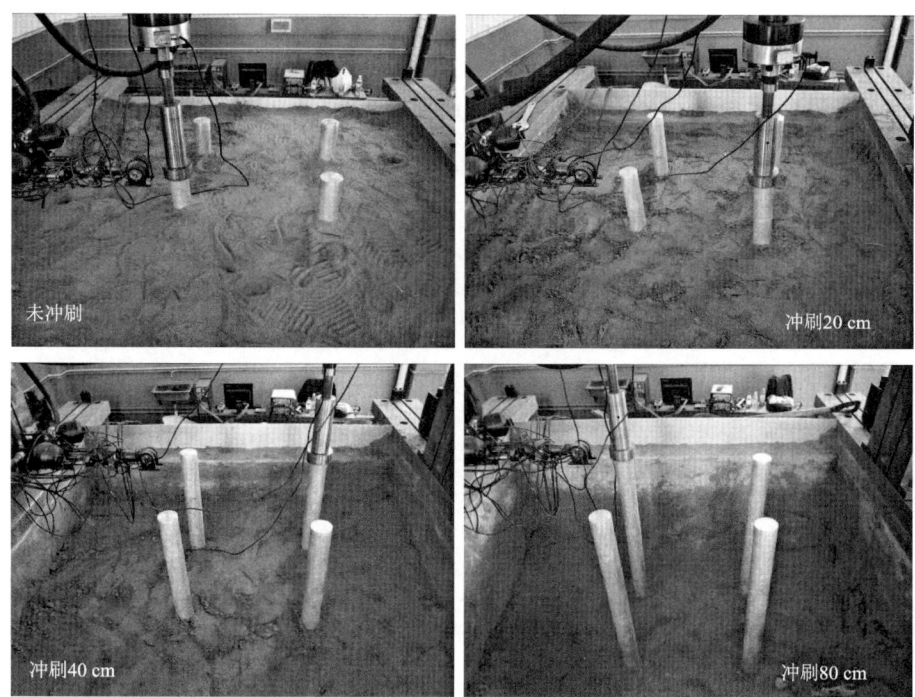

图 6.15 静载试验实拍照片

6.2.4 试验结果分析

本次试验按照模型桩编号顺序对 1#～4# 桩进行竖向静载试验,图 6.16—图 6.19 为各桩静载试验 Q-s 曲线。从图中可以看出,1# 和 4# 桩 Q-s 曲线为明显缓变型,没有明确陡降拐点出现,2# 和 3# 桩最后一级加载时曲线下降相对较陡,但最后一级沉降量分别为前一级沉降量的 1.7 倍和 2.1 倍,明显小于 5 倍,更接近缓变型曲线的趋势。因此,本试验所得的 4 条 Q-s 曲线均为缓变型曲线。对于缓变型曲线,桩基端阻力占主要作用,本次试验设定当沉降量超过 60 mm 时,认为达到破坏标准,立即停止加载,取前一级荷载为极限承载力。因此,1#～4# 桩的竖向静承载力如表 6.6 所示。另外,4 根模型桩的沉降回弹量都很小,说明桩-土体系已经超出弹性工作范围,进入了塑性破坏状态。

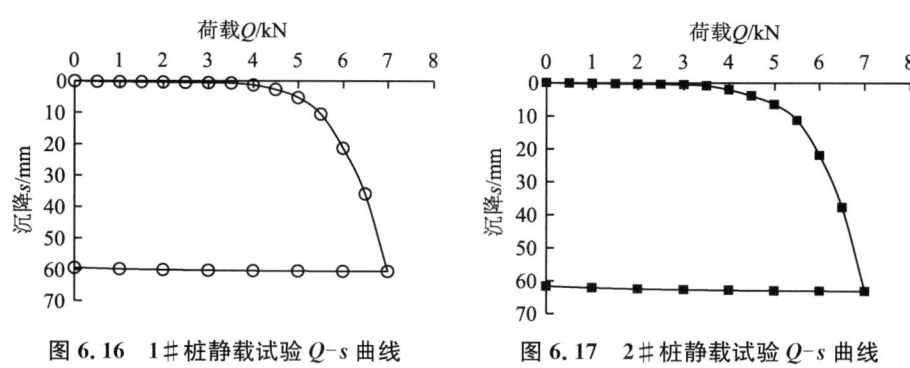

图 6.16 1# 桩静载试验 Q-s 曲线   图 6.17 2# 桩静载试验 Q-s 曲线

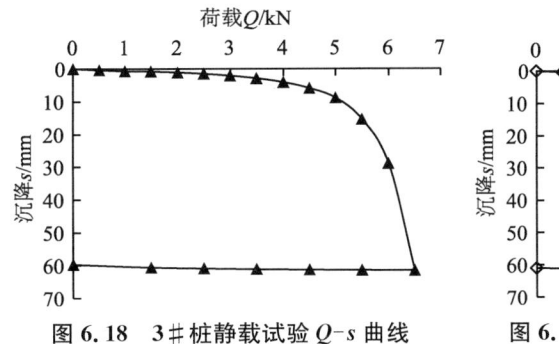
图 6.18　3#桩静载试验 Q-s 曲线

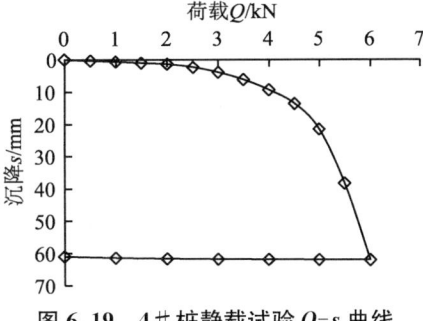
图 6.19　4#桩静载试验 Q-s 曲线

表 6.6　　　　　　　　　　模型桩竖向静承载力汇总

桩号	1#	2#	3#	4#
冲刷深度/cm	0	20	40	80
极限承载力/kN	6.5	6.5	6.0	5.5

图 6.20 为 4 根模型桩 Q-s 曲线对比结果,结合表 6.6 可以看出,随着冲刷深度的增加,桩基竖向极限承载力呈减小趋势。1#和 2#桩极限承载力相同且曲线较为接近,这是由于表层 20 cm 地基土较为松散,对以桩端阻力为主的桩来说,这部分地基土提供的桩侧摩阻力占总承载力的比重很小,相对桩端阻力来说可以忽略,被冲刷掉后总承载力变化不明显。

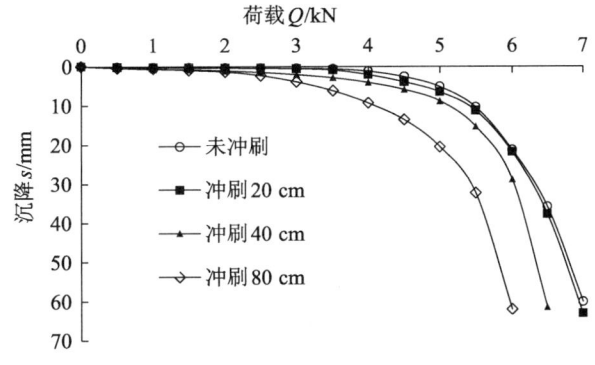
图 6.20　各桩静载试验 Q-s 曲线对比

单桩的静刚度是指静载作用下桩顶产生单位位移所需施加的桩顶外力,可表示为 $K_s = Q/s$。刚度值反映了桩基承受外力的能力,当其值较大时,表明桩基能承受外力的能力较大,当刚度突降,表明桩基承载力降低。图 6.21 给出了各模型单桩静刚度随桩顶竖向荷载的变化曲线。从图中可以看出,在初始加载阶段,各桩静刚度有所增大,这是由于加载初期,桩侧摩阻力逐渐发展,桩端土也被逐渐压密,桩基承载性能提高,表现为静刚度的增加;当静刚度达到峰值后即随荷载的增加而急剧减小。表 6.7 为各桩静载试验中峰值静刚度和破坏静刚度,静刚度减小百分比依次为 98.0%,98.0%,94.2%和 94.1%,这就说明桩基承载力急剧降低,桩基已进入破坏状态。

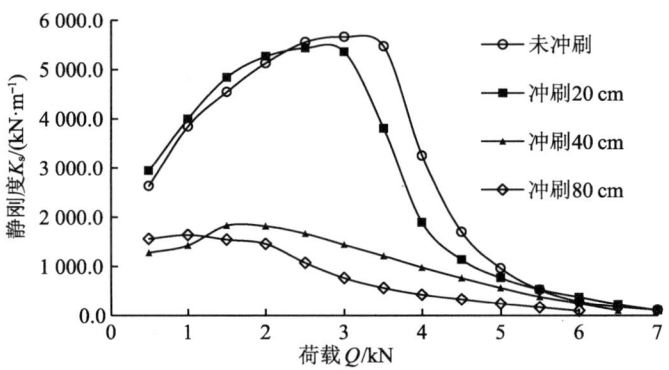

图 6.21 静刚度随桩顶荷载的变化曲线

表 6.7　　　　　　　　　模型桩试验过程中静刚度比较

桩号	1#	2#	3#	4#
峰值静刚度/(kN·m^{-1})	5 660.4	5 434.8	1 829.3	1 639.3
破坏静刚度/(kN·m^{-1})	115.7	110.8	105.7	96.7

图 6.22 给出了各桩静刚度随冲刷深度的变化曲线,从图中可看出,桩顶荷载相同时,单桩静刚度随冲刷深度的增加呈减小趋势,且随着荷载的增大,曲线越平缓,即单桩静刚度的减小程度越小。这是由于冲刷深度越大,桩侧土提供的摩阻力越少,桩基承载力越小,因而静刚度越小。

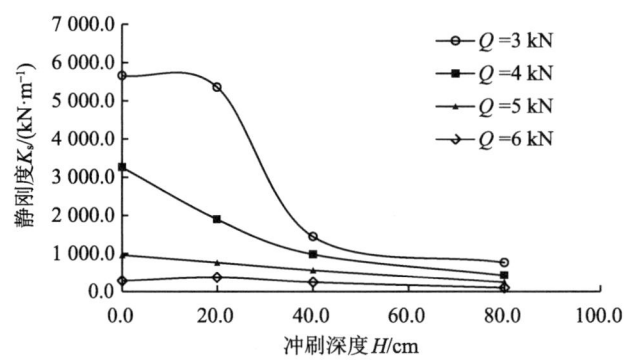

图 6.22 静刚度随冲刷深度的变化曲线

6.3 桩周土体物理力学性质冲刷变化的分析模型

6.3.1 冲刷坑形态及其引起的桩周残余土体应力变化

假设冲刷前桩基埋置于有效重度为 γ',有效内摩擦角为 φ',泊松比为 ν 的正常固结软黏土中;冲刷后桩周土体因水流侵蚀而形成冲刷坑,如图 6.23 所示。图中截头圆锥体形状的冲刷坑由冲刷深度 S_d、冲刷宽度 S_w 和冲刷坡角 α 加以描述,并以冲刷坑地表中心为坐标原点,建立轴对称的圆柱坐标系$\{O, r, \theta, z\}$。值得一提的是,本节结合相关文献(Annandale,2006;Briaud 等,1999;Mohamed 等,2005;Richardson 和 Davis,2001)对冲刷的预测与分析,假设冲刷坑形态和尺寸已知,即沿用 Lin 等(2014b,2016),Li 等(2013),Qi 等(2016)提出的有关冲刷坑形态的假定,以重点研究冲刷对桩基水平承载变形特性的影响。

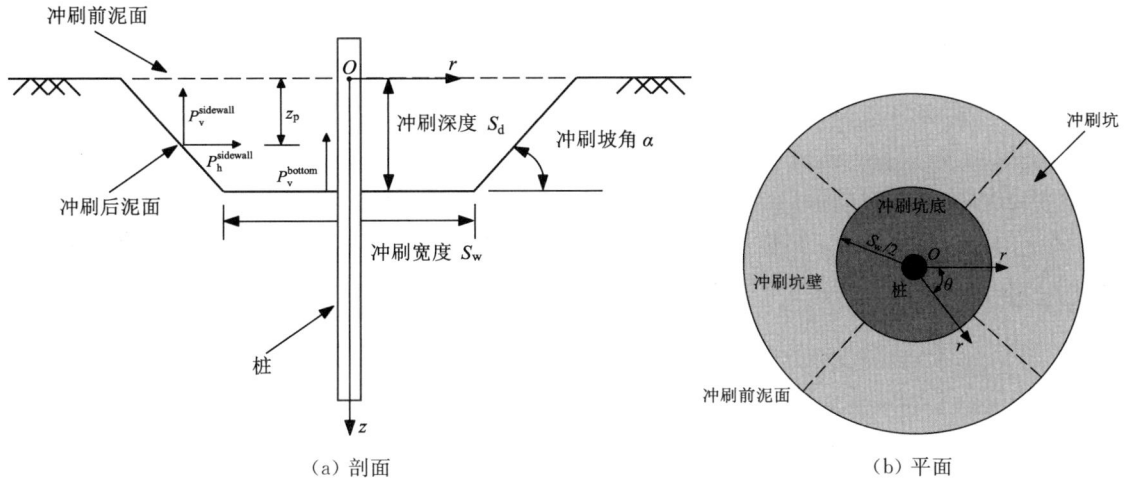

图 6.23 冲刷条件下桩土分析模型

考虑如图 6.23 所示的冲刷坑形态和圆柱坐标系$\{O, r, \theta, z\}$,并基于摩尔应力圆,分别求解得到垂直作用于冲刷坑底的圆形均布卸荷应力 P_v^{bottom},垂直作用于冲刷坑壁的三角形分布卸荷应力 P_n^{sidewall} 以及平行作用于冲刷坑壁的三角形分布卸荷应力 P_p^{sidewall}:

$$\begin{cases} P_v^{\text{bottom}} = \gamma' S_d \\ P_n^{\text{sidewall}} = \dfrac{(1+K_0)}{2}\gamma' z_p + \dfrac{(1-K_0)}{2}\gamma' z_p \cos 2\alpha \\ P_p^{\text{sidewall}} = \dfrac{(1-K_0)}{2}\gamma' z_p \sin 2\alpha \end{cases} \quad (6.3)$$

式中,z_p 为坑壁卸荷应力作用点的深度坐标,范围从 0 到 S_d;K_0 为静止土压力系数,在缺乏试验数据的情况下,可根据 Mayne 和 Kulhawy(1982)给出的经验公式得到:

$$K_0 = (1-\sin\varphi') OCR^{\sin\varphi'} \quad (6.4)$$

式中,OCR 为超固结比,对于冲刷前正常固结的软黏土,其 OCR 可取 1.0。

将垂直作用于冲刷坑壁的卸荷应力 P_n^{sidewall} 和平行作用于冲刷坑壁的卸荷应力 P_p^{sidewall} 沿水平向和竖向进行分解,进一步得到沿竖向和水平向作用于冲刷坑壁的卸荷应力 P_v^{sidewall} 和 P_h^{sidewall}。然后,基于上述由冲刷引起的作用于冲刷坑底和冲刷坑壁的卸荷应力 P_v^{bottom},P_v^{sidewall} 和 P_h^{sidewall},采用 Mindlin 经典理论解计算冲刷后桩周土体的应力变化。其中,由作用于冲刷坑底部的竖向卸荷应力 P_v^{bottom} 引起的桩基轴线深度 z 处的土体竖向卸荷应力 σ_z^{bottom} 可由式(6.5)得到:

$$\sigma_z^{\text{bottom}} = \iint_{\Gamma_b} \frac{P_v^{\text{bottom}}}{8\pi(1-\nu)} \left\{ \begin{array}{c} \dfrac{(1-2\nu)(z-S_d)}{R_1^3} + \dfrac{3(z-S_d)^3}{R_1^5} - \dfrac{(1-2\nu)(z-S_d)}{R_2^3} + \\ \dfrac{[3(3-4\nu)z(z+S_d)^2 - 3S_d(z+S_d)(5z-S_d)]}{R_2^5} + \dfrac{30zS_d(z+S_d)^3}{R_2^7} \end{array} \right\} r \mathrm{d}r \mathrm{d}\theta$$

(6.5)

式中，Γ_b 为冲刷坑底部的积分区域；而变量 R_1 和 R_2 可表示为

$$R_1 = \sqrt{r^2 + (z-S_d)^2}, \quad R_2 = \sqrt{r^2 + (z+S_d)^2}$$

(6.6)

考虑到冲刷坑壁卸荷应力作用点的径向坐标随冲刷深度坐标的变化而变化，即 $r = S_w/2 + (S_d - z_p)/\tan\alpha$，由作用于冲刷坑壁的竖向卸荷应力 P_v^{sidewall} 引起的桩基轴线深度 z 处的土体竖向卸荷应力 $\sigma_z^{\text{sidewall-v}}$ 可由式(6.7)得到：

$$\sigma_z^{\text{sidewall-v}} = \iint_{\Gamma_s} \frac{P_v^{\text{sidewall}}}{8\pi(1-\upsilon)} \left\{ \frac{(1-2\upsilon)(z-z_p)}{R_3^3} + \frac{3(z-z_p)^3}{R_3^5} - \frac{(1-2\upsilon)(z-z_p)}{R_4^3} + \frac{[3(3-4\upsilon)z(z+z_p)^2 - 3z_p(z+z_p)(5z-z_p)]}{R_4^5} + \frac{30zz_p(z+z_p)^3}{R_4^7} \right\} r\sqrt{1+\frac{\mathrm{d}r^2}{\mathrm{d}z_p}} \mathrm{d}z_p \mathrm{d}\theta$$

(6.7)

式中，Γ_s 为冲刷坑壁的积分区域；而变量 R_3 和 R_4 可表示为

$$R_3 = \sqrt{r^2 + (z-z_p)^2}, \quad R_4 = \sqrt{r^2 + (z+z_p)^2}$$

(6.8)

同理，由作用于冲刷坑壁的水平向卸荷应力 P_h^{sidewall} 引起的桩基轴线深度 z 处的土体竖向卸荷应力 $\sigma_z^{\text{sidewall-h}}$ 可由式(6.9)得到：

$$\sigma_z^{\text{sidewall-h}} = \iint_{\Gamma_s} \frac{P_h^{\text{sidewall}} r}{8\pi(1-\upsilon)} \left\{ -\frac{(1-2\upsilon)}{R_3^3} + \frac{3(z-z_p)^2}{R_3^5} + \frac{(1-2\upsilon)}{R_4^3} + \frac{[3(3-4\upsilon)(z+z_p)^2 - 6z_p^2 - 6z_p(1-2\upsilon)(z+z_p)]}{R_4^5} - \frac{30zz_p(z+z_p)^2}{R_4^7} \right\} r\sqrt{1+\frac{\mathrm{d}r^2}{\mathrm{d}z_p}} \mathrm{d}z_p \mathrm{d}\theta$$

(6.9)

至此，由冲刷引起的桩基轴线深度 z 处的土体竖向卸荷应力 σ_z^{ul} 可最终表示为

$$\sigma_z^{\text{ul}} = \sigma_z^{\text{bottom}} + \sigma_z^{\text{sidewall-v}} + \sigma_z^{\text{sidewall-h}}$$

(6.10)

值得一提的是，式(6.5)、式(6.7)和式(6.9)中的二重积分可通过 Gauss-Legendre 数值积分进行求解(Davis 和 Rabinowitz，1984)。

6.3.2 冲刷后桩周残余土体的物理力学性质

由上述分析可得反映冲刷坑形态的冲刷后桩基轴线深度 z 处的土体竖向应力 σ_z^{sc}：

$$\sigma_z^{sc} = \sigma_z^{int} - \sigma_z^{ul} \tag{6.11}$$

式中，σ_z^{int} 为冲刷前桩基轴线深度 z 处的土体初始竖向应力，即 $\gamma'z$。

基于式(6.11)给出的冲刷后土体竖向应力 σ_z^{sc}，进一步考虑应力历史的影响，由临界状态土力学理论得到冲刷后桩周残余土体的有效重度和不排水抗剪强度等土体物理力学性质指标，其具体过程如下：

冲刷前桩基轴线深度 z 处的最大主有效应力 σ_1'、最小主有效应力 σ_3' 和相应的平均有效应力 p_{int}' 由式(6.12a)给出：

$$\begin{cases} \sigma_1' = \sigma_z^{int} = \gamma'z \\ \sigma_3' = K_0 \sigma_z^{int} = K_0 \gamma'z \\ p_{int}' = (\sigma_1' + 2\sigma_3')/3 = \gamma'z(3 - 2\sin\varphi')/3 \end{cases} \tag{6.12a}$$

式中，K_0 为静止土压力系数，考虑冲刷前正常固结的软黏土，可由式(6.4)得到。

同理，冲刷后桩基轴线深度 z 处的最大主有效应力 σ_1'、最小主有效应力 σ_3' 和相应的平均有效应力 p_{sc}' 由式(6.12b)给出：

$$\begin{cases} \sigma_1' = \sigma_z^{sc} = \sigma_z^{int} - \sigma_z^{ul} \\ \sigma_3' = K_0 \sigma_z^{sc} = K_0(\sigma_z^{int} - \sigma_z^{ul}) \\ p_{sc}' = (\sigma_1' + 2\sigma_3')/3 = \sigma_z^{sc}[1 + 2(1 - \sin\varphi')OCR^{\sin\varphi'}]/3 \end{cases} \tag{6.12b}$$

式中，超固结比 OCR 可表示为

$$OCR = \frac{\sigma_z^{int}}{\sigma_z^{sc}} = \frac{\gamma'z}{\sigma_z^{sc}} \tag{6.13}$$

基于土体压缩回弹曲线，得到冲刷后土体比体积：

$$v_{sc} = v_{int} + \kappa \ln\left(\frac{p_{int}'}{p_{sc}'}\right) = v_{int} + \kappa \ln\left\{\frac{\gamma'z(3 - 2\sin\varphi')}{\sigma_z^{sc}[1 + 2(1 - \sin\varphi')OCR^{\sin\varphi'}]}\right\} \tag{6.14}$$

式中，κ 为由各向同性固结试验得到的回弹指数；v_{int} 为冲刷前土体比体积，可由式(6.15)得到：

$$v_{int} = \frac{\gamma_w + \gamma_w w}{\gamma_w - \gamma'w} \tag{6.15}$$

式中，γ_w 和 w 分别为水的重度和土体含水率。进而由式(6.16)得到冲刷后土体有效重度：

$$\gamma_{sc}' = \frac{v_{int}\gamma'}{v_{sc}} = \frac{v_{int}\gamma'}{v_{int} + \kappa \ln\left[\dfrac{(3 - 2\sin\varphi')OCR}{1 + 2(1 - \sin\varphi')OCR^{\sin\varphi'}}\right]} \tag{6.16}$$

此外，由于冲刷后桩周残余土体从正常固结土变为超固结土，且静止土压力系数在卸荷过程中逐渐增大，则基于修正剑桥模型（Muir Wood，1990），可由式（6.17）建立冲刷前后土体不排水抗剪强度关系式：

$$\begin{cases} \dfrac{(c_u^{sc}/p'_{sc})}{(c_u^{int}/p'_{int})} = \dfrac{(c_u/p')_{OC}}{(c_u/p')_{NC}} = \left(\dfrac{p'_{int}}{p'_{sc}}\right)^{\Lambda} \\ \Lambda = \dfrac{\lambda - \kappa}{\lambda} = 1 - \dfrac{C_{ur}}{C_c} \end{cases} \quad (6.17)$$

式中，c_u^{int} 和 c_u^{sc} 分别为冲刷前后土体的不排水抗剪强度；λ 为由各向同性固结试验得到的压缩指数；C_c 和 C_{ur} 分别为由一维固结试验得到的压缩和回弹指数。

最后，综合式（6.12）、式（6.13）和式（6.17），可得冲刷后土体不排水抗剪强度：

$$c_u^{sc} = c_u^{int}\left[\dfrac{(3 - 2\sin\varphi')OCR}{1 + 2(1 - \sin\varphi')OCR^{\sin\varphi'}}\right]^{\Lambda-1} \quad (6.18)$$

6.4 冲刷状态下桩基的水平承载变形特性分析

6.4.1 分析方法

Matlock 提出的 p-y 曲线模型广泛应用于软黏土桩基水平承载变形特性的分析，其具体形式如下：

$$\dfrac{p}{p_{ult}} = 0.5\left(\dfrac{y}{y_{50}}\right)^{1/3} \quad (6.19)$$

式中，p 为桩侧土体水平抗力；y 为桩基水平位移；y_{50} 为最大主应力差达到一半时的水平位移值，可由式（6.20）得到；p_{ult} 为桩侧土体极限抗力，可取式（6.21）和式（6.22）计算得到的土体极限抗力的较小值；当桩基水平位移 y 超过 $8y_{50}$ 时，桩侧土体水平抗力 p 达到极限 p_{ult}，且保持不变。

$$y_{50} = 2.5\varepsilon_{50}D \quad (6.20)$$

$$p_{ult1} = \left(3 + \dfrac{r'}{c_u}z + \dfrac{J}{D}z\right)c_u D \quad (6.21)$$

$$p_{ult2} = 9c_u D \quad (6.22)$$

式中，D 为桩径；ε_{50} 为三轴试验最大主应力差达到一半时的应变值，与土体不排水抗剪强度有关，一般取值在 0.01~0.02 之间；z 为泥面下深度；c_u 为软黏土不排水抗剪强度；J 为常数，一般取 0.5。

将由式（6.16）给出的冲刷后土体有效重度和由式（6.18）给出的冲刷后土体不排水抗剪强度代入式（6.21）和式（6.22），得到冲刷后桩侧软黏土极限抗力：

$$P_{\text{ult1}} = [3D + J(z - S_{\text{d}})]c_{\text{u}}^{\text{int}} \left[\frac{(3 - 2\sin\varphi')OCR}{1 + 2(1 - \sin\varphi')OCR^{\sin\varphi'}} \right]^{\Lambda-1} +$$

$$\frac{\nu_{\text{int}}\gamma'}{\nu_{\text{int}} + \kappa \ln\left[\frac{(3 - 2\sin\varphi')OCR}{1 + 2(1 - \sin\varphi')OCR^{\sin\varphi'}} \right]}(z - S_{\text{d}})D \quad (6.23)$$

$$p_{\text{ult2}} = 9Dc_{\text{u}}^{\text{int}} \left[\frac{(3 - 2\sin\varphi')OCR}{1 + 2(1 - \sin\varphi')OCR^{\sin\varphi'}} \right]^{\Lambda-1} \quad (6.24)$$

由上述求解过程可以看出,当冲刷前土体参数(例如土体有效重度、有效内摩擦角、泊松比、含水率和不排水抗剪强度)和冲刷坑形态(例如冲刷深度、宽度和坡角)已知,则可利用式(6.13)、式(6.15)、式(6.19)、式(6.23)和式(6.24)对式(6.19)描述的 p-y 曲线进行修正,以同时考虑冲刷坑形态和应力历史的影响。将修正后的 p-y 曲线代入商业软件 LPILE 即可求解冲刷条件下软黏土桩基的水平承载变形特性。

6.4.2 算例验证

由于缺乏有关冲刷条件下软黏土桩基水平承载变形特性的试验研究,本节可通过与已有理论方法的对比进行验证。选取的理论方法分别为 Lin 等(2014a)和 Lin 等(2016)提出的基于 p-y 曲线法的冲刷条件下软黏土桩基水平承载变形特性分析方法,其中前者忽略了冲刷坑的形态,后者忽略了土体应力历史的影响。同时,选取 Matlock(1970)报道的软黏土桩基水平载荷现场试验(未考虑冲刷)作为方法验证及后续参数分析的算例。

该试验场地位于美国德克萨斯州奥斯汀湖附近,场地软黏土的物理力学性质如表 6.8 所示。值得一提的是,出于分析展示的目的,表中一些土体物理力学性质指标由经验公式关联得到,其精确值也可进一步由室内或现场试验测得。其中 C_{c} 通过经验公式与土体含水率进行关联(Azzouz 等,1976),而 C_{ur} 一般取为 $0.2C_{\text{c}}$(Kulhawy 和 Mayne,1990);此外,λ 和 κ 可分别假设为 $C_{\text{c}}/2.3$ 和 $C_{\text{ur}}/2.3$。由于现场试验并未给出场地土体的有效内摩擦角和泊松比,表中按照典型的软黏土有效内摩擦角和泊松比进行取值,分别取 20°和 0.3。至于该试验的桩基参数,则由表 6.9 给出。

表 6.8 土体物理力学性质

有效重度 γ' /(kN·m^{-3})	含水率 w /%	有效内摩擦角 φ' /(°)	达到一半最大应力时的应变值 ε_{50}
10	44.5	20	0.012
压缩指数 C_{c}	回弹指数 C_{ur}	泊松比 ν	不排水抗剪强度 c_{u}/kPa
0.40	0.08	0.3	32.3

表 6.9 桩基参数

桩长 L/m	桩径 D/m	桩壁厚度 t/m	惯性矩 I_{p}/m^4	弹性模量 E_{p}/kPa	屈服弯矩 M_{y}/(kN·m)
12.8	0.319	0.0127	1.44×10^{-4}	2.18×10^8	231

由本书方法和 Lin 等(2014a)提出的方法分别计算得到冲刷深度为 $5D$ 时桩头侧向变形随水平荷载变化的曲线,如图 6.24 所示。由图可知:

(1) 两种方法的计算结果基本一致,只是 Lin 等(2014a)给出的解答略微高估了桩头侧向变形,这与 Lin 等(2014a)忽略了冲刷坑形态($S_w=\infty$)有关,而本书方法在此考虑冲刷坑形态为 $S_w=0$, $\alpha=40°$。

(2) 实际上,如果同样忽略冲刷坑形态,本书方法计算得到的桩头侧向变形也将有所增大,与 Lin 等(2014a)的解答更相近。

(3) 冲刷坑底部以上的土体对其下部桩周残余土体的水平抗力有加强作用。

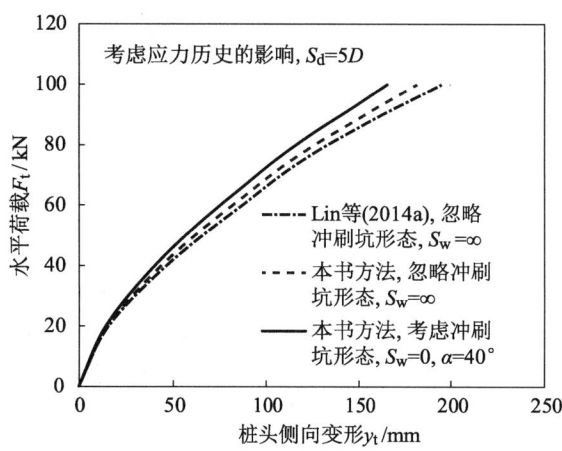

图 6.24 桩头侧向变形随水平荷载变化曲线 ($S_d=5D$)

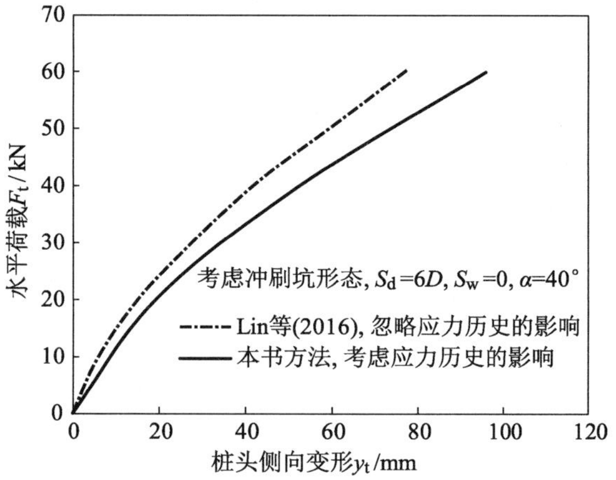

图 6.25 桩头侧向变形随水平荷载变化曲线 ($S_d=6D$, $S_w=0$, $\alpha=40°$)

图 6.25 对比了本书方法和 Lin 等(2016)提出的方法计算得到的冲刷条件下($S_d=6D$, $S_w=0$, $\alpha=40°$)桩头侧向变形随水平荷载变化曲线。由图可见:

(1) 两种方法的计算结果基本一致,但 Lin 等(2016)给出的解答低估了桩头侧向变形,这是由于 Lin 等(2016)忽略了冲刷后桩周残余土体应力历史的影响。

(2) 实际上,桩周土体因冲刷而导致的超固结状态改变了其物理力学性质和提供给桩基的水平抗力。

6.4.3 参数分析

基于上述分析方法和算例,本节将进一步分析应力历史、冲刷深度、冲刷宽度和冲刷坡角等关键因素对软黏土桩基水平承载变形特性的影响。首先,通过假设最不利的冲刷坑形态($S_d=5D$ 或 $10D$, $S_w=\infty$, $\alpha=0°$),即考虑桩周土体被整层冲刷掉的情况,对比了考虑应力历史影响和不考虑应力历史影响的冲刷条件下桩基水平承载变形特性;其次,当冲刷宽度 $S_w=0$ 或 ∞ 且冲刷坡角 $\alpha=40°$ 时,选取 5 个不同的冲刷深度($S_d=0$, $2D$, $4D$, $6D$ 和 $8D$)以分析其对桩基水平承载变形特性的影响(其中 $S_w=\infty$, $\alpha=40°$ 同样表示最不利的冲刷坑形态,即冲刷掉整层土体);再次,为了研究冲刷宽度的影响,在保持冲刷深度 $S_d=4D$ 和冲刷坡角 $\alpha=40°$ 不变的同时,分别选取冲刷宽度 $S_w=0$, $5D$, $10D$, $15D$ 和 ∞;最后,假定冲刷深

度 $S_d=4D$ 和冲刷宽度 $S_w=0$ 保持不变,分别选取冲刷坡角 $\alpha=0°$,$20°$,$40°$和 $60°$,以研究其对桩基水平承载变形特性的影响。

值得一提的是,冲刷后残余土体经历了一个卸荷过程,其泥面附近的超固结比 OCR 相对较高,为了避免土体的被动破坏,需要根据 K_0-OCR 关系,由式(6.25)[Mayne 和 Kulhawy (1982)]给出超固结比 OCR 的限值。

$$OCR_{\text{limit}} = \left[\frac{1+\sin\varphi'}{(1-\sin\varphi')^2}\right]^{\frac{1}{\sin\varphi'}} \quad (6.25)$$

根据算例提供的土体有效内摩擦角,计算得到的 OCR_{limit} 为 27。因此,超固结比小于该限值处的残余土体有效重度和不排水抗剪强度便可根据式(6.16)和式(6.18)获得。

6.4.4 结果与讨论

1. 应力历史的影响

针对最不利的冲刷坑形态($S_d=5D$ 或 $10D$,$S_w=\infty$,$\alpha=0°$),由上述分析模型给出的冲刷前后桩周土体物理力学性质对比如表 6.10 和表 6.11 所示。结果表明:冲刷后残余土体的不排水抗剪强度较冲刷前显著降低,而冲刷后残余土体有效重度的变化则相对较小,略低于冲刷前土体的有效重度。

表 6.10　考虑应力历史影响的土体物理力学性质($S_d=5D$, $S_w=\infty$, $\alpha=0°$)

冲刷前/后泥面下深度/m	$\gamma'/(\text{kN}\cdot\text{m}^{-3})$	$\gamma'_{sc}/(\text{kN}\cdot\text{m}^{-3})$	$c_u^{\text{int}}/\text{kPa}$	c_u^{sc}/kPa	OCR
2.30/0.70	10.00	9.88	32.3	26.8	3.3
3.39/1.80	10.00	9.93	32.3	29.2	1.9
3.70/2.10	10.00	9.94	32.3	29.5	1.8
4.30/2.71	10.00	9.95	32.3	30.0	1.6
5.69/4.10	10.00	9.96	32.3	30.6	1.4
7.25/5.66	10.00	9.97	32.3	31.0	1.3
9.47/7.88	10.00	9.98	32.3	31.4	1.2
15.0/13.41	10.00	9.99	32.3	31.7	1.1

表 6.11　考虑应力历史影响的土体物理力学性质($S_d=10D$, $S_w=\infty$, $\alpha=0°$)

冲刷前/后泥面下深度/m	$\gamma'/(\text{kN}\cdot\text{m}^{-3})$	$\gamma'_{sc}/(\text{kN}\cdot\text{m}^{-3})$	$c_u^{\text{int}}/\text{kPa}$	c_u^{sc}/kPa	OCR
3.39/0.20	10.00	9.72	32.3	20.9	17.0
3.70/0.51	10.00	9.80	32.3	23.7	7.3
4.30/1.11	10.00	9.86	32.3	26.1	3.9
5.69/2.50	10.00	9.91	32.3	28.3	2.3
7.25/4.06	10.00	9.94	32.3	29.4	1.8
9.47/6.28	10.00	9.96	32.3	30.2	1.5
15.0/11.81	10.00	9.97	32.3	31.1	1.3

图 6.26 对比了冲刷后泥面下深度为 $0.5D$ 处的修正 p-y 曲线和未修正 p-y 曲线。由

图可知:当冲刷深度为 5D 和 10D 时,修正 p-y 曲线的桩侧土体极限抗力比未修正 p-y 曲线小 17%～35%,即忽略应力历史的影响将高估冲刷条件下桩周土体的水平抗力。

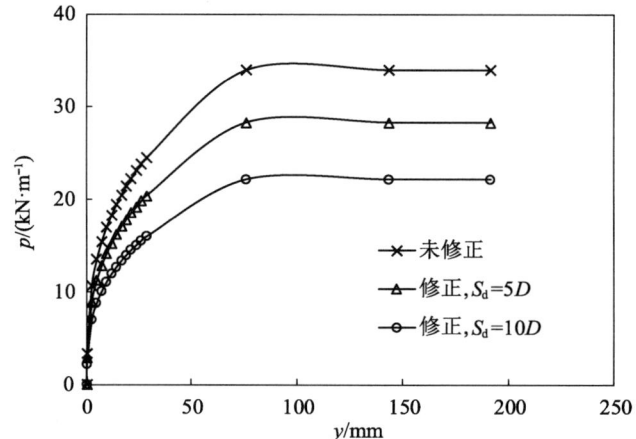

图 6.26　考虑应力历史影响的冲刷后泥面下 0.5D 处的 p-y 曲线

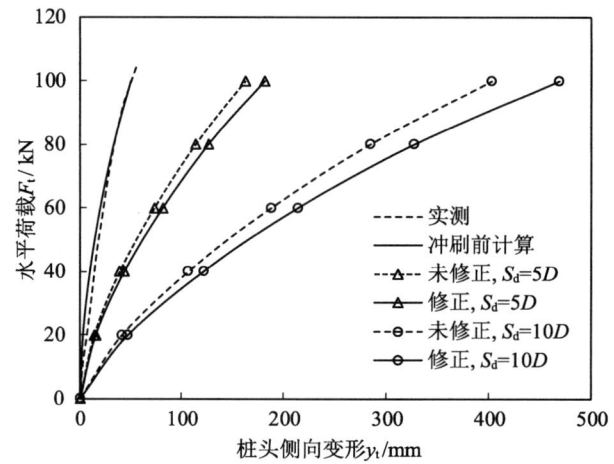

图 6.27　考虑应力历史影响的桩头侧向变形随水平荷载变化曲线

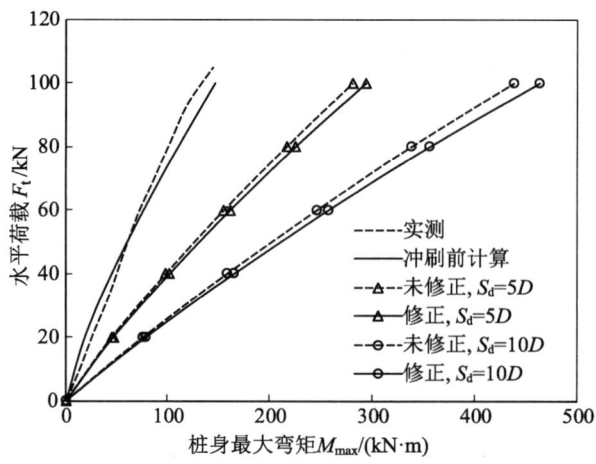

图 6.28　考虑应力历史影响的桩身最大弯矩随水平荷载变化曲线

在不同水平荷载作用下,由本书方法计算得到的冲刷前桩头侧向变形及桩身最大弯矩与现场实测值的对比如图 6.27 和图 6.28 所示,其对比结果进一步验证了本书简化方法的正确性。此外,图 6.27 和图 6.28 还对比了基于修正 p-y 曲线和未修正 p-y 曲线计算得到的冲刷后桩头侧向变形和桩身最大弯矩。由图可知:①冲刷条件下($S_d=5D$ 和 $10D$),考虑应力历史影响得到的桩头侧向变形比忽略应力历史影响时大 12%～16%;②采用修正 p-y 曲线计算得到的桩身最大弯矩较未修正 p-y 曲线增大了 4%～6%;③考虑应力历史影响的冲刷条件下桩基水平承载变形特性分析偏于保守。

2. 冲刷深度的影响

当冲刷宽度 $S_w=0$ 或 ∞ 且冲刷坡角 $\alpha=40°$ 时,对应于不同冲刷深度($S_d=2D$,$4D$,$6D$ 和 $8D$)的桩周残余土体物理力学性质如表 6.12—表 6.15 所示。结果表明:

表 6.12 考虑冲刷坑形态和应力历史影响的土体物理力学性质($S_d=2D$, $S_w=0$ 或 ∞, $\alpha=40°$)

冲刷前/后泥面下深度/m	$(\gamma'_{sc})_0/(kN \cdot m^{-3})$	$(\gamma'_{sc})_\infty/(kN \cdot m^{-3})$	$(c_u)_0$/kPa	$(c_u)_\infty$/kPa	OCR_0	OCR_∞
1.07/0.43	9.98	9.91	31.4	28.0	1.2	2.5
2.30/1.66	10.00	9.97	32.2	30.7	1.0	1.4
3.39/2.75	10.00	9.98	32.3	31.2	1.0	1.2
3.70/3.06	10.00	9.98	32.3	31.3	1.0	1.2
4.30/3.66	10.00	9.98	32.3	31.5	1.0	1.2
5.69/5.05	10.00	9.99	32.3	31.7	1.0	1.1
7.25/6.61	10.00	9.99	32.3	31.8	1.0	1.1
9.47/8.83	10.00	9.99	32.3	31.9	1.0	1.1
15.0/14.36	10.00	10.00	32.3	32.1	1.0	1.0

表 6.13 考虑冲刷坑形态和应力历史影响的土体物理力学性质($S_d=4D$, $S_w=0$ 或 ∞, $\alpha=40°$)

冲刷前/后泥面下深度/m	$(\gamma'_{sc})_0/(kN \cdot m^{-3})$	$(\gamma'_{sc})_\infty/(kN \cdot m^{-3})$	$(c_u)_0$/kPa	$(c_u)_\infty$/kPa	OCR_0	OCR_∞
1.62/0.34	9.94	9.84	29.7	25.3	1.7	4.8
2.30/1.02	9.98	9.92	31.6	28.4	1.2	2.3
3.39/2.11	10.00	9.95	32.1	29.9	1.0	1.6
3.70/2.42	10.00	9.96	32.1	30.2	1.0	1.5
4.30/3.02	10.00	9.96	32.2	30.5	1.0	1.4
5.69/4.41	10.00	9.97	32.3	31.0	1.0	1.3
7.25/5.97	10.00	9.98	32.3	31.3	1.0	1.2
9.47/8.19	10.00	9.98	32.3	31.6	1.0	1.2
15.0/13.72	10.00	9.99	32.3	31.8	1.0	1.1

表 6.14 考虑冲刷坑形态和应力历史影响的土体物理力学性质($S_d=6D, S_w=0$ 或 $\infty, \alpha=40°$)

冲刷前/后泥面下深度/m	$(\gamma'_{sc})_0/(kN \cdot m^{-3})$	$(\gamma'_{sc})_\infty/(kN \cdot m^{-3})$	$(c_u)_0/kPa$	$(c_u)_\infty/kPa$	OCR_0	OCR_∞
2.30/0.39	9.93	9.82	29.0	24.5	2.0	5.9
3.39/1.48	9.98	9.91	31.5	28.3	1.2	2.3
3.70/1.79	9.99	9.92	31.7	28.8	1.1	2.1
4.30/2.39	9.99	9.94	31.9	29.4	1.1	1.8
5.69/3.78	10.00	9.96	32.1	30.3	1.0	1.5
7.25/5.34	10.00	9.97	32.2	30.8	1.0	1.4
9.47/7.56	10.00	9.98	32.3	31.2	1.0	1.3
15.0/13.09	10.00	9.99	32.3	31.6	1.0	1.1

表 6.15 考虑冲刷坑形态和应力历史影响的土体物理力学性质($S_d=8D, S_w=0$ 或 $\infty, \alpha=40°$)

冲刷前/后泥面下深度/m	$(\gamma'_{sc})_0/(kN \cdot m^{-3})$	$(\gamma'_{sc})_\infty/(kN \cdot m^{-3})$	$(c_u)_0/kPa$	$(c_u)_\infty/kPa$	OCR_0	OCR_∞
2.85/0.30	9.88	9.78	27.0	22.8	3.1	9.5
3.39/0.84	9.96	9.86	30.2	25.9	1.5	4.0
3.70/1.15	9.97	9.88	30.8	26.9	1.3	3.2
4.30/1.75	9.98	9.91	31.4	28.0	1.2	2.5
5.69/3.14	9.99	9.94	31.9	29.4	1.1	1.8
7.25/4.70	10.00	9.95	32.1	30.1	1.0	1.5
9.47/6.92	10.00	9.97	32.2	30.7	1.0	1.4
15.0/12.45	10.00	9.98	32.3	31.3	1.0	1.2

(1) 与忽略冲刷坑形态相比($S_w=\infty$),考虑冲刷坑形态($S_w=0$)计算得到的残余土体有效重度和不排水抗剪强度相对更大。

(2) 冲刷后残余土体的超固结比 OCR 随冲刷深度的增大而增大,且由泥面向下逐渐减小,趋近于1。

图 6.29 给出了对应于不同冲刷深度的泥面下 $0.5D$ 处的桩侧土体极限抗力。由图可知,随着冲刷深度的增大,由 $S_w=0$ 得到的桩侧土体极限抗力与由 $S_w=\infty$ 得到的桩侧土体极限抗力之间的差别愈发明显。具体来说,当冲刷深度为 $2D,4D,6D$ 和 $8D$ 时,考虑冲刷坑形态计算得到的桩侧土体极限抗力较忽略冲刷坑形态分别提高了 11.9%,17.1%,18.0% 和 18.1%。

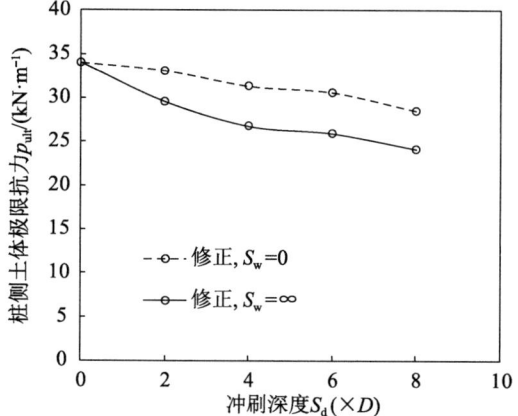

图 6.29 冲刷后泥面下 $0.5D$ 处的桩侧土体极限抗力随冲刷深度变化曲线

基于上述冲刷条件,采用修正 p-y 曲线计算得到的不同水平荷载作用下桩头侧向变形和桩身最大弯矩如图 6.30 和图 6.31 所示。结果表明:

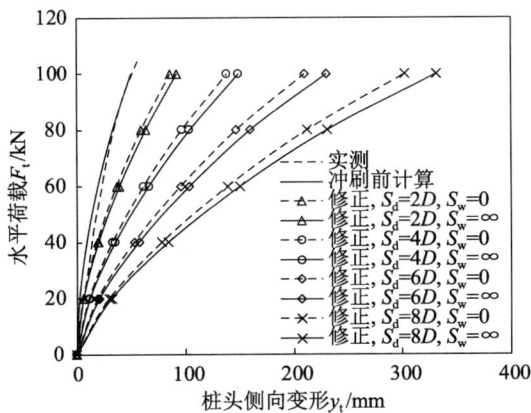

图 6.30 考虑冲刷深度影响的桩头侧向变形随水平荷载变化曲线($\alpha=40°$)

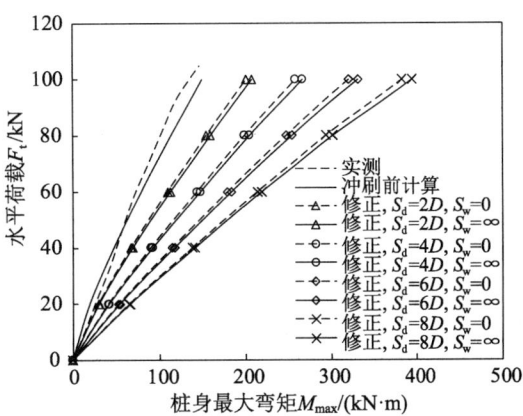

图 6.31 考虑冲刷深度影响的桩身最大弯矩随水平荷载变化曲线($\alpha=40°$)

(1) 与考虑冲刷坑形态($S_w=0$)相比,忽略冲刷坑形态($S_w=\infty$)计算得到的桩头侧向变形相对较大,二者的差别随着冲刷深度的增大而增大。例如,当冲刷深度为 $2D$,$4D$,$6D$ 和 $8D$,作用于桩头的水平荷载为 80 kN 时,忽略冲刷坑形态得到的桩头侧向变形比考虑冲刷坑形态给出的结果分别大 7.2%,7.9%,8.8% 和 9.0%。

(2) 考虑冲刷坑形态计算得到桩身最大弯矩略小于(约 3%,$F_t=80$ kN)忽略冲刷形态得到的结果。

图 6.32 和图 6.33 分别为考虑与忽略冲刷坑形态得到的桩头侧向变形和桩身最大弯矩随冲刷深度变化曲线。结果表明:①桩头侧向变形和桩身最大弯矩随冲刷深度的增大而增大,尤其是桩头侧向变形,随冲刷深度的增大呈非线性增长;②当冲刷深度从 0 增大到 $8D$ 时,桩头侧向变形和桩身最大弯矩分别增大了约 500% 和 200%。

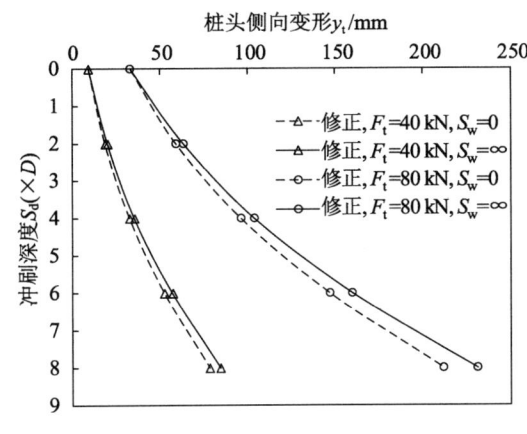

图 6.32 桩头侧向变形随冲刷深度变化曲线($S_w=0$ 或 ∞, $\alpha=40°$)

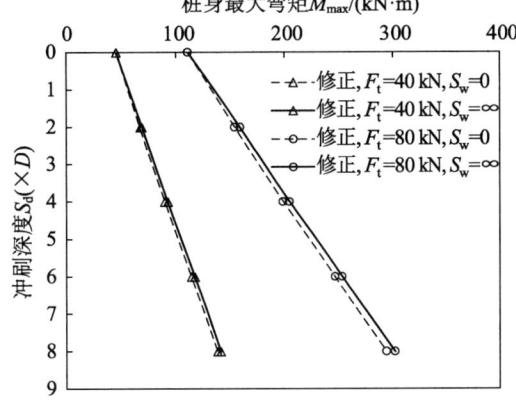

图 6.33 桩身最大弯矩随冲刷深度变化曲线($S_w=0$ 或 ∞, $\alpha=40°$)

3. 冲刷宽度的影响

当冲刷深度 $S_d = 4D$ 且冲刷坡角 $\alpha = 40°$ 时，冲刷宽度对桩周残余土体物理力学性质的影响如表 6.16 所示。结果表明：随着冲刷宽度的增加，冲刷后残余土体的有效重度和不排水抗剪强度逐渐减小，而其超固结比 OCR 则逐渐增大。

表 6.16 考虑冲刷坑形态和应力历史影响的土体物理力学性质 ($S_d = 4D$, $\alpha = 40°$)

冲刷前/后泥面下深度/m	土体性质	$S_w = 0$	$S_w = 5D$	$S_w = 10D$	$S_w = 15D$	$S_w = \infty$
1.62/0.34	$\gamma'_{sc}/(kN \cdot m^{-3})$	9.94	9.90	9.89	9.87	9.84
	$(c_u)_{sc}/kPa$	29.7	27.7	27.1	26.3	25.3
	OCR	1.7	2.6	3.0	3.7	4.8
2.30/1.02	$\gamma'_{sc}/(kN \cdot m^{-3})$	9.98	9.96	9.94	9.93	9.92
	$(c_u)_{sc}/kPa$	31.6	30.2	29.6	29.1	28.4
	OCR	1.2	1.5	1.7	1.9	2.3
3.39/2.11	$\gamma'_{sc}/(kN \cdot m^{-3})$	10.00	9.99	9.98	9.97	9.95
	$(c_u)_{sc}/kPa$	32.1	31.6	31.1	30.7	29.9
	OCR	1.0	1.1	1.3	1.4	1.6
3.70/2.42	$\gamma'_{sc}/(kN \cdot m^{-3})$	10.00	9.99	9.98	9.97	9.96
	$(c_u)_{sc}/kPa$	32.1	31.8	31.3	31.0	30.2
	OCR	1.0	1.1	1.2	1.3	1.5
4.30/3.02	$\gamma'_{sc}/(kN \cdot m^{-3})$	10.00	9.99	9.99	9.98	9.96
	$(c_u)_{sc}/kPa$	32.2	32.0	31.7	31.4	30.5
	OCR	1.0	1.1	1.1	1.2	1.4
5.69/4.41	$\gamma'_{sc}/(kN \cdot m^{-3})$	10.00	10.00	10.00	10.00	9.97
	$(c_u)_{sc}/kPa$	32.3	32.1	32.0	31.8	31.0
	OCR	1.0	1.0	1.1	1.1	1.3
7.25/5.97	$\gamma'_{sc}/(kN \cdot m^{-3})$	10.00	10.00	10.00	10.00	9.98
	$(c_u)_{sc}/kPa$	32.3	32.2	32.1	32.0	31.3
	OCR	1.0	1.0	1.0	1.1	1.2
9.47/8.19	$\gamma'_{sc}/(kN \cdot m^{-3})$	10.00	10.00	10.00	10.00	9.98
	$(c_u)_{sc}/kPa$	32.3	32.3	32.2	32.2	31.6
	OCR	1.0	1.0	1.0	1.0	1.2
15.0/13.72	$\gamma'_{sc}/(kN \cdot m^{-3})$	10.00	10.00	10.00	10.00	9.99
	$(c_u)_{sc}/kPa$	32.3	32.3	32.3	32.3	31.8
	OCR	1.0	1.0	1.0	1.0	1.1

图 6.34 给出了对应于不同冲刷宽度的泥面下 0.5D 处的桩侧土体极限抗力。由图可见:①当冲刷宽度相对较小时,桩侧土体极限抗力随冲刷宽度的增大而逐渐降低(可达 15%);②当冲刷宽度超过 15D 以后,桩侧土体极限抗力随冲刷宽度变化较小,几乎保持不变。

水平荷载为 80 kN 和 100 kN 时的桩头侧向变形和桩身最大弯矩随冲刷宽度变化曲线分别如图 6.35 和图 6.36 所示。结果表明:①随着冲刷宽度的增加,桩头侧向变形和桩身最大弯矩略微增大,最大增幅分别达到 8% 和 3%;②当冲刷宽度超过 15D 以后,桩头侧向变形和桩身最大弯矩随冲刷宽度的

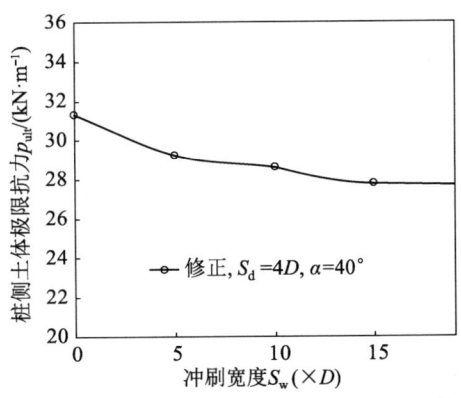

图 6.34 冲刷后泥面下 **0.5D** 处的桩侧土体极限抗力随冲刷宽度变化曲线

变化甚微,几乎保持不变;③当冲刷宽度超过 15D 以后,其对桩基水平承载变形特性的影响与土体被整层冲刷掉的情况相似,即该冲刷条件下($S_d = 4D$, $S_w > 15D$, $\alpha = 40°$)的冲刷坑形态可忽略不计。

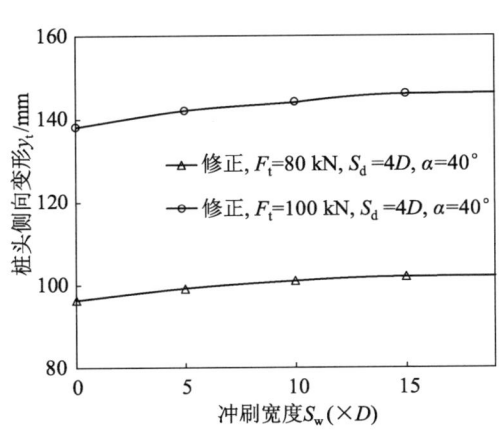

图 6.35 桩头侧向变形随冲刷宽度变化曲线

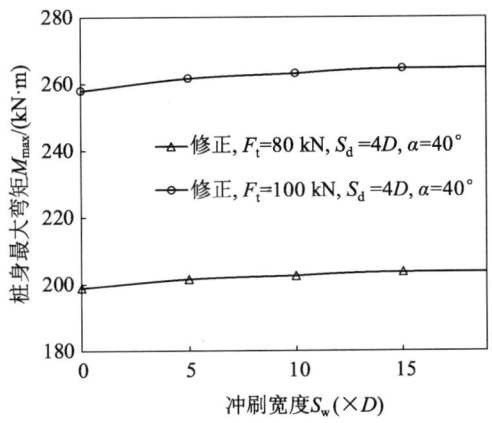

图 6.36 桩身最大弯矩随冲刷宽度变化曲线

4. 冲刷坡角的影响

当冲刷深度 $S_d = 4D$ 且冲刷宽度 $S_w = 0$ 时,冲刷坡角对桩周残余土体物理力学性质的影响如表 6.17 所示。结果表明:随着冲刷坡角的增大,冲刷后残余土体的有效重度和不排水抗剪强度逐渐增大,而其超固结比 OCR 则逐渐减小。

表 6.17 考虑冲刷坑形态和应力历史影响的土体物理力学性质($S_d = 4D$, $S_w = 0$)

冲刷前/后泥面下深度/m	土体性质	$\alpha = 0°$	$\alpha = 20°$	$\alpha = 40°$	$\alpha = 60°$
1.62/0.34	$\gamma'_{sc}/(kN \cdot m^{-3})$	9.84	9.89	9.94	9.98
	$(c_u)_{sc}/kPa$	25.3	27.2	29.7	31.4
	OCR	4.8	2.9	1.7	1.2

(续表)

冲刷前/后泥面下深度/m	土体性质	$\alpha=0°$	$\alpha=20°$	$\alpha=40°$	$\alpha=60°$
2.30/1.02	$\gamma'_{sc}/(kN \cdot m^{-3})$	9.92	9.96	9.98	10.00
	$(c_u)_{sc}/kPa$	28.4	30.3	31.6	32.1
	OCR	2.3	1.5	1.2	1.0
3.39/2.11	$\gamma'_{sc}/(kN \cdot m^{-3})$	9.95	9.98	10.00	10.00
	$(c_u)_{sc}/kPa$	29.9	31.5	32.1	32.3
	OCR	1.6	1.2	1.0	1.0
3.70/2.42	$\gamma'_{sc}/(kN \cdot m^{-3})$	9.96	9.99	10.00	10.00
	$(c_u)_{sc}/kPa$	30.2	31.7	32.1	32.3
	OCR	1.5	1.1	1.0	1.0
4.30/3.02	$\gamma'_{sc}/(kN \cdot m^{-3})$	9.96	9.99	10.00	10.00
	$(c_u)_{sc}/kPa$	30.5	31.9	32.2	32.3
	OCR	1.4	1.1	1.0	1.0
5.69/4.41	$\gamma'_{sc}/(kN \cdot m^{-3})$	9.97	10.00	10.00	10.00
	$(c_u)_{sc}/kPa$	31.0	32.1	32.3	32.3
	OCR	1.3	1.0	1.0	1.0
7.25/5.97	$\gamma'_{sc}/(kN \cdot m^{-3})$	9.98	10.00	10.00	10.00
	$(c_u)_{sc}/kPa$	31.3	32.2	32.3	32.3
	OCR	1.2	1.0	1.0	1.0
9.47/8.19	$\gamma'_{sc}/(kN \cdot m^{-3})$	9.98	10.00	10.00	10.00
	$(c_u)_{sc}/kPa$	31.6	32.3	32.3	32.3
	OCR	1.2	1.0	1.0	1.0
15.0/13.72	$\gamma'_{sc}/(kN \cdot m^{-3})$	9.99	10.00	10.00	10.00
	$(c_u)_{sc}/kPa$	31.8	32.3	32.3	32.3
	OCR	1.1	1.0	1.0	1.0

图 6.37 给出了对应于不同冲刷坡角的泥面下 $0.5D$ 处的桩侧土体极限抗力。由图可见：桩侧土体极限抗力随冲刷坡角的增大而增大，且当冲刷坡角从 $0°$ 增大到 $60°$ 时，该冲刷条件下 ($S_d=4D$, $S_w=0$) 的桩侧土体极限抗力提高了约 24%。

图 6.38 和图 6.39 分别给出了水平荷载为 80 kN 和 100 kN 时的桩头侧向变形和桩身最大弯矩随冲刷坡角变化曲线。由图可知：桩头侧向变形和桩身最大弯矩随冲刷坡角的增大而减小，其降低的幅度分别达到 9% 和 4%。

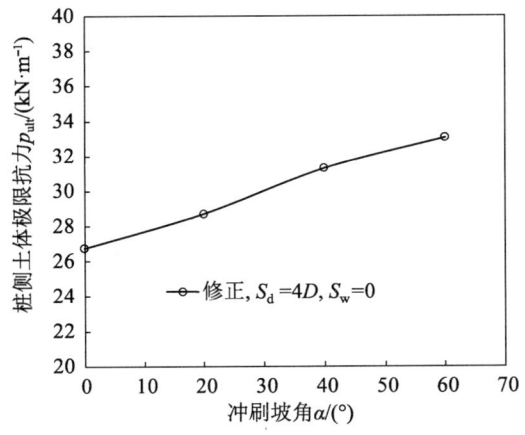
图 6.37 桩侧土体极限抗力随冲刷坡角变化曲线

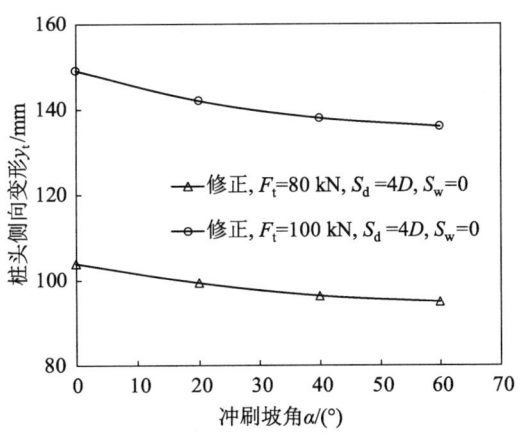
图 6.38 桩头侧向变形随冲刷坡角变化曲线 ($S_d=4D$, $S_w=0$)

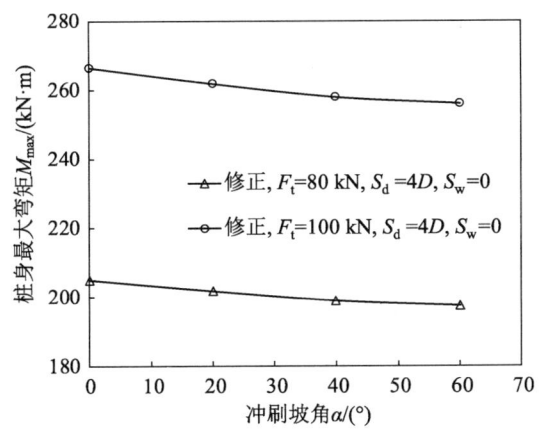
图 6.39 桩身最大弯矩随冲刷坡角变化曲线($S_d=4D$, $S_w=0$)

5. 关键影响因素

上述参数分析的结果表明：①在描述冲刷坑形态的三个要素中（冲刷深度 S_d、冲刷宽度 S_w、冲刷坡角 α），冲刷深度是影响桩基水平承载变形特性的最主要因素；②与其他物理力学性质指标（如土体的有效重度）相比，考虑应力历史影响的冲刷后残余土体不排水抗剪强度变化对桩基水平承载变形特性的影响更大。

因此，从某种程度上来说，可简单地通过考虑冲刷深度和应力历史的影响（冲刷后残余土体不排水抗剪强度的改变）来分析冲刷条件下软黏土桩基的水平承载变形特性，以达到工程设计的目的。此外，通过对比由 Lin 等(2014a)、Lin 等(2016)和本书方法计算得到桩头侧向变形随冲刷深度变化曲线，如图 6.40 所示，进一步证明了上述结论。由图可知：①由本书方法计算得到的桩头侧向变形大于 Lin 等(2016)给出的结果，而略小于由 Lin 等(2014a)的方法得到的结果；②忽略应力历史的影响将使冲刷条件下桩基的水平承载设计偏于不安全，而忽略冲刷坑的形态将导致过于保守的桩基冲刷水平承载设计。

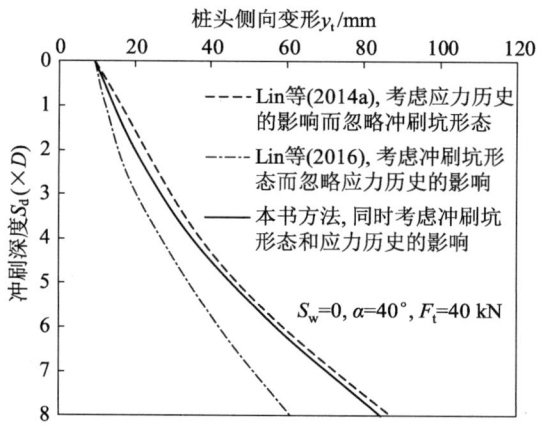

图 6.40　桩头侧向变形随冲刷深度变化曲线（$S_w=0$，$\alpha=40°$，$F_t=40\ \text{kN}$）

6. 结论

（1）冲刷后残余土体的有效重度变化较小，略低于冲刷前土体的有效重度。冲刷后残余土体的超固结比和不排水抗剪强度变化明显，分别较冲刷前有显著的增大和减小，使得考虑应力历史影响得到的冲刷条件下桩基水平承载变形特性与忽略应力历史影响而得到的结果之间存在显著的差别。当桩周土体被整层冲刷掉且冲刷深度为 5D 和 10D 时，与忽略应力历史的影响相比，考虑应力历史影响计算得到的桩侧土体极限抗力减小了 17%～35%，桩头侧向变形增大了 12%～16%，桩身最大弯矩增大了 4%～6%。

（2）冲刷坑形态对冲刷后残余土体有效重度的变化影响较小，对其不排水抗剪强度的变化则有着显著影响。与忽略冲刷坑形态相比，考虑冲刷坑形态计算得到的桩侧土体极限抗力相对较大，而由此得到的桩头侧向变形和桩身最大弯矩则相对较小。此外，在描述冲刷坑形态的三个要素中（冲刷深度、冲刷宽度、冲刷坡角），冲刷深度是影响桩基水平承载变形特性的最主要因素。

（3）冲刷后桩周残余土体的不排水抗剪强度和极限抗力随冲刷宽度的增大而减小。当冲刷深度为 4D 且冲刷坡角为 40°时，随着冲刷宽度由 0 增大到∞，桩头侧向变形和桩身最大弯矩分别增大了约 8%和 3%，并在冲刷宽度超过 15D 以后保持不变。

（4）当冲刷深度为 4D，冲刷宽度为 0 时，随着冲刷坡角的增大（从 0°到 60°），冲刷后桩周残余土体的不排水抗剪强度和极限抗力不断增大，而桩头侧向变形和桩身最大弯矩则分别减小了约 9%和 4%。

6.5　冲刷状态下竖向荷载对桩基水平承载变形特性的影响

6.5.1　分析方法

冲刷条件下受竖向与横向荷载联合作用的桩-土体系如图 6.41 所示。其中，桩长和桩径分别为 l 和 d；H_t，M_t 和 P_t 分别为作用于桩头的水平力、弯矩以及竖向荷载；p_z 和 τ_z 分别表示深度 z 处的桩侧水平抗力和竖向摩阻力；σ_b 表示桩端阻力。此外，图中所示冲刷坑仍由

冲刷深度 S_d、冲刷宽度 S_w 和冲刷坡角 α 加以描述,并以冲刷坑地表中心为坐标原点,建立轴对称的圆柱坐标系 $\{O, r, \theta, z\}$。分析模型基于弹性半空间理论,采用针对竖向和水平集中力作用的 Mindlin 理论解来模拟土体响应。

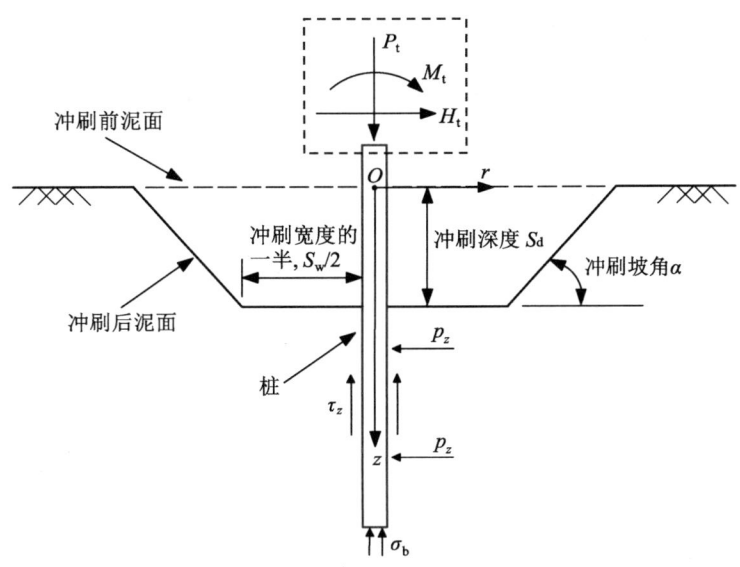

图 6.41 冲刷条件下受竖向与横向荷载联合作用的桩-土分析模型

对于冲刷条件下受竖向与横向荷载联合作用的单桩,其桩-土体系总势能 π_p 由三大部分组成:①桩身弹性变形能;②桩-土相互作用产生的能量;③桩顶荷载所做的功。桩-土体系总势能 π_p 的表达式如下:

$$\pi_p = \frac{1}{2} \iiint_V E_p \left(\frac{\partial w_z}{\partial z} \right)^2 \mathrm{d}v + \frac{1}{2} \int_l E_p I_p \left(\frac{\partial^2 \rho_z}{\partial z^2} \right)^2 \mathrm{d}z + \frac{1}{2} \int_{l_e} p_z \rho_z \mathrm{d}z +$$
$$\frac{1}{2} \iint_{S_e} \tau_z w_z \mathrm{d}s + \frac{1}{2} \iint_A \sigma_b w_b \mathrm{d}A - P_t w_t - H_t \rho_t - \frac{\partial \rho_t}{\partial z} M_t \quad (6.26)$$

式(6.26)的第一项和第二项代表桩身弹性变形能,其中 V 为桩身体积,E_p 为桩的杨氏模量,I_p 为桩截面惯性矩,w_z 和 ρ_z 分别为深度 z 处的桩身竖向和侧向变形;第三项代表桩侧水平抗力 p_z 产生的能量,其中 l_e 为冲刷后桩基的实际埋置长度;第四项和第五项分别代表桩侧竖向摩阻力 τ_z 和桩端阻力 σ_b 产生的能量,其中 S_e 为冲刷后桩基埋置部分的侧面面积,A 为桩截面面积,w_b 为桩端变形;最后三项则为桩顶竖向荷载 P_t、水平荷载 H_t 及弯矩 M_t 所做的功,其中 w_t 和 ρ_t 分别为桩顶竖向和水平位移。

假设桩端阻力 σ_b 和变形 w_b 均匀分布,采用高斯积分计算式(6.26)的第三项到第五项,则桩-土体系总势能可表示为

$$\pi_p = U_p + \frac{1}{2} \{P_g\}^T \{w_g\} + \frac{1}{2} \pi \left(\frac{d}{2} \right)^2 \sigma_b w_b + \frac{1}{2} \{P_q\}^T \{\rho_q\} - P_t w_t - H_t \rho_t - \frac{\partial \rho_t}{\partial z} M_t$$
(6.27)

式中，U_p 代表式(6.26)的前两项，即桩身弹性变形能；向量 $\{P_g\} = \{P_{g1}, P_{g2}, \cdots, P_{gn_g}\}^T$ 和 $\{w_g\} = \{w_{g1}, w_{g2}, \cdots, w_{gn}\}^T$ 分别为高斯点处的总竖向摩阻力和变形；向量 $\{P_q\} = \{P_{q1}, P_{q2}, \cdots, P_{qn_q}\}^T$ 和 $\{\rho_q\} = \{\rho_{q1}, \rho_{q2}, \cdots, \rho_{qn_q}\}^T$ 分别为高斯点处的总水平抗力和变形；n_q 和 n_g 为选择的高斯点数；其中向量 $\{P_g\}$ 和 $\{P_q\}$ 中的系数可表示为

$$P_{gi} = \frac{1}{2}\pi \mathrm{d}l\eta_i \tau_i \quad (i = 1, 2, \cdots, n_g) \tag{6.28}$$

$$P_{qi} = \frac{1}{2}l \mathrm{d}\eta_i p_i \quad (i = 1, 2, \cdots, n_q) \tag{6.29}$$

式中，η_i 为相应高斯点的高斯系数；τ_i 和 p_i 分别为相应高斯点处的竖向摩阻力和水平抗力。式(6.27)可进一步表示为

$$\pi_p = U_p + \frac{1}{2}\{P\}^T\{\rho w\} - P_t w_t - H_t \rho_t - \frac{\partial \rho_t}{\partial z}M_t \tag{6.30}$$

式中，向量 $\{P\} = \{P_{q1}, P_{q2}, \cdots, P_{qn_q}, P_{g1}, P_{g2}, \cdots, P_{gn_g}, P_b\}^T$ 由高斯点处的总水平抗力、总竖向摩阻力以及总桩端阻力组成，其中 $P_b = \pi(d/2)^2\sigma_b$；而高斯点处的水平变形、竖向变形以及桩端变形则组成了向量 $\{\rho w\} = \{\rho_{q1}, \rho_{q2}, \cdots, \rho_{qn_q}, w_{g1}, w_{g2}, \cdots, w_{gn_g}, w_b\}^T$。

考虑到式(6.30)中向量 $\{P\}$ 与向量 $\{\rho w\}$ 之间的关系：

$$\{P\} = [k_s]\{\rho w\} \tag{6.31}$$

则桩-土体系总势能可最终表示为

$$\pi_p = U_p + \frac{1}{2}\{\rho w\}^T[k_s]\{\rho w\} - P_t w_t - H_t \rho_t - \frac{\partial \rho_t}{\partial z}M_t \tag{6.32}$$

式中，$[k_s]$ 为土体刚度矩阵，将在后续章节具体分析。

采用三个有限级数来分别表示桩顶竖向荷载、水平荷载和弯矩作用下的桩基变形。其中竖向荷载和水平荷载作用下的桩基侧向变形 ρ_{zh} 表达为

$$\rho_{zh} = a_h + b_h \frac{z}{l} + \sum_{i=1,2,3}^{n} \beta_{hi} \sin\frac{i\pi z}{l} \tag{6.33}$$

竖向荷载和弯矩作用下的桩基侧向变形 ρ_{zm} 表达为

$$\rho_{zm} = a_m + b_m \frac{z}{l} + \sum_{i=1,3,5}^{2n-1} \beta_{mi} \cos\frac{i\pi z}{2l} \tag{6.34}$$

桩基竖向变形 w_z 表达为

$$w_z = \sum_{i=1}^{k} \beta_{gi}\left(1 - \frac{z}{l}\right)^{i-1} \tag{6.35}$$

在上述表达中，a_h，a_m，b_h，b_m，β_{hi}，β_{mi} 和 β_{gi} 为未知系数，n 为三角函数的项数，k 为式(6.35)中的项数。

根据最小势能原理,桩-土体系总势能 π_p 分别对式(6.33)—式(6.35)中描述桩身位移的未知系数 a_h, a_m, b_h, b_m, β_{hi}, β_{mi} 和 β_{gi} 取最小极值,可得

$$\frac{\partial \pi_p}{\partial \delta_j} = 0 \quad (j = 1, 2, \cdots, n+2+k) \tag{6.36}$$

式中,δ_j 代表式(6.33)—式(6.35)中的未知系数。将式(6.32)代入式(6.36),整理可得变分控制方程:

$$\frac{\partial U_p}{\partial \delta_j} + \left\{\frac{\partial \rho w}{\partial \delta_j}\right\}^T [k_s]\{\rho w\} = \left\{\frac{\partial w_t}{\partial \delta_j}\right\}^T P_t + \left\{\frac{\partial \rho_t}{\partial \delta_j}\right\}^T H_t + \left\{\frac{\partial \left(\frac{\partial \rho_t}{\partial z}\right)}{\partial \delta_j}\right\}^T M_t \tag{6.37}$$

基于弹性半空间理论,采用针对竖向和水平向集中力作用的 Mindlin 理论解来确定式(6.31)反映的土体荷载-变形关系(即土体刚度矩阵)。沿桩身高斯点 i 处的侧向变形 ρ_{qi} 可表达为

$$\rho_{qi} = \iint_{A_{pe}} f_1(z_i, z_p) p_z \mathrm{d}A_p + \iint_{S_e} f_2(z_i, z_\tau) \tau_z \mathrm{d}s + \iint_A f_2(z_i, z_b) \sigma_b \mathrm{d}A \quad (i = 1, 2, \cdots, n_q) \tag{6.38}$$

沿桩身高斯点 i 处的竖向变形 w_{gi} 可表达为

$$w_{gi} = \iint_{A_{pe}} f_3(z_i, z_p) p_z \mathrm{d}A_p + \iint_{S_e} f_4(z_i, z_\tau) \tau_z \mathrm{d}s + \iint_A f_4(z_i, z_b) \sigma_b \mathrm{d}A \quad (i = 1, 2, \cdots, n_g) \tag{6.39}$$

桩端位移 w_b 可表示为

$$w_b = \iint_{A_{pe}} f_3(z_b, z_p) p_z \mathrm{d}A_p + \iint_{S_e} f_4(z_b, z_\tau) \tau_z \mathrm{d}s + \iint_A f_4(z_b, z_b) \sigma_b \mathrm{d}A \tag{6.40}$$

式(6.38)—式(6.40)中,$f_1(z_i, z_p)$, $f_2(z_i, z_\tau)$, $f_2(z_i, z_b)$, $f_3(z_i, z_p)$, $f_3(z_b, z_p)$, $f_4(z_i, z_\tau)$, $f_4(z_i, z_b)$, $f_4(z_b, z_\tau)$ 和 $f_4(z_b, z_b)$ 为由 Mindlin 解给出的系数,详见附录A;S_e 和 A_{pe} 分别为 τ_z 和 p_z 沿冲刷后桩基埋置部分的积分面积。此外,桩侧水平抗力 p_z 和竖向摩阻力 τ_z 可由有限级数给出(Shen 等,1999;Shen 和 Teh,2002):

$$p_z = \sum_{j=1}^{k_1} \alpha_{qj} \left(\frac{z_p}{l}\right)^{j-1} \tag{6.41}$$

$$\tau_z = \sum_{j=1}^{k_2} \alpha_{gj} \left(\frac{z_p}{l}\right)^{j-1} \tag{6.42}$$

式(6.41)和式(6.42)中,α_{qj} 和 α_{gj} 均为未知系数;k_1 和 k_2 为有限级数的项数。由此,式(6.38)—式(6.40)可进一步表达为

$$\rho_{qi} = \sum_{j=1}^{k_1} \iint_{A_{pe}} f_1(z_i, z_p)\alpha_{qj}\left(\frac{z_p}{l}\right)^{j-1} dA_p + \sum_{j=1}^{k_2} \iint_{S_e} f_2(z_i, z_\tau)\alpha_{gj}\left(\frac{z_p}{l}\right)^{j-1} ds + \iint_A f_2(z_i, z_b)\sigma_b dA$$
$$(i = 1, 2, \cdots, n_q) \tag{6.43}$$

$$w_{gi} = \sum_{j=1}^{k_1} \iint_{A_{pe}} f_3(z_i, z_p)\alpha_{qj}\left(\frac{z_p}{l}\right)^{j-1} dA_p + \sum_{j=1}^{k_2} \iint_{S_e} f_4(z_i, z_\tau)\alpha_{gj}\left(\frac{z_p}{l}\right)^{j-1} ds + \iint_A f_4(z_i, z_b)\sigma_b dA$$
$$(i = 1, 2, \cdots, n_g) \tag{6.44}$$

$$w_b = \sum_{j=1}^{k_1} \iint_{A_{pe}} f_3(z_b, z_p)\alpha_{qj}\left(\frac{z_p}{l}\right)^{j-1} dA_p + \sum_{j=1}^{k_2} \iint_{S_e} f_4(z_b, z_\tau)\alpha_{gj}\left(\frac{z_p}{l}\right)^{j-1} ds + \iint_A f_4(z_b, z_b)\sigma_b dA \tag{6.45}$$

式(6.43)—式(6.45)合写成矩阵形式为

$$\{\rho w\} = [f]\{\alpha\} \tag{6.46}$$

式中,$\{\rho w\}$已在式(6.30)中有所定义;$\{\alpha\} = \{\alpha_{q1}, \alpha_{q2}, \cdots, \alpha_{qk_1}, \alpha_{g1}, \alpha_{g2}, \cdots, \alpha_{gk_2}, \sigma_b\}^T$;$[f]$为$(n_q + n_g + 1) \times (k_1 + k_2 + 1)$阶柔度矩阵,可表达为

$$[f] = \begin{bmatrix} [f_{\rho L}] & [f_{\rho V}] \\ [f_{wL}] & [f_{wV}] \end{bmatrix} \tag{6.47}$$

式中,子矩阵$[f_{\rho L}]$,$[f_{\rho V}]$,$[f_{wL}]$和$[f_{wV}]$中的系数详见附录B。取高斯点数与式(6.41)和式(6.42)中的项数相同,即$n_q = k_1$和$n_g = k_2$,则式(6.46)可表达为

$$\{\alpha\} = [f]^{-1}\{\rho w\} \tag{6.48}$$

同时,式(6.30)中定义的向量$\{P\}$与式(6.46)中定义的向量$\{\alpha\}$的关系可表达为

$$\{P\} = [T]\{\alpha\} \tag{6.49}$$

式中,转换矩阵$[T]$中的系数详见附录C。将式(6.48)代入式(6.49),则式(6.32)中定义的土体荷载-变形关系可表示为

$$\{P\} = [k_s]\{\rho w\} \tag{6.50}$$

式中,土体刚度$[k_s] = [T][f]^{-1}$。

上述分析模型涉及的土体参数包括杨氏模量E_s和泊松比ν。其中,软黏土桩基水平承载变形特性分析中的泊松比一般取常量为0.3,0.4或接近0.5(Kim等,2009;Jeong等,2011;Kim等,2011;Randolph,1981;Basu和Salgado,2007;Karthigeyan等,2007;Poulos和Davis,1980;Hirai,2011)。因此,分析模型的关键土体参数仅限于杨氏模量。具体来说,由于浅层土体(泥面下$7d \sim 10d$范围内的土体)为水平受荷桩提供了大部分的侧向抗力,分析模型的关键土体参数可取为冲刷前/后泥面下$2d$处土体的杨氏模量,可通过经验公式与不排水抗剪强度c_u相关联。

例如,Poulos(1971a)假设杨氏模量不随深度变化,根据桩基现场载荷试验结果给出的杨氏模量 E_s 取值范围为 $15c_u \sim 95c_u$,而 Banerjee 和 Davis(1978)由反分析得到的杨氏模量 E_s 取值范围则为 $100c_u \sim 180c_u$。此外,Poulos(1995),Chen 和 Poulos(1997)以及 Comodromos 和 Papadopoulou(2012)建议的杨氏模量与不排水抗剪强度关系为 $E_s = 150c_u \sim 400c_u$。具体来说,Li 等(2013)采用 $E_s = 120c_u$ 的土体杨氏模量研究了冲刷对海洋软黏土中桩基水平承载变形特性的影响;Akgüner 和 Olson(2009)基于桩基现场载荷试验数据库给出的黏土杨氏模量 E_s 的建议取值为 $400c_u$,与 Comodromos 和 Papadopoulou(2012)针对软黏土杨氏模量给出的建议取值相同,Kim 等(2014)采用该建议取值研究了黏土中基础的水平承载变形特性。

因此,当冲刷前土体参数(如土体有效重度、有效内摩擦角、泊松比、含水率和不排水抗剪强度)和冲刷坑形态(如冲刷深度、宽度和坡角)已知时,结合前文的研究成果,通过求解冲刷后残余土体的不排水抗剪强度和其他物理力学性质指标,可对分析模型的关键土体参数(杨氏模量)进行修正,以考虑冲刷坑形态和应力历史的影响。

基于冲刷后修正的模型土体参数(即修正的土体杨氏模量),变分控制方程[式(6.37)]经数学变换后可进一步写成矩阵形式:

$$[k]\{\beta\} = \{P_{LA}\} \tag{6.51}$$

式中,向量 $\{\beta\} = \{a_h, b_h, \cdots, b_{hn}, a_m, b_m, \cdots, \beta_{m(2n-1)}, \beta_{g1}, \beta_{g2}, \cdots, \beta_{gk}\}^T$ 由式(6.33)—式(6.35)中的未知系数组成;向量 $\{P_{LA}\} = \{H_t, 0, \cdots, 0, 0, M_t, 0, \cdots, 0, P_t, P_t, \cdots, P_t\}^T$ 包含作用于桩顶的竖向荷载、水平荷载以及弯矩;桩-土体系刚度矩阵 $[k]$ 的系数详见附录 D。

对于桩头自由的边界条件,式(6.51)中的向量 $\{\beta\}$ 可直接通过已知的桩顶竖向荷载、水平荷载和弯矩求解。继而分别利用式(6.33)和式(6.34)求得 ρ_{zh} 和 ρ_{zm},并叠加得到沿桩身的侧向变形 ρ_z,相应的桩身转角和弯矩也可相继求得。

此外,考虑到桩头竖向荷载因作用力臂而产生的附加弯矩,即几何非线性的影响(Achmus 和 Thieken,2010a,2010b;Liang 等,2012),需要通过迭代来给出桩基内力和变形的完整解答。在这一迭代过程中,首先由式(6.26)—式(6.51)求得桩头初始转角 θ_0,紧接着重新定义桩顶竖向荷载 P'_t 和水平向荷载 H'_t:

$$H'_t = H_t \mid \cos\theta_0 \mid + P_t \mid \sin\theta_0 \mid \tag{6.52}$$

$$P'_t = P_t \mid \cos\theta_0 \mid - H_t \mid \sin\theta_0 \mid \tag{6.53}$$

将更新的桩顶竖向荷载 P'_t 和水平荷载 H'_t 代入式(6.51),得到新的桩头转角 θ'_0。重复上述迭代过程直到前后两次桩头转角差值在 5% 以内为止。

6.5.2 方法验证

本书方法可通过 MATLAB 编程实现,其中式(6.33)、式(6.34)和式(6.41)均采用 16 项有限级数,而式(6.35)和式(6.42)分别采用 4 项和 3 项有限级数;同时,式(6.27)的高斯

点数 n_q 和 n_g 分别取为 16 和 3。此外,查阅现有文献可知,目前尚缺乏冲刷条件下受竖向与横向荷载联合作用的软黏土桩基水平承载变形特性的相关研究。尽管如此,针对冲刷深度为零的初始条件,通过与室内模型试验的对比,验证了本书方法的正确性,同时也从某种程度上说明了采用本书方法分析冲刷条件下竖向荷载对软黏土桩基水平承载变形特性影响的合理性,尤其是该方法结合前文的研究成果考虑了冲刷坑形态和冲刷后残余土体应力历史的影响。

Sastry 和 Meyerhof(1986)通过室内模型试验研究了倾斜荷载作用下的桩基承载性状。该试验采用埋置于软黏土中的空心钢管桩,桩径 74 mm,壁厚 7 mm,抗弯刚度为 25.9 kN·m^2,埋置长度为 950 mm。桩头作用有两组不同倾角的倾斜荷载,分别为 90°(水平受荷)和 45°(竖向和水平荷载联合作用)。包括杨氏模量在内的土体物理力学性质指标可参照 Meyerhof 和 Sastry(1985)以及 Sastry 和 Meyerhof(1990)的研究结果。

由本书方法计算得到的倾斜荷载作用下的桩基水平位移与试验结果的对比如图 6.42 所示。由图可知,当倾斜荷载小于 500 N 时,由本书方法计算得到的桩基水平位移与试验结果基本一致;而当倾斜荷载大于 500 N 时,前者低估了桩基的水平位移,这是由于本书方法基于线弹性假设,未考虑土体非线性响应的缘故。

Anagnostopoulos 和 Georgiadis(1993)通过室内模型试验研究了竖向与水平荷载联合作用下的桩基承载性状。该试验采用埋置于软黏土($w_L=42\%$,$w_P=24\%$,$c_u=28$ kPa)的封闭式铝桩,桩径 19 mm,壁厚1.5 mm,埋置长度为 500 mm。桩头同时作用竖向和水平荷载,其中竖向荷载保持 160 N 不变,而水平荷载逐渐增加到 130 N。土体的杨氏模量和泊松比的取值可参照 Karthigeyan 等(2007)的研究结果。

由本书方法计算得到的竖向和水平荷载联合作用下的桩基水平位移与试验结果的对比如图 6.43 所示。由图可知,由本书方法计算得到的桩基水平位移与试验结果基本一致;只是当水平荷载大于 80 N 时,前者预测的桩基水平位移小于后者,这与本书方法的线弹性假设有关。

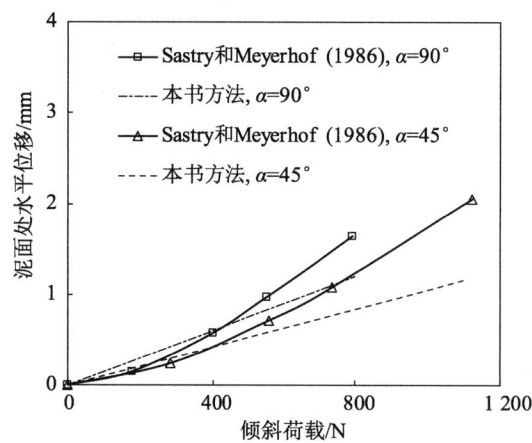

图 6.42 倾斜荷载作用下的桩基水平位移

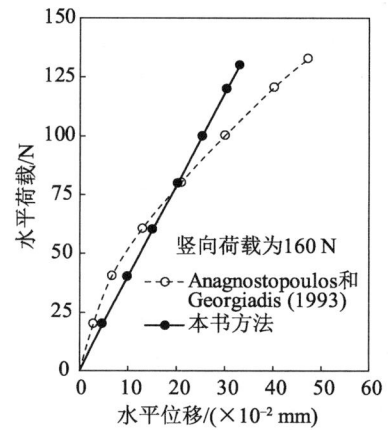

图 6.43 桩基水平位移随水平荷载的变化

6.5.3 算例分析

由于缺乏冲刷条件下竖向荷载对软黏土桩基水平承载变形特性影响的相关研究，选取 Kim 等（2009）报道的海洋软黏土桩基水平载荷现场试验（未考虑冲刷）作为参数分析的算例。

该试验场地位于韩国仁川大桥附近，由浅至深依次为海洋软黏土、粉质黏土、残积土以及风化岩石，而根据前文所述，本算例分析将统一采用浅层海洋软黏土（厚度 5.3 m）的物理力学性质指标，如表 6.18 所示。表中的一些土体物理力学性质指标由经验公式关联得到。此外，参照 Kim 等（2009）、Jeong 等（2011）、Kim 等（2011）以及 Li 等（2013）针对该试验的相关研究，本算例分析中采用的海洋软黏土杨氏模量和泊松比分别为 $120c_u$ 和 0.3。至于该试验所用钢管桩的参数，则由表 6.19 给出。值得一提的是，现场试验中的水平荷载作用于地面以上 0.5 m 处，而在本算例分析中还假设桩头同时作用有竖向荷载。

表 6.18　　　　　　　　　　　　土体物理力学性质

有效重度 $\gamma'/(kN \cdot m^{-3})$	含水率 $w/\%$	有效内摩擦角 $\varphi'/(°)$	不排水抗剪强度 c_u/kPa
7.5	34.5	20	18.0
压缩指数 C_c	回弹指数 C_{ur}	泊松比 ν	超固结比 OCR
0.30	0.06	0.3	1.0

表 6.19　　　　　　　　　　　　桩基参数

桩长 L/m	桩径 D/m	桩壁厚度 t/m	惯性矩 I_p/m^4	弹性模量 E_p/kPa	埋置深度 L_e/m
26.6	1.02	0.016	6.3×10^{-3}	2×10^8	25.6

基于上述分析方法和算例，本试验将针对不同的冲刷坑形态和尺寸（冲刷深度、冲刷宽度和冲刷坡角），在考虑或忽略冲刷后残余土体应力历史影响的情况下，研究竖向荷载对桩基水平承载变形特性的影响。首先，针对不同的冲刷坑形态和尺寸（$S_d = 1d, 2d, 3d$ 和 $4d$，且 $S_w = \infty, \alpha = 40°$；$S_w = 0, 5d, 10d, 15d$ 和 ∞，且 $S_d = 4d, \alpha = 40°$；$\alpha = 10°, 20°, 30°$ 和 $40°$，且 $S_d = 4d, S_w = 0$），给出了修正的模型关键土体参数及其他物理力学性质指标（其中 $S_w = \infty, \alpha = 40°$ 表示最不利的冲刷坑形态，即冲刷掉整层土体）。其次，通过定义临界水平荷载，在一定程度上解释了有关竖向与横向荷载联合作用下的桩基水平承载变形特性的分析结果存在矛盾的原因，并由此对比了忽略应力历史影响和考虑应力历史影响的临界水平荷载，研究了冲刷深度、冲刷宽度和冲刷坡角等冲刷要素对临界水平荷载的影响。最后，通过定义 PVD，研究了不同冲刷条件下荷载比值（P_t/H_t）对桩基水平承载变形特性的影响。

6.5.4 结果与讨论

1. 冲刷后修正的模型土体参数

针对不同的冲刷坑形态和尺寸，由上述分析方法给出的冲刷前后模型关键土体参数（冲刷前/后泥面下 $2d$ 处土体的杨氏模量)及其他物理力学性质如表 6.20—表 6.22 所示。结果表明:①冲刷后残余土体的不排水抗剪强度和由此得到的土体杨氏模量较冲刷前显著降低,而冲刷后残余土体有效重度的变化则相对较小;②随着冲刷深度的增加,冲刷后残余土体的不排水抗剪强度和由此得到的土体杨氏模量逐渐减小,而超固结比 OCR 则逐渐增大;③当冲刷宽度从零(考虑冲刷坑形态)增加到无穷大(忽略冲刷坑形态)时,冲刷后残余土体的不排水抗剪强度和杨氏模量逐渐减小,而超固结比 OCR 则逐渐增大;④随着冲刷坡角的逐渐增大,冲刷后残余土体的不排水抗剪强度和杨氏模量逐渐增大,而超固结 OCR 比则逐渐减小。此外,根据前文内容,本算例分析给出的土体超固结比未超过限值,由此得到的冲刷后土体杨氏模量及其他物理力学性质指标是合理的。

表 6.20　考虑冲刷坑形态和应力历史影响的土体物理力学性质($S_w=\infty$, $\alpha=40°$)

冲刷深度 S_d	$\gamma'_{sc}/(kN\cdot m^{-3})$	c_u^{sc}/kPa	E_s/MPa	E_s^{sc}/MPa	OCR
$1d$	7.47	16.89	2.16	2.03	1.5
$2d$	7.44	16.09	2.16	1.93	2.0
$3d$	7.42	15.53	2.16	1.86	2.5
$4d$	7.47	15.10	2.16	1.81	3.1

表 6.21　考虑冲刷坑形态和应力历史影响的土体物理力学性质($S_d=4d$, $\alpha=40°$)

冲刷宽度 S_w	$\gamma'_{sc}/(kN\cdot m^{-3})$	c_u^{sc}/kPa	E_s/MPa	E_s^{sc}/MPa	OCR
0	7.18	17.26	2.16	2.07	1.3
$5d$	7.44	16.19	2.16	1.94	1.9
$10d$	7.43	15.87	2.16	1.90	2.2
$15d$	7.42	15.57	2.16	1.87	2.5
∞	7.41	15.10	2.16	1.81	3.1

表 6.22　考虑冲刷坑形态和应力历史影响的土体物理力学性质($S_d=4d$, $S_w=0$)

冲刷坡角 α	$\gamma'_{sc}/(kN\cdot m^{-3})$	c_u^{sc}/kPa	E_s/MPa	E_s^{sc}/MPa	OCR
10°	7.43	15.69	2.16	1.88	2.4
20°	7.45	16.28	2.16	1.95	1.9
30°	7.46	16.83	2.16	2.02	1.5
40°	7.48	17.26	2.16	2.07	1.3

2. 考虑冲刷作用的临界水平荷载

图 6.44 针对冲刷前的初始条件,对比了有竖向荷载作用($P_t=20H_t$)和无竖向荷载作用($P_t=0$)的桩基水平位移随荷载的变化曲线。由图可知:①当水平荷载较小时,竖向荷载的存在减小了桩基的水平位移;②随着水平荷载的增大,竖向荷载对桩基水平位移的减小作用逐渐衰减;③当水平荷载超过某一临界值后,竖向荷载的存在反而增大了桩基的水平位移。上述现象与前文所述的几何非线性有关(Achmus 和 Thieken,2010a,2010b;Liang 等,

2012）。因此，将该临界点定义为临界水平荷载 H_{cr}。

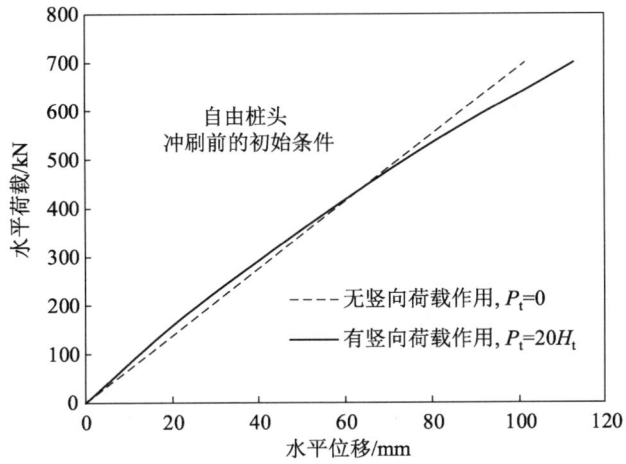

图 6.44 桩基水平位移随水平荷载的变化

当竖向荷载 $P_t = 20H_t$ 时，考虑和忽略冲刷后残余土体应力历史影响（表 6.20）的临界水平荷载随冲刷深度的变化曲线如图 6.45 所示。结果表明：①临界水平荷载随冲刷深度的增加而显著降低；②与忽略应力历史影响相比（未修正的土体杨氏模量），考虑应力历史影响（修正的土体杨氏模量）的临界水平荷载相对较低。因此，临界水平荷载的确定需考虑冲刷后残余土体应力历史的影响。

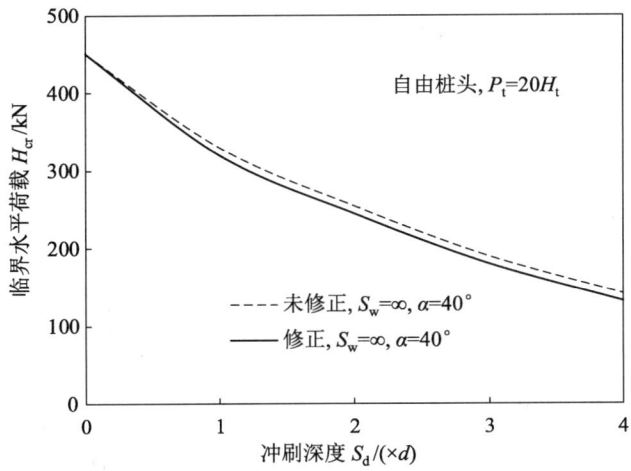

图 6.45 临界水平荷载随冲刷深度变化曲线（$S_w = \infty$，$\alpha = 40°$）

图 6.46 基于修正的土体杨氏模量（表 6.21），给出了竖向荷载 $P_t = 20H_t$ 时的临界水平荷载随冲刷宽度的变化曲线。由图可知：随着冲刷宽度从 0 增大到 ∞，临界水平荷载逐渐降低（达到约 6%），且当冲刷宽度超过 $15d$ 以后保持不变。同样基于修正的土体杨氏模量（表 6.22），竖向荷载 $P_t = 20H_t$ 时的临界水平荷载随冲刷坡角的变化曲线如图 6.47 所示。结果表明：当冲刷坡角由 0°增加到 40°时，临界水平荷载提高了约 3%。

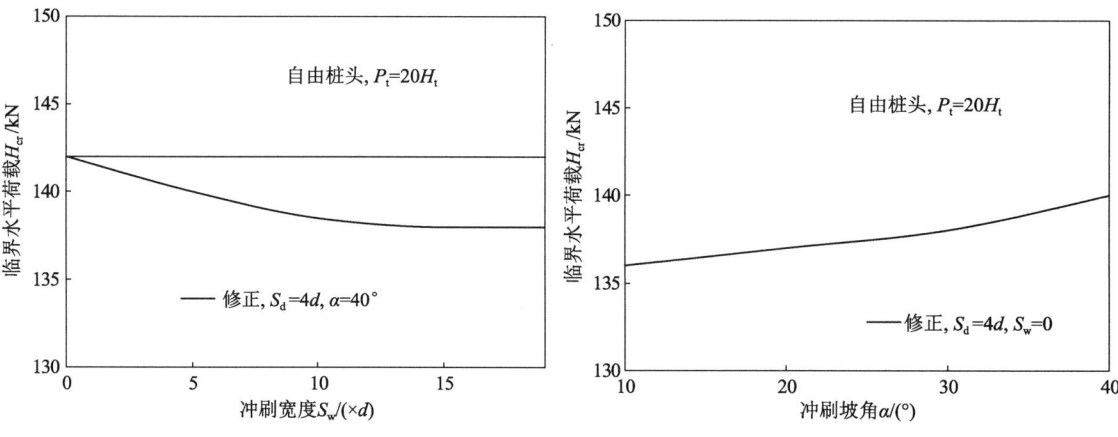

图 6.46 临界水平荷载随冲刷宽度变化曲线
($S_d=4d$, $\alpha=40°$)

图 6.47 临界水平荷载随冲刷坡角变化曲线
($S_d=4d$, $S_w=0$)

3. 冲刷条件下荷载比值(P_t/H_t)的影响

图 6.48 和图 6.49 针对冲刷前的初始条件,选取不同的荷载比值($P_t/H_t=0$,10 和 20),分别研究了较低水平荷载(低于临界水平荷载,如 $H_t=200$ kN)和较高水平荷载(高于临界水平荷载,如 $H_t=700$ kN)作用下竖向荷载对桩基水平承载变形特性的影响。

结果表明:①当水平荷载较低时,桩基位移和弯矩随荷载比值的增大而减小;②当水平荷载较高时,桩基位移和弯矩随荷载比值的增大而增大。

为了进一步研究冲刷条件下竖向荷载对桩基水平承载变形特性的影响,图 6.50 针对不同的荷载比值($P_t/H_t=10$,15 和 20),在考虑或忽略冲刷后残余土体应力历史影响的情况下,给出了较低水平荷载($H_t=100$ kN)和较高水平荷载($H_t=600$ kN)作用下的 PVD 随冲刷深度变化曲线。其中 PVD 的定义如下所示:

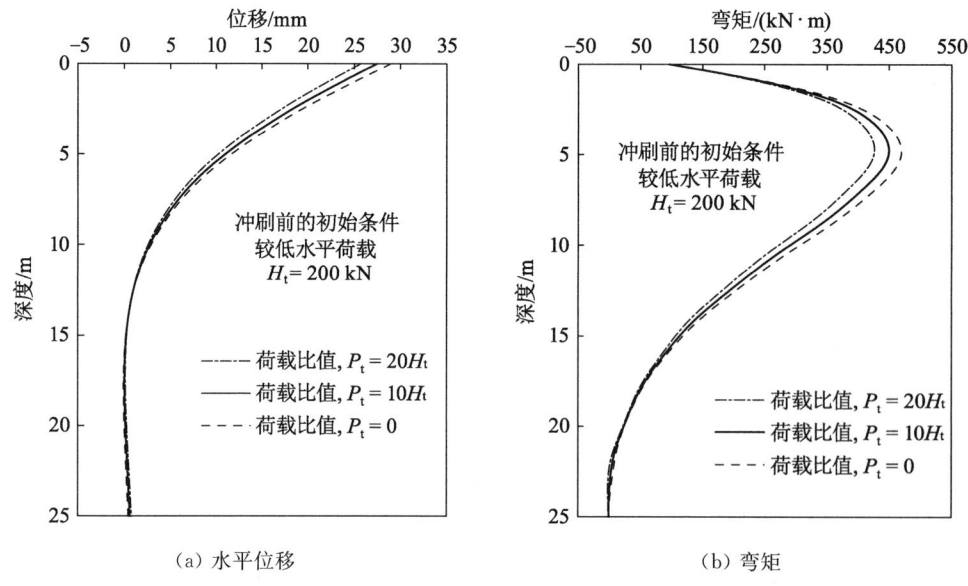

(a) 水平位移 (b) 弯矩

图 6.48 竖向荷载对桩基水平承载变形特性的影响(较低水平荷载)

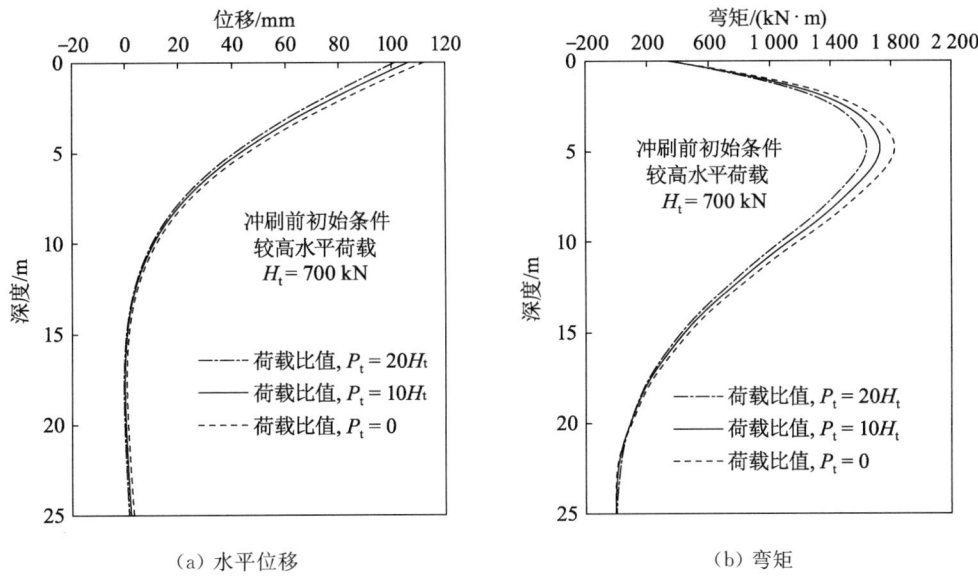

(a) 水平位移　　　　　　　　　(b) 弯矩

图 6.49　竖向荷载对桩基水平承载变形特性的影响(较高水平荷载)

$$PVD = \frac{LDWV - LDPL}{LDPL} \times 100\% \tag{6.54}$$

式中,$LDWV$ 为有竖向荷载作用的桩基水平位移;$LDPL$ 为无竖向荷载作用的桩基水平位移。

由图 6.50 可知:①随着荷载比值的增加,不同冲刷深度条件下竖向荷载对桩基水平承载变形特性的影响越发明显;②当水平荷载较小时,竖向荷载对桩基水平承载变形特性的影响随冲刷深度的增大而有所衰减;③当水平荷载较大时,随着冲刷深度的增加,竖向荷载对桩基水平承载变形特性的影响越发显著;④当水平荷载较小时,考虑和忽略应力历史影响计算得到的 PVD 差别较小,可忽略不计;⑤当水平荷载较大时,与忽略应力历史影响相比,考虑应力历史影响计算得到的 PVD 相对较大,且二者的差别随冲刷深度的增加而越发显著。

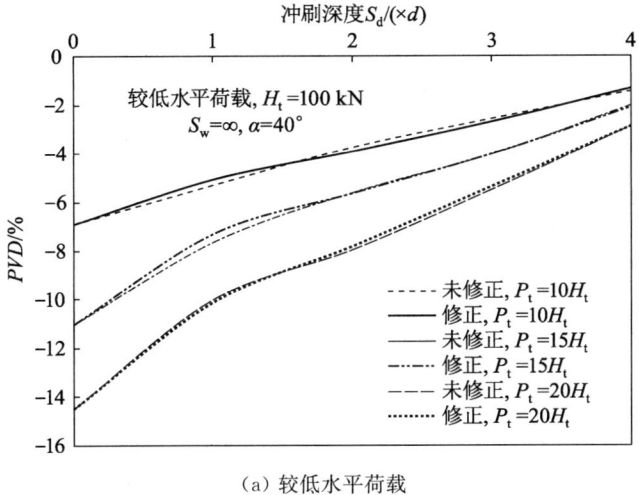

(a) 较低水平荷载

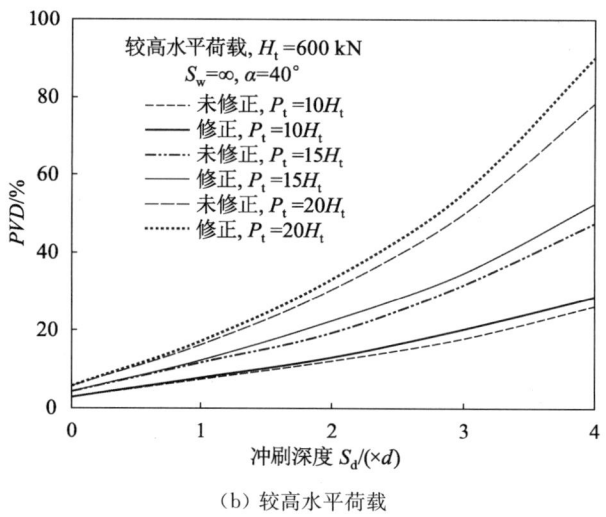

(b) 较高水平荷载

图 6.50　PVD 随冲刷深度和荷载比值的变化曲线（$S_w=\infty$，$\alpha=40°$）

图 6.51 基于修正的土体杨氏模量，针对不同的荷载比值（$P_t/H_t=10$，15 和 20），给出了较低水平荷载（$H_t=100$ kN）和较高水平荷载（$H_t=600$ kN）作用下的 PVD 随冲刷宽度的变化曲线。结果表明：①荷载比值的增加使得不同冲刷宽度条件下竖向荷载对桩基水平承载变形特性的影响越发显著；②随着冲刷宽度的增加，竖向荷载对桩基水平承载变形特性的影响略微有所增强。

针对三种不同的荷载比值（$P_t/H_t=10$，15 和 20）和两种不同的水平荷载（$H_t=100$ kN，600 kN），采用修正的土体杨氏模量计算得到的 PVD 随冲刷坡角的变化曲线如图 6.52 所示。由图可知：①随着荷载比值的增大，不同冲刷坡角条件下竖向荷载对桩基水平承载变形特性的影响越发明显；②竖向荷载对桩基水平承载变形特性的影响随冲刷坡角的增大有略微减弱的趋势。

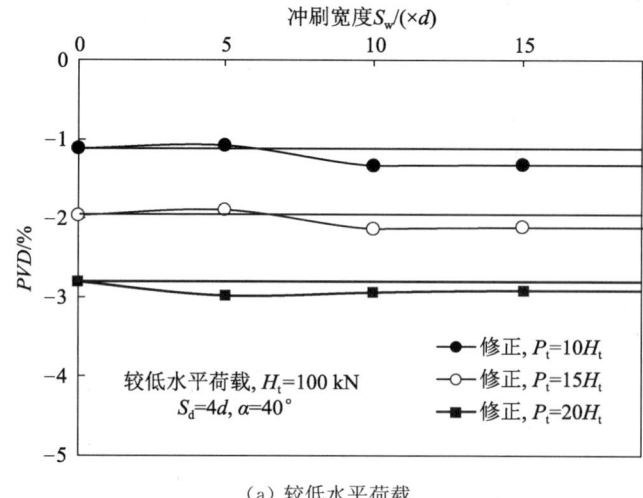

(a) 较低水平荷载

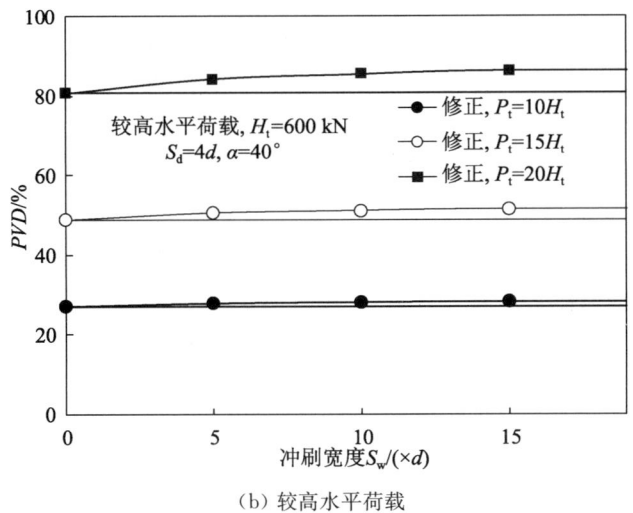

(b) 较高水平荷载

图 6.51 PVD 随冲刷宽度和荷载比值的变化曲线 ($S_d = 4d$, $\alpha = 40°$)

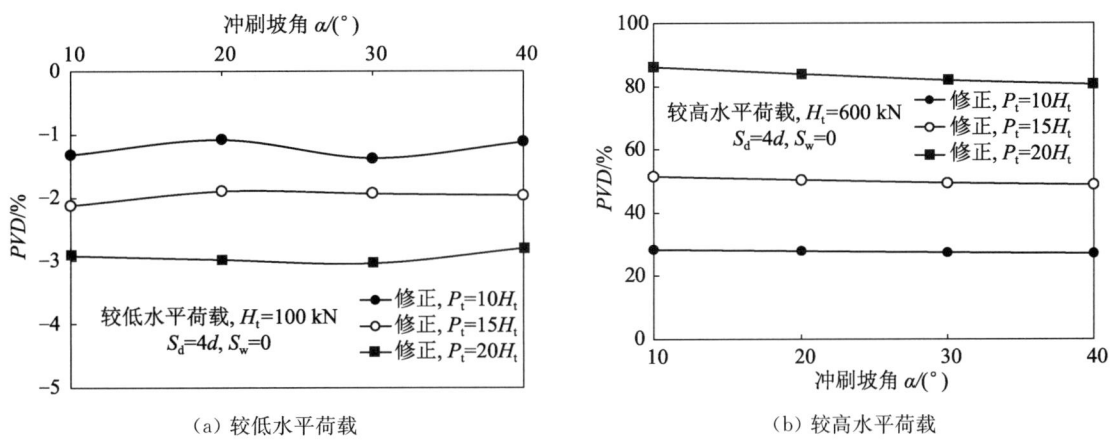

(a) 较低水平荷载　　　　　　　　　　(b) 较高水平荷载

图 6.52 PVD 随冲刷坡角和荷载比值的变化曲线 ($S_d = 4d$, $S_w = 0$)

4. 结论

本节基于最小势能原理和弹性半空间理论，建立了冲刷条件下受竖向与横向荷载联合作用的桩基水平承载变形特性分析模型，并考虑冲刷坑形态和应力历史的影响，对模型的关键土体参数进行了修正，进而研究了冲刷条件下竖向荷载对桩基水平承载变形特性的影响，得出以下结论：

(1) 当水平荷载低于临界值时，竖向荷载的存在减小了冲刷桩基的水平位移和弯矩，而当水平荷载高于临界值时，则得到相反的趋势。此外，随着竖向荷载的增大，其对冲刷桩基水平承载变形特性的影响越发显著。

(2) 与忽略应力历史的影响相比，考虑应力历史的影响（修正的土体杨氏模量）降低了冲刷桩基的水平临界荷载，并在水平荷载高于临界值时放大了竖向荷载对冲刷桩基水平承载变形特性的影响。因此，在分析冲刷条件下受竖向与横向荷载联合作用的桩基水平承载变形特性时不应忽略冲刷后残余土体应力历史的影响。

（3）在描述冲刷坑形态的三个要素中（冲刷深度、冲刷宽度、冲刷坡角），冲刷深度是影响竖向与横向荷载联合作用下桩基水平承载变形特性的最主要因素。随着冲刷深度的增大，水平临界荷载显著降低。此外，当水平荷载低于临界值时，竖向荷载对桩基水平承载变形特性的影响随冲刷深度的增大有所减弱，而当水平荷载高于临界值时，则呈现相反的趋势。

（4）冲刷宽度的增大降低了水平临界荷载，但当冲刷宽度超过 $15d$ 时，其影响可忽略不计。此外，水平临界荷载随冲刷坡角的增大而有所提高。竖向荷载对桩基水平承载变形特性的影响随冲刷宽度的增大而有所增强，随冲刷坡角的增大有略微减弱的趋势。

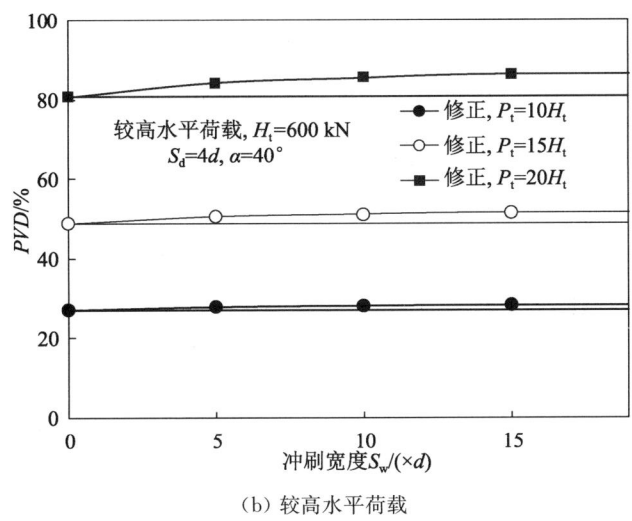

(b) 较高水平荷载

图 6.51　PVD 随冲刷宽度和荷载比值的变化曲线（$S_d=4d$，$\alpha=40°$）

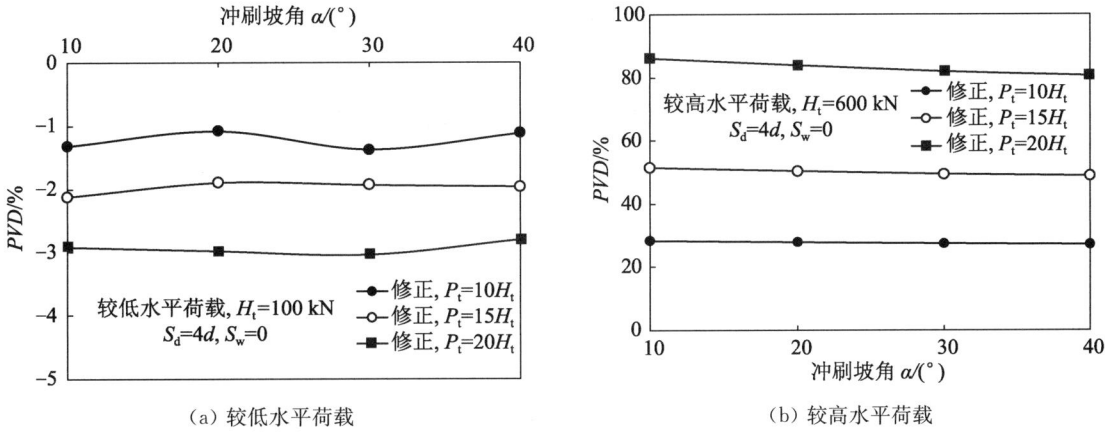

(a) 较低水平荷载　　　　　　　　　　(b) 较高水平荷载

图 6.52　PVD 随冲刷坡角和荷载比值的变化曲线（$S_d=4d$，$S_w=0$）

4. 结论

本节基于最小势能原理和弹性半空间理论，建立了冲刷条件下受竖向与横向荷载联合作用的桩基水平承载变形特性分析模型，并考虑冲刷坑形态和应力历史的影响，对模型的关键土体参数进行了修正，进而研究了冲刷条件下竖向荷载对桩基水平承载变形特性的影响，得出以下结论：

（1）当水平荷载低于临界值时，竖向荷载的存在减小了冲刷桩基的水平位移和弯矩，而当水平荷载高于临界值时，则得到相反的趋势。此外，随着竖向荷载的增大，其对冲刷桩基水平承载变形特性的影响越发显著。

（2）与忽略应力历史的影响相比，考虑应力历史的影响（修正的土体杨氏模量）降低了冲刷桩基的水平临界荷载，并在水平荷载高于临界值时放大了竖向荷载对冲刷桩基水平承载变形特性的影响。因此，在分析冲刷条件下受竖向与横向荷载联合作用的桩基水平承载变形特性时不应忽略冲刷后残余土体应力历史的影响。

（3）在描述冲刷坑形态的三个要素中（冲刷深度、冲刷宽度、冲刷坡角），冲刷深度是影响竖向与横向荷载联合作用下桩基水平承载变形特性的最主要因素。随着冲刷深度的增大，水平临界荷载显著降低。此外，当水平荷载低于临界值时，竖向荷载对桩基水平承载变形特性的影响随冲刷深度的增大有所减弱，而当水平荷载高于临界值时，则呈现相反的趋势。

（4）冲刷宽度的增大降低了水平临界荷载，但当冲刷宽度超过 $15d$ 时，其影响可忽略不计。此外，水平临界荷载随冲刷坡角的增大而有所提高。竖向荷载对桩基水平承载变形特性的影响随冲刷宽度的增大而有所增强，随冲刷坡角的增大有略微减弱的趋势。

第 7 章
冲刷状态下桥梁桩基的动力特性及地震响应

7.1 概述

冲刷是一个在较长时间内持续存在的状态,因此,位于地震与冲刷频发地带的桥梁结构在长期冲刷状态下同时遭遇地震作用的概率相当高。例如,2009 年 1 月,美国华盛顿州在发生洪水冲刷灾害后的第 3 周遭受了 4.5 级地震,造成的经济和社会损失远高于单一地震作用造成的损失。直观来看,洪水冲刷在带走桥梁桩基附近土层的同时,增加了其裸露长度,改变了桩周残余土体的应力状态及物理力学性质,从而将影响桩基乃至整个桥梁结构的动力特性。然而,目前有关该问题的试验研究(Wang 等,2015;Chang 等,2014)还相对较少,且理论分析(Wang 等,2014b;Song 等,2015;Prasad 和 Banerjee,2013;Banerjee 和 Prasad,2013)大多忽略了残余土体应力状态及物理力学性质的变化,与实际情况不符。此外,从桥梁体系设计的角度出发,考虑地震和冲刷双重作用的一个难点在于:洪水冲刷通过改变基础的线弹性阻抗而对其动力特性乃至整个结构的抗震性能造成了不利影响(Chen 和 Guo,2012;Guo 和 Chen,2016)。换言之,通过引入考虑冲刷作用的群桩基础动力阻抗,子结构法可简便有效地用于冲刷作用下土-群桩-桥梁结构的地震响应分析。目前有关群桩基础动力阻抗的研究并未考虑冲刷作用,且大多采用基于动力 Winkler 地基模型和桩-桩相互作用因子的阶段分析方法。因此,本章通过简化方法以及离心振动台模型试验进一步对该问题进行了研究。

首先,结合 Dezi 等(2009,2010)针对完全埋入单桩和群桩地震响应的研究成果,基于 Lagrange-D'Alembert 原理和动力 Winkler 地基模型,将桩基划分为有限梁单元,假设土体为相互独立的薄层,并引入修正的地基模型关键土体参数,建立了频域中考虑应力历史影响的冲刷条件下单桩和群桩三维动力分析模型。与以往基于桩-桩相互作用因子的阶段分析方法不同,该模型可同时考虑冲刷作用下群桩中所有桩基的动力相互作用。以 3×3 和 4×4 群桩基础为算例,研究了冲刷后残余土体应力历史和冲刷深度对群桩基础动力阻抗的影响。

其次,鉴于离心振动台试验是工程抗震研究中揭示原型应力状态下土-基础-结构地震响应的一种有效手段(Sato 等,2010;Ha 等,2014;Deng 等,2012;Hung 等,2014;Taghavi 等,2015;Escoffier,2012;Li 等,2016;Banerjee,2007;Kang 等,2012;Banerjee 等,2014;Zhang 等,2017;Loli 等,2011;Yu 等,2014;马亢,裴建良,2011;王睿 等,2012;钟锐,黄茂松,2014),且考虑到有关冲刷条件下桩基地震响应及土-基础-结构动力相互作用试验研究的匮乏,本章针对冲刷作用下的桩基-结构体系开展了离心振动台模型试验研究。试验选取黏性土作为均质地基;试验对象为群桩-结构体系;测试内容包括土体与结构的加速和位移响应以及桩基的内力分布。以 ChiChi 地震波为输入波,通过对比土层地震响应、桩基上部结构振动反应以及桩身内力分布,分析了冲刷前后土-桩-上部结构地震行为的差异,研究了冲刷对桩基础抗震性能的影响。

7.2 冲刷状态下的桥梁桩基动力阻抗

7.2.1 分析方法

结合 Dezi 等(2010)的研究成果,将单桩划分为有限梁单元,并假设土体为相互独立的薄层,建立考虑冲刷深度的单桩三维动力分析模型,如图 7.1 所示。其中,桩长为 L,桩径为 d,冲刷深度为 S_d。

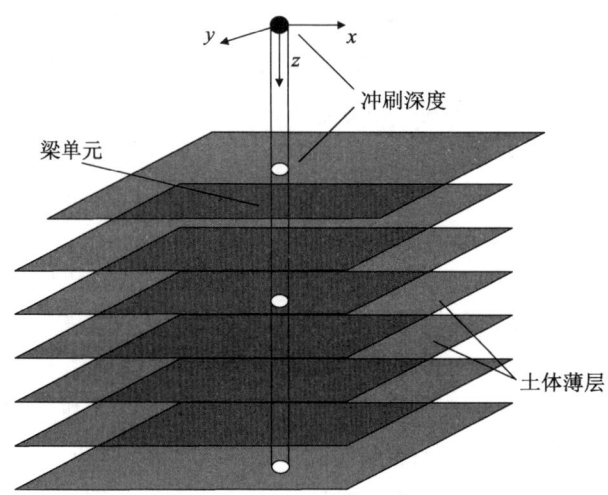

图 7.1 考虑冲刷深度的单桩三维动力分析模型

考虑右手坐标系 $\{0; x, y, z\}$ 和冲刷深度 S_d,并基于 Lagrange-D'Alembert 原理,建立了频域中考虑冲刷深度的单桩动力平衡方程:

$$\int_0^L \boldsymbol{K} D\boldsymbol{u} D \hat{\boldsymbol{u}}\,\mathrm{d}z + \int_{S_d}^L \boldsymbol{K}_s \boldsymbol{u} \hat{\boldsymbol{u}}\,\mathrm{d}z - \omega^2 \int_0^L \boldsymbol{M} \boldsymbol{u} \hat{\boldsymbol{u}}\,\mathrm{d}z = \int_{S_d}^L \boldsymbol{K}_s \boldsymbol{u}_{\mathrm{ff}} \hat{\boldsymbol{u}}\,\mathrm{d}z,\ \forall\ \hat{\boldsymbol{u}} \neq \boldsymbol{0} \tag{7.1}$$

式中,$\boldsymbol{K}$ 和 $\boldsymbol{M}$ 分别为与频率无关的桩身刚度矩阵和质量矩阵,如式(7.2)所示:

$$\boldsymbol{K} = E\begin{bmatrix} I & 0 & 0 \\ 0 & I & 0 \\ 0 & 0 & A \end{bmatrix},\ \boldsymbol{M} = \rho\begin{bmatrix} A & 0 & 0 \\ 0 & A & 0 \\ 0 & 0 & A \end{bmatrix} \tag{7.2}$$

式中,E 为桩基杨氏模量;ρ 为桩基密度;I 和 A 分别为桩截面惯性矩和面积。式(7.1)中,$\boldsymbol{u}(z)$ 为深度 z 处的桩身轴线变形向量;D 表示用以计算桩身应变的微分算子,具体可表示为

$$\boldsymbol{u}^{\mathrm{T}}(\omega; z) = \begin{bmatrix} u_1 & u_2 & u_3 \end{bmatrix} \tag{7.3}$$

$$D\boldsymbol{u}^{\mathrm{T}}(\omega; z) = \begin{bmatrix} \dfrac{\partial^2 u_1}{\partial z^2} & -\dfrac{\partial^2 u_2}{\partial z^2} & \dfrac{\partial u_3}{\partial z} \end{bmatrix} \tag{7.4}$$

式中，ω 为圆频率；u_1，u_2 和 u_3 分别为桩基轴线沿坐标 $\{x, y, z\}$ 方向的位移。式(7.1)中，$\hat{\boldsymbol{u}}(z)$ 为虚位移向量；$\boldsymbol{u}_{\text{ff}}(z)$ 为地震波作用下的土体自由场位移响应向量，其包含的土体自由场位移 $u_{\text{ff}}(z)$ 可通过一维（或三维）场地分析进行确定，也可简单由下式（一维）给出（Makris 和 Gazetas,1992; Zhong 和 Huang,2014）：

$$u_{\text{ff}}(z) = \frac{u_{\text{g}}}{\cos\left(\frac{\omega}{V_{\text{s}}}H_{\text{soil}}\right)}\cos\left(\frac{\omega}{V_{\text{s}}}z\right) = u_{\text{ff0}}\cos\left(\frac{\omega}{V_{\text{s}}}z\right) \tag{7.5}$$

式中，V_{s} 为土体剪切波速；H_{soil} 为土层厚度；u_{g} 和 u_{ff0} 分别为基岩和地表的位移。此外，式(7.1)中与频率相关的土体复刚度矩阵 $\boldsymbol{K}_{\text{S}}$ 具体可表示为

$$\boldsymbol{K}_{\text{S}}(\omega; z) = \begin{bmatrix} k_{\text{h}}(\omega) + i\omega c_{\text{h}}(\omega) & 0 & 0 \\ 0 & k_{\text{h}}(\omega) + i\omega c_{\text{h}}(\omega) & 0 \\ 0 & 0 & k_{\text{v}}(\omega) + i\omega c_{\text{v}}(\omega) \end{bmatrix} \tag{7.6}$$

式中，沿水平向（h）和竖向（v）与频率相关的土体刚度和阻尼可根据 Makrix 和 Gazetas (1992,1993) 的研究成果得到：

$$k_{\text{h}} = 1.2E_{\text{s}} \tag{7.7}$$

$$c_{\text{h}}(\omega) = 2d\rho_{\text{s}}V_{\text{s}}\left[1 + \frac{3.4}{\pi(1-\nu)}\right]\left(\frac{\omega d}{V_{\text{s}}}\right)^{-0.25} + 2\xi\frac{k_{\text{h}}}{\omega} \tag{7.8}$$

$$k_{\text{v}}(\omega) = 0.6E_{\text{s}}\left(1 + \frac{1}{2}\sqrt{\frac{\omega d}{V_{\text{s}}}}\right) \tag{7.9}$$

$$c_{\text{v}}(\omega) = 1.2\pi d\rho_{\text{s}}V_{\text{s}}\left(\frac{\omega d}{V_{\text{s}}}\right)^{-0.25} + 2\xi\frac{k_{\text{v}}(\omega)}{\omega} \tag{7.10}$$

式中，ξ 为土体阻尼比；ν 为土体泊松比；E_{s} 和 ρ_{s} 分别为土体深度 z 处的杨氏模量和密度。

上述分析模型涉及的土体参数包括：阻尼比 ξ，剪切波速 V_{s}，泊松比 ν，密度 ρ_{s} 和杨氏模量 E_{s}。其中，剪切波速与杨氏模量、密度和泊松比有关，即 $V_{\text{s}} = [E_{\text{s}}/2\rho_{\text{s}}(1+\nu)]^{1/2}$（Novak，1974；Poulos 和 Davis,1980）。此外，桩基动力分析中的泊松比和阻尼比一般取常量，分别为 0.4 和 0.05（Dezi 等,2009，2016；Dobry 和 Gazetas，1988；Gazetas 和 Dobry，1984a；Gazetas 等,1993；Maeso 等,2005；Makris 和 Gazetas,1992；Padron 等,2012）。因此，密度和杨氏模量为上述分析模型的主要土体参数。其中，土体密度随冲刷的变化较小，而土体杨氏模量可通过经验公式与不排水抗剪强度 c_{u} 相关联。因此，结合 Lin 等(2014a)的研究成果，通过求解冲刷后残余土体的超固结比、有效重度和不排水抗剪强度等物理力学性质指标，进而对模型的关键土体参数（杨氏模量）进行修正，以考虑应力历史的影响。具体来说，参照前文的相关内容，冲刷后残余土体的超固结比 OCR、有效重度 γ'_{sc} 和不排水抗剪强度 c_{u}^{sc} 可分别由式(7.11)—式(7.13)给出：

$$OCR = \frac{\gamma'_{\text{int}} H_{\text{int}}}{\gamma'_{\text{sc}} H_{\text{sc}}} \tag{7.11}$$

$$\gamma'_{\text{sc}} = \frac{\nu_{\text{int}} \gamma'_{\text{int}}}{\nu_{\text{int}} + \kappa \ln\left[\dfrac{(3-2\sin\varphi')OCR}{1+2(1-\sin\varphi')OCR^{\sin\varphi'}}\right]} \tag{7.12}$$

$$c_{\text{u}}^{\text{sc}} = c_{\text{u}}^{\text{int}} \left[\frac{(3-2\sin\varphi')OCR}{1+2(1-\sin\varphi')OCR^{\sin\varphi'}}\right]^{-\frac{C_{\text{ur}}}{C_{\text{c}}}} \tag{7.13}$$

式中，γ'_{int} 为冲刷前土体的有效重度；H_{int} 和 H_{sc} 分别为冲刷前后计算点到泥面的距离；φ' 为土体的有效内摩擦角；ν_{int} 为冲刷前土体的比体积（与含水率 w 相关）；κ 为由各向同性固结试验得到的回弹指数；C_{c} 和 C_{ur} 分别为由一维固结试验得到的压缩指数和回弹指数；$c_{\text{u}}^{\text{int}}$ 为冲刷前土体的不排水抗剪强度。

将式(7.13)代入土体杨氏模量与不排水抗剪强度的关系式，即 $E_{\text{s}} = \delta c_{\text{u}}$（$\delta$ 的确定详见前文相关内容），即可得到冲刷后修正的土体杨氏模量：

$$E_{\text{s}}^{\text{sc}} = \delta c_{\text{u}}^{\text{int}} \left[\frac{(3-2\sin\varphi')OCR}{1+2(1-\sin\varphi')OCR^{\sin\varphi'}}\right]^{-\frac{C_{\text{ur}}}{C_{\text{c}}}} \tag{7.14}$$

其中，超固结比 OCR 可由式(7.11)和式(7.12)迭代计算得到。

由上述分析过程可知，当冲刷前土体参数（如土体的有效重度、有效内摩擦角、含水率和不排水抗剪强度）和冲刷深度已知，则可利用式(7.11)、式(7.12)和式(7.14)对冲刷条件下单桩三维动力分析模型的关键土体参数（杨氏模量）进行修正，以考虑应力历史的影响，同时也可得到冲刷后残余土体的其他物理力学性质指标。

基于冲刷后修正的模型土体参数（即修正的土体杨氏模量），将桩身划分为 E 个离散单元，采用标准有限元方法(FEM)对上述考虑冲刷深度的单桩三维动力分析模型进行数值计算，则动力平衡方程式(7.1)可表示为

$$\begin{aligned}
&\sum_{e=1}^{E}\int_{0}^{L_{e}} \boldsymbol{K}(D\boldsymbol{N})\boldsymbol{d}^{e}(D\boldsymbol{N})\hat{\boldsymbol{d}}^{e}\mathrm{d}z + \sum_{e=(S_{\text{d}}/L)E+1}^{E}\int_{0}^{L_{e}} \boldsymbol{K}_{\text{S}}^{\text{sc}}\boldsymbol{N}\boldsymbol{d}^{e}\boldsymbol{N}\hat{\boldsymbol{d}}^{e}\mathrm{d}z - \omega^{2}\sum_{e=1}^{E}\int_{0}^{L_{e}} \boldsymbol{M}\boldsymbol{N}\boldsymbol{d}^{e}\boldsymbol{N}\hat{\boldsymbol{d}}^{e}\mathrm{d}z\\
&= \sum_{e=(S_{\text{d}}/L)E+1}^{E}\int_{0}^{L_{e}} \boldsymbol{K}_{\text{S}}^{\text{sc}}\boldsymbol{u}_{\text{ff}}\boldsymbol{N}\hat{\boldsymbol{d}}^{e}\mathrm{d}z, \quad \forall\, \hat{\boldsymbol{d}}^{e} \neq \boldsymbol{0}
\end{aligned} \tag{7.15}$$

式中，$\boldsymbol{K}_{\text{S}}^{\text{sc}}$ 为代入修正土体杨氏模量 E_{s}^{sc} 的冲刷后土体复刚度矩阵；$\boldsymbol{N}$ 为多项式插值形函数矩阵；$\boldsymbol{d}^{e}$ 为桩基节点位移向量。具体可分别表示为

$$\boldsymbol{N}(z) = \begin{bmatrix} n_{1} & & n_{2} & n_{3} & & n_{4} \\ & n_{1} & -n_{2} & & n_{3} & -n_{4} \\ & n_{5} & & & n_{6} & \end{bmatrix} \tag{7.16}$$

$$\begin{cases} n_1(z) = \left(1 - \frac{3z^2}{L^2} + \frac{2z^3}{L^3}\right), \; n_2(z) = L\left(\frac{z}{L} - \frac{2z^2}{L^2} + \frac{z^3}{L^3}\right) \\ n_3(z) = \left(\frac{3z^2}{L^2} - \frac{2z^3}{L^3}\right), \; n_4(z) = L\left(-\frac{z^2}{L^2} + \frac{z^3}{L^3}\right) \\ n_5(z) = \left(1 - \frac{z}{L}\right), \; n_6(z) = \frac{z}{L} \end{cases} \tag{7.17}$$

$$\boldsymbol{d}^{e^\top}(\omega) = [u_{1h}, u_{2h}, u_{3h}, \varphi_{1h}, \varphi_{2h}, u_{1k}, u_{2k}, u_{3k}, \varphi_{1k}, \varphi_{2k}] \tag{7.18}$$

通过将桩基节点位移向量组合成唯一的位移向量,式(7.15)最终可写为

$$(\boldsymbol{K}_\text{P} - \omega^2 \boldsymbol{M}_\text{P} + \boldsymbol{Z}_\text{P})\boldsymbol{d} = \boldsymbol{f} \tag{7.19}$$

式中,$\boldsymbol{K}_\text{P}$ 为单桩全局刚度矩阵;$\boldsymbol{M}_\text{P}$ 为单桩全局质量矩阵;$\boldsymbol{Z}_\text{P}(\omega)$ 为冲刷后残余土体全局阻抗矩阵;$\boldsymbol{d}(\omega)$ 为单桩节点位移组合向量;$\boldsymbol{f}(\omega)$ 为土体自由场位移施加的作用力向量。

假定桩头自由且 $\boldsymbol{d}_\text{F}$ 和 $\boldsymbol{d}_\text{E}$ 分别表示桩头位移和桩基位移,则式(7.19)可进一步划分为

$$\begin{bmatrix} \boldsymbol{K}_{\text{FF}} & \vdots & \boldsymbol{K}_{\text{EF}} \\ \cdots & & \cdots \\ \boldsymbol{K}_{\text{FE}} & & \boldsymbol{K}_{\text{EE}} \end{bmatrix} \begin{bmatrix} \boldsymbol{d}_\text{F} \\ \cdots \\ \boldsymbol{d}_\text{E} \end{bmatrix} = \begin{bmatrix} \boldsymbol{f}_\text{F} \\ \cdots \\ \boldsymbol{f}_\text{E} \end{bmatrix} \tag{7.20}$$

将式(7.20)进行简单变换,最终可得考虑应力历史影响的冲刷条件下单桩动力阻抗矩阵 $\boldsymbol{Z}_\text{F}(\omega)$:

$$(\boldsymbol{K}_{\text{FF}} - \boldsymbol{K}_{\text{FE}}\boldsymbol{K}_{\text{EE}}^{-1}\boldsymbol{K}_{\text{EF}})\boldsymbol{d}_\text{F} = \boldsymbol{f}_\text{F} - \boldsymbol{K}_{\text{FE}}\boldsymbol{K}_{\text{EE}}^{-1}\boldsymbol{f}_\text{E} \tag{7.21}$$

$$\boldsymbol{Z}_\text{F}(\omega) = (\boldsymbol{K}_{\text{FF}} - \boldsymbol{K}_{\text{FE}}\boldsymbol{K}_{\text{EE}}^{-1}\boldsymbol{K}_{\text{EF}}) \tag{7.22}$$

$$\boldsymbol{Z}_\text{F}(\omega) = \begin{bmatrix} K_x(\omega) & 0 & 0 & 0 & K_{x-ry}(\omega) \\ & K_y(\omega) & 0 & K_{y-rx}(\omega) & 0 \\ & & K_z(\omega) & 0 & 0 \\ & Sym & & K_{rx}(\omega) & 0 \\ & & & & K_{ry}(\omega) \end{bmatrix} \tag{7.23}$$

式中,$K_x(\omega)$,$K_y(\omega)$ 和 $K_z(\omega)$ 分别表示基础的水平阻抗和竖向阻抗;$K_{rx}(\omega)$ 和 $K_{ry}(\omega)$ 为基础的摇摆阻抗;$K_{x-rx}(\omega)$ 和 $K_{y-rx}(\omega)$ 为基础的平移-摇摆耦合阻抗。

在上述针对单桩的简化分析方法的基础上,结合 Dezi 等(2009)的研究成果,进一步建立冲刷条件下的群桩基础三维动力分析模型,如图 7.2 所示。其中,群桩桩数为 n,桩长为 L,桩径为 d,冲刷深度为 h(即冲刷前泥面与冲刷后泥面之间的距离)。

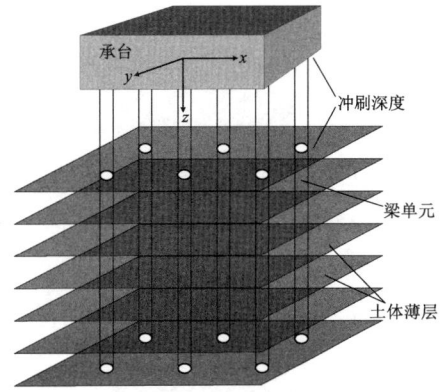

图 7.2 考虑冲刷深度的群桩基础三维动力分析模型

与单桩简化方法类似,基于 Lagrange-D'Alembert 原理,并考虑冲刷深度 h,建立频域中的群桩基础动力平衡方程:

$$\int_0^L \boldsymbol{K} D\boldsymbol{u} D\hat{\boldsymbol{u}}\,\mathrm{d}z + \int_h^L \boldsymbol{K}_\mathrm{S}\boldsymbol{u}\hat{\boldsymbol{u}}\,\mathrm{d}z - \omega^2 \int_0^L \boldsymbol{M}\boldsymbol{u}\hat{\boldsymbol{u}}\,\mathrm{d}z = \int_h^L \boldsymbol{K}_\mathrm{S}\boldsymbol{u}_\mathrm{ff}\hat{\boldsymbol{u}}\,\mathrm{d}z,\ \forall\ \hat{\boldsymbol{u}} \neq \boldsymbol{0} \tag{7.24}$$

式中,$\boldsymbol{K}$ 和 $\boldsymbol{M}$ 分别为与频率无关的群桩桩身刚度矩阵和质量矩阵;$\hat{\boldsymbol{u}}(z)$ 为承台下深度 z 处的群桩桩身轴线变形向量;$\hat{\boldsymbol{u}}(z)$ 为虚位移向量;$\boldsymbol{u}_\mathrm{ff}(z)$ 为地震波作用下的土体自由场位移响应向量;D 表示用以计算桩身应变的微分算子;$\boldsymbol{K}_\mathrm{S}$ 为与频率相关的土体复刚度矩阵。其中与单桩简化方法不同的是:

$$\boldsymbol{K} = \begin{bmatrix} \boldsymbol{K}_1 & \cdots & 0 & \cdots & 0 \\ \vdots & & \vdots & & \vdots \\ 0 & \cdots & \boldsymbol{K}_p & \cdots & 0 \\ \vdots & & \vdots & & \vdots \\ 0 & \cdots & 0 & \cdots & \boldsymbol{K}_n \end{bmatrix},\quad \boldsymbol{M} = \begin{bmatrix} \boldsymbol{M}_1 & \cdots & 0 & \cdots & 0 \\ \vdots & & \vdots & & \vdots \\ 0 & \cdots & \boldsymbol{M}_p & \cdots & 0 \\ \vdots & & \vdots & & \vdots \\ 0 & \cdots & 0 & \cdots & \boldsymbol{M}_n \end{bmatrix} \tag{7.25}$$

$$\boldsymbol{K}_p = E\begin{bmatrix} I & 0 & 0 \\ 0 & I & 0 \\ 0 & 0 & A \end{bmatrix},\quad \boldsymbol{M}_p = \rho\begin{bmatrix} A & 0 & 0 \\ 0 & A & 0 \\ 0 & 0 & A \end{bmatrix} \tag{7.26}$$

$$\boldsymbol{u}^\mathrm{T}(\omega;\ z) = \begin{bmatrix} \boldsymbol{u}_1^\mathrm{T} & \cdots & \boldsymbol{u}_p^\mathrm{T} & \cdots & \boldsymbol{u}_n^\mathrm{T} \end{bmatrix},\quad \boldsymbol{u}_p^\mathrm{T}(\omega;\ z) = \begin{bmatrix} u_{p1} & u_{p2} & u_{p3} \end{bmatrix} \tag{7.27}$$

$$D\boldsymbol{u}^\mathrm{T}(\omega;\ z) = \begin{bmatrix} D\boldsymbol{u}_1^\mathrm{T} & \cdots & D\boldsymbol{u}_p^\mathrm{T} & \cdots & D\boldsymbol{u}_n^\mathrm{T} \end{bmatrix},\quad D\boldsymbol{u}^\mathrm{T}(\omega;\ z) = \begin{bmatrix} \dfrac{\partial^2 u_1}{\partial z^2} & -\dfrac{\partial^2 u_2}{\partial z^2} & \dfrac{\partial u_3}{\partial z} \end{bmatrix} \tag{7.28}$$

$$\boldsymbol{K}_\mathrm{S}(\omega;\ z) = \begin{bmatrix} \boldsymbol{D}_{11} & \cdots & \boldsymbol{D}_{1j} & \cdots & \boldsymbol{D}_{1n} \\ \vdots & & \vdots & & \vdots \\ \boldsymbol{D}_{i1} & \cdots & \boldsymbol{D}_{ij} & \cdots & \boldsymbol{D}_{in} \\ \vdots & & \vdots & & \vdots \\ \boldsymbol{D}_{n1} & \cdots & \boldsymbol{D}_{nj} & \cdots & \boldsymbol{D}_{nn} \end{bmatrix}^{-1} \tag{7.29}$$

式中,E 为桩基杨氏模量;ρ 为桩基密度;I 和 A 分别为桩截面惯性矩和面积;子矩阵 $\boldsymbol{D}_{ij}$ 包含定义在深度 z 处的弹性动力格林函数,即作用于第 j 根桩深度 z 处的单位简谐荷载在第 i 根桩深度 z 处产生的位移。

为了后续分析表达的简便,隐去深度表达 z,式(7.29)中的子矩阵 $\boldsymbol{D}_{ij}$ 可进一步表示为

$$\boldsymbol{D}_{ij}(\omega) = \boldsymbol{R}_{ij}^\mathrm{T}\boldsymbol{\Psi}_{ij}(\omega)\boldsymbol{R}_{ij}\boldsymbol{D}(\omega) \tag{7.30}$$

式中,动力柔度矩阵 $\boldsymbol{D}(\omega)$ 可表示为

$$\boldsymbol{D}(\omega) = \begin{bmatrix} \widetilde{D}_1(\omega) & 0 & 0 \\ 0 & \widetilde{D}_2(\omega) & 0 \\ 0 & 0 & \widetilde{D}_3(\omega) \end{bmatrix} \tag{7.31}$$

式中，$\widetilde{D}_1(\omega)$，$\widetilde{D}_2(\omega)$ 和 $\widetilde{D}_3(\omega)$ 分别为由单位简谐荷载产生的水平位移和竖向位移，其具体表达如下：

$$\widetilde{D}_1 = \widetilde{D}_2 = \frac{k_h(\omega) - i\omega c_h(\omega)}{k_h^2(\omega) + \omega^2 c_h^2(\omega)} \tag{7.32}$$

$$\widetilde{D}_3 = \frac{k_v(\omega) - i\omega c_v(\omega)}{k_v^2(\omega) + \omega^2 c_v^2(\omega)} \tag{7.33}$$

进而由 Makrix 和 Gazetas（1992，1993）可得沿水平（h）和竖向（v）与频率相关的土体刚度和阻尼，详情可参看单桩相关内容。此外，深度为 z 的土层中由第 j 根桩到第 i 根桩的位移衰减可由矩阵 $\boldsymbol{R}_{ij}^\mathrm{T} \boldsymbol{\Psi}_{ij} \boldsymbol{R}_{ij}$ 表示，其中

$$\boldsymbol{\Psi}_{ij}(\omega) = \begin{bmatrix} \psi_0(\omega; s_{ij}) & 0 & 0 \\ 0 & \psi_{\pi/2}(\omega; s_{ij}) & 0 \\ 0 & 0 & \psi_v(\omega; s_{ij}) \end{bmatrix} \tag{7.34}$$

式（7.34）包含的衰减函数可根据 Dobry 和 Gazetas（1988）以及 Makris 和 Gazetas（1992）得到：

$$\psi_0(\omega; s_{ij}) = \left(\frac{d}{2s_{ij}}\right)^{\frac{1}{2}} \mathrm{e}^{-(2\xi+i)\left(s_{ij}-\frac{d}{2}\right)\frac{\pi(1-\nu)\omega}{3.4 V_s}} \tag{7.35}$$

$$\psi_{\pi/2}(\omega; s_{ij}) = \psi_v(\omega; s_{ij}) = \left(\frac{d}{2s_{ij}}\right)^{\frac{1}{2}} \mathrm{e}^{-(2\xi+i)\left(s_{ij}-\frac{d}{2}\right)\frac{\omega}{V_s}} \tag{7.36}$$

而由第 i 根桩轴线坐标 (x_i, y_i) 和第 j 根桩轴线坐标 (x_j, y_j)，以及两桩之间的距离 s_{ij}，可得几何矩阵：

$$\boldsymbol{R}_{ij} = \begin{bmatrix} (x_j - x_i)s_{ij}^{-1} & (y_j - y_i)s_{ij}^{-1} & 0 \\ (y_i - y_j)s_{ij}^{-1} & (x_j - x_i)s_{ij}^{-1} & 0 \\ 0 & 0 & 1 \end{bmatrix} \tag{7.37}$$

值得一提的是，该模型可同时考虑群桩中所有桩基的动力相互作用，且不需要进行基于主被动桩概念的阶段分析。

基于冲刷后修正的模型土体参数（即修正的土体杨氏模量），将桩身划分为 E 个离散单元，采用标准有限元方法（FEM）对上述考虑冲刷深度的群桩基础三维动力分析模型进行数值计算，则动力平衡方程式（7.24）可表示为

$$\sum_{e=1}^{E}\int_{0}^{L_e} \boldsymbol{K}(\boldsymbol{DN})\boldsymbol{d}^e(\boldsymbol{DN})\,\hat{\boldsymbol{d}}^e\,\mathrm{d}z + \sum_{e=(h/L)E+1}^{E}\int_{0}^{L_e}\boldsymbol{K}_\mathrm{S}^\mathrm{sc}\boldsymbol{N}\boldsymbol{d}^e\boldsymbol{N}\hat{\boldsymbol{d}}^e\,\mathrm{d}z - \omega^2\sum_{e=1}^{E}\int_{0}^{L_e}\boldsymbol{MNd}^e\boldsymbol{N}\hat{\boldsymbol{d}}^e\,\mathrm{d}z$$
$$= \sum_{e=(h/L)E+1}^{E}\int_{0}^{L_e} K_\mathrm{S}^\mathrm{sc}\boldsymbol{u}_\mathrm{ff}\boldsymbol{N}\hat{\boldsymbol{d}}^e\,\mathrm{d}z,\ \forall\,\hat{\boldsymbol{d}}^e\neq\boldsymbol{0} \tag{7.38}$$

式中，$\boldsymbol{K}_\mathrm{S}^\mathrm{sc}$ 为代入修正土体杨氏模量 E_s^sc 的冲刷后土体复刚度矩阵；$\boldsymbol{N}$ 为多项式插值形函数矩阵；$\boldsymbol{d}^e$ 为群桩节点位移向量。通过将群桩节点位移向量组合成唯一的位移向量，式(7.38)最终可写为

$$(\boldsymbol{K}_\mathrm{P} - \omega^2\boldsymbol{M}_\mathrm{P} + \boldsymbol{Z}_\mathrm{P})\boldsymbol{d} = \boldsymbol{f} \tag{7.39}$$

式中，$\boldsymbol{K}_\mathrm{P}$ 为群桩全局刚度矩阵；$\boldsymbol{M}_\mathrm{P}$ 为群桩全局质量矩阵；$\boldsymbol{Z}_\mathrm{P}(\omega)$ 为冲刷后残余土体全局阻抗矩阵；$\boldsymbol{d}(\omega)$ 为群桩节点位移组合向量；$\boldsymbol{f}(\omega)$ 为土体自由场位移施加的作用力向量。

与单桩不同，此处假定无质量刚性承台，其对群桩桩头的约束作用可由包含 6 个位移自由度的承台控制节点来描述。通过引入代表承台刚性约束的几何矩阵 $\boldsymbol{A}$，群桩节点位移可表示为

$$\boldsymbol{d} = \boldsymbol{A}\begin{bmatrix}\boldsymbol{d}_\mathrm{F}\\ \vdots \\ \boldsymbol{d}_\mathrm{E}\end{bmatrix} \tag{7.40}$$

式中，$\boldsymbol{d}_\mathrm{F}$ 和 $\boldsymbol{d}_\mathrm{E}$ 分别表示承台和桩基的位移。考虑到式(7.40)，则式(7.41)可进一步转化为

$$\begin{bmatrix}\boldsymbol{K}_\mathrm{FF} & \boldsymbol{K}_\mathrm{EF}\\ \cdots & \cdots \\ \boldsymbol{K}_\mathrm{FE} & \boldsymbol{K}_\mathrm{EE}\end{bmatrix}\begin{bmatrix}\boldsymbol{d}_\mathrm{F}\\ \cdots \\ \boldsymbol{d}_\mathrm{E}\end{bmatrix} = \begin{bmatrix}\boldsymbol{f}_\mathrm{F}\\ \cdots \\ \boldsymbol{f}_\mathrm{E}\end{bmatrix} \tag{7.41}$$

式中，

$$\begin{bmatrix}\boldsymbol{K}_\mathrm{FF} & \boldsymbol{K}_\mathrm{EF}\\ \cdots & \cdots \\ \boldsymbol{K}_\mathrm{FE} & \boldsymbol{K}_\mathrm{EE}\end{bmatrix} = \boldsymbol{A}^\mathrm{T}(\boldsymbol{K}_\mathrm{P} - \omega^2\boldsymbol{M}_\mathrm{P} + \boldsymbol{Z}_P)\boldsymbol{A} \tag{7.42}$$

$$\begin{bmatrix}\boldsymbol{f}_\mathrm{F}\\ \cdots \\ \boldsymbol{f}_\mathrm{E}\end{bmatrix} = \boldsymbol{A}^\mathrm{T}\boldsymbol{f} \tag{7.43}$$

将式(7.41)进行简单变换，最终可得考虑应力历史影响的冲刷条件下群桩基础动力阻抗矩阵 $\boldsymbol{Z}_\mathrm{F}(\omega)$：

$$(\boldsymbol{K}_\mathrm{FF} - \boldsymbol{K}_\mathrm{FE}\boldsymbol{K}_\mathrm{EE}^{-1}\boldsymbol{K}_\mathrm{EF})\boldsymbol{d}_\mathrm{F} = \boldsymbol{f}_\mathrm{F} - \boldsymbol{K}_\mathrm{FE}\boldsymbol{K}_\mathrm{EE}^{-1}\boldsymbol{f}_\mathrm{E} \tag{7.44}$$

$$\boldsymbol{Z}_\mathrm{F}(\omega) = (\boldsymbol{K}_\mathrm{FF} - \boldsymbol{K}_\mathrm{FE}\boldsymbol{K}_\mathrm{EE}^{-1}\boldsymbol{K}_\mathrm{EF}) \tag{7.45}$$

7.2.2 算例分析

查阅现有文献可知，目前尚缺乏冲刷条件下群桩基础动力阻抗的相关研究。尽管如此，

针对冲刷深度为零的初始条件，Dezi 等（2009）对比了由本书方法和更严密的分析模型分别计算得到的冲刷前群桩动力阻抗函数，在验证了本书方法正确性的同时，也从某种程度上说明了采用本书方法分析冲刷条件下群桩基础动力阻抗的合理性，尤其是本书方法结合 Lin 等（2014a）的研究成果考虑了冲刷后残余土体应力历史的影响。

算例选取等间距布置的 3×3 和 4×4 圆截面摩擦群桩基础进行分析，并假定桩头与无质量刚性承台相连，具体的桩基参数列于表 7.1。

表 7.1 桩基参数

桩长 L/m	桩径 d/m	密度 $\rho_\mathrm{p}/(\mathrm{Mg\cdot m^{-3}})$	弹性模量 $E_\mathrm{p}/\mathrm{kPa}$	离散单元长度 L_e/m
18.3	0.38	2.5	3×10^7	0.61

此外，算例选取 Matlock（1970）进行桩基水平载荷现场试验的场地作为冲刷前的初始场地。该试验场地位于美国德克萨斯州奥斯汀湖附近，场地土体的物理力学性质如表 7.2 所示。

表 7.2 土体物理力学性质

有效重度 $\gamma'/(\mathrm{kN\cdot m^{-3}})$	含水率 $w/\%$	有效内摩擦角 $\varphi'/(°)$	不排水抗剪强度 $c_\mathrm{u}/\mathrm{kPa}$
10	44.5	20	32.3
压缩指数 C_c	密度 $\rho_\mathrm{s}/(\mathrm{Mg\cdot m^{-3}})$	泊松比 ν	阻尼比 ξ
0.40	2.0	0.4	0.05

基于上述分析方法和算例，本节将进一步分析冲刷后残余土体应力历史和冲刷深度对软黏土群桩基础动力阻抗的影响。首先，针对不同冲刷深度（即 $h=1d$，$2d$ 和 $3d$）给出了修正的模型关键土体参数及其他物理力学性质指标；其次，当冲刷深度 $h=3d$ 且分别选取桩间距 $s=3d$，$4d$ 和 $5d$ 时，对比了忽略应力历史影响和考虑应力历史影响的冲刷条件下群桩基础动力阻抗；最后，假定桩间距 $s=3d$ 保持不变，分别选取冲刷深度 $h=0$，$1d$，$2d$ 和 $3d$，以研究其对群桩动力阻抗的影响。

7.2.3 结果与讨论

1. 冲刷后修正的模型土体参数

当冲刷深度 $h=1d$，$2d$ 和 $3d$ 时，由上述分析方法给出的冲刷前后模型关键土体参数（土体杨氏模量）及其他物理力学性质对比如表 7.3—表 7.5 所示。结果表明：冲刷后残余土体的不排水抗剪强度和由此得到的土体杨氏模量较冲刷前显著降低，尤其当冲刷深度较大时；而冲刷后残余土体有效重度的变化则相对较小，略低于冲刷前土体的有效重度。

表 7.3　　考虑应力历史影响的土体物理力学性质($h=1d$)

冲刷前/后泥面下深度/m	$\gamma'_{sc}/(kN \cdot m^{-3})$	c_u^{sc}/kPa	E_s/MPa	E_s^{sc}/MPa	OCR
0.57/0.19	9.88	27.1	12.92	10.84	3.0
0.95/0.57	9.95	29.8	12.92	11.90	1.7
1.33/0.95	9.96	30.6	12.92	12.24	1.4
1.71/1.33	9.97	31.0	12.92	12.42	1.3
2.09/1.71	9.98	31.3	12.92	12.51	1.2
2.47/2.09	9.98	31.5	12.92	12.58	1.2
3.99/3.61	9.99	31.8	12.92	12.72	1.1
7.03/6.65	9.99	32.0	12.92	12.82	1.1
10.07/9.69	10.00	32.1	12.92	12.86	1.0
16.15/15.77	10.00	32.2	12.92	12.88	1.0

表 7.4　　考虑应力历史影响的土体物理力学性质($h=2d$)

冲刷前/后泥面下深度/m	$\gamma'_{sc}/(kN \cdot m^{-3})$	c_u^{sc}/kPa	E_s/MPa	E_s^{sc}/MPa	OCR
0.95/0.19	9.83	25.0	12.92	10.02	5.1
1.33/0.57	9.91	28.2	12.92	11.28	2.4
1.71/0.95	9.94	29.4	12.92	11.75	1.8
2.09/1.33	9.95	30.1	12.92	12.02	1.6
2.47/1.71	9.96	30.4	12.92	12.17	1.5
3.99/3.23	9.98	31.2	12.92	12.50	1.2
7.03/6.27	9.99	31.7	12.92	12.69	1.1
10.07/9.31	9.99	31.9	12.92	12.76	1.1
16.15/15.39	10.00	32.1	12.92	12.84	1.0

表 7.5　　考虑应力历史影响的土体物理力学性质($h=3d$)

冲刷前/后泥面下深度/m	$\gamma'_{sc}/(kN \cdot m^{-3})$	c_u^{sc}/kPa	E_s/MPa	E_s^{sc}/MPa	OCR
1.33/0.19	9.80	23.8	12.92	9.51	7.1
1.71/0.57	9.88	27.1	12.92	10.84	3.0
2.09/0.95	9.92	28.5	12.92	11.39	2.2
2.47/1.33	9.94	29.3	12.92	11.70	1.9
3.99/2.85	9.96	30.6	12.92	12.24	1.4
7.03/5.89	9.98	31.4	12.92	12.56	1.2
10.07/8.93	9.99	31.7	12.92	12.69	1.1
16.15/15.01	9.99	32.0	12.92	12.78	1.1

基于算例提供的土体有效内摩擦角，参考前文相关内容得到的超固结比限值 $OCR_{\text{limit}} = 27$。由此可知：当冲刷深度 $h=1d$, $2d$ 和 $3d$ 时，冲刷后泥面下深度 0.02 m，0.03 m 和 0.05 m 以下的土体超固结比未超过该限值，因而对其土体杨氏模量及其他物理力学性质指标的修正是合理的。

2. 应力历史的影响

当冲刷深度 $h=3d$ 且桩间距 $s=3d$，$4d$ 和 $5d$ 时，忽略应力历史影响（未修正的土体杨氏模量）和考虑应力历史影响（修正的土体杨氏模量）计算得到的冲刷条件下 3×3 和 4×4 群桩基础动力阻抗（包括水平阻抗、竖向阻抗、摇摆阻抗、扭转阻抗和水平-摇摆耦合阻抗）如图 7.3—图 7.12 所示。结果表明：冲刷条件下的群桩基础动力阻抗随频率的变化（0～50 Hz）而上下波动，存在峰值与谷值，这与群桩中各桩辐射波的相长与相消干涉有关，即桩-土-桩的动力相互作用。

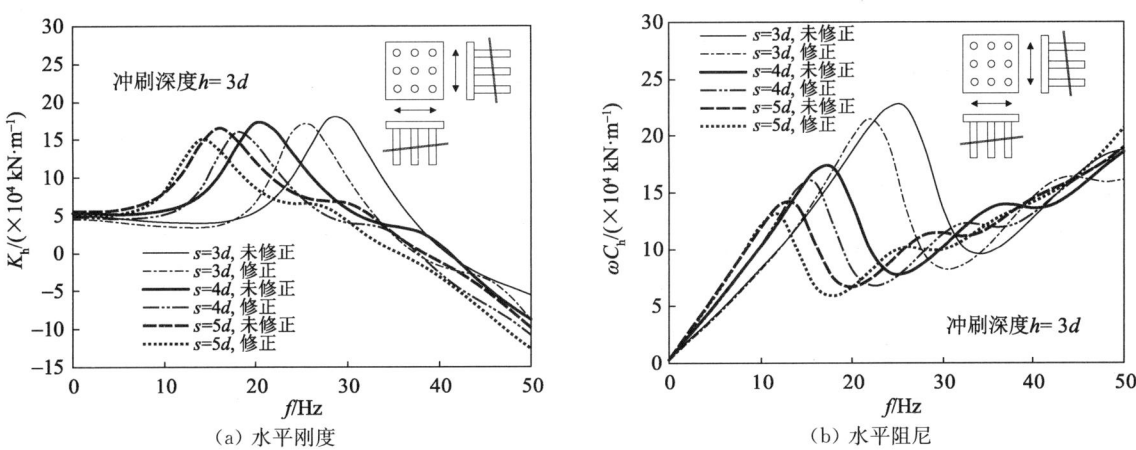

图 7.3 考虑和忽略应力历史影响的冲刷条件下 3×3 群桩基础水平阻抗

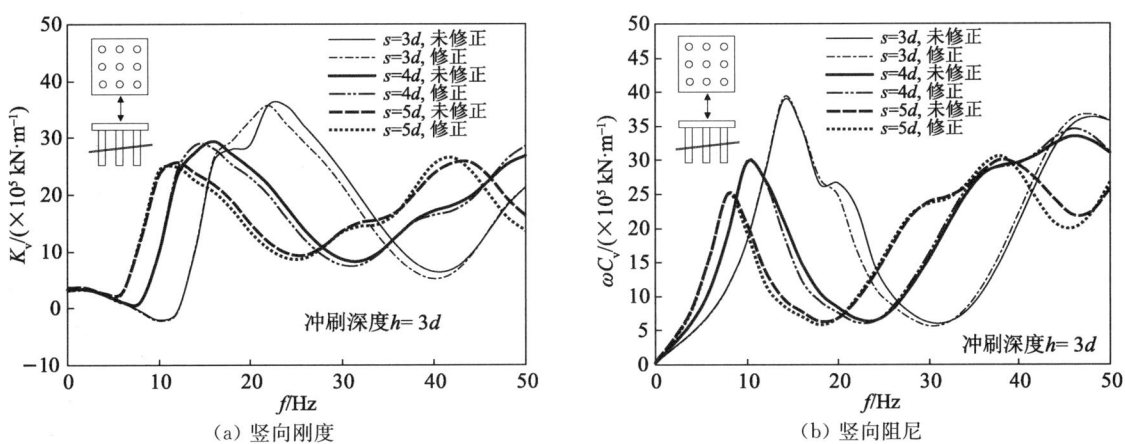

图 7.4 考虑和忽略应力历史影响的冲刷条件下 3×3 群桩基础竖向阻抗

由图 7.3 和图 7.8 可知：①对于不同桩间距的群桩基础，其考虑应力历史影响的水平阻抗在大多数频率情况下明显小于忽略应力历史影响得到的结果，尤其是峰值的降低尤为显著，可达 10% 以上;②与忽略应力历史影响相比,考虑应力历史影响的群桩基础水平阻抗峰值频率相对较小,即考虑应力历史影响得到的群桩水平阻抗随频率变化曲线的峰值位置向左移动了。

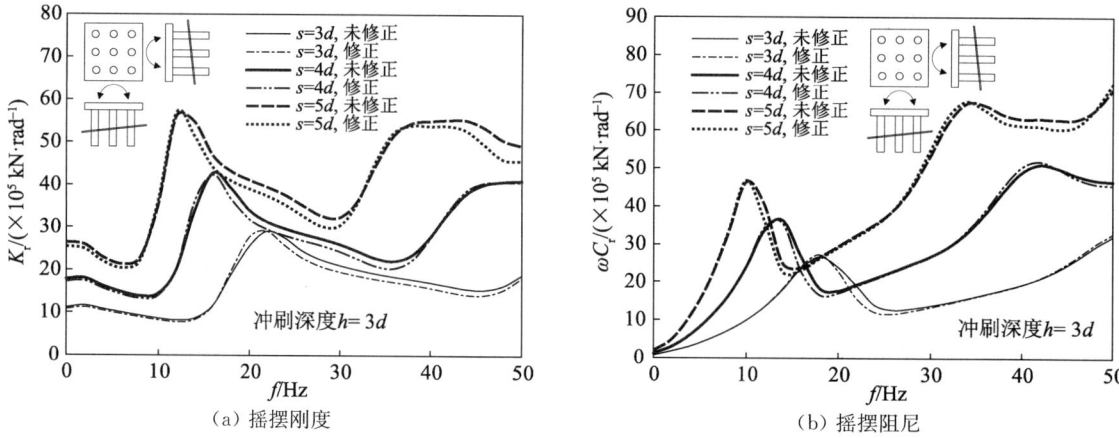

图 7.5 考虑和忽略应力历史影响的冲刷条件下 3×3 群桩基础摇摆阻抗

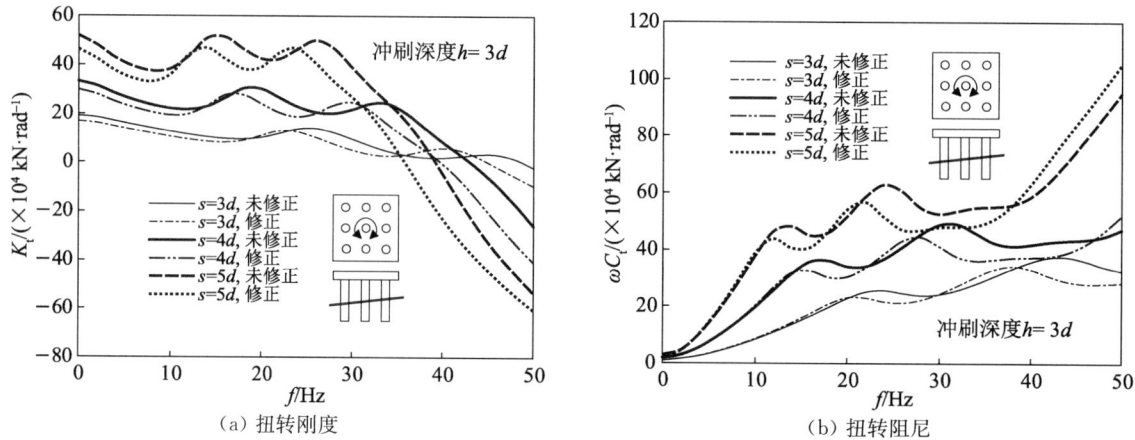

图 7.6 考虑和忽略应力历史影响的冲刷条件下 3×3 群桩基础扭转阻抗

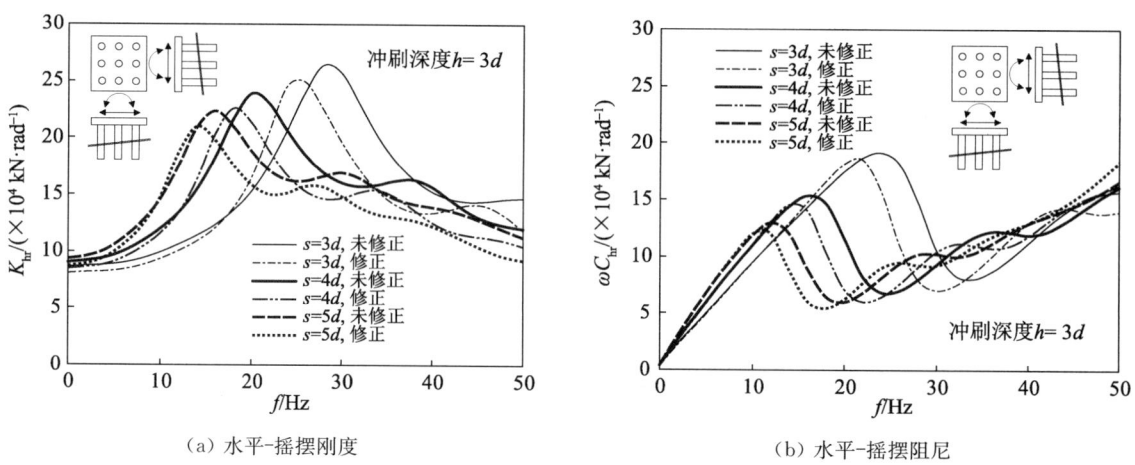

图 7.7 考虑和忽略应力历史影响的冲刷条件下 3×3 群桩基础水平-摇摆耦合阻抗

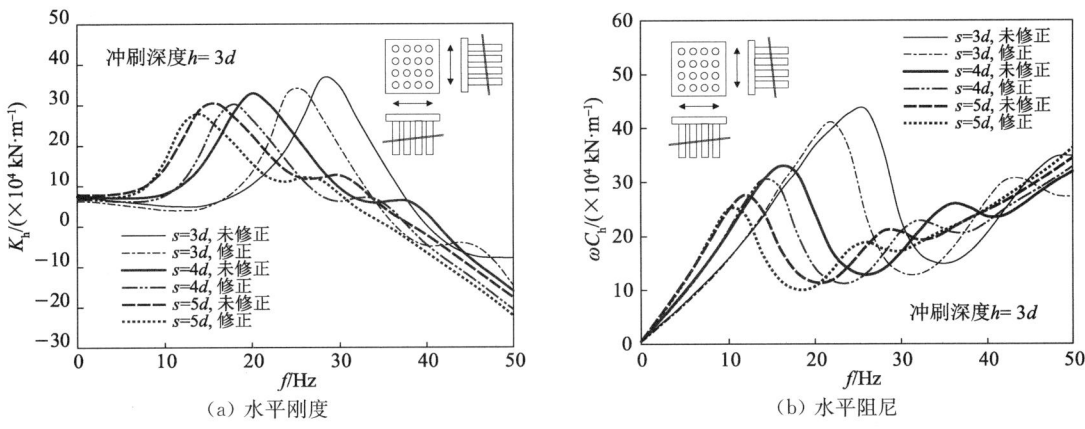

图 7.8 考虑和忽略应力历史影响的冲刷条件下 4×4 群桩基础水平阻抗

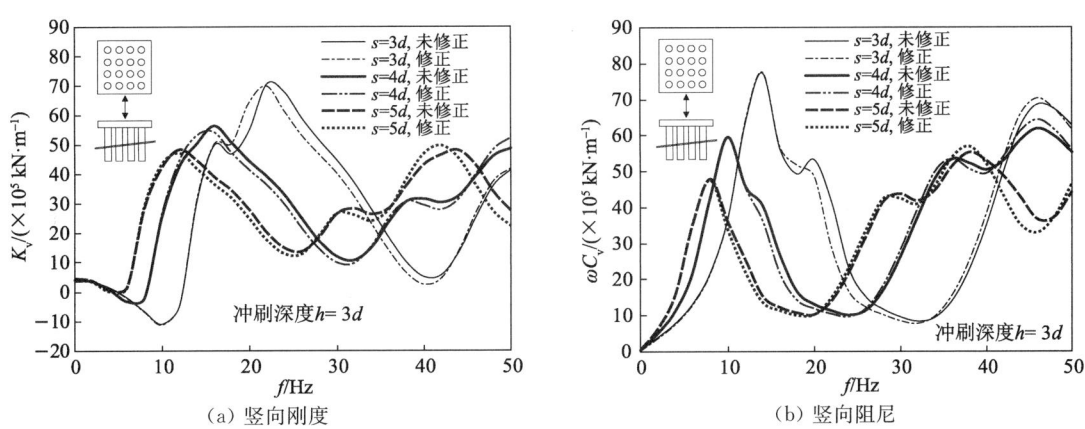

图 7.9 考虑和忽略应力历史影响的冲刷条件下 4×4 群桩基础竖向阻抗

考虑和忽略应力历史影响得到的冲刷条件下群桩基础扭转阻抗和水平-摇摆耦合阻抗随频率的变化趋势与其水平阻抗相似,如图 7.6、图 7.7、图 7.11 和图 7.12 所示;而考虑应力历史影响的群桩基础竖向和摇摆阻抗则略小于忽略应力历史影响计算得到的结果,二者的差别不大,如图 7.4、图 7.5、图 7.9 和图 7.10 所示。

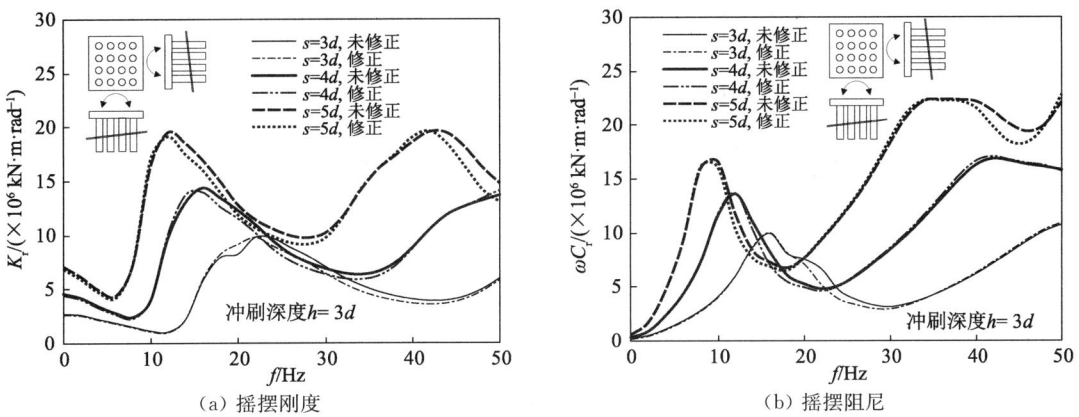

图 7.10 考虑和忽略应力历史影响的冲刷条件下 4×4 群桩基础摇摆阻抗

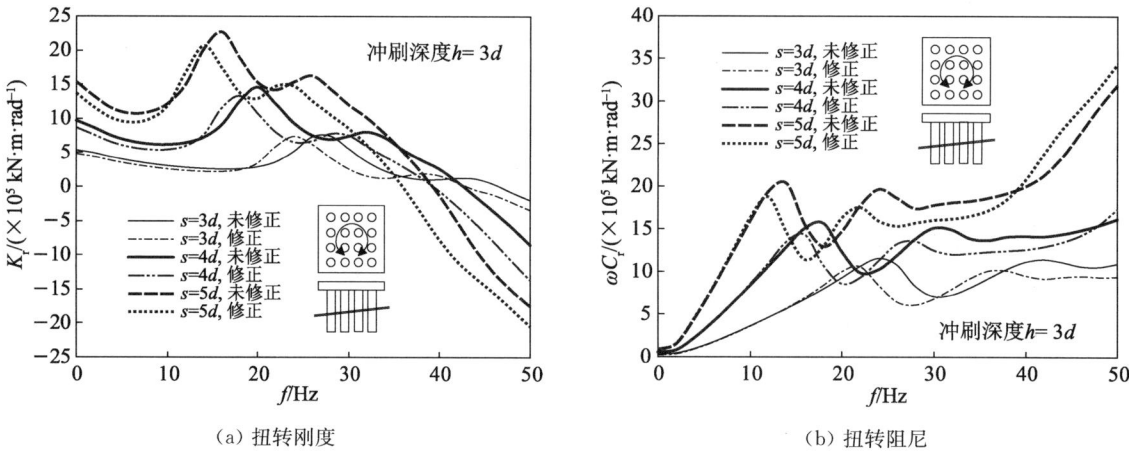

(a) 扭转刚度　　　　　　　　　　　　(b) 扭转阻尼

图 7.11　考虑和忽略应力历史影响的冲刷条件下 4×4 群桩基础扭转阻抗

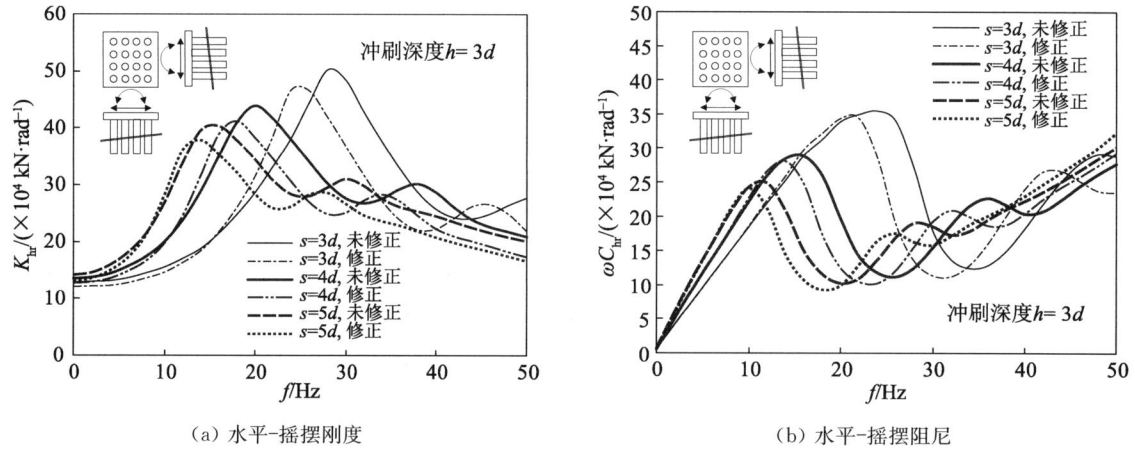

(a) 水平-摇摆刚度　　　　　　　　　　(b) 水平-摇摆阻尼

图 7.12　考虑和忽略应力历史影响的冲刷条件下 4×4 群桩基础水平-摇摆耦合阻抗

图 7.3—图 7.12 的结果表明：考虑应力历史影响的群桩基础动力阻抗在大多数频率情况下小于忽略应力历史影响得到的结果，且这一趋势对于包括水平、扭转和水平-摇摆耦合在内的侧向振动模式来说尤为明显。此外，忽略应力历史影响的群桩基础抗震设计相对来说并不保守，甚至在中频范围内偏不安全。因此，在进行冲刷条件下的群桩基础动力分析时，有必要考虑冲刷后残余土体应力历史的影响。

3. 冲刷深度的影响

针对桩间距为 $3d$ 的 3×3 和 4×4 群桩基础，基于修正的模型土体参数，由本书方法计算得到的冲刷深度分别为 0，$1d$，$2d$ 和 $3d$ 时的群桩动力阻抗（包括水平阻抗、竖向阻抗、摇摆阻抗、扭转阻抗和水平-摇摆耦合阻抗）如图 7.13—图 7.22 所示。结果表明：群桩基础动力阻抗的峰值频率随冲刷深度的变化基本保持不变。

由图 7.13、图 7.16—图 7.18、图 7.21 和图 7.22 可知：①在大多数频率情况下，3×3 和 4×4 群桩基础的侧向动力阻抗（包括水平、扭转和水平-摇摆耦合阻抗）随冲刷深度的增大而显著减小,其峰值的降低尤为明显;②当冲刷深度由 0 增大到 $3d$ 时,3×3 和 4×4 群桩基础的侧向刚度和阻尼峰值降低了约 75% 或更多。

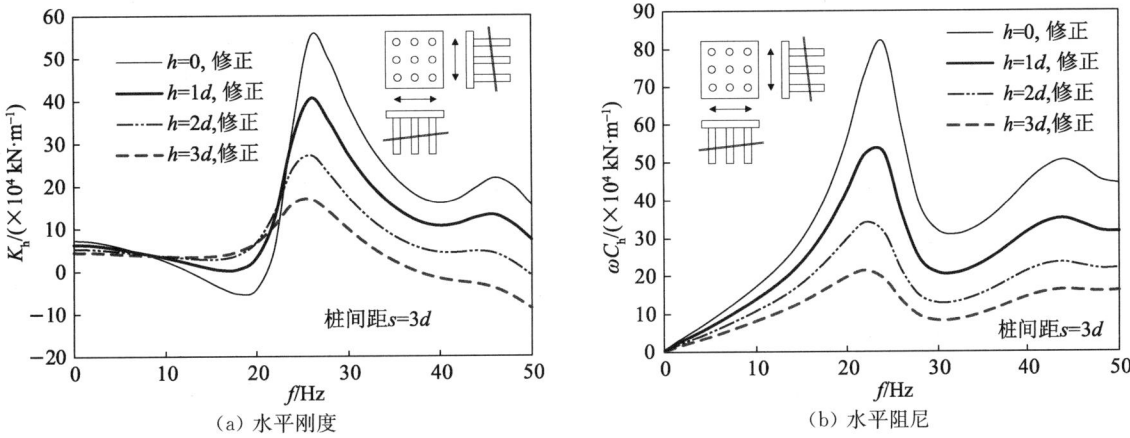

图 7.13　考虑冲刷深度和应力历史影响的 3×3 群桩基础水平向阻抗

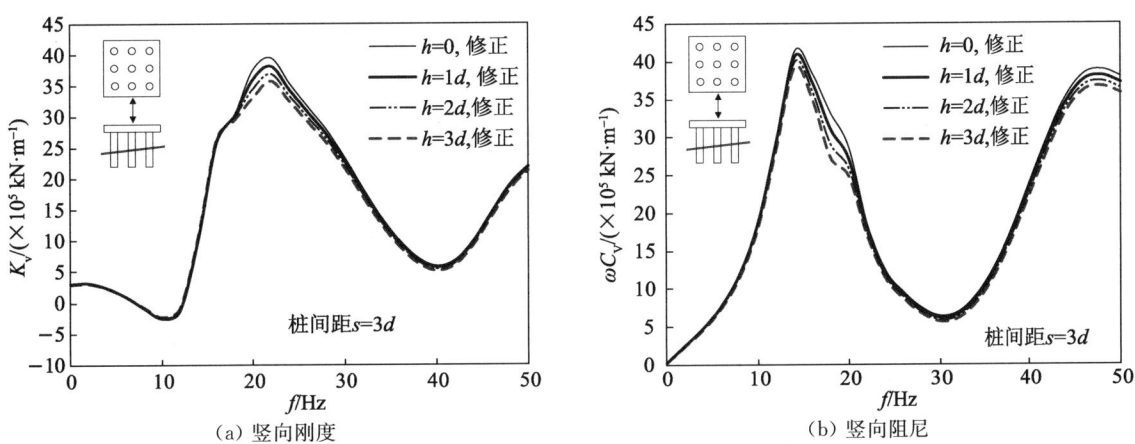

图 7.14　考虑冲刷深度和应力历史影响的 3×3 群桩基础竖向阻抗

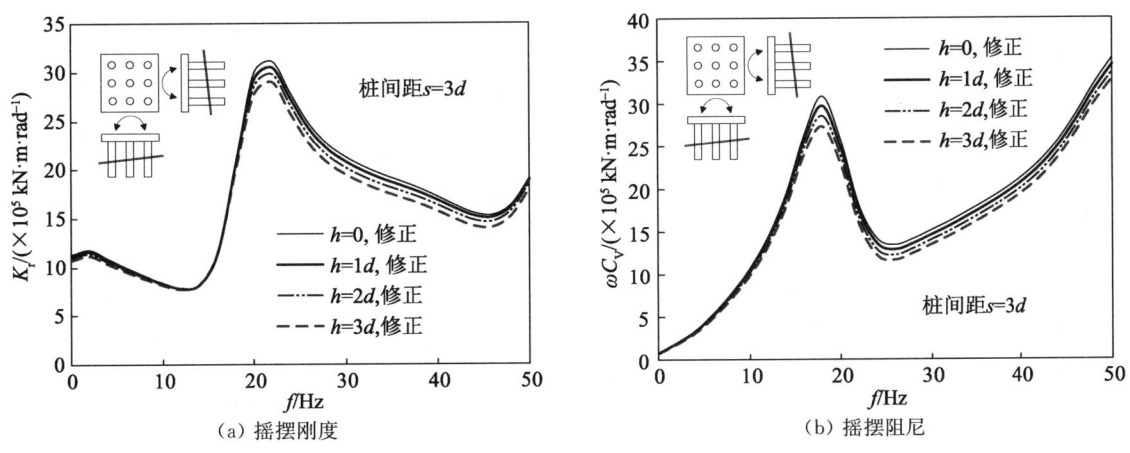

图 7.15　考虑冲刷深度和应力历史影响的 3×3 群桩基础摇摆阻抗

由图 7.14、图 7.15、图 7.19 和图 7.20 可知：①随着冲刷深度的增大，3×3 和 4×4 群桩基础的竖向和摇摆阻抗略有减小，其峰值的降低则更为明显；②当冲刷深度由 0 增大到 3d 时，3×3 和 4×4 群桩基础的竖向和摇摆阻抗峰值只降低了约 10%。

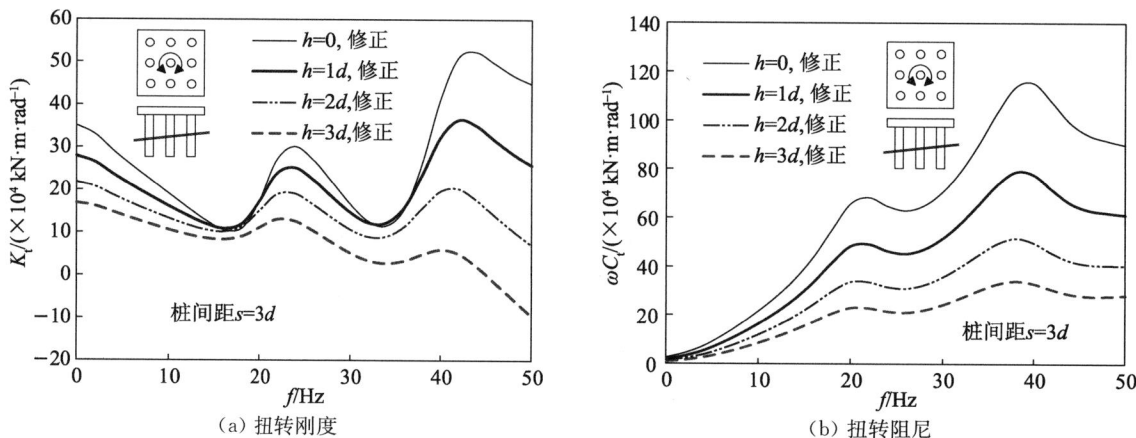

图 7.16　考虑冲刷深度和应力历史影响的 3×3 群桩基础扭转阻抗

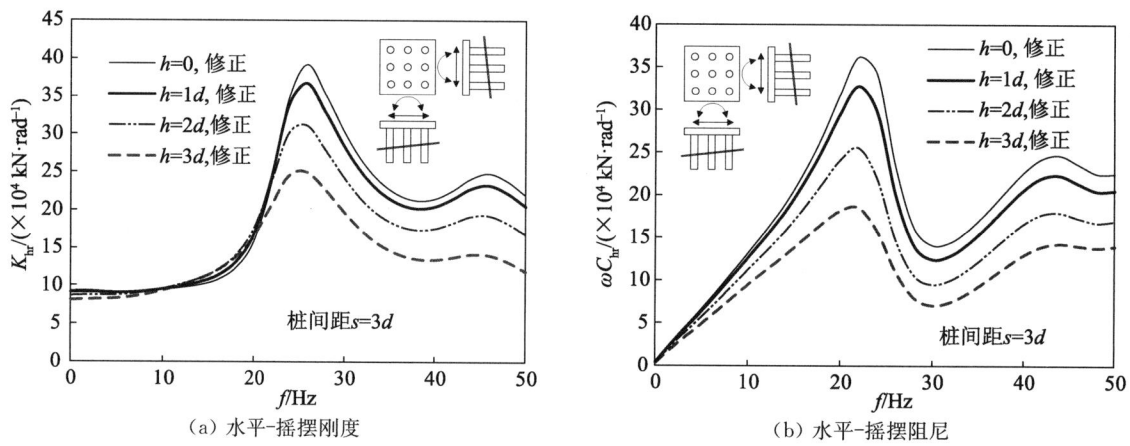

图 7.17　考虑冲刷深度和应力历史影响的 3×3 群桩基础水平-摇摆耦合阻抗

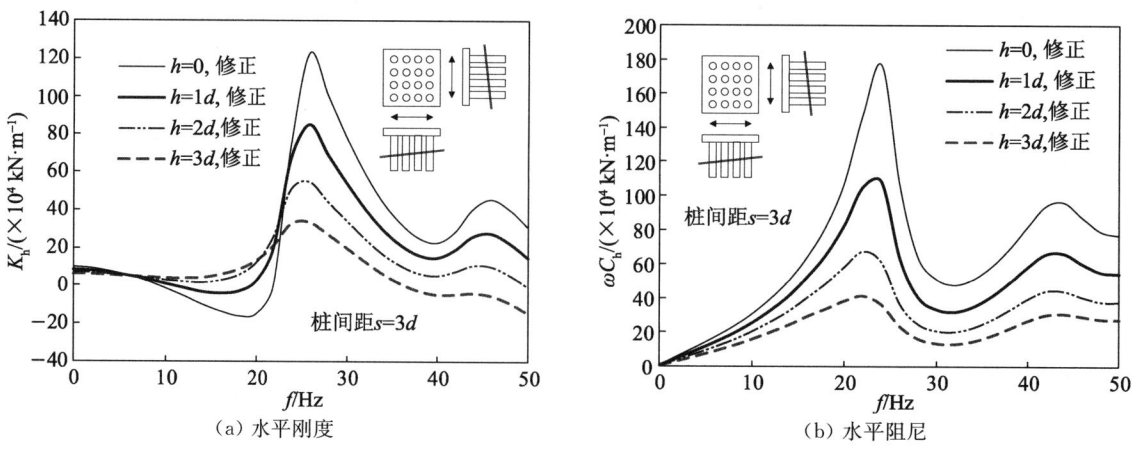

图 7.18　考虑冲刷深度和应力历史影响的 4×4 群桩基础水平阻抗

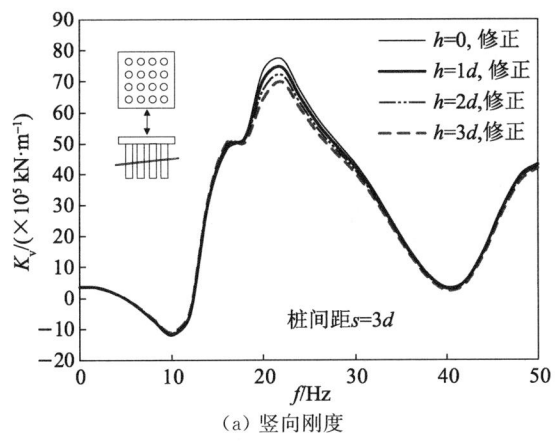
(a) 竖向刚度

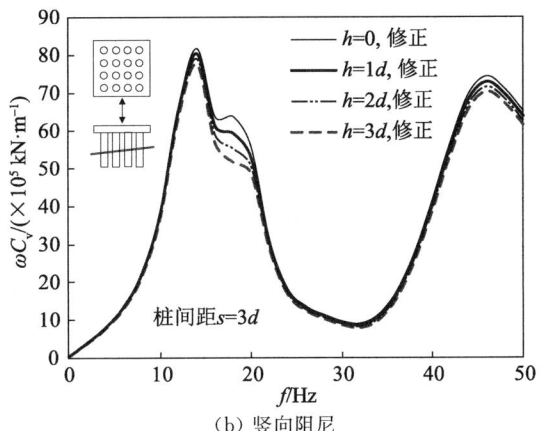
(b) 竖向阻尼

图 7.19 考虑冲刷深度和应力历史影响的 4×4 群桩基础竖向阻抗

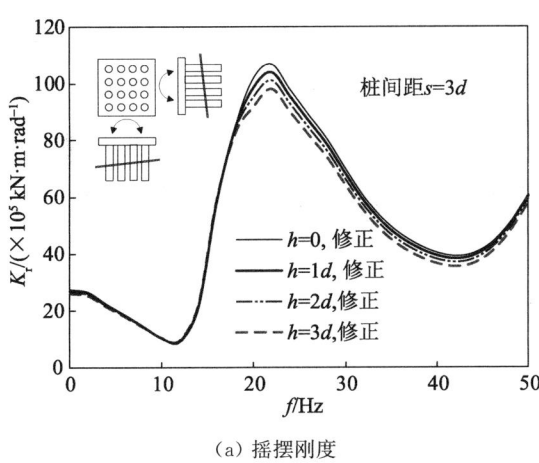
(a) 摇摆刚度

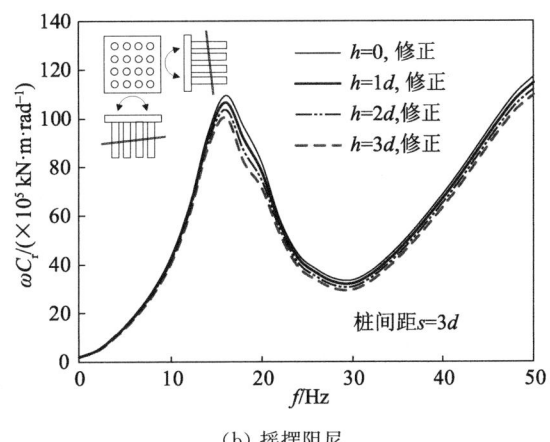
(b) 摇摆阻尼

图 7.20 考虑冲刷深度和应力历史影响的 4×4 群桩基础摇摆阻抗

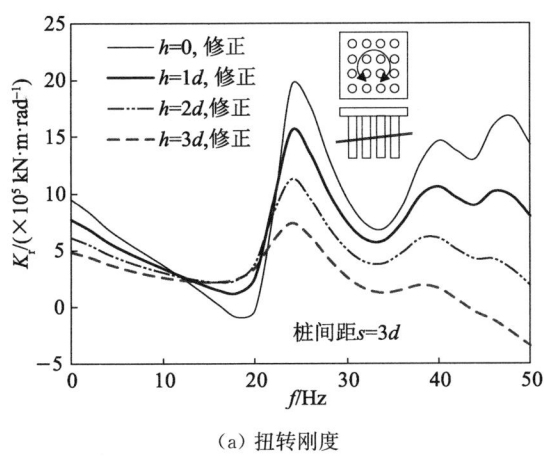
(a) 扭转刚度

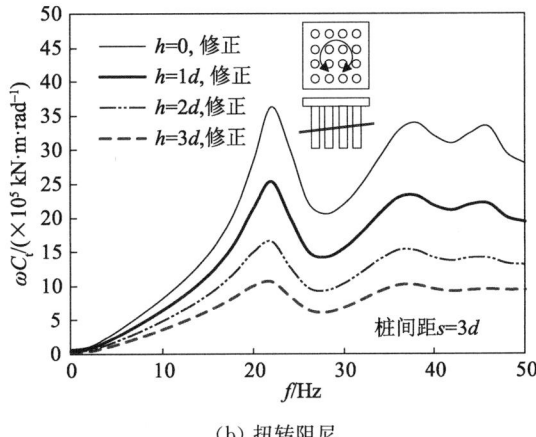
(b) 扭转阻尼

图 7.21 考虑冲刷深度和应力历史影响的 4×4 群桩基础扭转阻抗

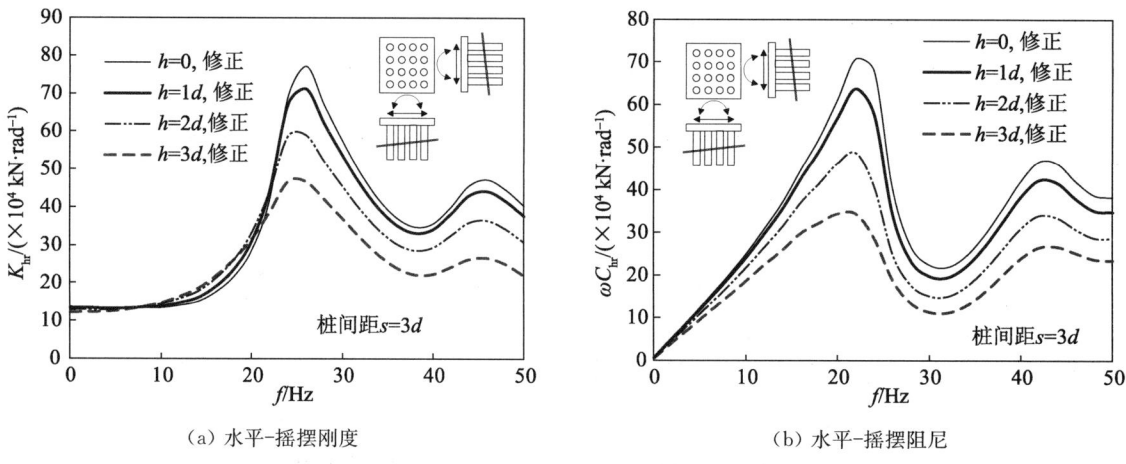

(a) 水平-摇摆刚度　　　　　　　　　　(b) 水平-摇摆阻尼

图 7.22　考虑冲刷深度和应力历史影响的 4×4 群桩基础水平-摇摆耦合阻抗

图 7.13—图 7.22 的结果表明：桩周浅层土体的约束作用对群桩基础动力阻抗来说至关重要，且其对基础侧向振动的影响尤为明显。因此，有必要对埋置于洪水和地震频发区的群桩基础动力阻抗进行深入研究。

7.3　冲刷状态下结构-桥梁群桩基础地震响应离心振动台模型试验

7.3.1　试验概况

1. 模型相似比关系

试验离心加速度为 $50g$，模型与原型长度相似比为 50。试验中土的含水率和密度相似比为 1∶1。模型物理量相似关系列于表 7.6。桩和柱主要为受弯构件，以截面抗弯刚度 EI 相似作为主要控制参数，兼顾截面抗压刚度 EA；承台主要发生整体平移和摇摆，因而以质量 m 和侧向转动惯量 J 相似作为主要控制参数。上部结构亦以质量 m 和侧向转动惯量 J 相似作为主要控制参数。

表 7.6　相似关系

构件	EI	EA	m	J
桩	$1:50^4(50.0^4)$	$1:50^2(43.0^2)$	—	—
柱	$1:50^4(50.0^4)$	$1:50^2(45.1^2)$	—	—
承台	—	—	$1:50^3(50.0^3)$	$1:50^5(50.3^5)$
结构	—	—	$1:50^3(48.7^3)$	$1:50^5(49.2^5)$

2. 群桩基础模型设计

试验结合桥梁群桩基础特性，研究 3×3 群桩和单桩在桩基因冲刷出露高度分别取 0 m 和 4.25 m 的情况下，上部结构的惯性响应和桩基内力分布差异性。模型根据相似比原理换算后的原型布置如图 7.23 所示，图中标注均为原型尺寸。桩基外露高度为 0 m 时（冲刷前),进行低承台群桩基础模型试验。待低承台工况(冲刷前)试验完成后,停机开挖4.25 m土层。当桩基外露高度为4.25 m时(冲刷后),为使土体达到试验所需固结度,再次在离心加速度场中固结0.5 h,然后进行高承台(冲刷后)群桩基础地震响应试验。

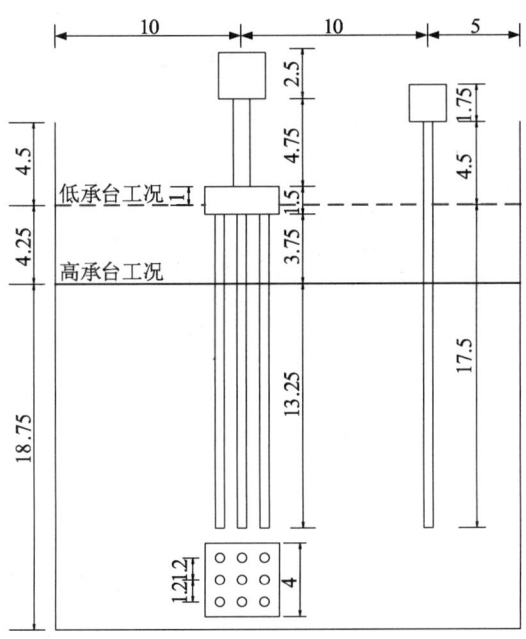

图7.23 模型原型示意图(单位: m)

桩和柱的原型选用钢管桩或柱,承台和上部结构的原型为混凝土结构。钢材的弹性模量为206 GPa,混凝土材料密度为2.5 g/cm³。根据物理相似关系,单桩、群桩、承台和结构模型均采用铝合金材料,其泊松比、弹性模量和密度分别为0.33,70 GPa和2.7 g/cm³。桩截面直径10 mm,壁厚2 mm,单桩桩长440 mm,群桩模型桩长340 mm,桩间距为24 mm。上部结构采用立方体质量块模拟,对于单桩模型,其上部结构的立方体边长为35 mm;对于群桩基础,其上部结构的立方体边长为50 mm;承台尺寸为80 mm(长)×80 mm(宽)×30 mm(厚),立方体与承台之间的圆柱直径为18 mm,壁厚3 mm,柱长95 mm。模型设计的实际相似比见表7.6中括号内数值。

试验用土选用黏性土,含水率33.0%,密度1.99 g/cm³。制备土样时,首先在模型箱底部铺设2 cm排水粗砂垫层,再将泥浆置于砂垫层之上;随后在加速度为50g的离心场中固结2.5 h,以使土体达到理想的固结度;停止离心机,将模型桩在加速度为1g的状态下压入固结后的土体中,保证承台与土体接触;安装测量设备后,再次在加速度为50g的离心场中固结1.5 h,保证扰动后的桩周土体再次固结,以使土体达到试验所需固结度,然后进行试验。

3. 试验设备

试验采用同济大学TLJ-150型岩土离心试验机,动力试验中能够稳定运转的最大离心加速度为50g。可用于模拟地震激励的振动台如图7.24(a)所示,最大振动加速度为20g,

最大持时为 1 s,振动频率为 20~200 Hz。叠环式层状剪切箱如图 7.24(b)所示,由竖向层叠的 22 层铝环组成,允许层间相对变形为 5 mm,剪切箱内壁设置橡胶膜以吸收反射波,消除应力波边界反射影响。

(a) 离心振动台　　　　　　(b) 叠环式层状剪切箱

图 7.24　试验设备

4. 地震波选取

试验中选取的原地震波为 1999 年 9 月 19 日的 ChiChi 波(Ancheta 等,2014),其卓越周期和频率成分可反映我国沿海地区工程地质场地特征。在波形再现数控系统中对地震波进行缩放,原峰值加速度分别是 $0.05g$,$0.15g$ 和 $0.25g$,在离心加速度场下对应于振动台的峰值加速度分别为 $2.5g$,$7.5g$ 和 $12.5g$。每次输入地震波后,在震后固结约 10 min 且孔隙水压力基本保持稳定时,可达到下一次输入地震动的试验要求。

试验前的振动台调试关键步骤是寻找最佳驱动。由于振动台的振动频率范围和持时限制,输入波由波形再现数控系统进行滤波,原则上保留其相位等随机特征,然后修正其不同频段的幅值以逼近原地震波。采用等效负荷试验,即在振动台上安装相同质量的试验装置,在离心加速度为 $50g$ 的环境中,模拟得到振动台的加速度反馈信号。地震持时 40 s,截取第 26~66 s 内的 ChiChi 波加速度记录作为原输入地震波。图 7.25 所示是截取的原型地震波和振动台输出地震波加速度 a 的时程曲线及其傅里叶幅值谱 F,振动台输出地震波基本保留了频率小于 8 Hz 的成分。

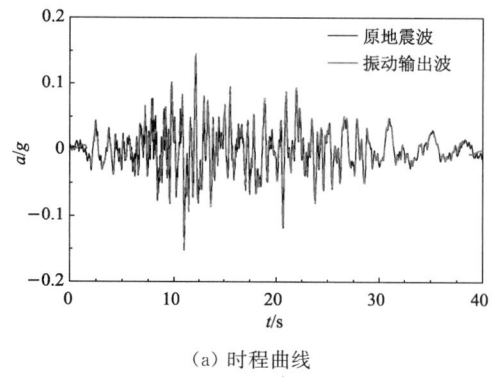 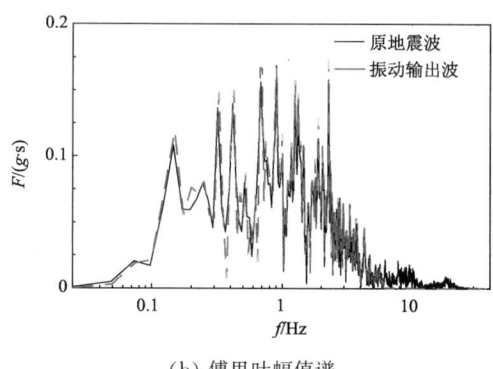

(a) 时程曲线　　　　　　　(b) 傅里叶幅值谱

图 7.25　试验输入和输出地震波对比

5. 测点布置及测量

试验中传感器布置如图 7.26 所示,共布置有加速度计、位移计、应变片和孔压计等传感器。在承台、上部结构和层状剪切箱的侧边安装位移计,在土层内部设置加速度计和孔压传感器,在群桩的角桩(编号 4)、边桩(编号 2,3)和内桩(编号 1)位置布置应变片。为方便标识,传感器采用 A/D/K(分别对应于加速度计/位移计/孔压计)传感器编号表示,如 A1 表示在 3×3 群桩基础中传感器编号为 1 的加速度计。

试验桩身应变片位置如图 7.26 所示,对于单桩,桩身应变片共 4 组,每组 2 片;对于群桩基础,在角桩设置 5 组应变片,在中心桩和边桩桩顶位置分别设置 1 组应变片。应变片测试精度与应变片的粘贴工艺、粘贴剂、保护层以及应变桥路类型都有关系,需要进行应变片的标定。试验中应变片采用

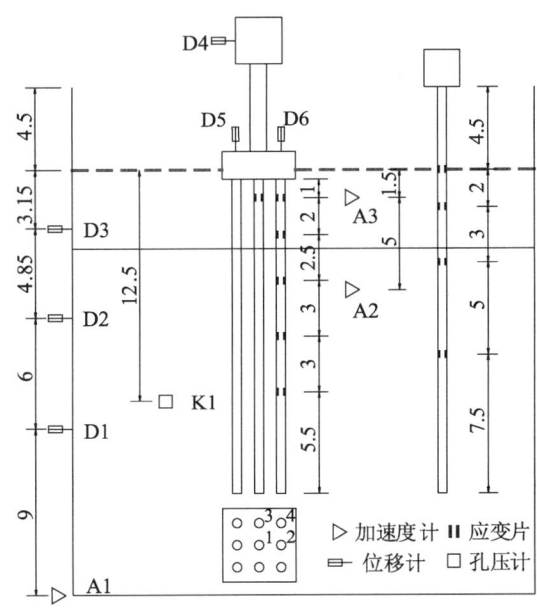

图 7.26 传感器布置(原型单位: m)

半桥接法测试得到弯矩应变。图 7.27(a)所示为应变片粘贴;图 7.27(b)所示为试验前按照悬臂梁弯曲标定模型尺寸下桩身弯矩 M 和应变 ε 的相关关系;图 7.27(c)和(d)分别为单桩和群桩模型的弯矩和应变线性标定结果,可以根据弯矩相似比得到原型的弯矩值。

群桩基础应变采用 G 桩位编号-应变编号表示,如 G1-1 表示在群桩模型中心桩编号为 1 的应变片;单桩应变采用 S 试验编号-应变编号表示,如 S-1 表示单桩模型编号为 1 的应变片。应变编号从地表向下依次增加。

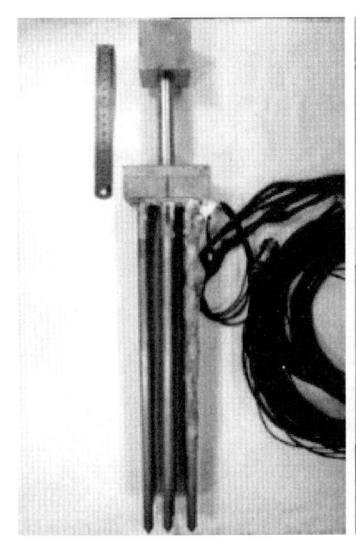

(a) 应变片粘贴

(b) 弯曲标定现场

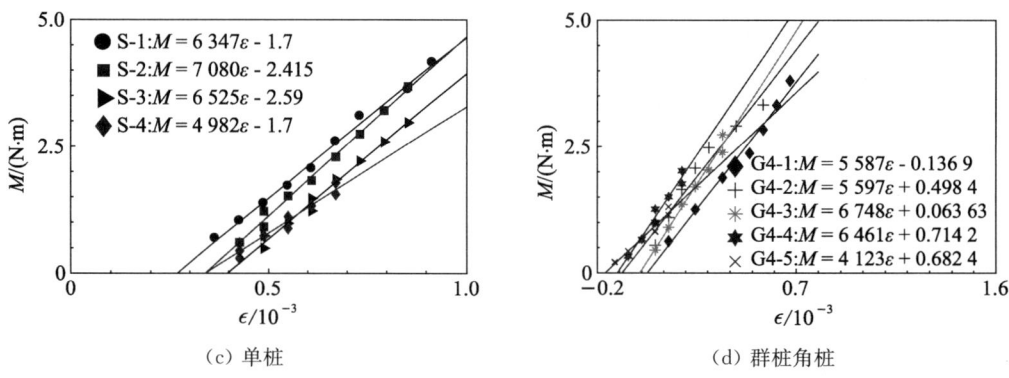

(c) 单桩　　　　　　　　　　　　(d) 群桩角桩

图 7.27　桩身弯矩应变片标定

7.3.2　试验结果及分析

1. 地层及结构响应

图 7.28 是土层加速度响应测试结果,其中振动台自带加速度计 A1,用于测试原输入波与振动台响应波是否一致,结果表明:当分别进行低承台(冲刷前)和高承台(冲刷后)试验时,在原峰值加速度 a_{PG} 为 $0.05g$ 和 $0.15g$ 时,振动台输出地震波与原输入地震波基本吻合,在原峰值加速度为 $0.25g$ 时,振动台输出地震波略大于原输入地震波。

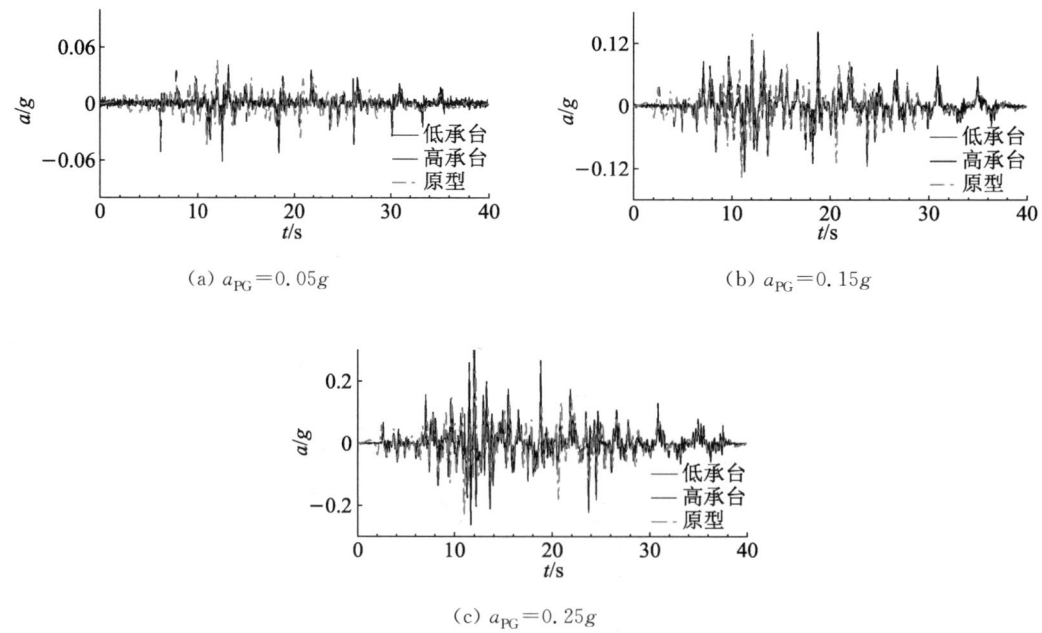

(a) $a_{PG}=0.05g$　　　　　　　　　(b) $a_{PG}=0.15g$

(c) $a_{PG}=0.25g$

图 7.28　振动台响应 A1 和原型输入波对比

加速度计 A3 和 A2 分别用于监测开挖前后地表加速度响应。图 7.29 是在低承台工况下(冲刷前),加速度计 A1 实测峰值加速度为 $0.061g$、$0.143g$ 和 $0.338g$ 时,分别对应于土层中加速度计 A3 的加速度时程 a 响应。图 7.30 是在低承台工况下(冲刷前),加速度计 A3 与 A1 的幅值谱 F 对比。

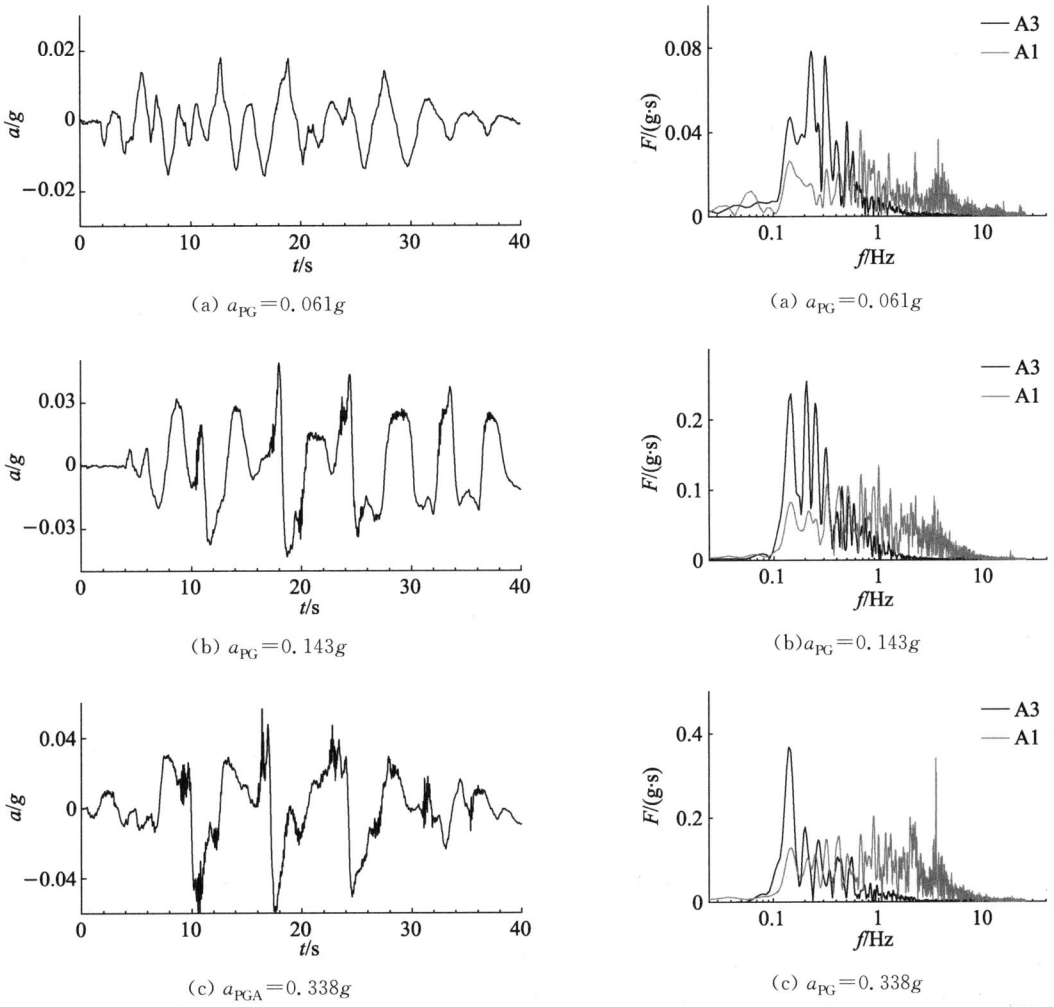

图 7.29 低承台工况(冲刷前)加速度

图 7.30 低承台工况(冲刷前)傅里叶幅值谱

图 7.31 是在高承台工况下(高出地表 4.25 m)(冲刷后),加速度计 A1 实测峰值加速度为 $0.051g$,$0.146g$ 和 $0.379g$ 时,分别对应于土层中加速度计 A2 的时程响应。图 7.32是在高承台工况下(高出地表 4.25 m)(冲刷后),加速度计 A2 与 A1 的傅里叶幅值谱对比。

由图 7.29—图 7.32 可见,当土层较厚(对应于冲刷前的低承台工况)时,地震输入波中的高频成分能量衰减较低频更快,传播到地表的地震波以低频为主;当土层厚较薄时(对应于冲刷后的高承台工况),传播到地表的地震波仍然保留了一部分高频成分。在两种工况下,当基底输入地震波峰值加速度较大时,由于土体内部阻尼随应变的增大而增大,高频成分受到阻尼的影响较低频能量衰减更快,传播到地表的地震波也以低频为主。

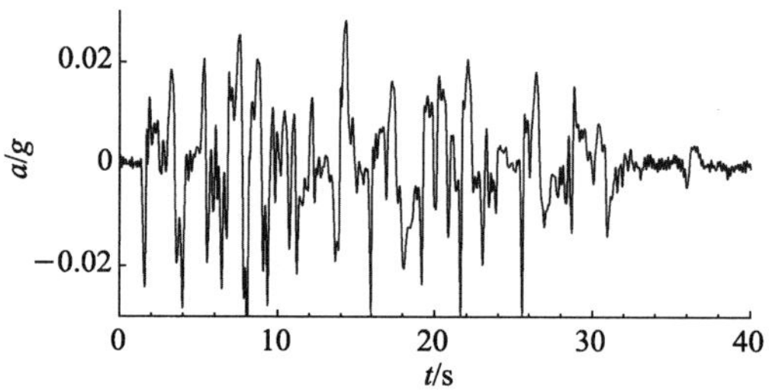

(a) $a_{PG}=0.051g$

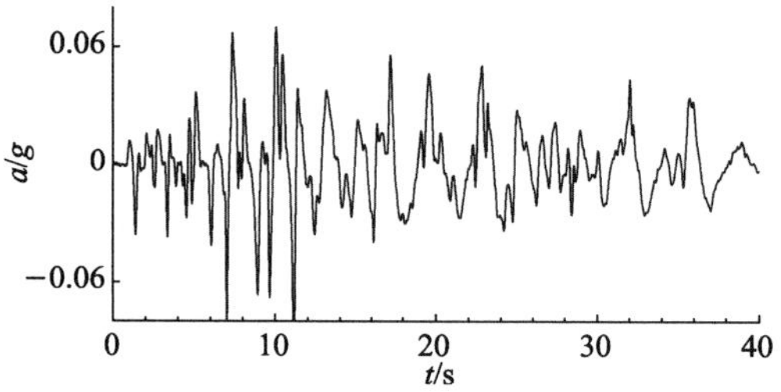

(b) $a_{PG}=0.146g$

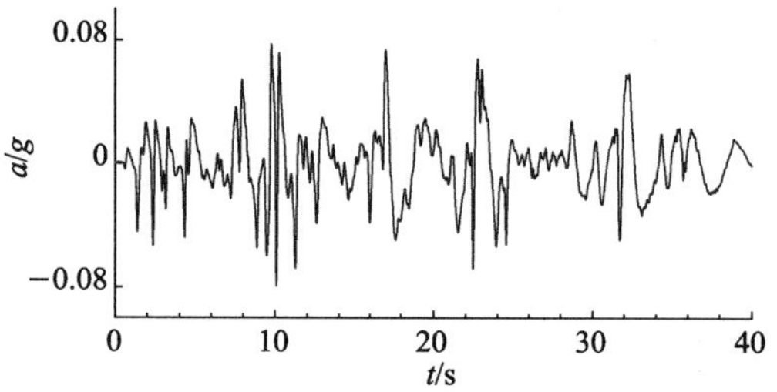

(c) $a_{PG}=0.379g$

图 7.31　高承台工况(冲刷后)加速度响应

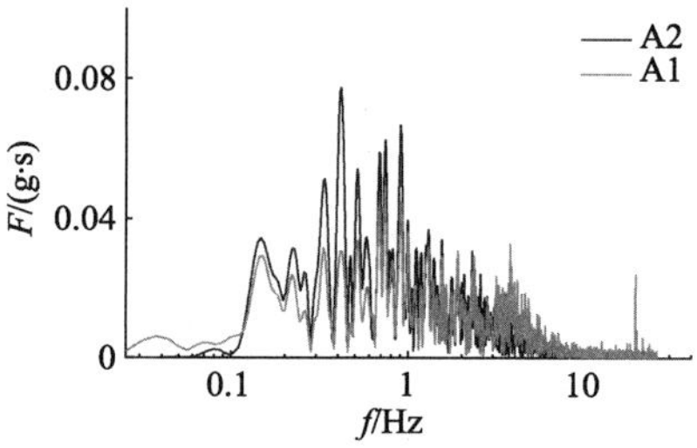

(a) $a_{PG}=0.051g$

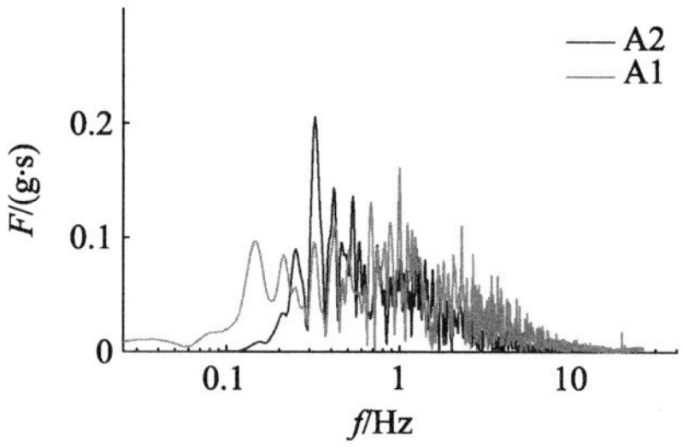

(b) $a_{PG}=0.146g$

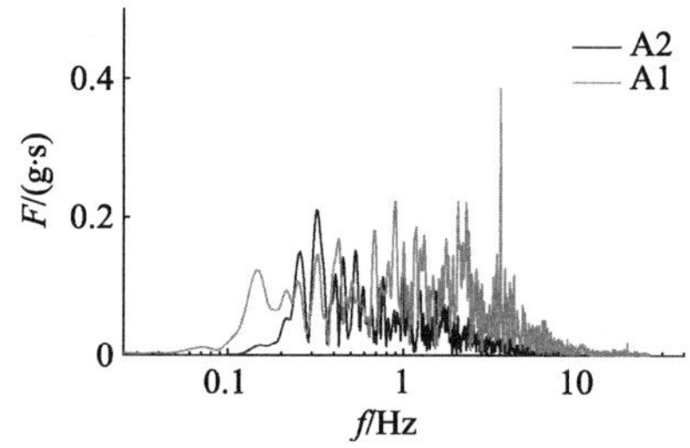

(c) $a_{PG}=0.379g$

图 7.32　高承台工况(冲刷后)傅里叶幅值谱

图 7.33 为输入峰值加速度为 0.061g,0.143g 和 0.338g 时低承台工况下(冲刷前),上部结构位移计 D4 与振动台的水平相对位移 Δ 的时程曲线和阻尼比为 5%的谱相对位移反应 S_Δ。图 7.34 为输入峰值加速度为 0.051g,0.146g 和 0.379g 时高承台工况下(高出地表 4.25 m)(冲刷后),上部结构位移计 D4 与振动台的相对位移 Δ 的时程曲线和阻尼比为 5%的相对位移反应谱 S_Δ。

(a) 相对位移时程曲线

(b) 阻尼比为 5%的相对位移反应谱

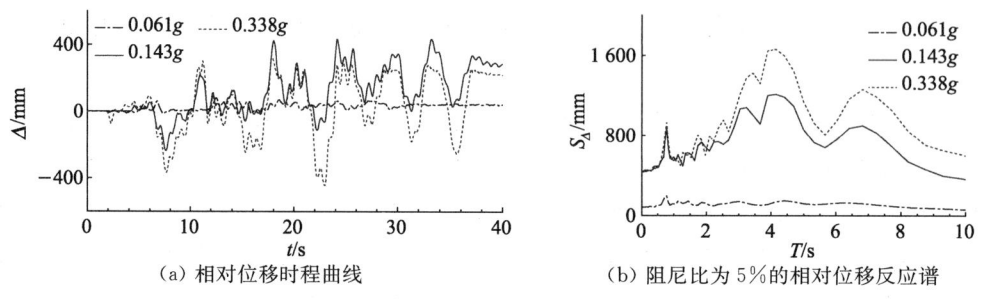

图 7.33　低承台工况时(冲刷前)上部结构 D4 水平相对位移

由图 7.33(a)和图 7.34(a)可知：在较厚土层中(对应于冲刷前的低承台工况)，输入峰值加速度为 0.143g 和 0.338g 时，水平相对位移响应差异明显；在土层厚度变小时(对应于冲刷后的高承台工况)，输入峰值加速度为 0.146g 和 0.379g 时，水平相对位移响应差异并不明显。由图 7.33(b)和图 7.34(b)可见：在两种工况下，上部结构的等效单质点周期 T 在 0.8 s 附近，相对位移响应出现了第 1 个峰值，当 $T>2$ s 时，低承台工况(冲刷前)的相对位移反应谱比高承台工况(冲刷后)时大。在较厚土层中(对应于冲刷前的低承台工况)，当 $T>4$ s 后，随着峰值加速度的增大，相对位移反应谱减小，周期 T 在 7 s 附近，相对位移反应谱响应会明显再次出现峰值；在土层厚度变薄时(对应于冲刷后的高承台工况)，当 $T>4$ s 后，随着峰值加速度的增大，相对位移反应谱逐渐减小。这表明，实测的上部结构在地震过程中积蓄了能量，受到强迫振动后，其能量衰减较小，位移时程以低频分量为主。冲刷后的高承台群桩基础桩基出露使结构能量衰减更快。

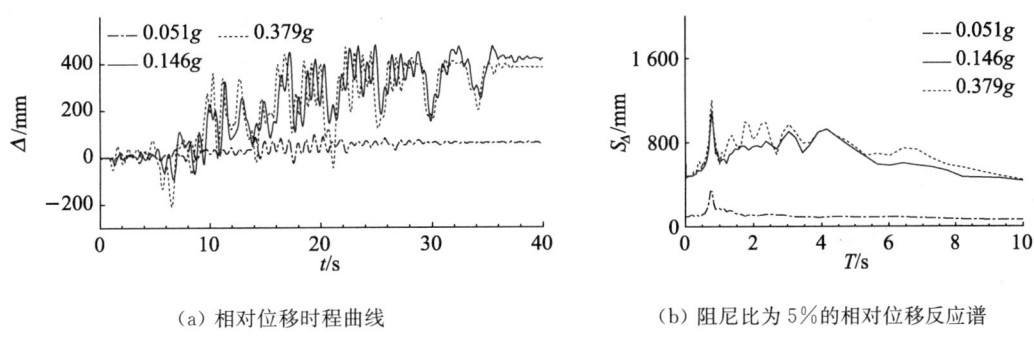

(a) 相对位移时程曲线　　(b) 阻尼比为 5% 的相对位移反应谱

图 7.34　高承台工况时(冲刷后)上部结构 D4 水平相对位移

通过位移计 D5 和 D6 监测承台竖向位移差和两者的相对距离，可以得到承台在振动方向的转动响应 θ，试验中也采用阻尼比为 5% 的承台转动反应谱 S_θ 进行分析。图 7.35 为振动台输入峰值加速度为 0.061g，0.143g 和 0.338g 时低承台工况下(冲刷前)，承台转动时程曲线和阻尼比为 5% 的转动反应谱。图 7.36 为振动台输入峰值加速度为 0.051g，0.146g 和 0.379g 时，高承台工况下(高出地表 4.25 m)(冲刷后)，承台转动时程曲线和阻尼比为 5% 的转动反应谱。

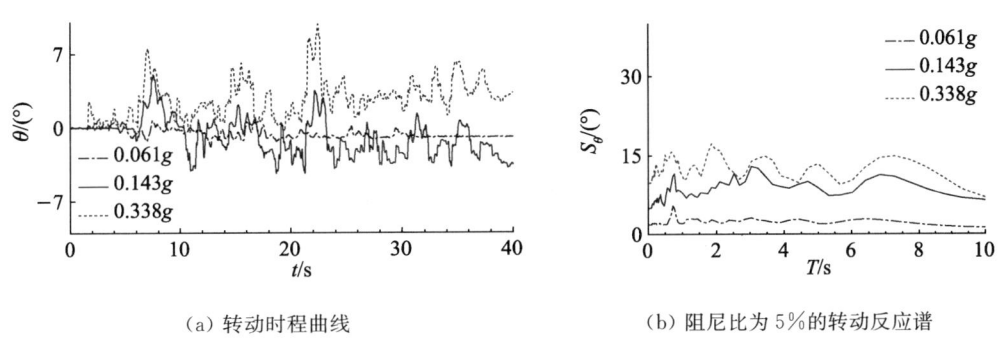

(a) 转动时程曲线　　(b) 阻尼比为 5% 的转动反应谱

图 7.35　低承台工况时(冲刷前)承台转动响应

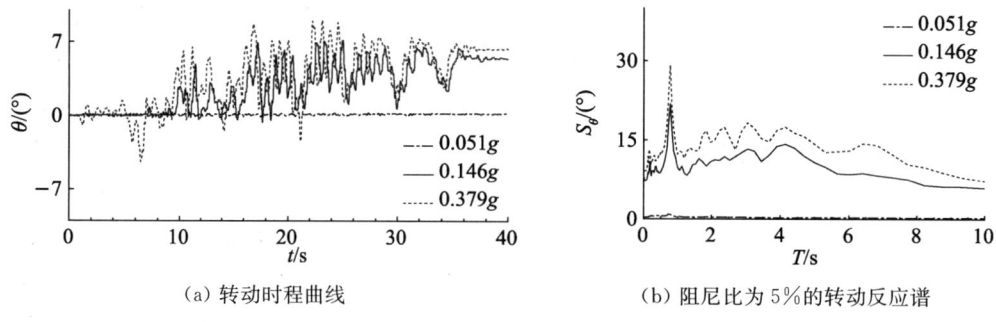

(a) 转动时程曲线　　　　　　　　(b) 阻尼比为5%的转动反应谱

图7.36　高承台工况时(冲刷后)承台转动响应

由图7.35(a)和图7.36(a)可知：在较厚土层中(对应于冲刷前的低承台工况)，输入峰值加速度为0.143g和0.338g时，转动响应差异明显；在土层厚度变小时(对应于冲刷后的高承台工况)，输入峰值加速度为0.146g和0.379g时，转动差异并不明显。由图7.35(b)和图7.36(b)可知：在两种工况下，与上部结构的相对位移反应谱相似，等效单质点周期T在0.8 s附近时，转动反应谱出现了第1个峰值，且高承台工况(冲刷后)的峰值响应比低承台工况(冲刷前)时更明显；当$T>2$ s时，承台转动响应仍出现多次峰值。这表明，承台在地震作用下也会发生强迫振动，转动时程以低频分量为主；当峰值加速度变大时，转动响应趋于相同，冲刷后的高承台群桩出露使承台的能量衰减更快。

2. 土体侧移响应

通过监测层状剪切箱对应于振动台的位移响应，可以观察土体开挖后土层侧移响应δ。图7.37为低承台工况下(冲刷前)，振动台输入峰值加速度为0.061g，0.143g和0.338g时，层状剪切箱测点D1，D2，D3相对于振动台的水平位移时程曲线；图7.38为高承台工况下(高出地表4.25 m)(冲刷后)，振动台输入峰值加速度为0.051g，0.146g和0.379g时，层状剪切箱测点D1和D2相对于振动台的位移时程曲线。

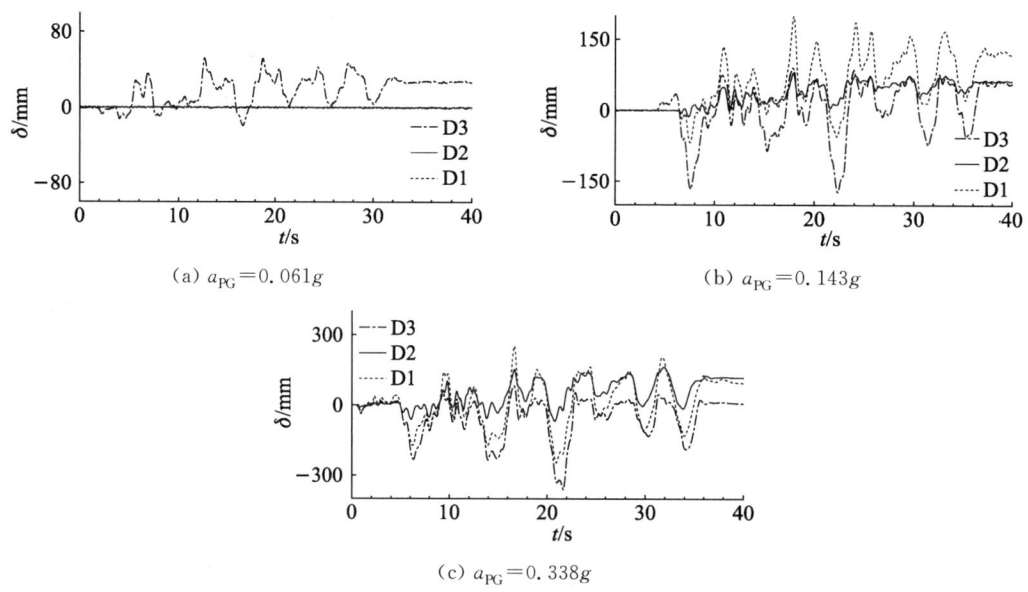

(a) $a_{PG}=0.061g$　　　　　　　　(b) $a_{PG}=0.143g$

(c) $a_{PG}=0.338g$

图7.37　低承台工况(冲刷前)土体相对侧移

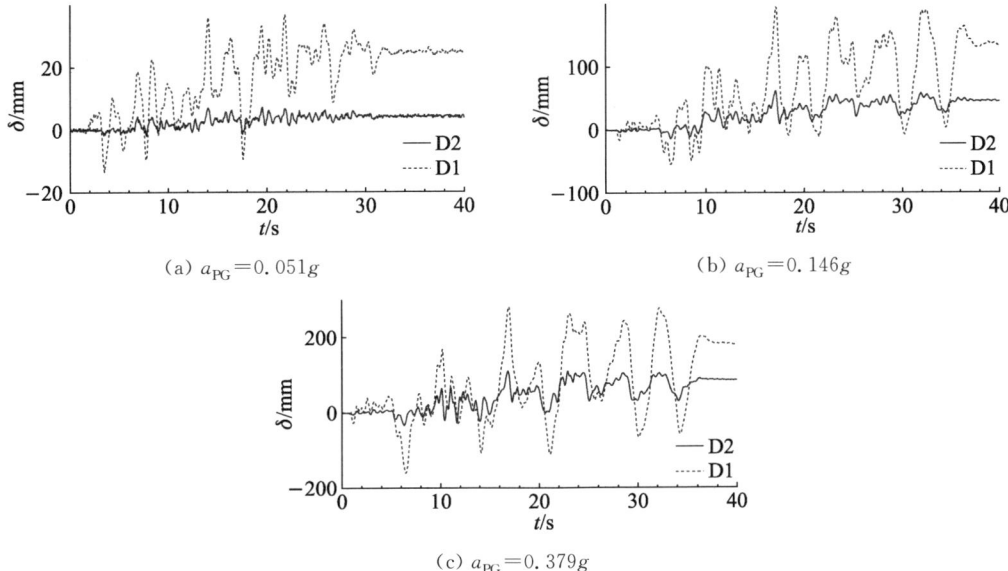

(a) $a_{PG}=0.051g$

(b) $a_{PG}=0.146g$

(c) $a_{PG}=0.379g$

图 7.38 高承台工况(冲刷后)土体相对侧移

由图 7.37 和图 7.38 可知:随着土层深度的增加,场地侧向水平位移呈现出上部和下部相对位移大、中部相对位移小的分布趋势;输入峰值加速度逐渐增大时,土层水平侧移呈现显著增加趋势。在后续开挖形成承台高于地表 4.25 m 的场地土时(冲刷后),由于土层开挖后继续固结一段时间,测点 D3 高于开挖面,对中部测点 D2 和下部测点 D1 的土体侧移影响较小。

出现上述现象的原因是,土体中部的固结效果没有上部和下部效果好,中部测点 D2 的相对位移小,表现为一定的减震或隔震作用;上部测点 D3 由于接近地表,土层上覆压力较小,土体侧向位移明显;下部土层测点 D1 由于没有经过中间土层的缓冲作用,土体侧向位移大。

3. 角桩峰值弯矩响应

图 7.39 为在不同峰值加速度输入下,低承台群桩(冲刷前)和高承台群桩(冲刷后)对应 1 号角桩的峰值弯矩 M。由图可知,高低承台(冲刷前后)群桩基础的峰值弯矩随着基底峰

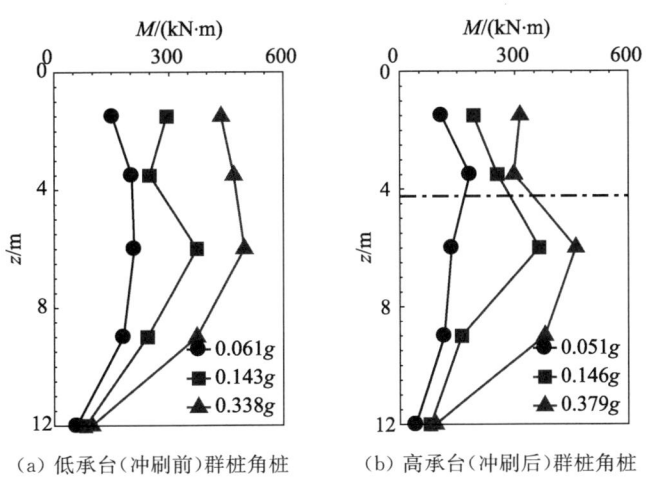

(a) 低承台(冲刷前)群桩角桩   (b) 高承台(冲刷后)群桩角桩

图 7.39 桩身峰值弯矩变化

值加速度的增大而增大。而低承台群桩(冲刷前)承台与桩接触处桩身峰值弯矩较大,在开挖土层深度为 4.25 m 时,上部桩周土体约束消失,上部结构和承台地震响应发生变化,改变了桩身弯矩,表现为承台与桩接触处峰值弯矩下降。高承台(冲刷后)形成的桩基外露,显著增加了上部结构和承台的惯性效应。

4. 土中超孔隙水压力响应

由于土体的含水率较高,因此在模型试验中,需要考虑场地土体是否发生液化现象。图 7.40 为不同峰值加速度输入工况下,土层内部孔压计 K1 的超孔隙水压力 P 的时程。由图可见,土体中的超孔隙水压增加较小,超孔压增加不足以使土层内部发生液化现象。

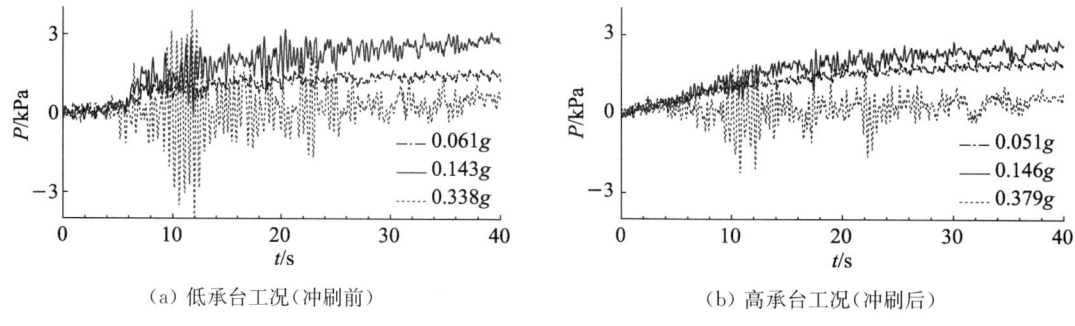

图 7.40 土层内部孔压计 K1 的超孔隙水压力

5. 结论

(1) 高低承台(冲刷前后)模型的上部质点和承台在地震过程中会积蓄能量,受强迫振动,其能量衰减缓慢,位移时程以低频分量为主。与低承台群桩基础(冲刷前)相比,高承台形成的桩基出露(冲刷后)显著增加了上部结构和承台的惯性效应。高承台群桩基础桩基出露(冲刷后)会使得承台和结构的能量衰减更快。

(2) 高承台(冲刷后)和低承台(冲刷前)群桩基础的峰值弯矩均随着基底峰值加速度的增大而增大,而低承台群桩(冲刷前)承台与桩接触处桩身峰值弯矩较大。高承台(冲刷后)形成的桩基出露显著改变了桩身内力的分布,呈现为承台与桩接触处桩身峰值弯矩下降,最大峰值弯矩改变较小。

第8章
冲刷状态下桥梁桩基的抗震性能及易损性分析

8.1 概述

目前,我国抗震规范的思想立足于三阶段设防标准,即小震不坏、中震可修、大震不倒。设计主要分为两个阶段:第一阶段,按多遇地震作用效应和其他荷载效应的基本组合验算构件截面抗震承载力,以及多遇地震作用下验算结构的弹性变形;第二阶段,按罕遇地震作用下验算结构的弹塑性变形。虽然多级设防标准相对于早期的单一设防标准有很大的进步,但在具体实施过程中,仍是以确保人的生命安全为原则的一级设计理论。因此,依据目前规范,设计人员很难确保在某一强度地震作用下结构产生的损伤和整体经济损失处于一个可以接受的范围。为了解决此类问题,美国地震工程界率先提出了基于性能的抗震设计思想(Poland 等,1995),而地震易损性分析方法就是基于该思想发展起来的评估方法。冲刷会对桥梁桩基础的承载能力特别是侧向承载能力造成较大的影响。在洪水冲刷作用下,桩基础周围土体会被河水冲走形成冲刷坑,桩周土体高程的降低会导致承台和桩基裸露,原来的低承台桩基可能变为高承台桩基。由于这种冲刷作用的长期存在,在冲刷作用下发生地震的概率极大,也就是说,对于河流上的桥梁,冲刷和地震共同作用的概率基本上等于地震发生的概率。而冲刷和地震共同作用下桥梁桩基的破坏程度可能会比地震单独作用下的破坏程度要大,因此有必要对洪水冲刷和地震共同作用下桥梁桩基的易损性进行研究,以揭示土体冲刷对桩基地震破坏概率的影响。洪水冲刷和地震共同作用下桥梁的易损性通常是指在一特定的地震强度和冲刷深度作用下,桥梁达到某一损伤程度的超越概率。桥梁地震易损性分析包括地震概率需求分析和地震概率能力分析。地震需求为结构抵抗地震所需要的性能,可以通过对桥梁进行地震试验获得;地震能力为结构所能提供的抵抗地震作用的能力。当结构的地震需求小于地震能力,认为结构尚未发生相应的损伤,否则认为发生了相应的损伤。假如认为结构的能力是确定的,结构达到某一损伤程度的量化值可以通过对结构进行能力分析获得,例如对于桥梁桩基,可以通过弯矩曲率分析获得其某种性能水平或极限状态的界限值。

本章首先研究考虑冲刷作用时简化桥梁群桩基础的地震易损性,阐述在地震易损性分析时如何考虑土体冲刷作用,同时给出考虑冲刷作用时桥梁桩基的地震易损性曲线的求解过程,为以后的研究提供借鉴。其次,采用 SAP2000 软件建立三维全桥有限元模型,通过非线性时程分析得到桥墩和桩基的地震响应峰值;假设地震易损性函数为对数正态分布,建立不同冲刷深度下桥墩和桩基地震易损性概率模型,通过回归分析求解概率模型中的参数,得到不同冲刷深度(0 m,1 m,2 m,3 m,4 m)下桥墩以及桩基在不同破坏状态所对应的地震易损性曲线;利用三次曲线描述概率模型中的参数与冲刷深度的关系,得到随冲刷深度连续变化的桥墩和桩基地震易损性曲线,分析冲刷深度对桥墩以及桩基破坏概率的影响。

8.2 冲刷状态下单墩模型桥梁桩基的抗震性能及其易损性分析

8.2.1 简化的单墩桥梁有限元模型

1. 桥例概况

本节采用文献(Song 等,2015)中的简化单墩桥梁,如图8.1(a)所示,具体参数如下:相邻半跨上部结构质量为619 000 kg;桥墩为单柱式,直径为2.0 m,桥墩混凝土为C40,桥墩高7.0 m,纵筋采用直径43 mm 的二级钢筋,共50根等间距环向分布,保护层厚度为75 mm,箍筋采用直径25 mm 的一级钢筋,螺旋布置,间距为100 mm;基础采用群桩基础,基桩直径1.0 m,桩距3.0 m,桩长20 m,纵筋采用直径32 mm 的二级钢筋,共18根等间距环向分布,保护层厚度为75 mm,箍筋采用直径19 mm 的一级钢筋,螺旋布置,间距为100 mm;承台为8 m×8 m×2.5 m 的混凝土板(实际模拟时认为承台为弹性,因此其配筋对刚度的影响可以忽略)。

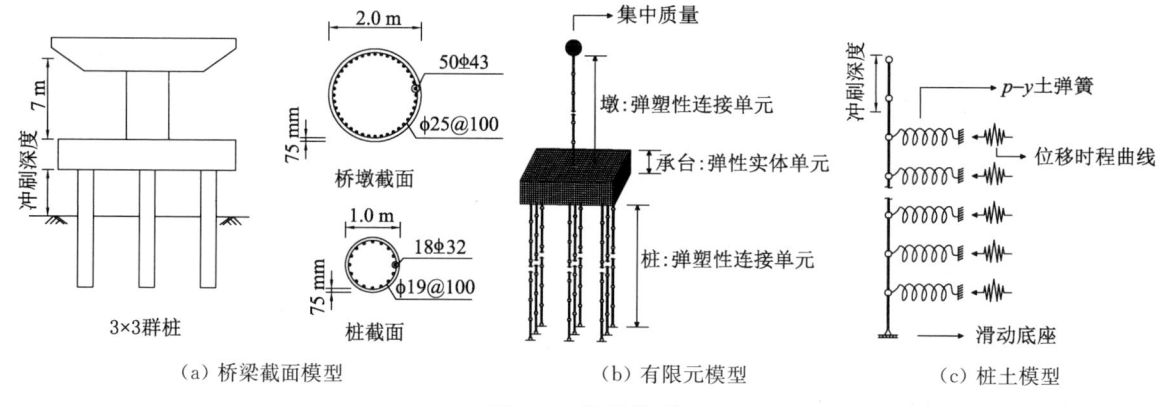

图 8.1　桥梁模型

2. 单墩桥梁有限元模型

本节利用 SAP2000 有限元软件进行非线性地震时程分析,所建立的桥梁有限元模型如图8.1(b),(c)所示。其中,相邻半跨上部结构以集中质量模拟;由于承台尺寸较大,地震作用时一般处于弹性范围,因此承台以三维实体弹性单元进行模拟,材料选用软件默认的中国规范C30混凝土,承台顶与其上桥墩以及承台底与其下桩基础均采用固结的连接方式;地震作用时,桥梁桩基础以及桥墩受到的地震作用力较大,其反应可能超出弹性拉压范围而进入弹塑性阶段,本节所研究的桥梁桩基地震易损性需要桩基础发生损伤,即需要桩基础截面发生塑性变形以使其产生损伤,所以桩基础和桥墩采用弹塑性连接单元进行模拟,桩基底端与基岩采用滑动连接。土体采用土弹簧模拟,地震时桩-土相互作用力较大,土体早已超出弹性拉压范围,规范中的 m 法可能不太适用。本节土体本构采用 p-y 曲线进行描述,土弹簧一端连接桩基础,另一端固定。

冲刷过后,桥梁承台可能位于土体冲刷面以上成为高桩承台,其下部桩基础破坏主要以弯曲破坏为主；单柱式桥墩（相当于悬臂结构）的破坏形式主要为弯曲型破坏。因此，本节桥梁模型中的桥墩和桩基础的本构关系可定义如下：

（1）轴向拉压为弹性关系，刚度为 EA（E 为弹性模量，A 为截面面积）；

（2）水平向剪切为弹性关系，刚度为 GA（G 为剪切模量，A 为截面面积）；

（3）扭转为弹性关系，刚度为 GI_p（G 为剪切模量，I_p 为截面极惯性矩）；

（4）弯曲为弹塑性关系，有限元模型中采用多线性随动塑性连接单元来模拟其非线性，其力学行为与金属中常见的随动硬化行为相似，具体描述如下。

如图 8.2 所示，非线性力-变形关系用一个多段线性曲线给定，通过一组点来确定此曲线，此曲线几乎可以是任意形状，但必须遵循以下限制条件：①一个点必须为原点$(0,0)$；②至少定义一个正变形的点和一个负变形的点；③对于指定的变形必须是单调增加的，没有两个相等的值；④在一点的力（弯矩）必须和变形同号（也可为 0）；⑤在每一曲线终点的斜率不能为负。

曲线中正变形轴上最后两点的斜率被外推至无限正变形，负变形轴上最后两点定义的斜率被推至无限负变形。给定曲线定义了在简单荷载作用下的力-变形关系。

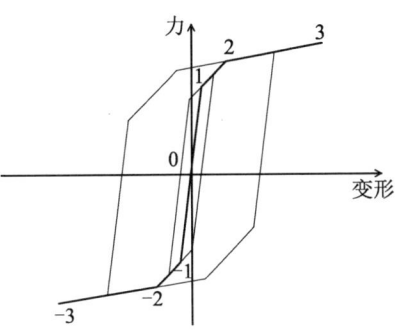

图 8.2　多线性随动塑性属性

在原点两侧的第一个斜坡是弹性的（$0\sim 1$ 和 $0\sim -1$），变形不超过此界限时不会产生不可恢复的塑性变形；剩余的阶段为塑性变形（$1\sim 3$ 和 $-1\sim -3$），当变形超过 $1(-1)$ 时将会产生不可恢复的塑性变形。其卸载符合随动硬化准则：当力位于 $-1\sim 1$ 弹性阶段时，按原曲线弹性卸载；当力进入 $1\sim 3(-1\sim -3)$ 时，按弹性阶段曲线的斜率进行卸载，且弹性阶段的范围大小相等，卸载后产生塑性变形，完全卸载后反向加载是在卸载后产生的塑性变性的基础上进行的，当反向加载产生的变形和卸载时产生的变形超过最大弹性变形后，将会产生反向塑性变形。对于循环荷载结构反复加卸载将会产生滞回关系。荷载进入塑性阶段后，卸载后反向加载的曲线如图 8.2 中细线（两个环）所示，其中内部小环表示荷载达到 $1\sim 2$ 阶段，卸载产生，大环表示荷载达到 $2\sim 3$ 阶段，卸载产生。

如上所述，确定随动硬化力学曲线关系需要定义弹塑性界限点，因此需要对钢筋混凝土截面进行力学试验以找出该关键点。本书采用弯矩-曲率专用软件 UCFYBER 对钢筋混凝土截面进行弯矩-曲率分析得到弯矩-曲率曲线，并将弯矩-曲率曲线等效为双折线，那么该双折线的交点即为随动硬化曲线的弹性极限点。流程如下：如图 8.3 所示，将混凝土截面信息（包括截面尺寸、纵筋和箍筋、混凝土和钢筋本构等）输入；在一定轴压（截面所承担的轴向荷载）下逐渐增加弯矩，通过反应得到弯矩-曲率曲线；将弯矩-曲率曲线等效为双线性；根据双线性曲线定义桥墩和桩基的弹塑性单元的力和变形关系。

地震作用过程中，土体对结构的影响不仅仅表现为弹性拉压作用。一方面，表层土会进入明显的非线性状态；另一方面，土体除了作为支承介质承受动、静荷载作用之外，还要作为波的传播介质。地震波在传播过程中，土层要以自身的动力特性影响波的特性，起到"滤波"与"放大"的作用，而且接近桩基的那部分土体还起到能量的传递作用，将地震波的能量通过桩基传递给上部结构与其共同作用。故要精确描述地震中桩-土-结构的相互作用是异常麻

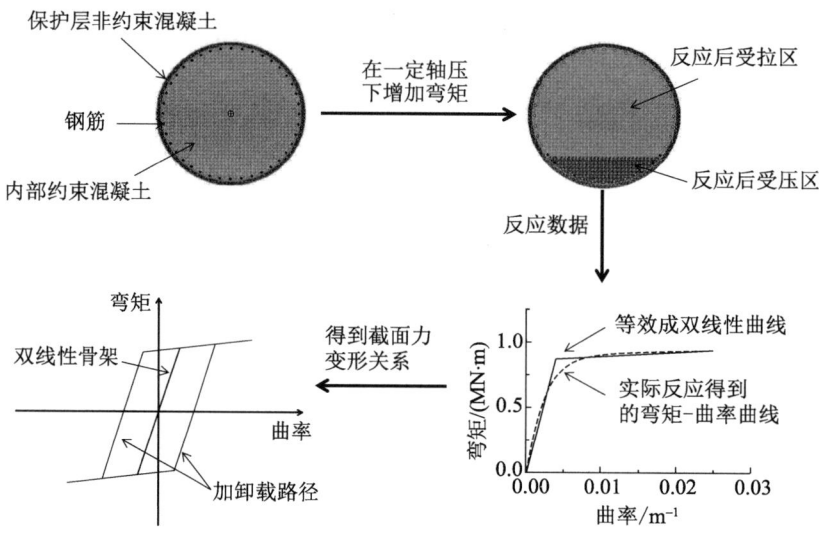

图 8.3　弹塑性属性获得流程

烦和困难的。由试验得出的 p-y 曲线法对静动力作用下求解桩-土的非线性行为具有很好的精度和适用性。因此,本节采用 p-y 曲线法描述土体的非线性行为,在 SAP2000 软件中以多段性塑性连接单元来模拟。

p-y 曲线法实际上是对 Winkler 地基梁法的一种改进,该方法把桩前连续土体简化成一系列离散的非线性弹簧(图 8.4)。弹簧受荷性状由 p-y 曲线进行描述,p 与 y 的曲线形式代表了桩与土的相互作用关系,由于 p-y 曲线法是假定将土体用一系列的非线性弹簧代替,该方法简单,分析结果准确,从而在工程界(如 API,CIRIA,FHWA 等设计规范)得到了广泛的应用。

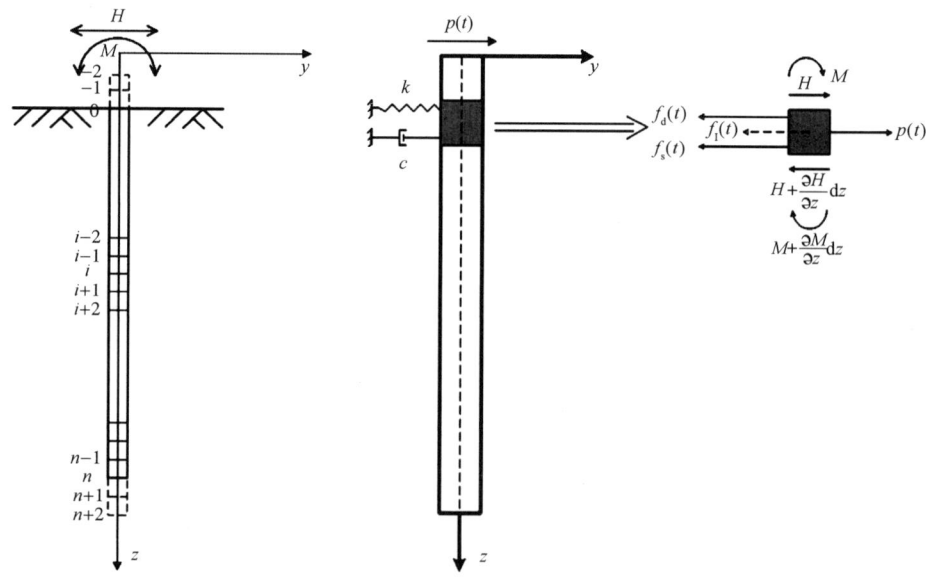

图 8.4　单元受力特性示意图

从工程运用的角度，p-y 曲线可分为黏土地基的 p-y 曲线和砂土地基的 p-y 曲线。黏土地基的 p-y 曲线的确定方法主要有：Matlock 方法（Matlock，1970），Reese 方法，Sullivn 方法，河海大学新统一法，同济大学方法等；砂土地基的 p-y 曲线的确定方法主要有：Reese 方法（Reese 等，1974），API 规范新法（API，2000）等。每种方法各有其使用范围和优缺点，本节不再赘述，只对本节采用的 API 规范新法进行以下说明。

本节的 p-y 曲线是根据美国石油规范——API 规范新法确定的。

砂土单位桩长极限水平抗力计算方法：

$$当 z \leqslant z_r 时, P_u = (C_1 z + C_2 d) \gamma d \tag{8.1}$$

$$当 z > z_r 时, P_u = C_3 \gamma z d \tag{8.2}$$

式中　C_1，C_2，C_3——系数，可按 API 规范取值；

　　　z——地面以下桩的任一深度，m；

　　　z_r——极限水平土抗力转折点的深度，m；

　　　P_u——地面以下 z 深度处极限水平土抗力标准值，kPa；

　　　d——桩径，m；

　　　γ——土的重度，kN/m³。

砂土中桩的 p-y 曲线，在缺乏现场试验资料时，可按下式确定：

$$P = \phi P_u \tanh\left(\frac{kz}{\phi P_u} y\right) \tag{8.3}$$

式中　P——地面以下 z 深度处水平土抗力标准值，kPa；

　　　y——地面以下 z 深度处土体的水平位移，m；

　　　ϕ——计算系数，当为周期荷载时可取 0.9；

　　　k——土体抗力初始模量，可按 API 规范取值。

8.2.2 冲刷状态下单墩桥梁地震分析

1. 地震动输入以及冲刷深度的模拟

本节利用 SAP2000 有限元软件进行计算，计算模型如图 8.5 所示，土体对桩基的作用通过土弹簧（p-y 弹簧）施加给桩基，土弹簧一端连接桩基，另一端固定，地震波通过土弹簧的固定端施加，固定端在地震波作用下反复移动，从而带动土弹簧拉伸或压缩，进而产生作用于桩基上的反复变化的力。冲刷作用的模拟（即冲刷导致土体高程变低）通过减少土弹簧来实现。如图 8.5 所示，沿桩基深度每隔 1 m 布置一个土弹簧，例如冲刷深度为 1 m 通过去掉最上面的一个土弹簧并修改剩余土弹簧的参数来实现。

在 SAP2000 软件中，地震时程通过位移加载的方式施加在土弹簧上，因此需要利用地震波处理软件 SeismoSignal 将加速度时程转化为位移时程。转化后的位移时程通过一致输入的方式（即在每一个土弹簧处输入相同的位移时程）施加在土弹簧固定端，进行非线性动态时程计算。

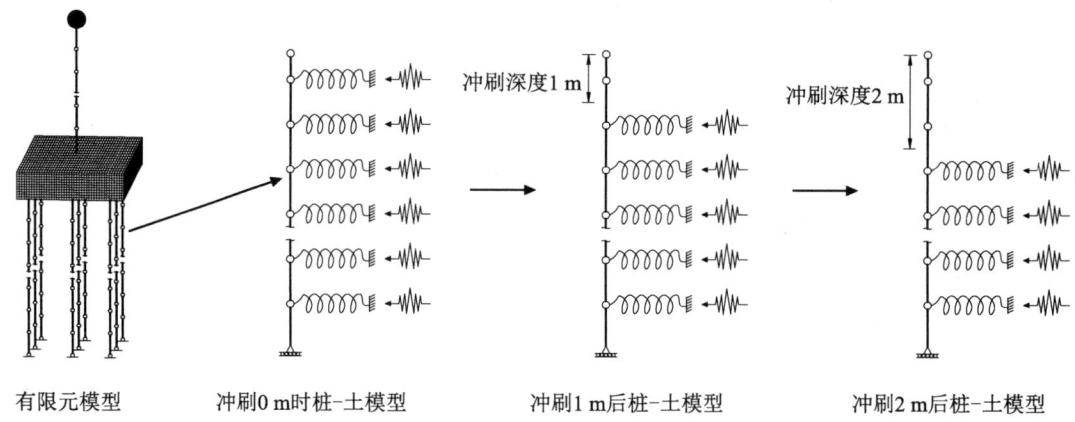

图 8.5　冲刷后桩-土模型示意图

2. 地震作用下桥梁非线性时程计算

本节以一条地震波为例说明本节地震反应的计算过程。采用的地震波加速度时程曲线如图 8.6 所示,时程采样点数 5 995 个,采样步长 0.01 s,地面峰值加速度 $PGA=0.453g$。

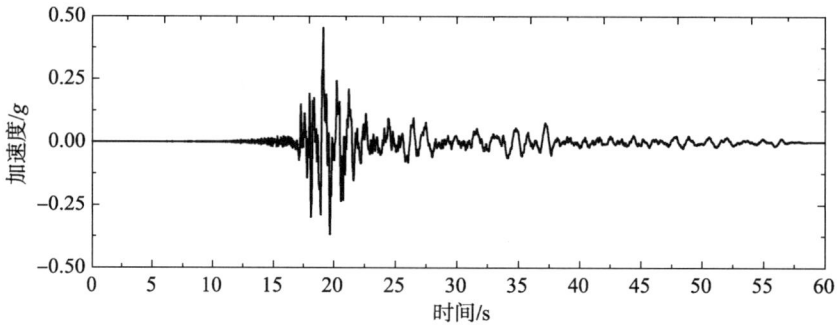

图 8.6　加速度时程曲线

通过地震波处理软件 SeismoSignal,将上述加速度时程曲线通过时域积分转化为位移时程曲线,如图 8.7 所示。再将位移时程曲线输入到土弹簧的固定端,输入方式为上下一致输入,即在每一个土弹簧上均输入图 8.7 所示的位移时程地震波。在 SAP2000 软件中进行非线性时程分析时,采用直接积分的方法并考虑 $P-\Delta$ 效应。结构阻尼采用工程上常用的

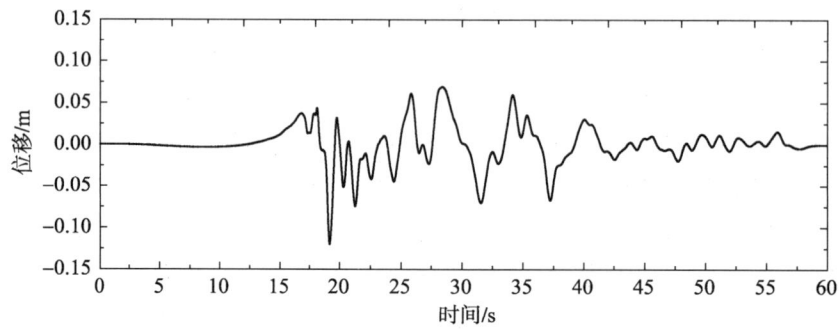

图 8.7　位移时程曲线

瑞利阻尼并按周期进行指定,即先对结构进行模态分析,得到结构在地震作用方向上的前两阶周期,并根据文献(唐谢兴,张友亮,2006)选择前两阶周期对应的阻尼比为 0.05 和 0.065,软件按瑞利阻尼的计算方法计算出结构的阻尼系数。

桩的振动受到土体的约束,p-y 曲线考虑了土体的非线性行为,土体在振动过程中会出现累积变形,具有滞回特性。本节采用多线性塑性连接单元来模拟土体对桩的非线性行为,并采用 Takeda 滞回关系来模拟土体在地震作用下的滞回特性。图 8.8 表示在地震波作用下桩周表层土体的力与位移的关系。由图 8.8(a)可见,当振动强度较小时,土体处于弹性拉压范围,相应的力和位移关系为线性。随着振动强度增加,土体开始进入塑性,由图 8.8(b)可以看出,当地震波进行到 18 s 时土体已经进入塑性。地震波加速度随着时间正负交替,土体将会产生加卸载循环,出现滞回关系,如图 8.8(c)所示。图 8.8(d)表示在地震作用下的整个滞回过程,土体滞回过程吸收地震动能量会对振动产生较大的影响。

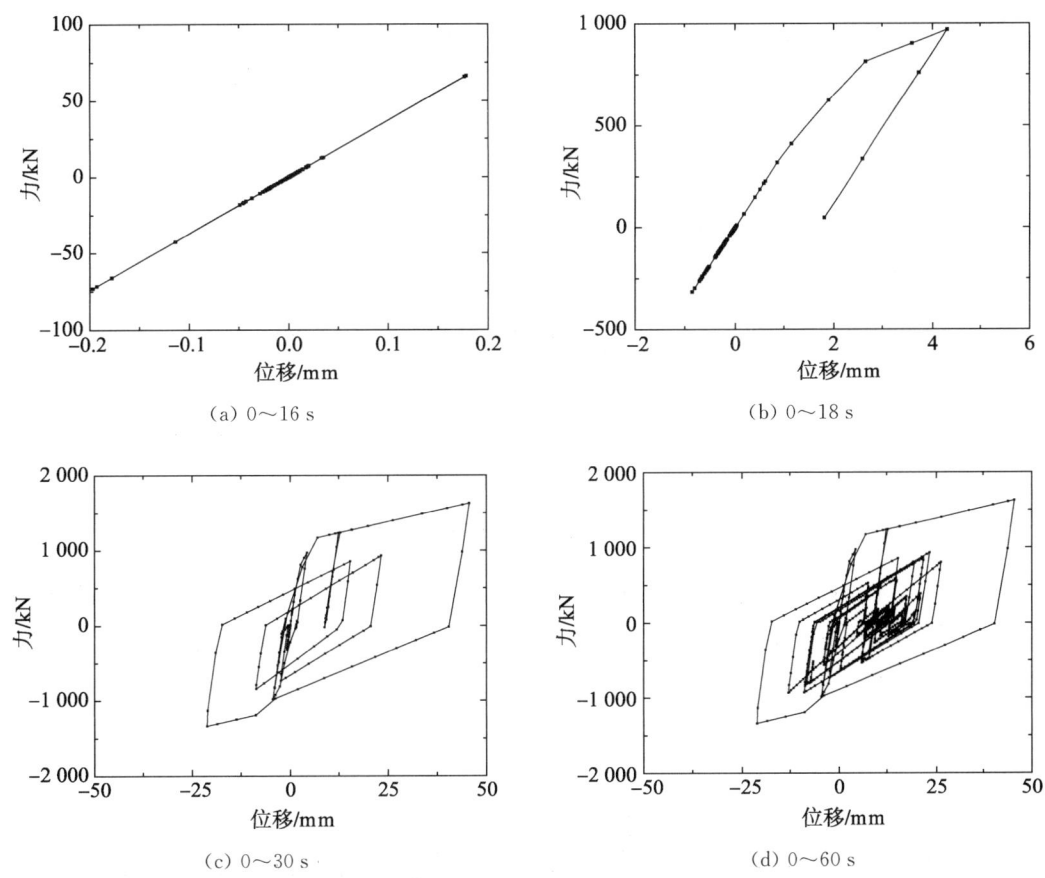

图 8.8 土体的滞回曲线

在图 8.6 所示地震波的作用下,图 8.5 所示桥梁模型的地震响应如图 8.9—图 8.13 所示。由图 8.9 可以看出:墩顶和墩底的相对位移随着地震波的波动而波动,即桥面相对于承台左右摇摆;当地震波动较小时,桥墩尚处于弹性阶段,墩顶和墩底的相对位移在零位移线上下波动;经过最大波动之后,桥墩产生最大的不可恢复的塑性变形,使桥墩歪在一侧,之后,桥墩在倾斜线附近左右晃动,如图8.9中20 s以后的曲线所示。

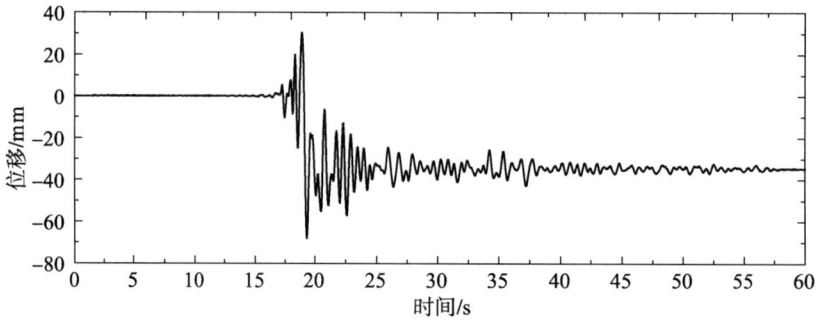

图8.9　墩顶墩底相对位移时程

图8.10所示的承台和桩底的相对位移也表现出相似的规律,说明在地震中桩基也进入塑性,墩顶和墩底的相对位移比承台和桩底的相对位移大出许多,表明地震中桥面的晃动主要是桥墩摆动所贡献的。

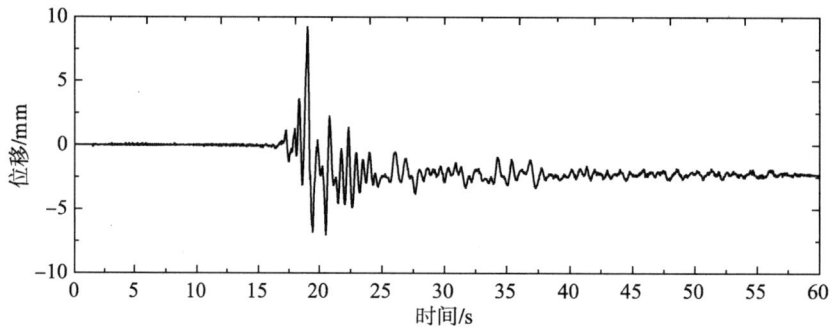

图8.10　承台与桩底相对位移时程

图8.11表示桩顶曲率随时间的变化,其形状比较规整,在地震加速度较大时,桩顶曲率也较大,峰值加速度过后曲率仍为较大值,但是没有超过峰值加速度时的曲率值,可见峰值加速度附近桥梁的地震响应最大。

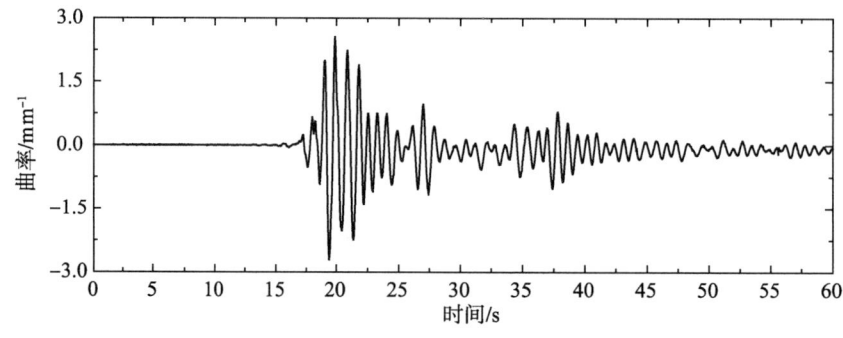

图8.11　桩顶曲率时程

图 8.12 表示地震发生后的第 19 s 瞬时桥梁桩身弯矩,最大弯矩发生在桩顶,这主要是因为承台对桩顶的嵌固作用造成的,桩顶之下 3 m 深度附近亦会出现一个峰值,受拉侧与桩顶相反,而且其数值比桩顶处的弯矩值小,这可能是因为此处的嵌固作用弱于承台的嵌固作用。当埋置较深时,桩基的受力较小,当埋置深度超过 10 m 后,桩身的弯矩几乎为零,地震作用的某一瞬时桩身弯矩所表现出的规律与水平静力荷载作用于固结桩顶所表现出的规律甚为相似。

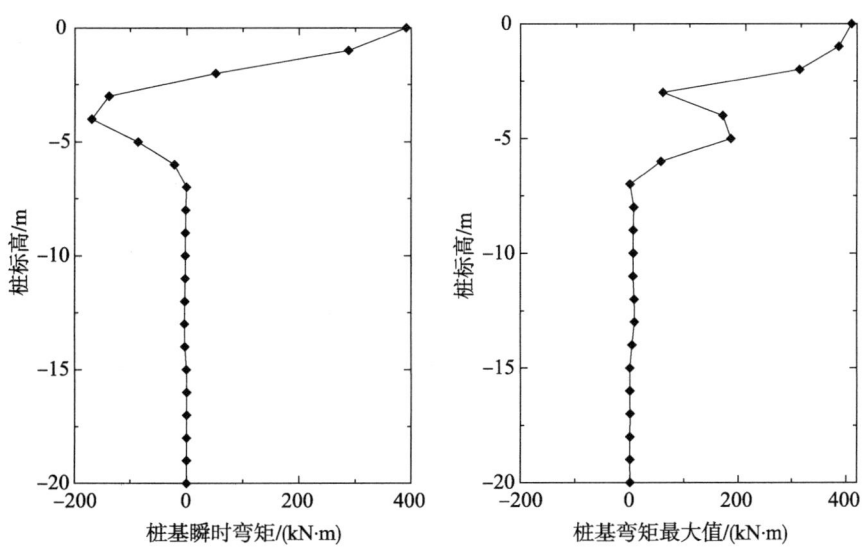

图 8.12　地震 19 s 时桩身弯矩　　　图 8.13　桩身弯矩最大值

图 8.13 表示地震作用下桩身弯矩最大值(所有时刻中绝对值最大者),桩基的最大弯矩值发生在桩顶,桩顶以下会出现一个小于桩顶弯矩的峰值,埋置较深的桩身弯矩很小。

按上述同样的方法依次计算不同冲刷作用下桥梁的地震响应。图 8.14 表示不同冲刷深度下桩顶曲率时程,可以看出,不同冲刷深度下桩顶曲率时程曲线表现出相似的规律,随着冲刷深度的增大,桩顶曲率显著增大。图 8.15 表示不同冲刷深度下承台与桩底相对位移的时程,随着冲刷深度的增大,承台与桩底相对位移也显著增大,表现出与桩顶曲率相同的规律。

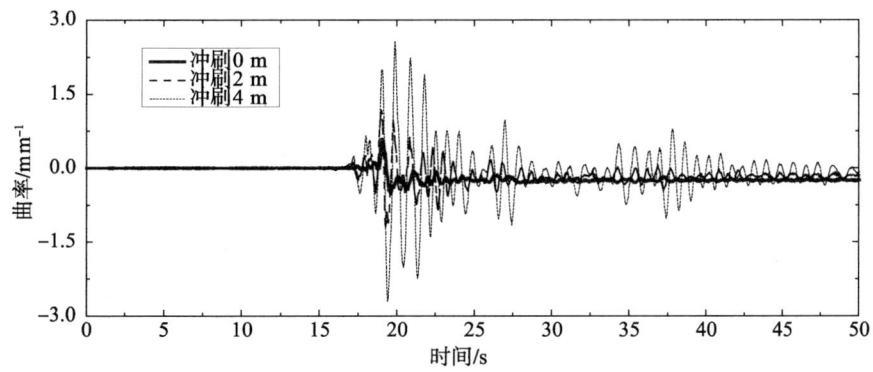

图 8.14　不同冲刷深度下桩顶曲率时程

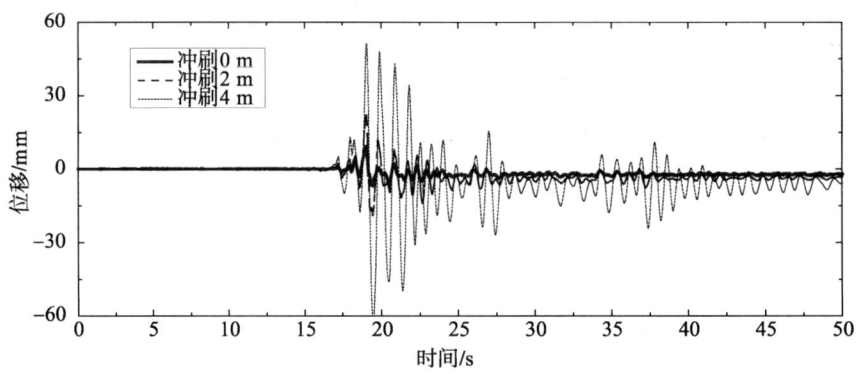

图 8.15 不同冲刷深度下承台与桩底相对位移时程

8.2.3 冲刷状态下桥梁桩基地震易损性分析

确定桥梁地震易损性的方法主要有经验法、理论计算法和混合法(周奎 等,2011)。本节采用理论计算法,其建立过程如下:①利用 SAP2000 有限元软件,建立相应的桥梁三维模型;②定义桥梁桩基的损伤状态,获得相应定量的损伤指标;③选择地震波,并将地震波输入桥梁模型进行非线性动态时程计算;④统计每一条地震波作用下桥梁桩基的最大地震响应;⑤通过回归分析估计概率模型中的参数,进而得到桥梁地震易损性曲线;⑥改变冲刷深度,重复上述过程,得到不同冲刷深度(在本节中分别取冲刷深度为 0 m,2 m,4 m,相当于0 倍,0.1 倍,0.2 倍桩长)下桥梁地震易损性曲线。

1. 桩基损伤状态的界定

采用 Hwang 等(2001)的建议,认为桩基发生微小破坏、中等破坏、严重破坏、完全破坏的界限分别对应于桩基截面纵向钢筋达到首次屈服、等效屈服、截面混凝土最大应变为0.002、截面完全破坏。桩基截面纵向钢筋达到首次屈服、等效屈服、截面混凝土最大应变为0.002、截面完全破坏时截面的界限曲率分别以 φ_{cy1}, φ_{cy2}, φ_{cy3}, φ_{cy4} 表示。利用 UCFYBER 软件对桩基截面进行 $P\text{-}M\text{-}\varphi$ 分析,得到的定量的损伤状态指标如表 8.1 所列。

表 8.1　　　　　　　　　　　　　　桩的曲率延性

损伤状态	曲率/m^{-1}	曲率延性
微小破坏界限	0.002 909	1.00
中等破坏界限	0.003 732	1.28
严重破坏界限	0.006 531	2.75
完全破坏界限	0.019 540	6.72

2. 地震易损性函数

形成地震易损性曲线的理论方法主要有极大似然估计法、能力与需求概率特征值法、最小方差估计法、概率密度函数插值法等(谷音,2009)。其中,能力与需求概率特征值法和极大似然估计法是建立地震易损性曲线最常用的方法。

结构的地震易损性曲线是指不同地震动强度 IM 下,结构反应 S_d 超过损伤所定义的结构承载力 S_c 的条件概率,即

$$P_f = P\{S_d \geqslant S_c\} \tag{8.4}$$

研究结果表明,结构在不同地震动作用下的结构反应 S_d 和结构承载力 S_c 均可用对数正态分布描述(谷音,2009),那么式(8.4)经过等效变形可写为

$$P_f = P\{S_d \geqslant S_c\} = P\{\ln(S_d) - \ln(S_c) \geqslant 0\} \tag{8.5}$$

由于结构反应 S_d 和结构承载力 S_c 相互独立且均服从对数正态分布,所以其对数 $\ln(S_d)$ 和 $\ln(S_c)$ 独立且均服从正态分布,因此,两变量之差 $\ln(S_d) - \ln(S_c)$ 亦服从正态分布 $N(\mu, \delta^2)$(μ 为均值,δ 为标准差),即

$$\ln(S_d) - \ln(S_c) \sim N(\mu, \delta^2) \tag{8.6}$$

式中,$\mu = \mu_d - \mu_c$;$\delta^2 = \delta_d^2 + \delta_c^2$。

求解结构反应 S_d 超过结构承载力 S_c 的条件概率转化为确定结构的地震需求 S_d 对数正态分布函数特征值 μ_d 和 δ_d,以及地震能力 S_c 对数正态分布函数特征值 μ_c 和 δ_c。

根据 Cornell 等(2002)的建议,结构反应 S_d 与地震动强度 IM 服从下列关系:

$$\ln(S_d) = b \cdot \ln(IM) + a \tag{8.7}$$

结构反应 S_d 对数正态分布函数的标准差 δ_d 的近似估计为

$$\delta_d \cong \sqrt{\frac{\sum_{i=1}^{n}\{\ln S_{d_i} - [b \cdot \ln(IM_i) + a]\}^2}{n-2}} \tag{8.8}$$

式(8.8)中分母为 $n-p-1$(p 为回归分析的自变量个数)时才能使方差的估计是无偏估计,本例自变量个数为 1(即为 IM),因此式(8.8)中分母为 $n-2$;S_{d_i} 为第 $i(=1, 2, \cdots, n)$ 个地震所对应的结构反应;IM_i 为第 i 个地震动峰值。

由(8.6)—式(8.8)可得:

$$\begin{aligned}P_f &= P\{\ln(S_d) - \ln(S_c) \geqslant 0\} \\ &= P\{\ln(S_d) - \ln(S_c) - \mu \geqslant -\mu\} \\ &= P\left\{\frac{[\ln(S_d) - \ln(S_c)] - \mu}{\delta} \geqslant -\frac{\mu}{\delta}\right\} \\ &= \Phi\left(\frac{\mu}{\delta}\right) = \Phi\left[\frac{b \cdot \ln(IM) + a - \mu_c}{\sqrt{\delta_d^2 + \delta_c^2}}\right]\end{aligned} \tag{8.9}$$

式中,$\Phi(\cdot)$ 为标准正态分布函数。

如果不考虑模型的不确定性(即 $\delta_c = 0$),认为桥梁的地震能力是确定的,式(8.9)可简化为

$$P_{\mathrm{f}} = \Phi\left[\frac{b \cdot \ln(IM) + a - \mu_c}{\delta_{\mathrm{d}}}\right] \tag{8.10}$$

极大似然估计法的基本思想为:当从总体中随机抽取 n 组样本后,最合理的参数估计量应该使得从总体中抽取的这 n 组样本发生的概率最大。该方法广泛运用于在概率密度函数表达式确定时函数中未知参数的估计。

易损性函数可用两参数对数正态分布表示(陈力波,2007),如式(8.11)所示:

$$F(IM_i, IM_{\mathrm{m}j}, \delta_j) = \Phi\left[\frac{\ln(IM_i/IM_{\mathrm{m}j})}{\delta_j}\right], \quad i=1:n; \; j=1:k \tag{8.11}$$

式中,$\Phi(\cdot)$ 表示标准正态分布函数;IM_i 为某一地震动 $i(=1,2,\cdots,n)$ 的地震强度;$IM_{\mathrm{m}j}$ 和 δ_j 分别为某一破坏状态 $j(=1,2,\cdots,k)$ 所对应地震强度的对数均值和对数标准差,为未知参数。

利用极大似然估计法对易损性函数中的未知参数进行估计时,若用 $F_{ij} = F(IM_i, IM_{\mathrm{m}j}, \delta_j)$ 表示地震 i 作用下 j 级损伤状态发生的概率,那么未发生的概率即为 $1-F_{ij}$,似然函数可表示为

$$L^j = \prod_{i=1}^{50} [F_{ij}]^{r_{ij}} [1-F_{ij}]^{1-r_{ij}} \tag{8.12}$$

式中,$\prod(\cdot)$ 为连乘符号;$r_{ij}=1$ 或 0,若地震动 i 作用下 j 级损伤状态发生,则为 1,否则为 0。

通过求解式(8.13)即可得出对数均值和对数标准差,从而可以得到地震易损性曲线。

$$\frac{\partial \ln L^j}{\partial PGA_{\mathrm{m}j}} = \frac{\partial \ln L^j}{\partial \delta_j} = 0 \tag{8.13}$$

此种方法所画出的不同损伤状态 $j(=1,2,3,4)$ 下的地震易损性曲线可能会因为估算出的对数标准差的不同而相交,使得严重破坏的损伤概率比不严重破坏的损伤概率低,这与实际情况不符。Kim 等(2004)建议使用共同的对数标准差,以避免易损性曲线发生相交的情况。根据 HAZUS99(1999)的规定,对不同的破坏状态 $j(=1,2,\cdots,k)$ 可采用相同的标准差 $\delta_j=0.5$。

极大似然估计法概念明确,但是似然函数的建立和求解较为麻烦,本节是在 MATLAB 平台上进行求解的。

3. 地震易损性曲线

选取符合 Ⅰ,Ⅱ 类场地的地震波 30 条(附录 E 中 1~30 号地震波),并对地震波进行峰值调整,使其 PGA 广泛分布在 $0.1g$~$1.7g$ 之间。按前述动态时程分析方法分别计算冲刷深度为 0 m,2 m,4 m 时的桥梁地震响应,并找出每一条地震波作用下桩身曲率的最大值,具体数据如表 8.2 所列,示意图如图 8.16 所示,可见随着冲刷深度的增大,桩身曲率的最大值显著增大。

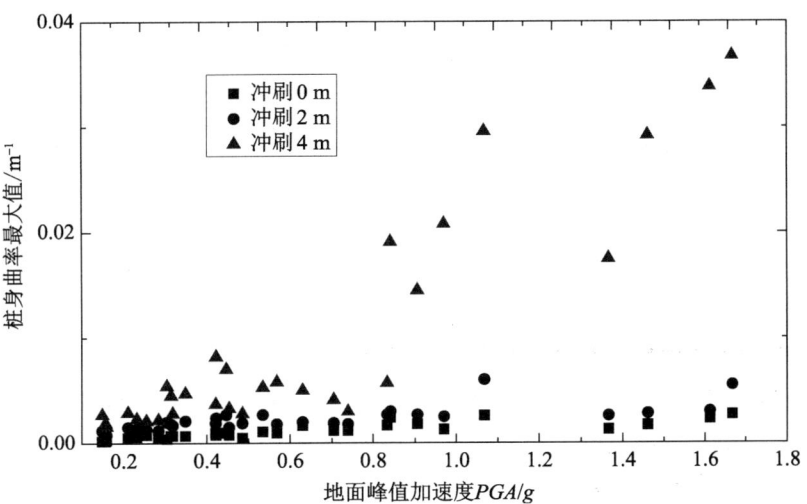

图 8.16 桩身最大曲率

表 8.2 桩身最大曲率

PGA/g	冲刷深度			PGA/g	冲刷深度			PGA/g	冲刷深度		
	0 m	2 m	4 m		0 m	2 m	4 m		0 m	2 m	4 m
0.149	0.000 2	0.001 2	0.002 7	0.349	0.000 7	0.002 1	0.004 7	0.739	0.001 2	0.001 8	0.003 0
0.157	0.000 2	0.001 2	0.001 9	0.421	0.001 0	0.001 9	0.003 7	0.834	0.001 7	0.002 7	0.005 7
0.159	0.000 3	0.000 8	0.001 6	0.422	0.000 8	0.002 4	0.008 2	0.842	0.002 4	0.003 0	0.019 1
0.211	0.000 5	0.001 5	0.002 9	0.446	0.001 0	0.002 7	0.007 0	0.906	0.001 8	0.002 7	0.014 5
0.232	0.000 6	0.001 4	0.002 3	0.453	0.000 8	0.001 5	0.003 3	0.970	0.001 3	0.002 5	0.020 8
0.255	0.000 8	0.001 3	0.002 1	0.485	0.000 5	0.001 9	0.002 8	1.068	0.002 6	0.006 0	0.029 6
0.284	0.000 5	0.001 2	0.002 2	0.534	0.001 1	0.002 7	0.005 3	1.366	0.001 3	0.002 6	0.017 5
0.304	0.000 4	0.002 0	0.005 4	0.568	0.001 0	0.001 8	0.005 8	1.462	0.001 7	0.002 8	0.029 2
0.314	0.000 7	0.001 8	0.004 5	0.630	0.001 7	0.002 0	0.005 0	1.612	0.002 3	0.003 0	0.033 8
0.318	0.000 7	0.001 7	0.002 8	0.704	0.001 2	0.001 9	0.004 1	1.668	0.002 7	0.005 5	0.036 7

将表 8.2 中的数据代入式(8.12),并根据 HAZUS99(1999)的规定取相同的标准差 $\delta_j = 0.5$,通过前述程序求解得到各冲刷深度下的 PGA_m 如表 8.3 所列。

表 8.3 不同破坏状态不同冲刷深度下的 PGA_m

损伤状态	不同冲刷深度下的 PGA_m/g		
	0 m	2 m	4 m
微小破坏	9.99	1.63	0.71
中等破坏	9.99	2.15	0.75
严重破坏	9.99	9.99	1.11
完全破坏	9.99	9.99	1.61

注:表 8.3 中数值 9.99 表示似然函数在既定求解范围(0,10)的边界上取得最大值,这是因为表 8.2 中的数据未达到破坏值,似然估计得到的值出现在边界上。

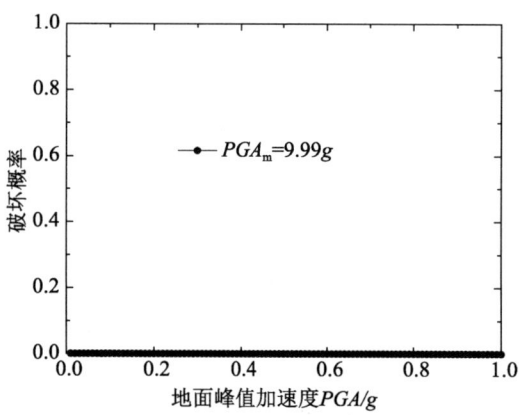

图 8.17 $PGA_m = 9.9g$ 时桥梁桩基地震易损性曲线

将表 8.3 中的数据代入式(8.11),得到不同冲刷深度下不同破坏状态所对应的地震易损性曲线,如图 8.17 和图 8.18 所示。图 8.17 为冲刷深度为 0 m 时的各破坏状态以及冲刷深度为 2 m 时严重破坏和完全破坏($PGA_m = 9.9g$)所对应的桥梁桩基地震易损性曲线。由计算数据(表 8.2)可知,在这些情况下桩基尚处于弹性阶段,未发生任何损伤,因此拟合出来的易损性曲线中桩基破坏概率为零,即无论地震强度如何大,结构都不会出现破坏,这与现实不符。一方面可能是似然估计法的局限性,另一方面可能是地震波选取数量和强度大小不够所致。

如图 8.18 所示,随着地面峰值加速度 PGA 的增大,破坏概率逐渐增大,而且当 PGA 较小时破坏概率增大的速率很慢,这可能是因为结构发生破坏需要冲破其阈值,在阈值范围内结构发生破坏的概率很小(几乎为零),当超过阈值后结构进入塑性,破坏概率增大迅速。同一破坏状态下冲刷深度为 4 m 时桩基的破坏概率远大于冲刷深度为 2 m 时桩基的破坏概率。

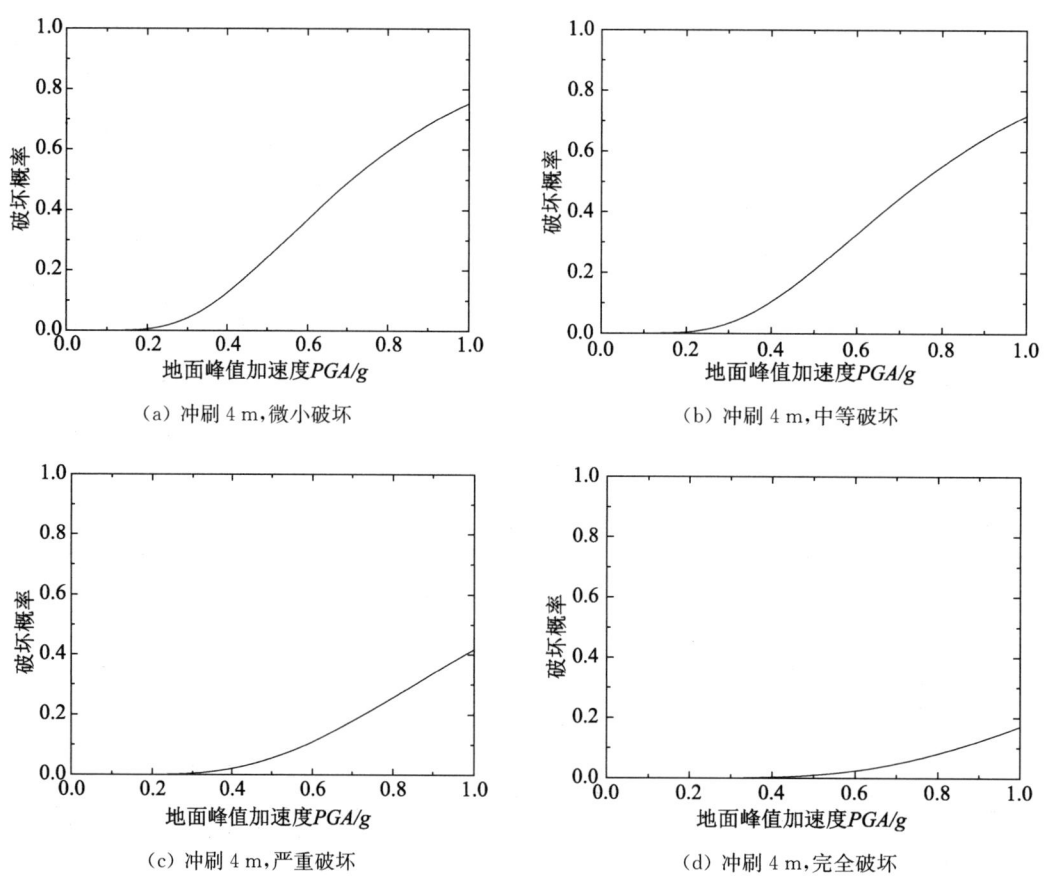

(a) 冲刷 4 m,微小破坏

(b) 冲刷 4 m,中等破坏

(c) 冲刷 4 m,严重破坏

(d) 冲刷 4 m,完全破坏

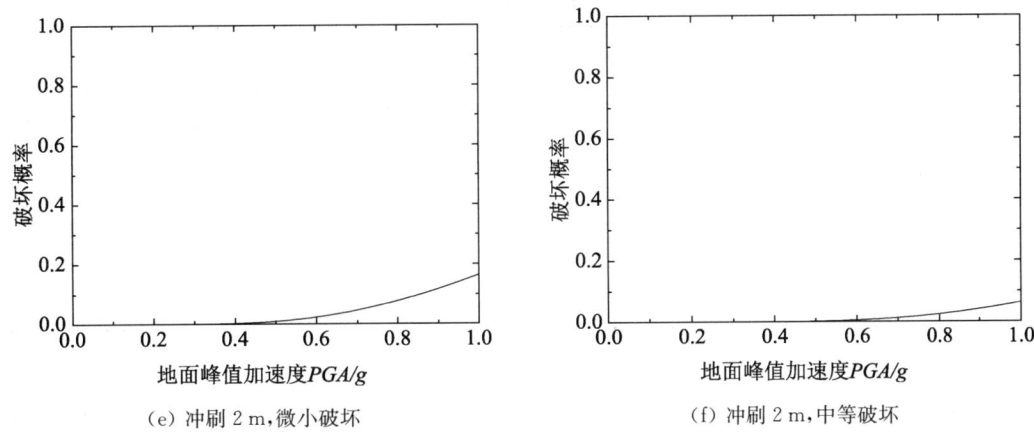

(e) 冲刷 2 m,微小破坏 (f) 冲刷 2 m,中等破坏

图 8.18　桥梁桩基地震易损性曲线

利用 MATLAB 中 polyfit 函数根据式(8.7)对表 8.2 中的数据进行最小二乘拟合,得到不同冲刷深度(0 m,2 m,4 m)下的拟合曲线,如图 8.19 所示,将得到的相应拟合参数代入式(8.8)可求出 δ_d,如表 8.4 所列。

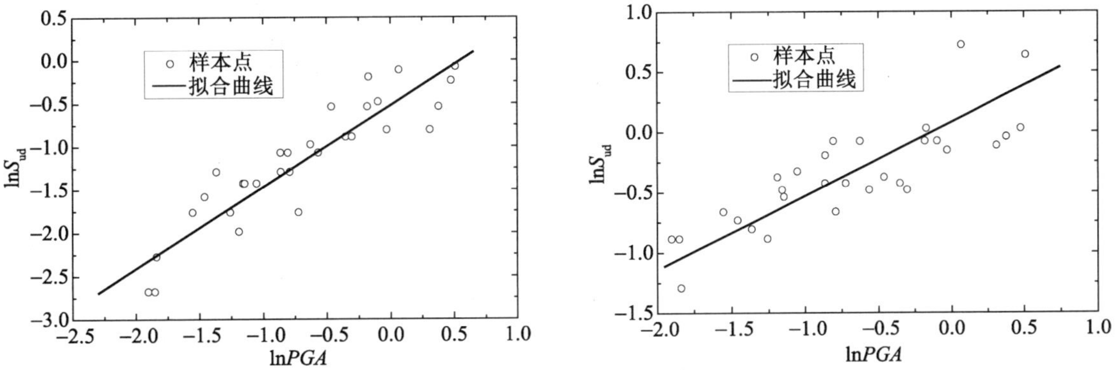

(a) 冲刷深度为 0 m 时的拟合曲线

(b) 冲刷深度为 2 m 时的拟合曲线

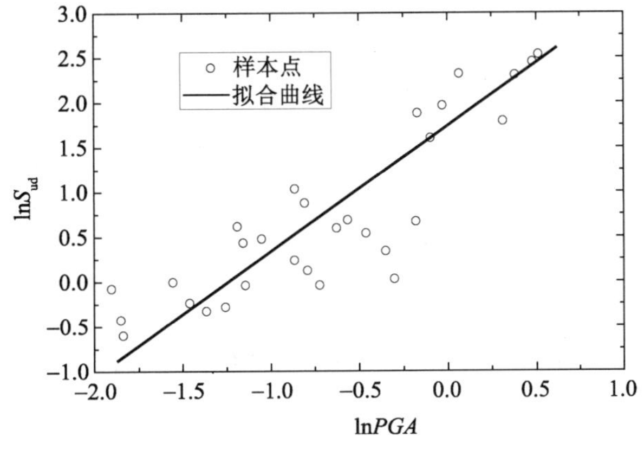

(c) 冲刷深度为 4 m 时的拟合曲线

图 8.19　不同冲刷深度时的拟合曲线

表 8.4　　概率模型中的参数

冲刷深度	b	a	δ_d	μ_c 微小破坏	中等破坏	严重破坏	完全破坏
0 m	0.903 5	−0.533 9	0.298 4	0	0.249 1	0.808 8	1.904 7
2 m	0.504 5	0.000 8	0.245 6	0	0.249 1	0.808 8	1.904 7
4 m	1.173 4	1.153 5	0.476 3	0	0.249 1	0.808 8	1.904 7

将表 8.4 中的数据代入式(8.10),求得桩基地震易损性曲线,如图 8.20 所示。随着地震动强度指标 PGA 增大,桩基的破坏概率增大,增大速率先快后慢。随着冲刷深度的增大,地震易损性曲线变得饱满,桩基破坏概率增大。图 8.21 对比了不同冲刷深度(0 m,2 m,4 m)时桩基发生微小破坏、中等破坏的破坏概率,图中显示,随着冲刷深度的增大,桩基破坏概率显著增大。

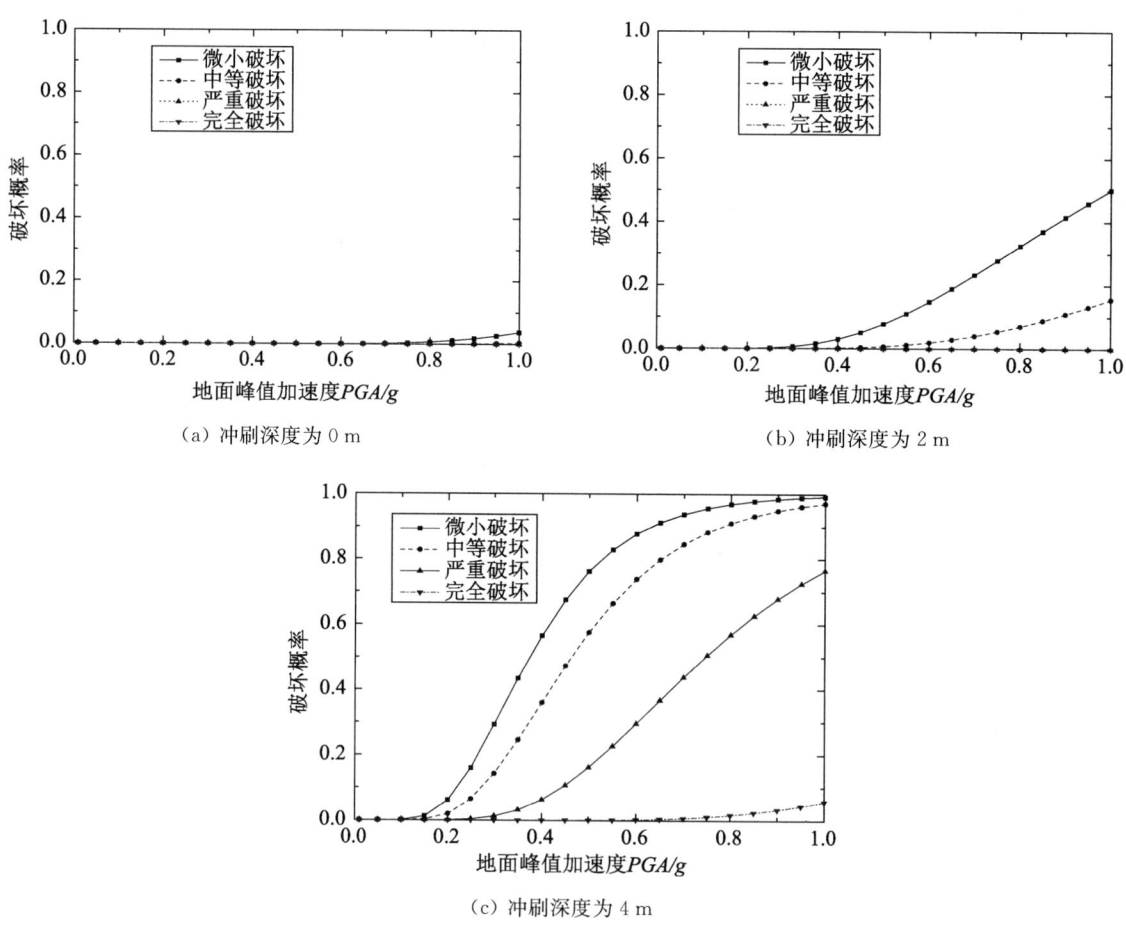

(a) 冲刷深度为 0 m

(b) 冲刷深度为 2 m

(c) 冲刷深度为 4 m

图 8.20　不同冲刷深度时的桩基地震易损性曲线

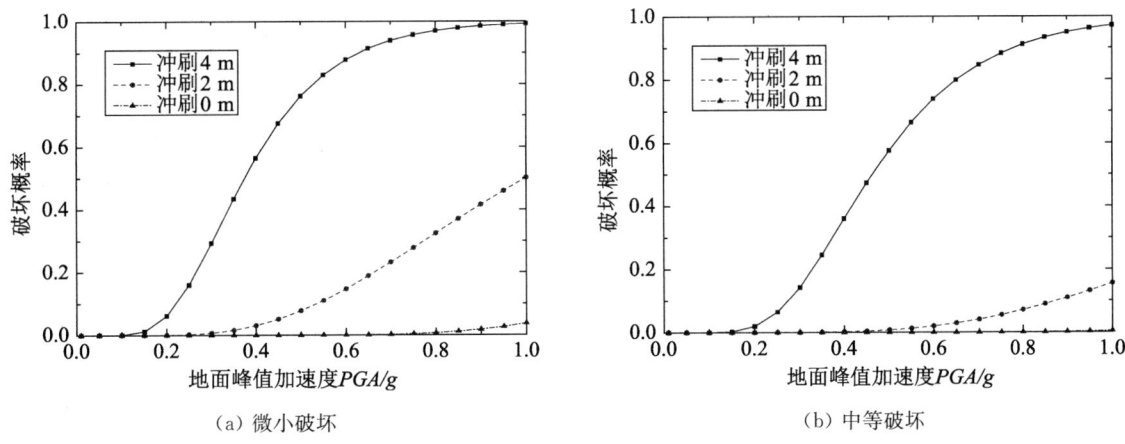

（a）微小破坏　　　　　　　　　　　（b）中等破坏

图 8.21　不同冲刷深度下桩基发生破坏的概率

8.2.4　地震易损性曲线计算方法对比

对比前文所采用的两种地震易损性函数的求解方法，发现两种方法所得结果差别较大，能力与需求概率特征值法所求得的桩基地震易损性曲线更饱满。一方面，极大似然估计法的求解参数只有一个，所求参数对易损性曲线具有决定性影响，一旦选用的样本点代表性较差，该参数的估计值将会偏差较大甚至估计出的参数出现错误（例如估计值出现在边界等），此方法中同一水平不同数值的样本点对所估计参数的贡献是相同的。另一方面，能力与需求概率特征值法不仅计算简单，需要估计的参数较多，某一参数对桩基地震易损性曲线的影响较小，不会出现参数无解的情况，而且此方法能考虑同一水平不同数值的样本点对所估计参数贡献的大小，因此本书之后的章节将利用能力与需求概率特征值法对概率模型进行求解。

8.2.5　结论

本节首先采用动态时程分析方法对简化的单墩桥梁结构进行地震响应分析，之后对常用的地震易损性求解方法进行阐述和推导，最后利用两种方法求解了桥梁桩基的地震易损性。归纳起来，主要得到以下结论：

（1）在冲刷作用下建立了单墩桥梁简化的弹塑性模型，并在考虑桩-土相互作用的基础上，对桥梁模型进行非线性时程计算。计算结果表明：在地震作用下，土体会进入塑性阶段，出现明显的滞回特性，地震峰值作用时桩基和桥墩可能会进入塑性阶段。

（2）冲刷会削弱桥梁基础的侧向支撑，桥梁自震周期增加会改变桥梁桩基础在地震作用下的受力。计算结果表明：随着冲刷深度的增大，桥梁桩基在地震作用下的最大弯矩显著增大。

（3）推导了地震易损性概率模型，并对桥梁桩基进行地震易损性求解，得到了不同破坏状态下桥梁桩基的地震易损性曲线，在此基础上求解了不同冲刷深度下桥梁桩基的地震易损性曲线。结果表明：随着冲刷深度的增大，桥梁桩基的易损性显著增大，其破坏概率显著增大。

（4）比较了最大似然估计法和能力需求概率特征值法的优劣，发现能力需求概率特征值法能考虑同一水平不同数值的样本点对所估计参数的贡献，较适合地震易损性分析。

8.3 冲刷状态下全桥模型桥墩和桩基的抗震性能及其易损性分析

8.3.1 工程概况以及有限元建模

1. 工程概况

本节研究的桥梁是在 Song 等（2015）采用的桥梁的基础上扩充得到的，如图 8.22 所示。主要参数如下：主梁为 2×30 m 预应力混凝土简支 T 梁（每孔 4 片梁），主梁高 2.0 m，桥面总宽 8.0 m，采用 C40 混凝土；盖梁为 1.5 m×1.5 m 的矩形梁，总长 8.0 m，采用 C30 混凝土；桥墩为单柱式，柱截面为直径 2.0 m 的圆形截面，柱高 7.0 m，纵筋采用直径 32 mm 的二级钢筋，共 40 根等间距环向分布，保护层厚度为 60 mm，箍筋采用直径 10 mm 的一级钢筋，螺旋布置，间距为 150 mm；基础采用 2×3 群桩基础，基桩直径 0.8 m，桩距 2.5 m，桩长 20 m，纵筋采用直径 25 mm 的二级钢筋，共 16 根等间距环向分布，保护层厚度为 40 mm，箍筋采用直径 8 mm 的一级钢筋，螺旋布置，间距为 150 mm；承台为 8 m×4 m×2 m 的混凝土板。

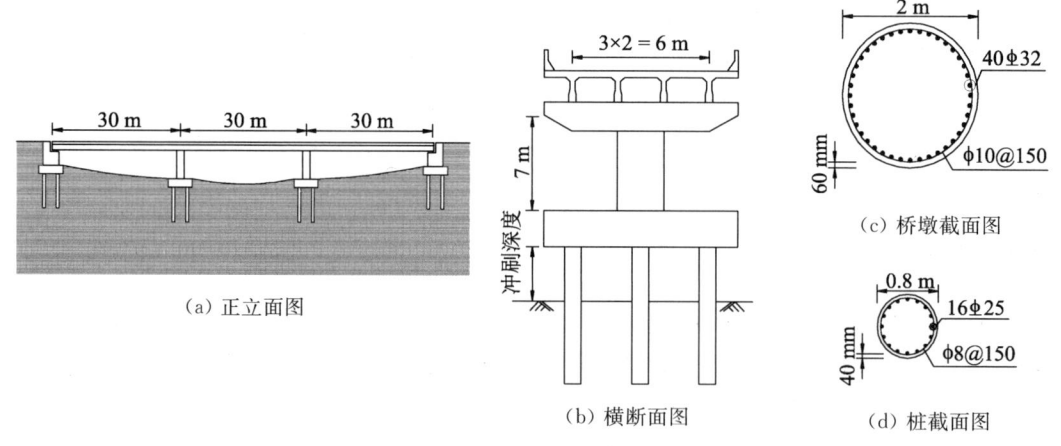

图 8.22　桥梁模型

2. 桥梁有限元模型

采用 SAP2000 软件建立三维桥梁有限元模型，桥梁有限元模型如图 8.23 和图 8.24 所示。

桥梁上部主梁（桥面）一般较为坚固，在地震作用期间基本保持弹性，桥梁破坏主要是由地面运动引起下部结构的摇晃和不同桥墩之间的相对位移造成的（李鸿晶 等，2009），因此，主梁、盖梁采用弹性梁单元模拟。主梁和其他结构之间采用盆式支座连接，该模型中采用了两种盆式支座，即固定支座与活动支座。固定支座具有竖向承载与竖向转动性能，只允许上

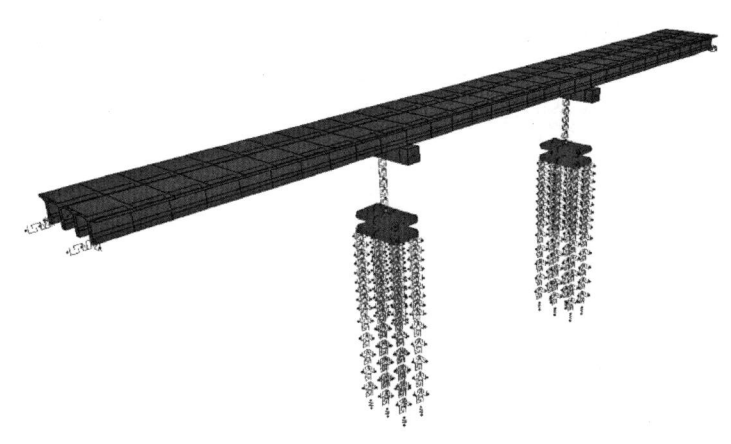

图 8.23　SAP2000 软件中建立的三维桥梁有限元模型

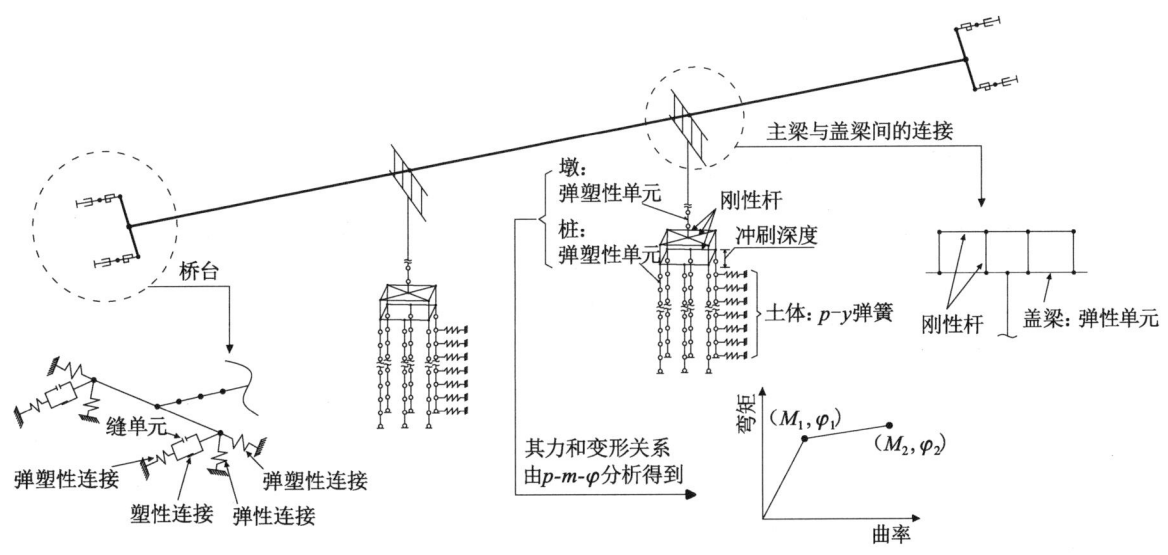

图 8.24　三维桥梁计算模型

部结构与下部结构发生相对转动；活动支座允许上、下部结构发生相对转动的同时，还能产生较大的相对水平运动。根据《公路桥梁抗震设计细则》(JTG/T B02-01—2008)和《城市桥梁抗震设计规范》(CJJ 166—2011)，活动盆式支座可用双线性理想弹塑性弹簧单元模拟，本节以 SAP2000 中的 Wen 塑性连接单元模拟，该单元的属性如图 8.25 所示。该支座屈服前刚度为 k，屈服后进入强化阶段刚度为 $k1$($k1$ 往往很小)。Wen 塑性连接单元对每个自由度都单独定义其恢复力属性。对于活动支座，取轴向刚度及约束方向刚度为无限大，释放转动刚度和扭转刚度。主梁底部支座布置情况为：主梁与桥墩采用固定支座，主梁与桥台采用滑动支座。主梁与桥台间的伸缩缝采用 GAP 单元进行模拟，如图 8.26 所示。GAP 单元仅在受到压力时才会发生作用，在主梁与桥台接触之前不会对梁体施加任何作用力，当桥台与主梁的相对位移达到设定的 Open 值时碰撞发生。碰撞刚度 K 取一个较大值,当碰撞发生后,桥台与主梁之间变为刚性对接,桥台对主梁施加压力并抵抗主梁水平方向运动。承台刚度很大,认为其在地震中表现为刚性,本书用具有线质量的刚性杆模拟其质量分布。桥墩和桩基础是比较薄弱的部位,采用弹塑性连接单元模拟其非线性,定义方式同前。土体采用 p-y 弹簧模拟,定义方式同前。

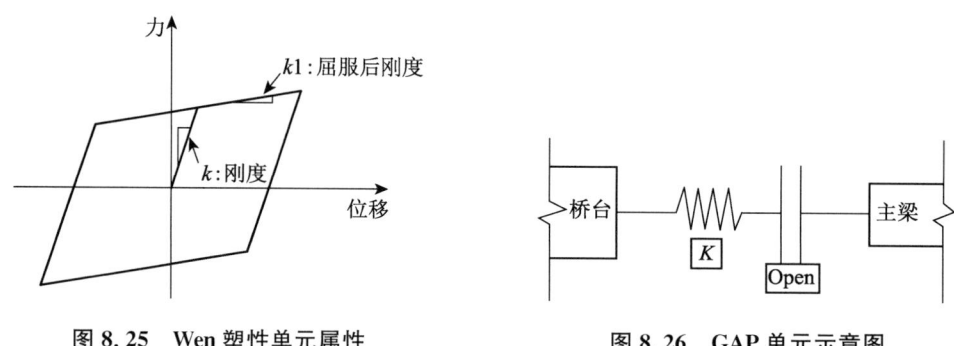

图 8.25 Wen 塑性单元属性　　　　图 8.26 GAP 单元示意图

8.3.2　桥墩和桩基地震易损性曲线

本章中地震波的选取和激震方式、土体冲刷的模拟方法、桩及桥墩损伤状态的定义方式等均与前文相同,这里不再赘述。土体分层情况以及主要参数见表 8.5(有限元模型中 p-y 土弹簧的本构关系由此决定)。桩基(桥墩)损伤状态界限对应的具体数据见表 8.6,此数据是利用 UCFYBER 软件对桩基(桥墩)截面进行 p-m-φ 分析得到的。桩基和桥墩的地震反应峰值见表 8.7,桩基和桥墩最大曲率见图 8.27 和图 8.28。数据显示,随着冲刷深度的增大,桥墩的最大曲率逐渐减小,桩基的最大曲率逐渐增大。其他学者的论文也得出过这样的结论,例如,Wang 等(2015)通过试验研究发现:在同一地震作用下,随着冲刷深度的增大,桥墩的最大弯矩逐渐减小,桩基的弯矩逐渐增大。Khan 等(2014),杨延凯等(2015)在研究冲刷对桥梁地震响应的影响时得出类似结论:桥梁受到横桥向地震作用,桥墩最大弯矩随着冲刷深度的增大而减小。Song 等(2015)指出,随着冲刷深度的增大,桥墩的地震需求逐渐减小,其受到的地震破坏程度降低。Wang 等(2014)的研究也表明,随着冲刷深度的增大,桥墩的地震易损性降低。产生这种现象主要有两方面的原因:①冲刷导致桥梁基础能力退化;冲刷使桩基刚度减小,桩基可能首先发生破坏,进入塑性阶段,其大变形产生的塑性耗能反而会减缓桥墩的破坏,这和"强柱弱梁"原理类似。②冲刷使桥梁基础自振周期增加;结构所受外力激励的频率与其自振频率相同时,会产生最大振动(共振),但是振动强度会随两者频率差距的增大而减小。本书所建桥梁的基础(桩基础和承台)的自振周期较大(由于桩径较小),在未冲刷时基础的自振周期可能已经大于上部结构(承台以上结构)的自振周期,当冲刷发生时,基础的自振周期进一步增大,造成基础和上部结构的自振周期的差值越来越大,因此桥墩的地震反应可能随着冲刷深度的增大而减小。

表 8.5　土体分层情况

土层厚度/m	土体类型	土体重度/(kN·m^{-3})	内摩擦角/(°)
2	细砂①	17.5	25
4	细砂②	19.5	30
4	中砂①	18.5	30
6	中砂②	20.0	30
10	粗砂	20.5	33

表 8.6　桥墩(桩)的曲率延性

损伤状态	曲率/m^{-1}	曲率延性
微小破坏界限	0.001 22(0.003 44)	1.00(1.00)
中等破坏界限	0.001 60(0.004 43)	1.31(1.29)
严重破坏界限	0.004 13(0.008 50)	3.39(2.47)
完全破坏界限	0.012 19(0.025 01)	9.99(7.27)

表 8.7　桩和桥墩的地震反应峰值

PGA/g	桩基曲率最大值/m^{-1}					桥墩曲率最大值/m^{-1}				
	冲刷 0 m	冲刷 1 m	冲刷 2 m	冲刷 3 m	冲刷 4 m	冲刷 0 m	冲刷 1 m	冲刷 2 m	冲刷 3 m	冲刷 4 m
0.149	0.001 1	0.001 7	0.002 2	0.002 5	0.002 8	0.002 0	0.001 7	0.001 6	0.001 4	0.001 2
0.157	0.000 9	0.001 3	0.001 7	0.001 9	0.002 0	0.001 4	0.001 3	0.001 2	0.001 0	0.000 9
0.159	0.000 7	0.001 0	0.001 3	0.001 5	0.001 5	0.001 1	0.001 0	0.000 9	0.000 8	0.000 6
0.211	0.001 0	0.001 5	0.001 9	0.002 2	0.002 3	0.002 0	0.001 7	0.001 5	0.001 3	0.001 0
0.232	0.001 0	0.001 5	0.002 0	0.002 2	0.002 3	0.001 4	0.001 4	0.001 3	0.001 1	0.000 9
0.255	0.001 2	0.001 9	0.002 4	0.002 8	0.003 0	0.003 3	0.002 3	0.001 9	0.001 5	0.001 4
0.284	0.001 1	0.001 5	0.001 9	0.002 3	0.002 7	0.001 5	0.001 4	0.001 3	0.001 2	0.001 1
0.304	0.001 1	0.001 7	0.002 1	0.002 8	0.002 9	0.002 7	0.002 5	0.001 9	0.001 6	0.001 4
0.314	0.001 1	0.001 7	0.002 1	0.002 8	0.003 1	0.001 7	0.001 5	0.001 5	0.001 4	0.001 3
0.318	0.001 2	0.001 7	0.002 0	0.002 3	0.002 7	0.002 1	0.001 6	0.001 4	0.001 3	0.001 2
0.349	0.001 7	0.002 6	0.003 4	0.004 1	0.004 5	0.007 4	0.007 0	0.006 5	0.005 7	0.004 3
0.421	0.001 7	0.002 5	0.003 2	0.003 8	0.004 2	0.007 5	0.006 3	0.004 4	0.003 3	0.002 2
0.422	0.001 4	0.002 2	0.002 9	0.003 6	0.004 1	0.007 6	0.007 0	0.006 4	0.005 7	0.004 8
0.446	0.001 4	0.002 3	0.002 9	0.003 5	0.004 1	0.004 1	0.003 9	0.003 5	0.003 1	0.002 9
0.453	0.001 4	0.002 3	0.003 1	0.003 8	0.004 0	0.006 6	0.006 5	0.006 0	0.004 7	0.003 1
0.485	0.001 2	0.001 9	0.002 4	0.002 8	0.002 9	0.003 3	0.002 7	0.002 1	0.001 6	0.001 4
0.534	0.001 9	0.002 8	0.003 6	0.004 4	0.005 6	0.008 1	0.007 9	0.007 6	0.007 0	0.005 7

(续表)

PGA /g	桩基曲率最大值/m^{-1}					桥墩曲率最大值/m^{-1}				
	冲刷 0 m	冲刷 1 m	冲刷 2 m	冲刷 3 m	冲刷 4 m	冲刷 0 m	冲刷 1 m	冲刷 2 m	冲刷 3 m	冲刷 4 m
0.568	0.001 6	0.002 4	0.003 1	0.003 7	0.004 4	0.005 9	0.005 4	0.004 7	0.004 0	0.003 2
0.630	0.002 1	0.002 7	0.003 5	0.004 1	0.004 6	0.008 1	0.007 8	0.007 3	0.006 3	0.004 7
0.704	0.001 8	0.002 9	0.004 0	0.005 9	0.008 6	0.009 7	0.009 5	0.009 4	0.008 3	0.006 2
0.739	0.001 4	0.002 1	0.002 7	0.003 5	0.004 1	0.003 4	0.003 2	0.002 9	0.002 5	0.002 5
0.834	0.002 3	0.003 0	0.003 8	0.005 4	0.008 3	0.011 3	0.009 9	0.008 4	0.005 9	0.005 0
0.842	0.002 4	0.003 4	0.004 7	0.007 5	0.011 1	0.012 9	0.012 7	0.011 5	0.008 3	0.006 9
0.906	0.002 3	0.003 2	0.003 9	0.006 7	0.009 4	0.008 8	0.008 2	0.007 9	0.007 3	0.006 7
0.970	0.001 9	0.002 8	0.003 6	0.004 3	0.005 0	0.013 1	0.012 9	0.012 1	0.009 4	0.006 5
1.068	0.003 2	0.004 6	0.008 6	0.013 3	0.016 9	0.019 2	0.018 7	0.017 9	0.016 3	0.013 9
1.366	0.002 2	0.003 3	0.003 6	0.003 8	0.004 0	0.008 6	0.008 2	0.008 2	0.007 5	0.006 0
1.462	0.002 0	0.002 9	0.004 2	0.006 7	0.008 7	0.011 1	0.010 1	0.009 1	0.008 4	0.006 6
1.612	0.003 0	0.003 9	0.006 8	0.011 6	0.014 9	0.016 7	0.016 3	0.015 1	0.012 8	0.008 8
1.668	0.003 8	0.004 9	0.009 6	0.014 1	0.018 1	0.014 5	0.013 9	0.013 5	0.012 4	0.011 2
0.223	0.000 9	0.001 3	0.001 6	0.002 0	0.002 2	0.001 6	0.001 5	0.001 3	0.001 0	0.000 9
0.283	0.001 3	0.002 0	0.002 7	0.003 2	0.003 5	0.005 5	0.005 2	0.004 3	0.003 0	0.001 6
0.289	0.000 8	0.001 1	0.001 5	0.001 6	0.001 8	0.001 3	0.001 2	0.001 0	0.000 8	0.000 7
0.458	0.001 3	0.002 0	0.002 4	0.002 7	0.003 0	0.001 6	0.001 5	0.001 5	0.001 4	0.001 2
0.464	0.001 7	0.002 6	0.003 5	0.004 1	0.004 7	0.008 8	0.008 4	0.007 6	0.006 2	0.004 1
0.510	0.002 0	0.002 7	0.003 6	0.004 4	0.004 8	0.012 5	0.011 4	0.009 7	0.007 4	0.005 3
0.515	0.001 2	0.001 8	0.002 2	0.002 7	0.003 0	0.002 2	0.001 7	0.001 5	0.001 4	0.001 3
0.575	0.002 3	0.003 3	0.004 4	0.008 1	0.011 8	0.017 6	0.018 4	0.019 2	0.018 0	0.014 5
0.597	0.001 6	0.002 5	0.003 2	0.003 8	0.005 0	0.007 7	0.007 6	0.007 3	0.006 2	0.004 4
0.618	0.002 7	0.003 6	0.005 3	0.012 9	0.023 4	0.025 8	0.025 7	0.024 6	0.021 7	0.015 5
0.683	0.001 3	0.002 1	0.002 5	0.002 7	0.002 9	0.004 1	0.003 8	0.003 2	0.002 4	0.001 7
0.725	0.001 6	0.002 4	0.003 2	0.003 5	0.003 6	0.006 7	0.006 0	0.005 0	0.003 5	0.002 0
0.781	0.002 4	0.003 1	0.003 7	0.005 2	0.011 4	0.013 0	0.012 4	0.011 6	0.009 9	0.008 0
0.789	0.001 1	0.001 7	0.002 1	0.002 3	0.002 4	0.001 4	0.001 4	0.001 3	0.001 2	0.001 0
0.806	0.001 9	0.002 8	0.003 9	0.006 2	0.009 8	0.014 1	0.013 8	0.013 3	0.011 7	0.009 2
0.808	0.002 5	0.003 8	0.006 6	0.012 3	0.018 2	0.018 9	0.018 9	0.018 6	0.018 0	0.016 7
0.833	0.000 9	0.001 4	0.001 9	0.002 0	0.002 0	0.001 4	0.001 3	0.001 1	0.001 0	0.000 9
0.916	0.001 9	0.002 7	0.003 5	0.004 5	0.006 2	0.007 7	0.007 2	0.006 6	0.005 4	0.004 7
0.923	0.003 0	0.003 7	0.004 9	0.008 3	0.011 4	0.009 3	0.008 1	0.007 7	0.006 4	0.005 7
0.937	0.002 5	0.003 4	0.004 6	0.009 3	0.016 1	0.021 4	0.020 3	0.019 1	0.018 3	0.016 7

(续表)

PGA /g	桩基曲率最大值/m^{-1}					桥墩曲率最大值/m^{-1}				
	冲刷 0 m	冲刷 1 m	冲刷 2 m	冲刷 3 m	冲刷 4 m	冲刷 0 m	冲刷 1 m	冲刷 2 m	冲刷 3 m	冲刷 4 m
1.150	0.005 2	0.012 2	0.022 3	0.039 9	0.054 6	0.044 0	0.042 8	0.039 6	0.032 1	0.023 1
1.228	0.003 3	0.004 4	0.007 0	0.012 6	0.018 0	0.011 3	0.010 2	0.009 4	0.008 4	0.007 1
1.260	0.003 6	0.003 9	0.006 0	0.008 3	0.010 1	0.013 3	0.013 0	0.012 9	0.012 2	0.010 1
1.342	0.009 6	0.015 1	0.021 6	0.028 3	0.056 1	0.030 9	0.028 5	0.028 0	0.025 5	0.018 9
1.413	0.010 7	0.018 9	0.035 4	0.066 2	0.106 2	0.041 0	0.036 3	0.029 5	0.022 7	
1.562	0.021 9	0.036 0	0.060 1	0.086 7	0.105 1	0.048 1	0.045 9	0.040 9	0.033 8	0.025 4
1.578	0.001 8	0.002 7	0.003 4	0.003 9	0.004 0	0.004 0	0.003 8	0.003 4	0.002 3	0.001 6
1.666	0.001 9	0.002 9	0.003 5	0.003 5	0.003 7	0.004 6	0.004 3	0.003 6	0.002 7	0.001 9
1.846	0.017 6	0.022 3	0.028 3	0.040 4	0.048 9	0.026 4	0.023 5	0.020 7	0.017 6	0.015 4
1.874	0.012 2	0.020 7	0.037 9	0.070 3	0.111 9	0.045 7	0.044 5	0.040 1	0.032 7	0.025 6

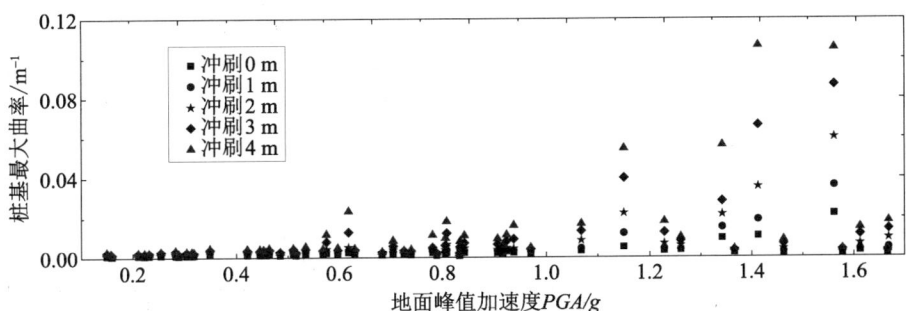

图 8.27 桩基最大曲率

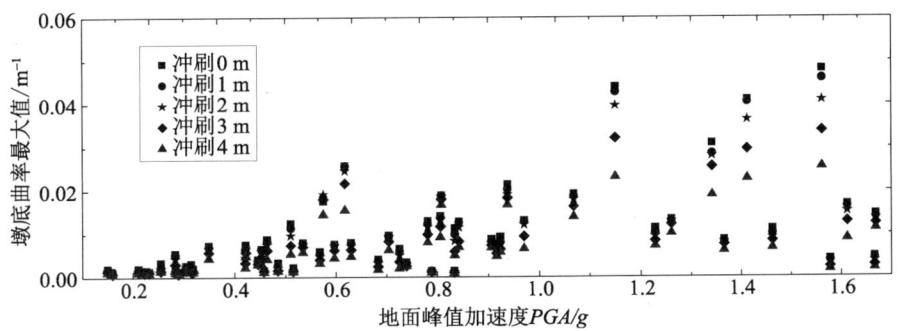

图 8.28 桥墩最大曲率

采用前文所述的能力与需求概率特征值法对地震易损性函数进行求解。根据表 8.7 中数据（样本点），利用最小二乘法对地震易损性函数进行拟合，求得其中的未知参数（b，a，δ），具体数据如表 8.8 所列。由此可得到结构反应 S_d 与地震动强度 $IM(PGA)$ 的关系式，如式（8.14）、式（8.15）所示，求解过程中的回归分析如图 8.29、图 8.30 所示。

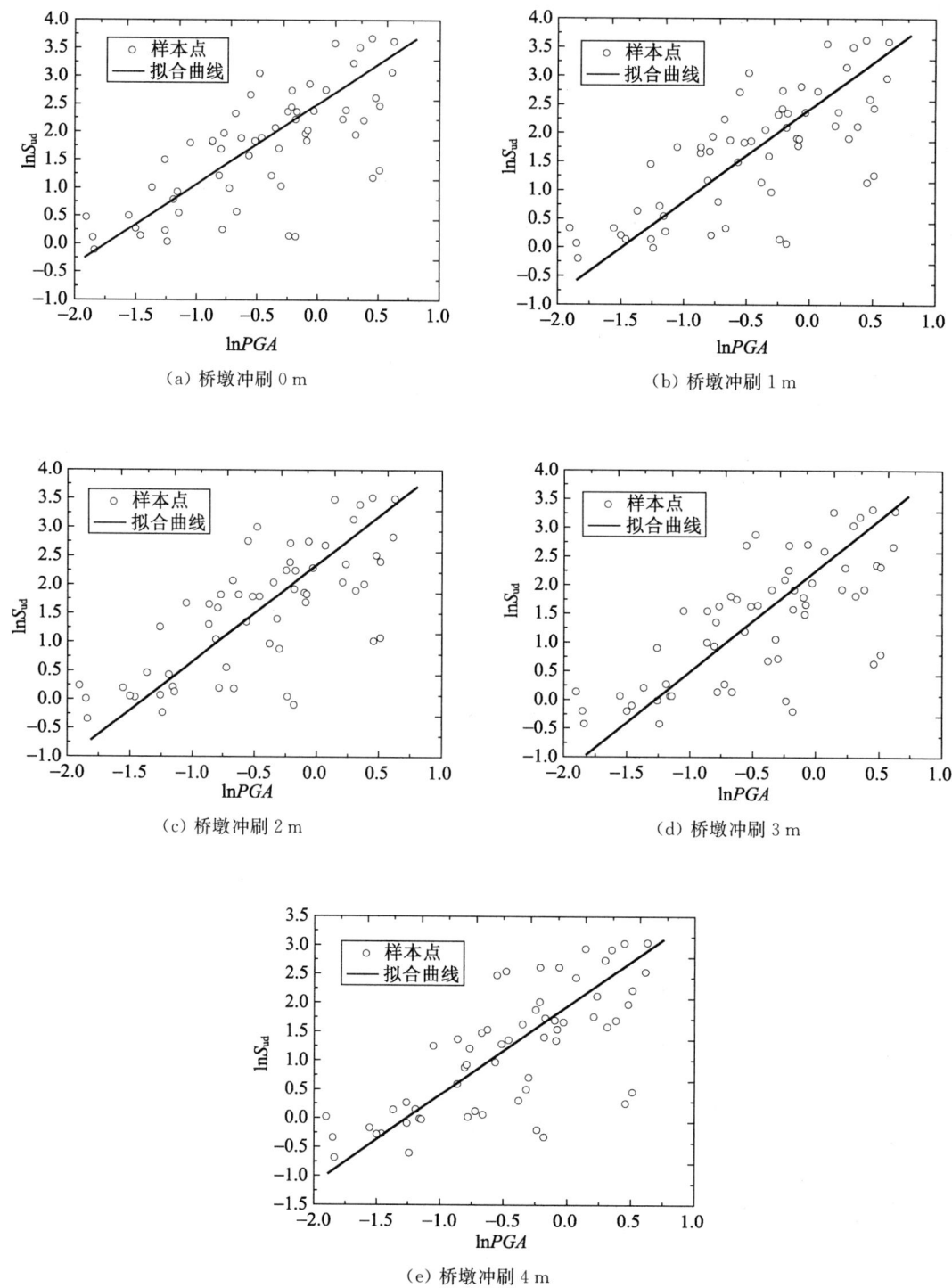

图 8.29 不同冲刷深度下桥墩参数回归分析图

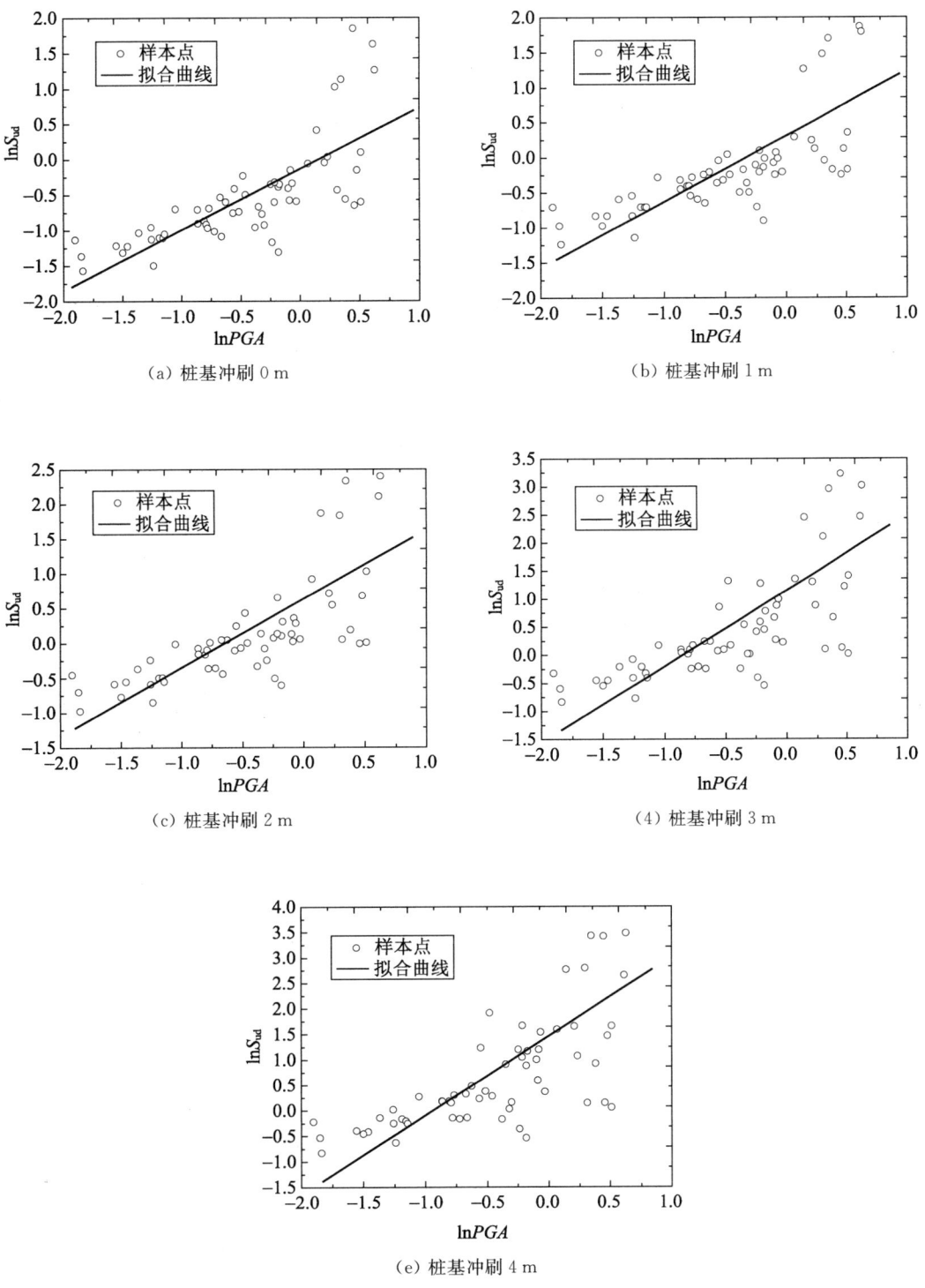

图 8.30 不同冲刷深度下桩基参数回归分析图

$$桥墩\begin{cases}冲刷\ 0\ \text{m}: \ln S_d = 1.073\ 0\ \ln PGA + 2.192\ 4\\ 冲刷\ 1\ \text{m}: \ln S_d = 1.112\ 5\ \ln PGA + 2.133\ 1\\ 冲刷\ 2\ \text{m}: \ln S_d = 1.149\ 5\ \ln PGA + 2.045\ 4\\ 冲刷\ 3\ \text{m}: \ln S_d = 1.149\ 8\ \ln PGA + 1.879\ 8\\ 冲刷\ 4\ \text{m}: \ln S_d = 1.123\ 5\ \ln PGA + 1.647\ 9\end{cases} \quad (8.14)$$

$$桩基\begin{cases}冲刷\ 0\ \text{m}: \ln S_d = 0.756\ 3\ \ln PGA - 0.209\ 7\\ 冲刷\ 1\ \text{m}: \ln S_d = 0.747\ 4\ \ln PGA + 0.169\ 7\\ 冲刷\ 2\ \text{m}: \ln S_d = 0.830\ 0\ \ln PGA + 0.510\ 4\\ 冲刷\ 3\ \text{m}: \ln S_d = 0.953\ 9\ \ln PGA + 0.849\ 5\\ 冲刷\ 4\ \text{m}: \ln S_d = 1.063\ 7\ \ln PGA + 1.107\ 9\end{cases} \quad (8.15)$$

表8.8　回归分析拟合参数

冲刷深度/m	桥墩拟合参数			桩基拟合参数		
	b	a	δ	b	a	δ
0	1.073 0	2.192 4	0.709 3	0.756 3	−0.209 7	0.472 6
1	1.112 5	2.133 1	0.724 4	0.747 4	0.169 7	0.489 9
2	1.149 5	2.045 4	0.745 8	0.830 0	0.510 4	0.545 3
3	1.148 9	1.879 8	0.756 2	0.953 9	0.849 5	0.633 6
4	1.123 5	1.647 9	0.742 2	1.063 7	1.107 9	0.720 0

将表8.8中的拟合参数代入式(8.10)即可求出任意$IM(PGA)$下桥墩和桩基的破坏概率，由此形成不同破坏状态下桥墩和桩基的地震易损性曲线，如图8.31、图8.32所示。

由图可知：任一冲刷深度下，随着地震峰值加速度的增大，桥墩和桩基的破坏概率都逐渐增加；随着破坏程度的增加，地震易损性向右移动，说明桥墩和桩基发生较大程度破坏的概率小于发生较小程度破坏的概率，这与实际相符。当PGA较小(例如小于$0.1g$)时，桥墩和桩基可能尚处于弹性阶段，其破坏概率较小且变化较小；当PGA中等(例如介于$0.2g \sim 0.5g$)时，桥墩和桩基可能进入弹塑性状态，其破坏概率增加较快；当PGA较大(例如超过$0.6g$)时，桥墩和桩基可能进入塑性状态，其发生的大变形吸收部分能量，使其破坏概率虽然增加但增加速率减慢。

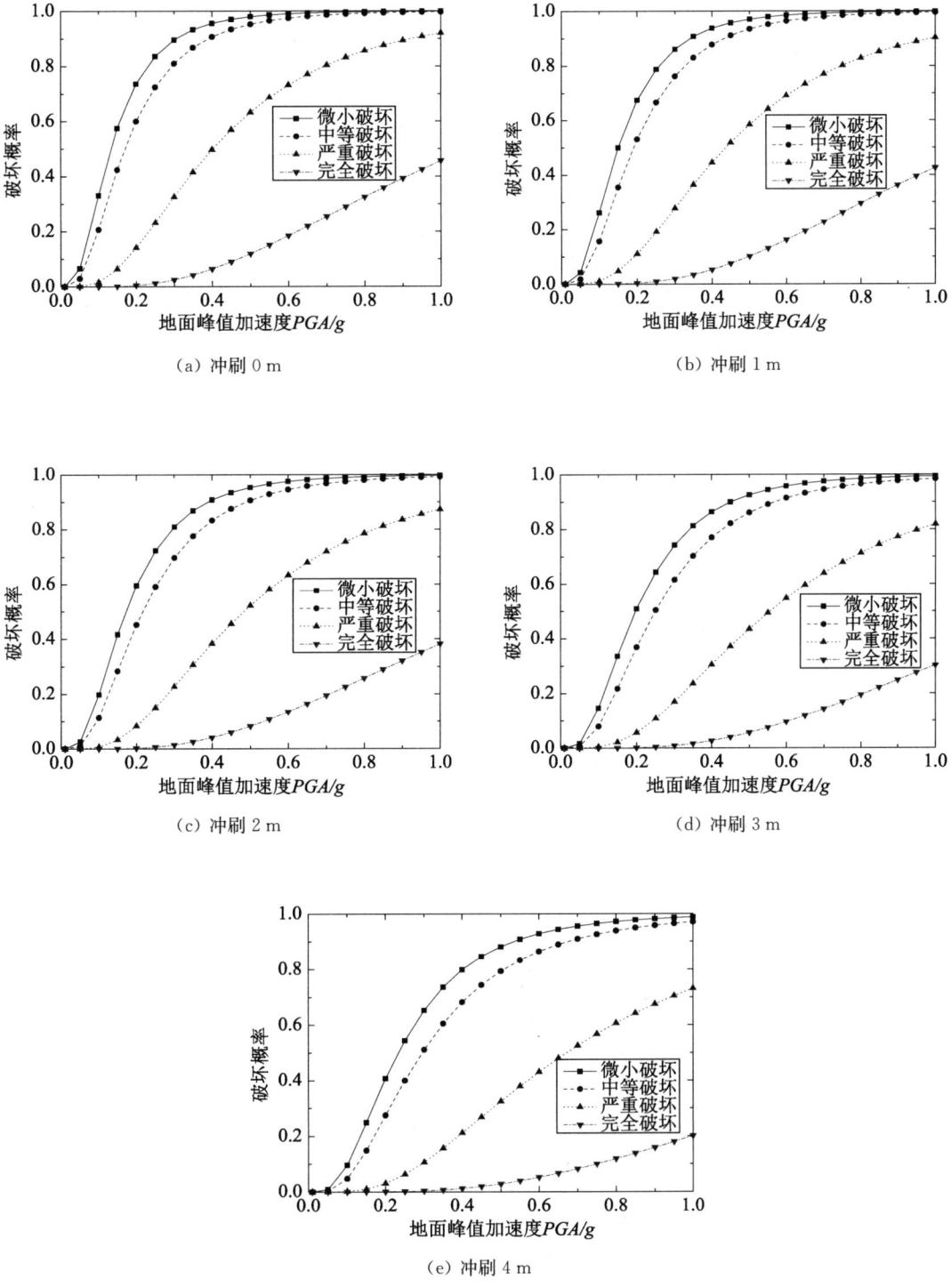

图 8.31 桥墩地震易损性曲线

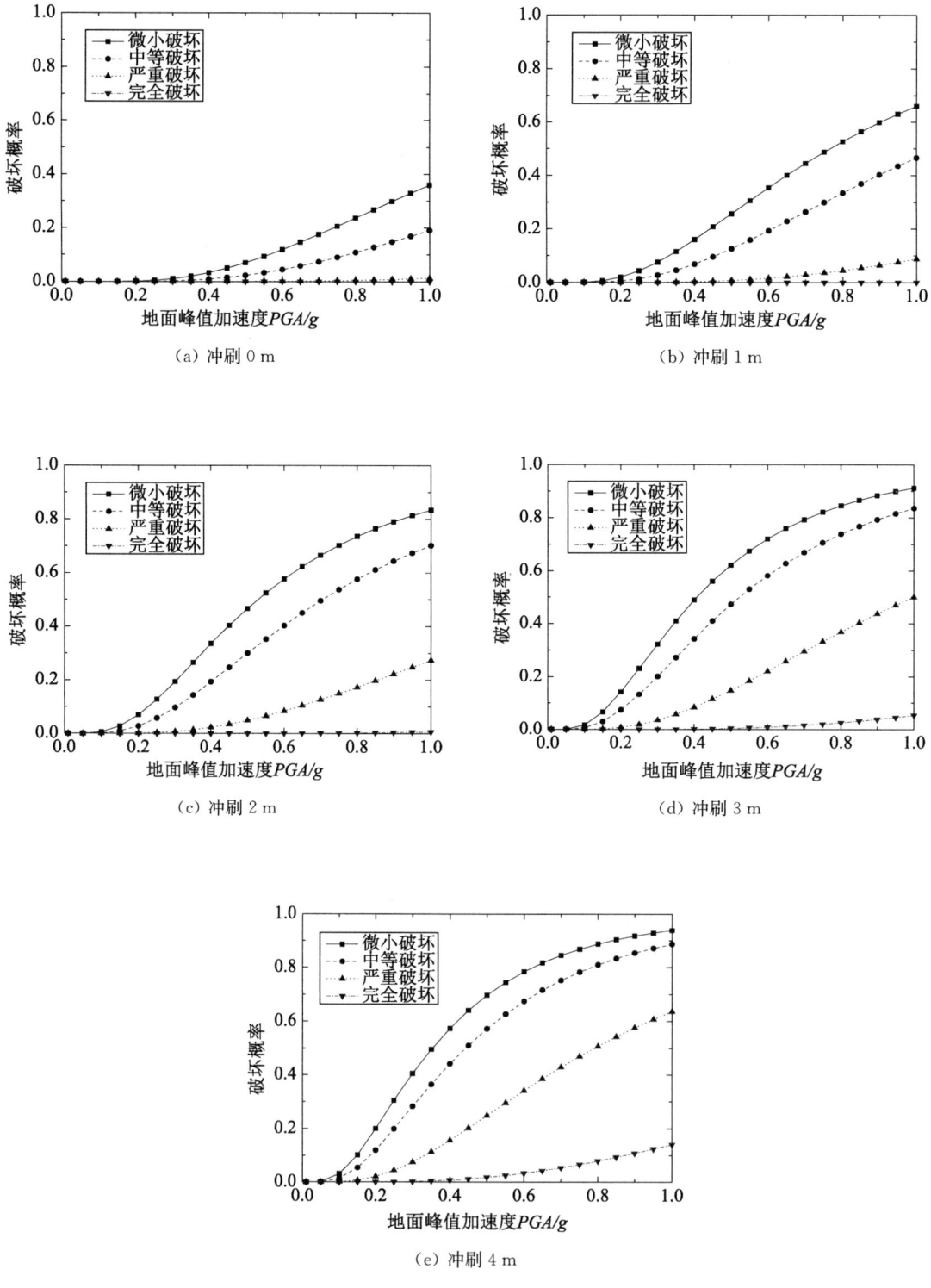

图 8.32 桩基地震易损性曲线

为了更清晰地表示冲刷对桥墩和桩基的破坏概率的影响,在其他条件都相同的情况下列出不同冲刷深度下桥墩和桩基的地震易损性曲线,如图 8.33、图 8.34 所示,可以清楚地看到:随着冲刷深度的增大,桩基的破坏概率显著增加而桥墩的破坏概率逐渐减小。

表 8.9 列出了在 $PGA=0.2g$ 时,不同冲刷深度下桥墩和桩基发生微小破坏的概率。在没有冲刷的情况下,桥墩的破坏概率(73.66%)远远大于桩基的破坏概率(0.155%),所以在地震作用下,极有可能是桥墩先发生破坏,这符合桥梁设计原则(由于桥梁基础一旦发生破坏,往往难以修复,为了减小桥梁基础的破坏概率,设计时常常增加桥梁基础的刚度,从而使桥墩先发生屈服,成为桩基础的能力保护构件,这和"强柱弱梁"原理类似)。冲刷深度达到 4 m 时,桩基发生破坏的概率(20.00%)已接近桥墩破坏概率(40.77%)的一半,此时就有理由相信在地震作用下桥梁桩基可能先于桥墩发生破坏,这样桥墩不能对桩基形成更有效的保护,一旦发生强度较大的地震,桩基可能发生破坏且难以修复,桥梁设计意图早已改变。因此,桥梁设计时要特别注意冲刷给桩基带来的极不利的影响。

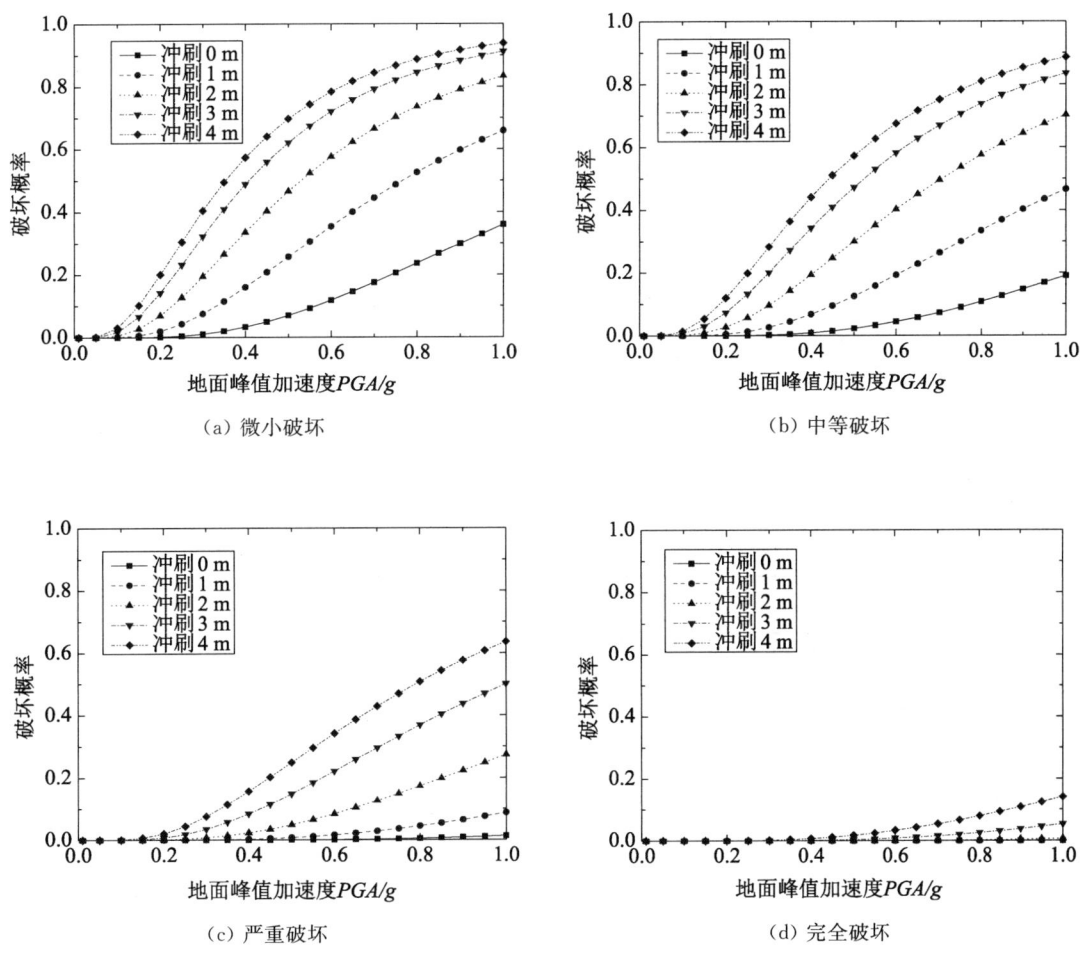

图 8.33 桩基发生不同破坏程度的概率曲线

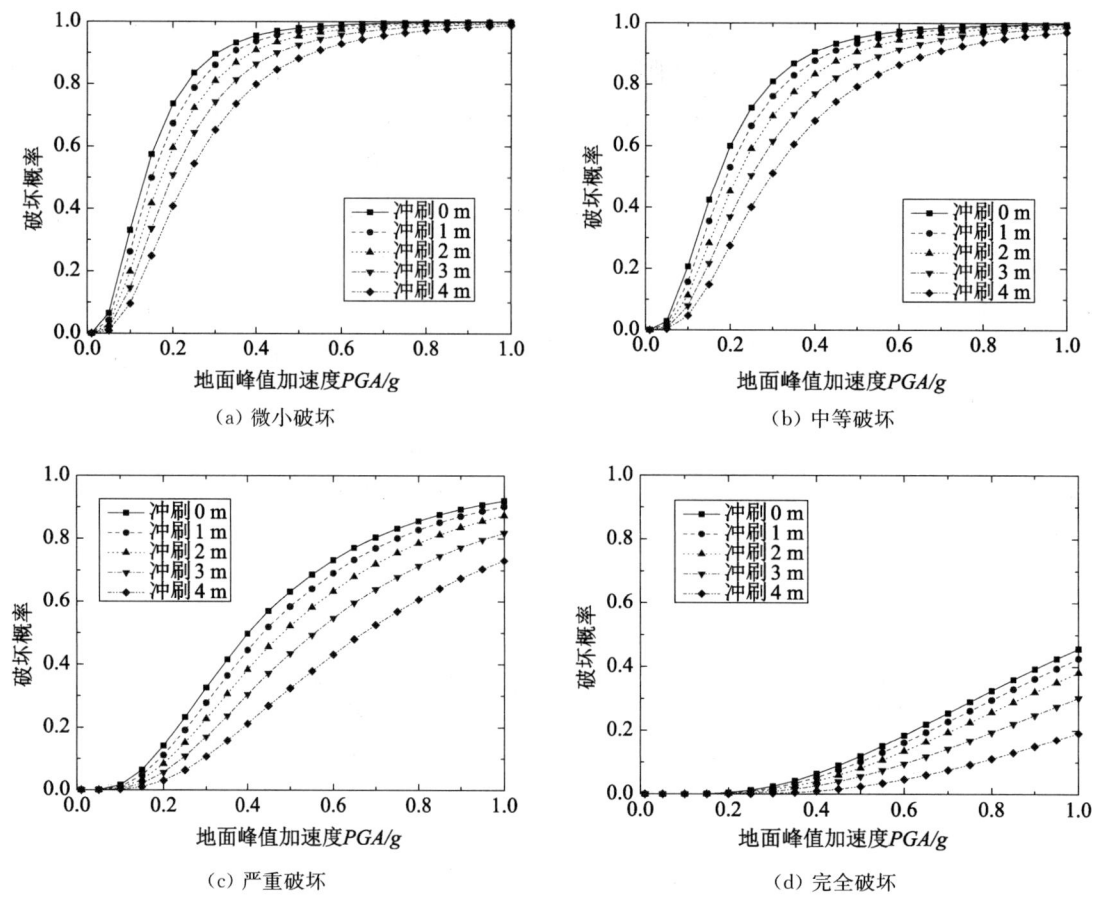

图 8.34 桥墩发生不同破坏程度的概率曲线

表 8.9　　　　　　　　　不同冲刷深度下桥墩和桩基发生微小破坏的概率

微小破坏概率		冲刷深度				
		0 m	1 m	2 m	3 m	4 m
桩基	0.2g	0.001 55	0.019 80	0.069 51	0.141 98	0.199 95
桥墩	0.2g	0.736 56	0.673 47	0.595 74	0.508 99	0.407 71

8.3.3　连续冲刷深度下的地震易损性曲线

自然状态下,桥梁的冲刷深度并不是人为设定的,可能是任意深度。为了获得任意冲刷深度下桥墩和桩基的地震易损性曲线,需要对参数(a, b, δ_d)进行估计,得到任意冲刷深度下的(a, b, δ_d),进而得到连续冲刷深度下桥墩和桩基的地震易损性曲线。本节假设参数(a, b, δ_d)是冲刷深度 h 的三次函数(次数过高计算困难,次数太低离散性太大),如式(8.16)所示:

$$k_i = x_{i1} \times h^3 + x_{i2} \times h^2 + x_{i3} \times h + x_{i4} \tag{8.16}$$

式中,$k_i = a, b, \delta_d (i = 1, 2, 3)$;$x_{i1}, x_{i2}, x_{i3}, x_{i4}$ 为待估计的参数。根据表 8.8 的数据对

参数 x_{i1}, x_{i2}, x_{i3}, x_{i4} 进行最小二乘估计,结果列于表8.10。为检验上述方法的有效性,利用冲刷 0 m,1 m,3 m,4 m 时桥墩的数据对参数进行估计,得到参数 (a, b, δ_d) 与冲刷深度 h 的函数关系[式(8.17)、式 8.18)]。

$$桥墩 \begin{cases} b = -0.0019 h^3 + 0.0003 h^2 + 0.0410 h + 1.0730 \\ a = -0.0032 h^3 - 0.0098 h^2 - 0.0463 h + 2.1924 \\ \delta_d = -0.0026 h^3 + 0.0105 h^2 + 0.0072 h + 0.7090 \end{cases} \quad (8.17)$$

$$桩基 \begin{cases} b = -0.0088 h^3 + 0.0727 h^2 - 0.0732 h + 0.7564 \\ a = -0.0035 h^3 + 0.0036 h^2 + 0.3710 h - 0.2080 \\ \delta_d = -0.0033 h^3 + 0.0322 h^2 - 0.0137 h + 0.4730 \end{cases} \quad (8.18)$$

表 8.10　　　　　　　　　　　　　　概率模型中的参数

未知量	参数估计值		
	$b(i=1)$	$a(i=2)$	$\delta_d(i=3)$
x_{i1}	$-0.0019(-0.0088)$	$-0.0032(-0.0035)$	$-0.0026(-0.0033)$
x_{i2}	$-0.0008(0.0727)$	$-0.0113(0.0036)$	$0.0104(0.0322)$
x_{i3}	$0.0456(-0.0732)$	$-0.0405(0.3710)$	$0.0075(-0.0137)$
x_{i4}	$1.0723(0.7564)$	$2.1915(-0.2080)$	$0.7092(0.4730)$

将冲刷深度 $h=2$ 代入,算得桥墩参数估计值(实算值):$b=1.1410(1.1495)$,$a=2.0350(2.0454)$,$\delta_d=0.7446(0.7458)$;桩基参数估计值:$b=0.8304(0.8300)$,$a=0.5204(0.5104)$,$\delta_d=0.5480(0.5453)$,其中括号内数值为实算值。相应桩基和桥墩的地震易损性曲线如图 8.35 和图 8.36 所示,可以看出,实算和理论推测的地震易损性曲线几乎重合,说明利用三次曲线描述参数 (a, b, δ_d) 与冲刷深度 h 的关系是可行的。

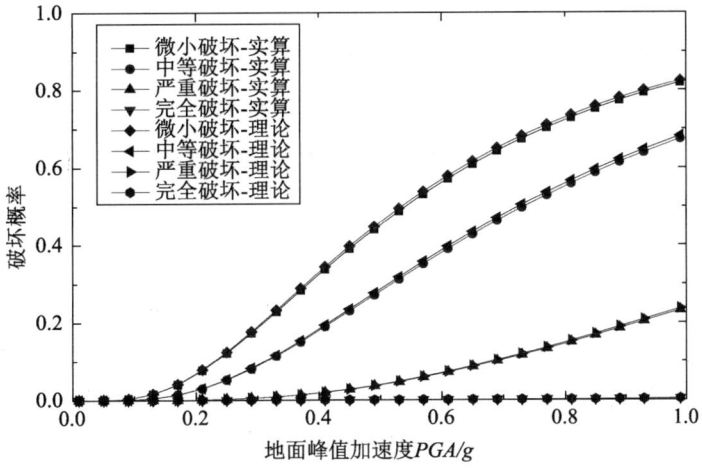

图 8.35　理论和实算桩基地震易损性曲线

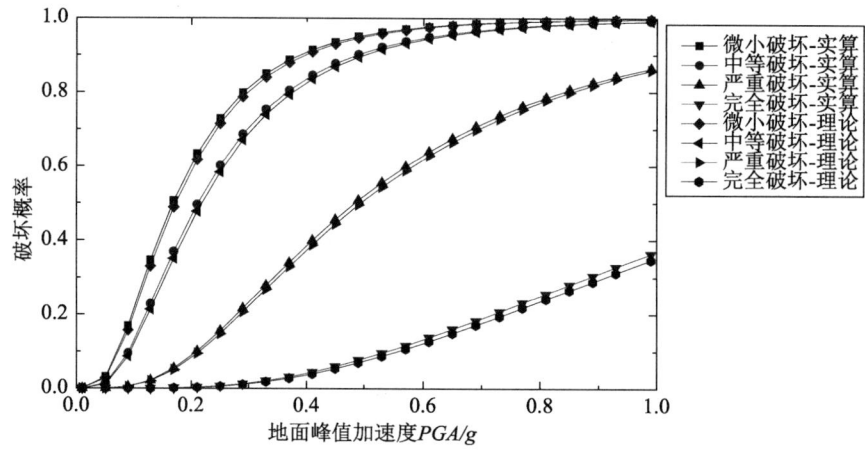

图 8.36 理论和实算桥墩地震易损性曲线

将任意的冲刷深度 h 代入式(8.17)、式(8.18)求出相应的参数即可得到该冲刷深度下桥墩和桩基的地震易损性曲线。例如,将 $h=3.3$ 代入即可求得冲刷深度为 3.3 m 时桩基地震易损性曲线,如图 8.37 所示。

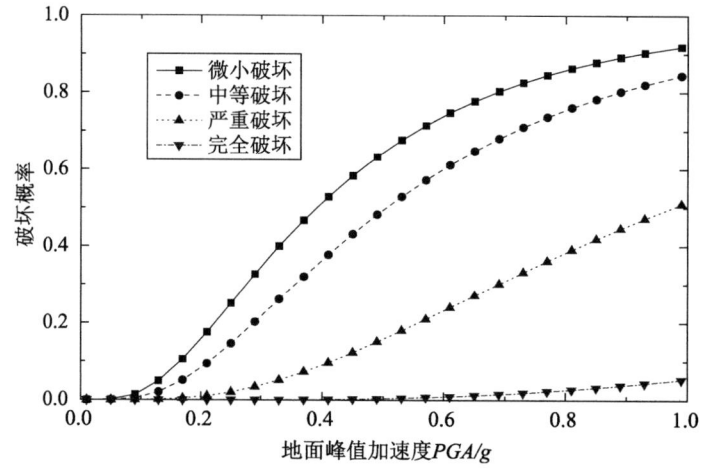

图 8.37 冲刷深度为 3.3 m 时的桩基地震易损性曲线

8.3.4 结论

本节考虑冲刷作用,针对某桥梁实例进行了地震易损性求解。通过建立三维全桥模型,在利用动态时程分析方法求解桥梁模型地震响应的基础上,采用能力与需求概率特征值法对地震易损性函数进行求解,最终得到桥梁桩基和桥墩的地震易损性曲线。提出利用三次曲线描述地震易损性函数中的参数与冲刷深度之间的关系,通过拟合得到任意冲刷深度下的桥梁桩基和桥墩的地震易损性曲线,归纳起来得到以下结论:

(1)利用能力与需求概率特征值法求解了桥墩和桩基的地震易损性曲线,曲线显示:随着地震强度的增加，桥墩和桩基的破坏概率均增加，在不考虑冲刷作用的条件下，常规桥梁桩基的破坏概率明显小于桥墩的破坏概率。

（2）冲刷深度对桥墩和桩基的破坏概率有显著的影响。一方面，随着冲刷深度的增大，桥梁桩基的破坏概率显著增加，而桥墩的破坏概率有减小的趋势；另一方面，冲刷深度的增大可能会使得桥梁桩基先于桥墩发生破坏，这就使得桥墩对桩基的能力保护作用失效，从而改变桥梁设计的原始意图。

（3）利用三次曲线描述地震易损性函数中的参数与冲刷深度之间的关系，进而得到任意冲刷深度下的地震易损性曲线。以此方法得到的地震易损性曲线和实际计算得到的地震易损性曲线非常接近，因此，三次曲线用来描述地震易损性函数中的参数与冲刷深度之间的关系是合适的。

第9章 冲刷防护技术

9.1 概述

在实际工程中,为了避免桥梁发生水毁破坏,设计人员需要根据实际情况采取必要手段,以缓解桥梁基础周围的局部冲刷作用。第5章重点介绍了桥梁基础周围冲刷深度的预测方法,将现有的规范方法进行了对比分析,并从细观机理的角度提出了新的设计方法。然而,仅对局部冲刷深度预测进行研究并不能完全满足实际工程的需要,主要原因有以下三个方面:

(1) 现有的局部冲刷预测方法存在一定的不足,在复杂环境和地质条件下无法十分准确地预测出局部冲刷深度,为了避免出现预测值低于实际冲刷深度的情况,需要适当地采取一定的防护措施,进一步确保涉水工程的安全稳定。

(2) 不同基础型式所适用的水力条件和其他自然环境条件不尽相同,过多地考虑局部冲刷深度对涉水工程的影响可能会导致基础埋深增加、施工难度增大、工程造价提高,出于经济性和施工难度的考虑,可采取一定的防护措施。

(3) 在涉水工程的设计方案确定后,无法避免严重的局部冲刷作用时,必须采用合理的冲刷防护方法,减小局部冲刷,保障涉水工程的安全稳定。

本章首先对桥梁基础局部冲刷防护方法及其机理进行了介绍,根据其作用机理,将现有的局部冲刷防护方法分为主动防护和被动防护两种;其次,借助波流水槽模型试验方法和三维数值计算方法对牺牲桩防护方法开展了研究,得到了牺牲桩防护方法的机理与效果,探讨了局部冲刷防护方法的细观机理;最后,基于上述研究结果以及杨昕(2016)关于抛石防护方法的研究,笔者与杨昕(2016)共同开展了牺牲桩与抛石联合防护方法的研究,对主被动联合防护理念进行了初探。通过本章的研究,可以对实际工程中的防护方法加以改进,并根据防护方法的不同特点与效果提供冲刷防护的设计依据。

9.2 冲刷防护方法

如前文所述,冲刷是水流冲蚀作用引起河床或海岸剥蚀的一种自然现象,局部冲刷一般发生在桥墩基础附近。桥墩基础的存在引起了水流的加速,产生了将周围沉积物带走的漩涡。理论上可以将水流与桥墩基础的冲刷作用分为三个部分:①前进水流漩涡,主要是指前进的水流遇到障碍物产生的漩涡在通过障碍物时,卷动泥沙形成了冲刷坑,可采用减缓水流能量或者改变水流与基础的作用方式来应对;②下降水流淘底,主要指前进水流撞击桥墩基础后形成一部分下降水流,对底部进行淘刷,可采用阻碍水流急速下冲的手段或增大泥沙起动时需要的动力来应对;③尾流漩涡冲坑,主要指水流绕过障碍物后形成的漩涡,带走了基础后的部分泥沙,可在下游采取装置收尾措施来处理应对。

现有冲刷防护措施大多是基于上述思路进行设计的,在实际工程中根据其位置可以分为位于前、周、后的三种防护措施:①基础前阻水,旨在阻挡墩前的前进水流,干扰来流作用;②基础周加固,旨在桥墩基础周进行适当加固,起到护底防淘刷的作用;③基础后收尾,旨在减小尾流作用,降低后方的冲刷作用。Chiew(1992)则按防护机理把桥梁冲刷防护分为两大类:一类称为主动防护,从控制冲刷水流入手,旨在减小冲刷的原动力;另一类称为被动防护,从改变冲刷对象和泥沙特性入手,以提高河床材料的抗冲刷性能。本节将以工程上应用最为广泛的被动防护手段(抛石防护方法)和具有鲜明主动防护特点的牺牲桩防护方法为例,对两类防护方法进行介绍和对比分析。

9.2.1 抛石防护方法(被动防护)

抛石是应用最为广泛的防护方式之一,其特点在于取材方便、工艺简单、灵活性大,如图9.1(a)所示。一方面,抛石增加了泥沙卷扬起动所需要的水流作用力;另一方面,其粗糙的石块在一定程度上减缓了底层水流速度。但抛石防护的整体性较差,运行维护费用和工作量较大,特别是当流速急剧增大、河床床面出现较大变化时,抛石相对位置会发生变化,从而失去防护作用。

Richardson等(1993)建议抛石防护范围至少应为2倍的桥墩宽度,提出的一种抛石粒径确定公式为美国高速公路管理局所采纳。Lagasse等(2007)提出了三种抛石层布置形式,分别是置于河床表面、冲刷坑内或在桥墩附近人工开挖的坑中,并推荐将抛石置于平均河床高程一定深度以下的地方,这与第4章中的细观机理分析结果相吻合。Chiew(1995)认为,抛石破坏分为三种形式:①抛石剪切破坏,指抛石无法抵抗下降水流和马蹄形漩涡的冲刷;②河床卷扬破坏,指抛石下的河床材料通过抛石的孔隙被冲走;③边缘破坏,指粗糙的抛石层边缘失稳。抛石级配也是一个重要的问题,如果级配不良,产生的空隙使得其下泥沙可以在水流作用下轻易通过,慢慢流失,导致抛石层的效果大打折扣。

尽管采用抛石的方法简单方便,但当缺少抛石的石材或石材粒径不能满足要求,以及有环境保护或美观要求时,则不宜采用该方法。此时,可以采用一些能适当替代抛石的防护方式,较为常用的有混凝土铰链防护、混凝土硬壳单元体防护以及混凝土石笼防护。混凝土铰链防护是利用铰链将混凝土板块连接起来而形成一个整体的防护实体,这些连接件一般是有自锁性的,并由钢杆连接(Parker,1998)。混凝土硬壳单元体,也称为人造抛石,是由预制的复杂形状的混凝土块体组成。其形式多种多样,其中四脚块体所受关注较多,随着块体的增大,其稳定效果变得更好(Lagasse等,2007)。混凝土石笼防护是将土或石块装入某种容器(比如石笼)中,作为一个整体而起到防护作用。该方法在欧洲用于保护河岸已有100多年的历史,近年来在美国悄然兴起。Yoon和Kim(2001)通过试验研究了麻布袋装的混凝土石笼块群作为桥墩防护方法的效果,得到了关于块体大小的建议公式。但由于河床演变可能会使网线断裂,导致石块的掉出而遭到破坏。这三种防护方式与抛石法的防护机理类似,都是阻挡下降水流带来的冲刷以及降低前进水流携带走泥沙的能力。

作为冲刷防护措施,防护系统应该有足够的渗透性,避免在防护层上产生过大的水压作用,并应具有足够的弹性,可以与土层变形及边缘的冲刷协调。为解决抛石法的稳定性,并尽量发挥抛石的阻水和加固作用，部分抛石灌浆方法得到了较多的关注。该方法是由整体灌浆抛石方法演化而来的，如图9.1(b)所示，将一定数量的抛石黏结形成一个抛石团，置于桥墩附近发挥作用。部分灌浆抛石在美国更加受到关注，主要是因为整体抛石灌浆将抛石间本该存在的孔隙以灌浆填满，这使得抛石体的渗透性减小，可能导致破坏。而部分灌浆抛石并没有将孔隙占满，较大程度地保持了抛石的渗透性。对于桥墩防护，部分灌浆抛石由块石组成，这些块石放在墩周，并且灌注孔隙占总孔隙的比例低于50%。Heibaum等(2010)认为，与传统的由松散元素组成的防护方式相比较，部分灌浆抛石的稳定性提高了很多。在类似防护方案中，部分灌浆的防护效果较好，它将对水流和波浪具有较高抵抗能力的大型单元结合在一起，其弹性可以适应土层变形，而且该方法比较经济，损坏后易修复。

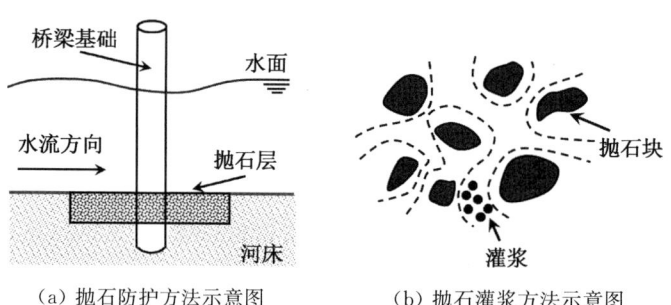

(a) 抛石防护方法示意图　　(b) 抛石灌浆方法示意图

图9.1　抛石防护及其改进方法示意图

9.2.2　牺牲桩防护方法（主动防护）

在实际工程中，可以在河床高程附近增设底板或者护圈等，通过减小冲刷水流的原动力来提高抗冲刷性能，这种"减冲"的防护方式即主动防护。比较典型的防护措施有牺牲桩群、护圈、环翼式桥墩、护壳、桥墩开缝和下游石板等。

牺牲桩防护方法是在桥墩基础的上游布置一系列小直径的群桩，如图9.2(a)所示。当上游水流冲来时，先遇到这些桩，使其速度减小，且相应地降低冲刷能量，冲刷方向被扰动，使其与桥墩基础的作用减弱，从而达到防护的目的。这一措施是从水流的消能着手，降低下降水流和马蹄形漩涡扰流，使得来流的冲刷主要作用在基础前的群桩上，这些桩作为牺牲桩来保护桥墩基础。

护圈防护方法是在桥墩一定高度处设置各种形式的护圈，如图9.2(b)所示。护圈的存在使得桥墩周围的下降水流和马蹄形漩涡得到较好的削弱，也使得前进水流经过桥墩时的能量被削弱，从而起到防护的作用(Dargahi,1990;Kumar等,1999)。

在桥墩局部开缝也是一种思路(Chiew,1992;Kumar等,1999)，该方法使得与桥墩强烈作用的水流可以部分从缝中通过，减弱其淘刷和漩涡效果，将原本作用于迎水面的强水流分散为过缝水流和墩侧水流两股弱作用，从而起到冲刷防护的效果，如图9.2(c)所示。

上述三种防护方法中，牺牲桩防护方法由于其不需要改变桥墩或基础本身的结构，在实际中更为可行。

一些学者对牺牲桩的防护效果及其影响因素进行了初步探究(Chang和Karim,1972;Haque等,2007;Gaudio等,2012)。Melville等(1999)认为，影响墩前群桩防护效果的因素包括桩的数目、桩相对于桥墩的大小、桩头露出水面的程度以及墩前群桩的几何排布形式。试验表明,三角形的顶角与水流来向相对的排列形式的效果较好。因此,在实际工程中,如果发生水流方向改变或河流变化,都会使得原先设计的牺牲桩防护效果大大减弱。淹没翼墙的防护措施也可归为牺牲桩防护,只是采用的牺牲物不同,其主要是将一定几何尺寸的底槛或角槛埋置于桥墩迎水面上游一定距离处,以消散来水的能量,从而起到防护作用。与牺牲桩相同,该方法受到水流方向变化的影响也较大,当水流变化达到一定程度时,可能会彻底失去防护作用。

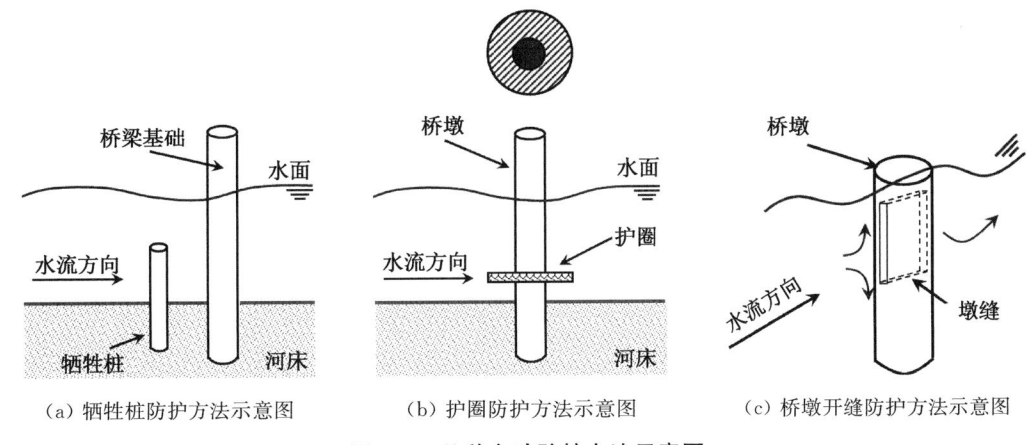

图 9.2　几种主动防护方法示意图

9.2.3　常见局部冲刷防护方法对比分析

上述几种局部冲刷防护方法各有其优势和不足(表9.1),在实际工程中应根据情况进行选择和设计。传统的防护手段一般都是基于被动防护的理念,通过提高基础周围河床材料的抗冲刷能力来减小冲刷深度,而近年来考虑到被动防护方法容易被损坏,修缮维护代价较大,逐渐倾向于主动防护方法的设计思路。笔者认为,如果能将主动防护与被动防护有机地结合在一起,将会达到更为理想的效果。近年来,一些学者尝试将几种防护方法进行结合,并探索了其防护效果,将护圈防护与抛石防护相结合。随着桥梁等涉水建筑工程的不断发展,冲刷防护将是未来建设中的重要环节,有必要研发出造价成本低、防护效果好、自身稳定性强的防护方法。

表 9.1　　　　　　　　　　　常见局部冲刷防护方法对比分析

类别	防护方法	优点	不足	经济性	防护效果	稳定性
被动防护	抛石防护	安装简单操作方便	易损坏,非环境友好型	好	好	差
	部分灌浆抛石	比抛石更稳定	安装工艺复杂	好	很好	好
主动防护	牺牲桩防护	维护少,更稳定	受水流方向影响	很好	好	很好
	护圈防护	环境友好型,更稳定	影响桥墩架构,河床改变后失效	好	好	好
	开缝防护	无需额外材料	影响桥墩结构	差	好	很好

9.3 牺牲桩防护方法的模型试验及数值计算

如上文所述,牺牲桩防护是指在桥墩上游布置一系列小直径的群桩以起到保护其免受冲刷的一种防护方式。来流会首先遇到这些桩,并与之发生作用,其方向被扰动且流速减小,从而使得桥墩最终受到的作用大大降低,起到防护作用。Melville 和 Hadfield(1999)通过室内试验研究,认为牺牲桩防护效果的影响因素包括桩的数目、桩径与桥墩直径的相对值、桩头露出水面的程度,以及群桩的几何排布形式。Chang 和 Karim(1972)在美国南达科他州的大苏河(Big Sioux River)进行了现场试验,以 3 倍桩径的间距将 3 根牺牲桩呈三角形排布,试验观测到其减小冲刷的效果可以达到 44%。然而,上述研究多针对清水条件下牺牲桩对单桩的防护效果,至于牺牲桩对群桩冲刷的防护效果却鲜见于文献。在我国工程实践中,群桩基础由于其承载力高、稳定性好和便于施工等优势,在桥梁建设中应用广泛,如苏通大桥主塔墩基础采用 131 根钻孔桩(张雄文 等,2006),杭州湾跨海大桥全部采用钢管桩基进行建设(徐力,王东晖,2006),南京三桥南塔钻孔灌注群桩(许春荣 等,2007)等。本节将利用波流水槽进行冲刷试验和数值计算手段,对群桩基础冲刷及牺牲桩防护效果进行分析研究,并对冲刷动态演化过程和机理进行分析。

9.3.1 牺牲桩防护方法的模型试验

试验在同济大学水利港口综合实验室的波流水槽中进行,将 ADV(多普勒点式流速仪)布置在模型上游,监测试验的水力情况。试验所用模型桩为铝合金管,直径 $D=0.03$ m,桩长 $L=0.6$ m,牺牲桩模型也为铝合金材料加工而成,直径 $d=0.01$ m,桩长 $l=0.2$ m。以双桩配有牺牲桩防护的试验组为例,试验水槽设备如图 2.1 所示,牺牲桩防护方法的模型布置如图 9.3 所示。试验中的泥沙采用第 2 章试验中的模型砂($d_{50}=0.15$ mm),其饱和密度 $\rho=1.99$ g/cm³,干密度 $\rho=1.55$ g/cm³。根据式(2.9)的计算结果及笔者的经验,确定采用水深为 25 cm、水流速度为 22.5 cm/s 的恒定流条件。试验表明,在 22.5 cm/s 的流速条件下,床砂达到了"普遍起动"状态。

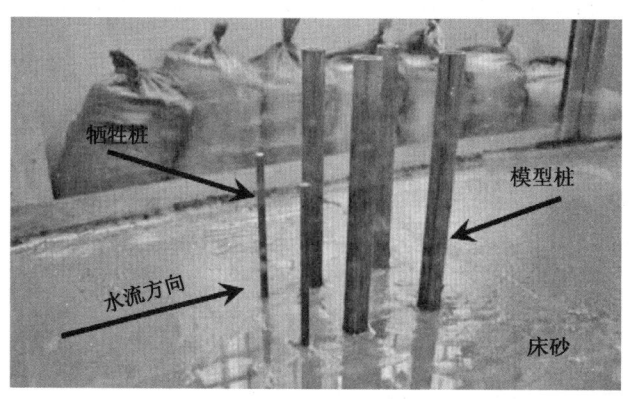

图 9.3 牺牲桩防护方法的模型布置图

由于群桩周围水流结构复杂,交互作用多变,相互影响较大,其冲刷过程已不能认为仅仅是多个单桩的简单叠加。为探究牺牲桩的防护效果及其对动态演化过程的影响,试验步骤设计如下:

(1) 将模型桩、牺牲桩、砂土和 ADV 布置在沉砂池中,向砂中加水至饱和密实,再向波流水槽中缓慢注入试验用清水,当水深达到 25 cm 时将进水关闭。

(2) 设置造流仪进行造流,水流设置为 22.5 cm/s,当冲刷至 10 min, 30 min, 60 min, 90 min, 120 min, 150 min 和 180 min 时,测量群桩周围不同位置处的冲刷深度。

(3) 改变模型布置形式,重复上述试验步骤,分析不同组别的冲刷特性,比较不同布置形式下的牺牲桩防护效果。

试验分为两类进行,一类为无防护群桩冲刷试验,另一类为牺牲桩防护下的群桩冲刷试验,将两类试验的防护效果进行对比。各组试验的主桩之间距离均为 8.5 cm,牺牲桩与主桩距离为 5 cm,来流首先与牺牲桩发生作用,然后再对模型桩进行冲刷。试验布置形式见表 9.2,其中箭头表示水流方向。由前文结论可知,涉水群桩受到水流的冲击,水流分布既具有单桩的特点,又由于群桩间多重阻水作用,紊动影响明显且随机变化,导致其水流变化和桩间相互影响复杂。此外,除了在群桩附近产生整体冲坑,各单桩处还会形成自身的、冲刷深度不大的圈状冲深。试验共进行了 8 个组次,最终冲刷结果见表 9.2。

表 9.2 群桩布置及其局部冲刷的模型试验结果

类别	布置形式	桩号	最终冲刷深度/cm				牺牲桩减小冲刷百分比/%			
			前	右	后	左	前	右	后	左
无防护	○	—	4.3	3.9	3.2	3.8	—	—	—	—
	○○	前	4.2	3.9	3.0	3.8	—	—	—	—
		后	2.7	2.1	1.5	2.0	—	—	—	—
	○ ○	左/右	4.3	4.2	3.1	3.9	—	—	—	—
	A B / C D	A/B	4.5	4.3	3.7	4.1	—	—	—	—
		C/D	3.2	2.7	1.7	2.4	—	—	—	—
有防护	○ ○	—	3.4	3.0	2.2	3.1	20.9	23.1	31.3	18.4
	○ ○ ○	前	2.8	2.7	1.6	2.6	33.3	30.8	46.7	31.6
		后	1.6	1.5	0.7	1.5	40.7	28.6	53.3	25.0

(续表)

类别	布置形式	桩号	最终冲刷深度/cm				牺牲桩减小冲刷百分比/%			
			前	右	后	左	前	右	后	左
有防护	↓↓ ○○ ○○	左/右	2.7	2.7	1.5	2.4	37.2	35.7	51.6	38.5
	↓↓ ○○ AB CD	A/B	3.0	3.2	2.2	2.8	33.3	25.6	40.5	31.7
		C/D	2.2	2.0	0.9	2.0	31.3	25.9	47.1	16.7

其中,减小冲刷百分比通过下式计算得到:

$$R = \frac{y_p - y_s}{y_p} \times 100\% \tag{9.1}$$

式中,y_p 为无防护时桩的最大冲刷深度;y_s 为有牺牲桩防护时桩的最大冲刷深度。

1. 单桩冲刷防护效果

单桩冲刷及其牺牲桩防护结果如表9.2所示。在无牺牲桩时,单桩周围冲刷比较剧烈,最终形成如图9.4(a)所示的冲刷坑,且局部冲刷在试验初期发展迅速,一段时间后变慢,最终达到动态平衡。当存在牺牲桩时,形成如图9.4(b)所示的冲刷坑,来流被牺牲桩有效抵挡消散,而绕过牺牲桩的水流已无先前那样大的速度,最终冲刷深度被减小20%左右。由于桩背水侧所受冲刷本来就比较小,而牺牲桩的存在使桩后冲刷减小最大,达到冲刷深度的31%。与此同时,由于冲刷平衡时的深度被大大减小,且水流能量被消散,有牺牲桩防护的单桩达到冲刷平衡所需时间较无防护方式时短很多,其最大冲刷深度发展过程如图9.4(c)所示。

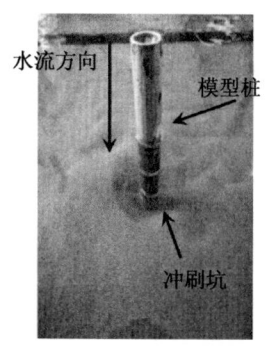
(a) 无防护

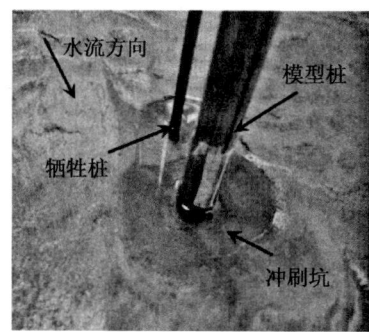
(b) 牺牲桩防护

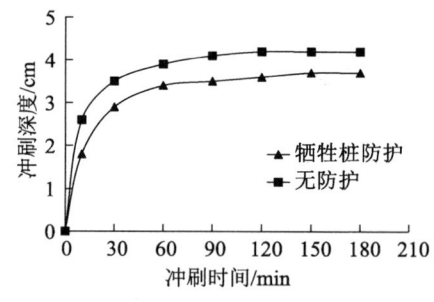
(c) 冲刷发展进程对比曲线

图9.4 单桩及受保护的单桩冲刷形态及冲刷发展曲线

2. 前后串排双桩(也称2×1型)冲刷防护效果

前后串排双桩及其冲刷防护效果见表9.2。在无防护时,形成如图9.5(a)所示的冲刷形态。经过对冲刷深度的分析可知,由于前桩的遮蔽作用,后桩各位置的冲刷深度比单桩时均有所减小。当存在牺牲桩时,后桩各位置的冲刷深度被进一步减小,如图9.5(b)所示,尤其是后桩背水侧位置附近达到53%左右。不难发现,双桩的遮蔽效应与牺牲桩防护作用都能对后方的桩产生明显的减冲效果,这也从侧面印证了牺牲桩防护可观的防护效果和应用前景。同时,相比较而言,遮蔽效应造成的减冲效果甚至略强于牺牲桩防护。但遮蔽效应是以前桩依然承受剧烈冲刷作为代价,存在安全隐患;而牺牲桩防护中,牺牲桩仅是为主桩防冲而设置,由于不需承受桥梁荷载,即使存在较大冲刷坑也不会造成重大毁坏。与单桩时一样,有牺牲桩保护时群桩达到平衡的冲刷时间也被大大缩小,其中前桩的最大冲刷深度随时间发展过程如图9.5(c)所示,使冲刷尽快达到稳定也有利于在灾害发生时及时补救。

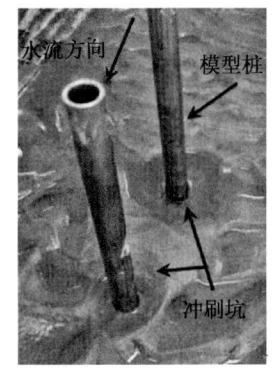 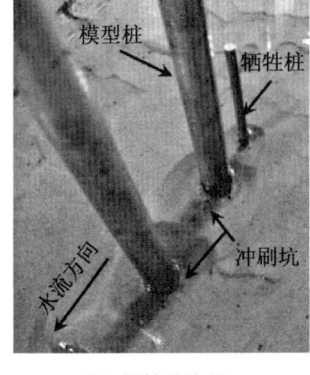 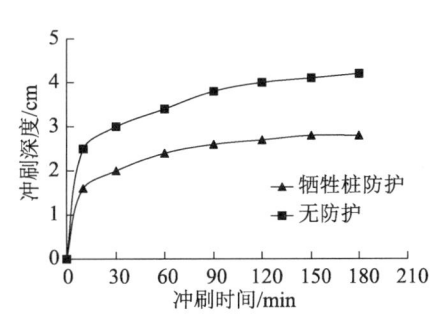

(a) 无防护　　　　　　　(b) 牺牲桩防护　　　　　　(c) 冲刷发展进程对比曲线

图9.5　串排双桩及受保护的串排双桩冲刷形态和冲刷发展曲线

3. 左右并排双桩(也称1×2型)冲刷防护效果

左右并排双桩及其冲刷防护效果见表9.2。在无防护时,形成如图9.6(a)所示的冲刷形态,由于两桩之间的相互影响,穿过两桩中间的水流由于断面收缩而加速通过,使此处冲刷较单桩时更为剧烈,这一过程称为射流效应。当存在牺牲桩时,冲刷形态如图9.6(b)所示,两桩冲刷深度明显减小,在背水侧防护效果达50%左右;同时,桩间的射流效应由于牺牲桩的扰动而有所减弱,使桩间冲刷深度减小。当存在牺牲桩时,双桩达到冲刷平衡所需的时间也被大大减小,以左桩为例,其最大冲刷深度随时间变化进程如图9.6(c)所示。

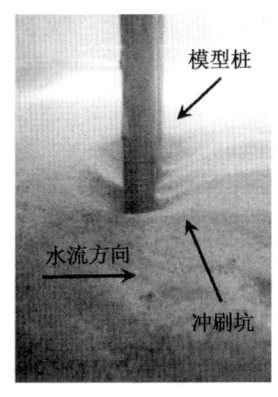 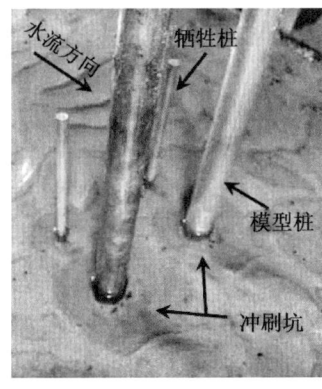 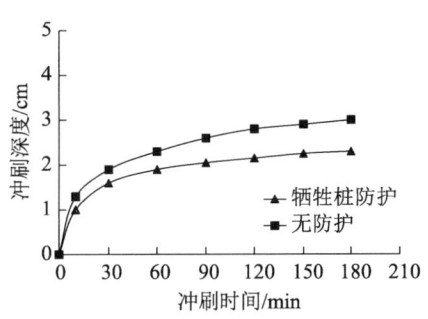

(a) 无防护　　　　　　　(b) 牺牲桩防护　　　　　　(c) 冲刷发展进程对比曲线

图9.6　并排双桩及受保护的并排双桩冲刷形态和冲刷发展曲线

4. 双排四桩(也称 2×2 型)冲刷防护效果

双排四桩及其冲刷防护效果见表 9.2。在无防护时,形成如图 9.7(a)所示的冲刷形态,四桩冲刷过程较双桩更为复杂,其间水流结构变化多端,同时呈现出遮蔽效应和射流效应的特点,且达到平衡时的冲刷深度较大。当采用牺牲桩防护时,即在两列桩前分别布置一根牺牲桩对水流进行扰动,形成如图 9.7(b)所示的冲刷形态。前排桩背水侧防护效果最佳,达 40%以上,而后排桩背水侧由于本身冲刷深度并不大,其受到的防护效果并不高,仅 16%左右;与此同时,两列桩间的射流作用几乎被扰乱,两侧桩冲刷呈对称分布。冲刷时间被大大缩短,桩 A 和桩 C 的最大冲刷深度发展曲线如图 9.7(c)所示。

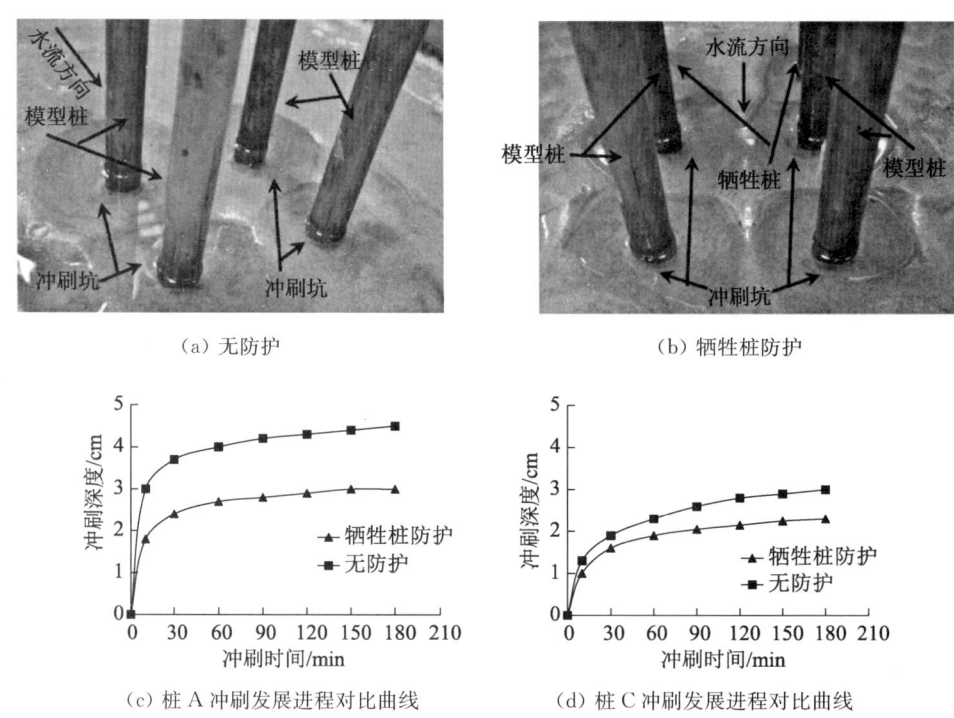

图 9.7 双排四桩及受保护的双排四桩冲刷形态和冲刷发展曲线

9.3.2 牺牲桩防护方法的数值计算

研究牺牲桩防护方法的数值计算模型采用 3.2.2 节中所述的计算流体力学模型,通过 FLOW-3D 实现。建模时采用与试验中相同的参数,设置与试验区域一致的长 2.7 m、宽 0.8 m、高 1.0 m 的计算域,将直径为 0.03 m 的单桩和直径为 0.01 m 的牺牲桩按照表 9.2 布置在计算域中央位置,取 0.3 m 厚度的床砂范围进行计算(泥沙参数与试验中参数一致)。为了与实际情况相符,在床砂的前、后、左、右端加设了 0.01 m 厚的挡板。将流体域以网格体积为 $\Delta x = \Delta y = \Delta z = 0.008$ m 划分,对桩周围的网格进行加密和优化。计算模型中,入口边界采用速度边界条件(Specified Velocity),采用流速控制,入口流速为 22.5 cm/s;出口边界采用流出边界条件(Outflow);侧边边界采用对称边界条件(Symmetry);上边界采用对称边界条件(Symmetry);下边界采用壁面边界条件(Wall)。物理条件设置重力加速度为

-9.8 m/s^2,湍流模型选择 RNG k-ε 模型。初始条件压力选项选择静水压力(Hydrostatic Pressure),用水流高度 25 cm 来对流体进行初始化。试验分为两类进行,一类为无防护群桩冲刷试验,另一类为牺牲桩防护下的群桩冲刷试验,将两类试验的防护效果进行对比。各组试验的主桩之间距离均为 8.5 cm,牺牲桩与主桩之间距离为 5 cm,数值计算结果见表 9.3。

对于单桩的情况,计算结果显示,最大冲刷深度位置出现在迎水侧,而背水侧冲刷深度最小,同时,由于对称性,两侧冲刷深度基本相等,这与试验中的结论一致。无防护的单桩试验结果可以作为群桩试验的参照组,用以分析群桩冲刷过程中的相互作用。当牺牲桩布置在单桩模型上游时,来流能力被有效消散且其方向被扰动,冲刷坑较无防护时大大减小。整个冲刷过程可以在数值模型的计算结果中得到,单桩及群桩的冲刷发展过程可见第 3 章。存在牺牲桩防护的单桩冲刷发展过程与之基本类似,只是发展速度和最终达到平衡时的冲刷深度大大降低,具体过程不再赘述。

在前后串排双桩的数值计算模型中,可以很明显地观察到遮蔽效应的存在。同样地,当桩间距离足够大时,桩间相互影响基本消失,而桩间距比较小时,前后两桩冲刷坑基本相连。牺牲桩的存在使得前桩周围的冲刷大大减小,而后桩受到前方两桩对水流的阻碍,局部冲刷深度变得更小。左右并排双桩的计算结果与试验结果也基本一致,桩间射流效应使得桩间冲刷深度比外侧冲刷深度更大。牺牲桩的存在不仅减小了两桩冲刷深度,还大大减小了桩间相互作用引起的流场变化。对于双排四桩的情况,牺牲桩的存在同样减小了各桩周围的局部冲刷深度。由于实验室的限制,局部冲刷的整个动态演化过程以及流场的相关参数无法被准确捕捉到,借助数值计算模型可以得到这些方面的细节。

存在牺牲桩防护的群桩三维数值计算模型的最终冲刷坑形态如图 9.8 所示。对群桩基

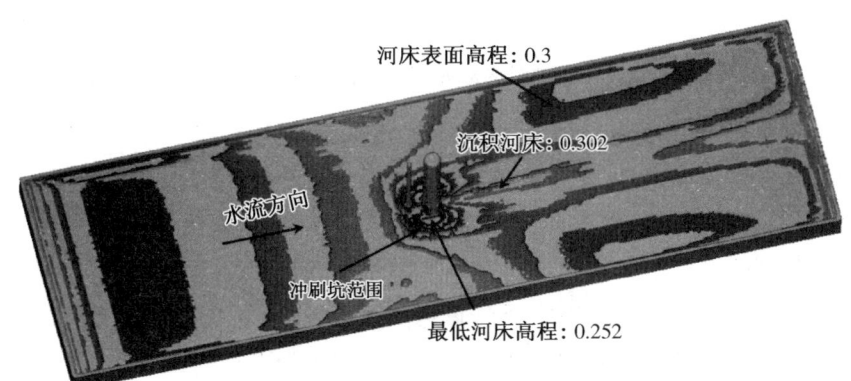

(a) 牺牲桩防护时单桩局部冲刷达到平衡时状态

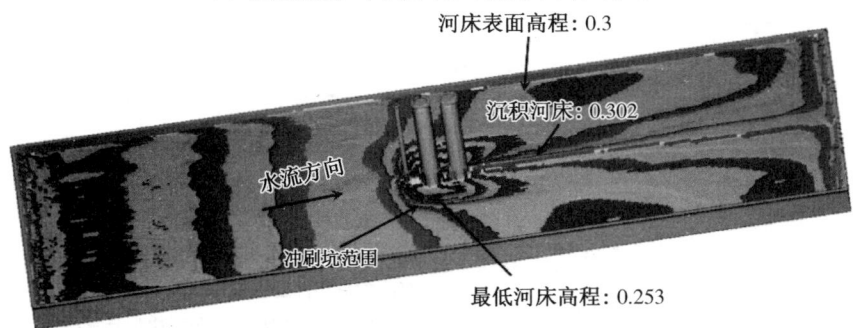

(b) 牺牲桩防护时串排双桩局部冲刷达到平衡时状态

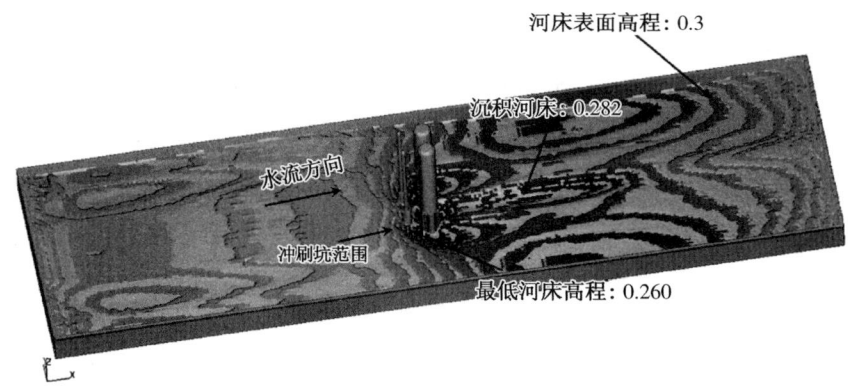

(c)牺牲桩防护时并排双桩局部冲刷达到平衡时状态

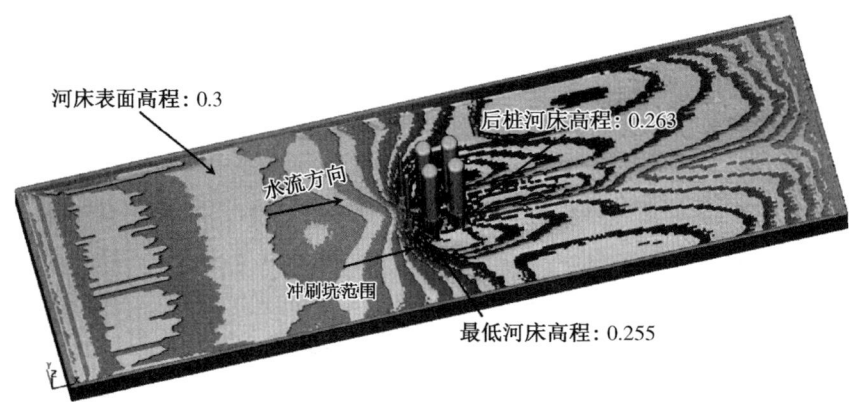

(d)牺牲桩防护时双排四桩局部冲刷达到平衡时状态

图9.8 牺牲桩防护时局部冲刷数值模拟计算结果(单位:m)

础的冲刷防护而言,牺牲桩防护方法与抛石防护方法有明显不同。抛石防护方法需要对每一根桩周围都布设相应的抛石,必要的位置还需要特别加固,当洪水来临时抛石群也很有可能被冲毁;而牺牲桩防护方法只需布设在群桩前方即可,洪水来临时不会被轻易冲垮,尤其在大规模群桩基础的防护中更为经济和方便。牺牲桩的存在对这四种布置形式的群桩周围冲刷深度的影响如图9.9所示。由于牺牲桩的尺寸比模型桩小,为更好地计算牺牲桩周围水流的作用,计算模型的网格划分要更细致,这也增加了求解计算结果时所需的时间。

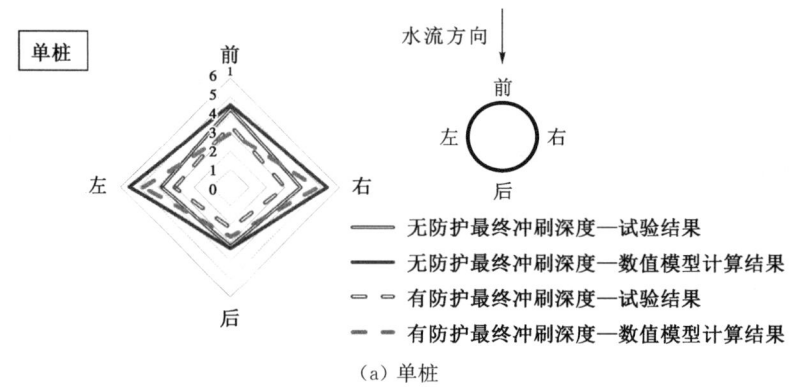

(a)单桩

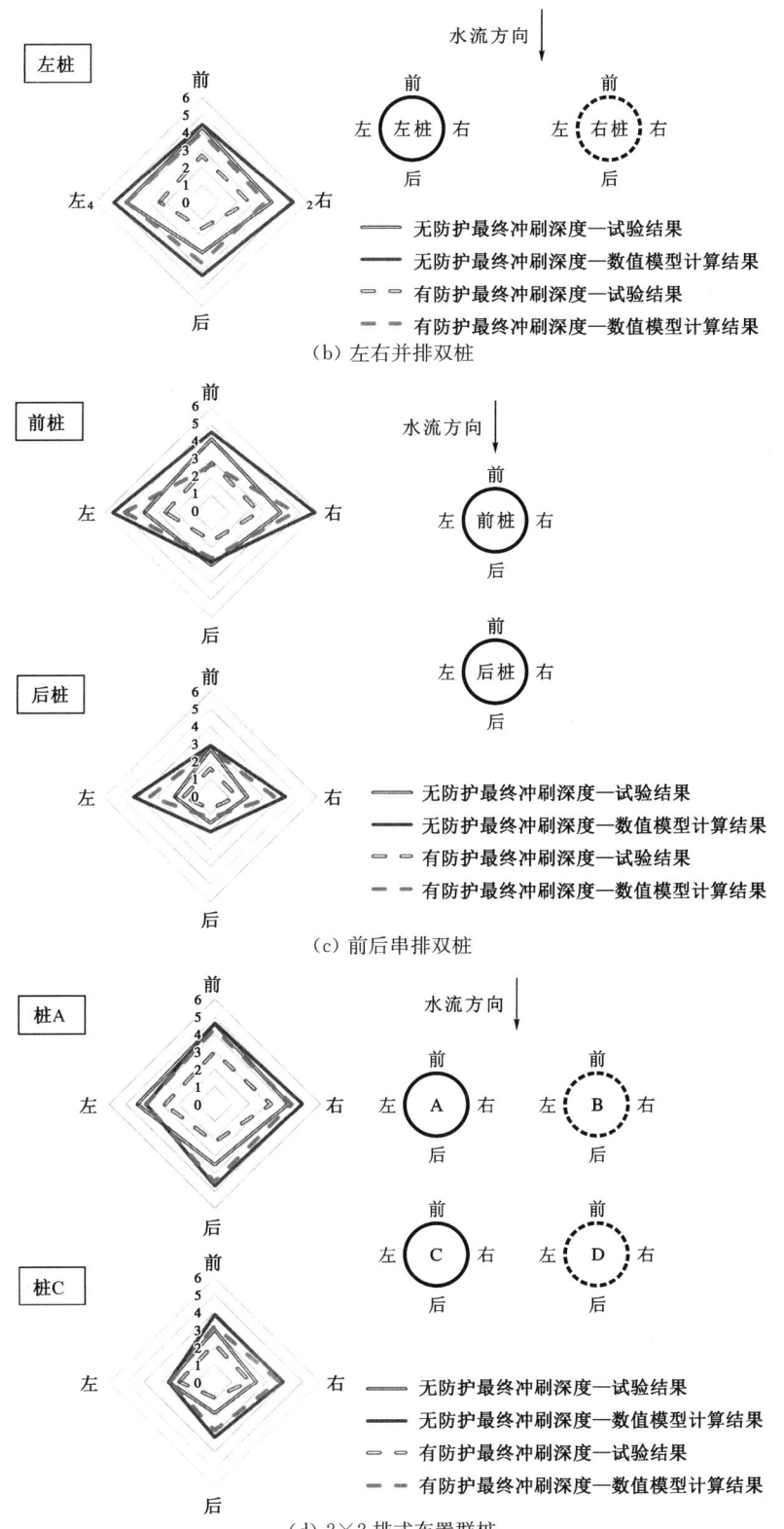

图 9.9 桩基础周围局部冲刷深度的试验结果与数值模型计算结果对比(单位:m)

表 9.3　　　　　　　　　　群桩布置及其局部冲刷的数值模拟结果

类别	布置形式	桩号	最终冲刷深度/cm				牺牲桩减小冲刷百分比/%			
			前	右	后	左	前	右	后	左
无防护	(单桩)	—	4.5	5.3	3.3	5.5	—	—	—	—
	(前后两桩)	前	4.6	5.8	2.8	5.6	—	—	—	—
		后	2.9	4.2	2.0	4.3	—	—	—	—
	(左右两桩)	左/右	4.5	5.2	4.2	5.0	—	—	—	—
	(四桩 ABCD)	A/B	4.7	5.0	4.7	3.9	—	—	—	—
		C/D	3.8	3.9	3.2	2.6	—	—	—	—
有防护	(单桩+牺牲桩)	—	3.0	4.8	2.7	4.8	33.9	10.2	18.6	12.5
	(前后+牺牲桩)	前	2.7	4.7	2.6	4.9	40.0	18.8	6.5	11.5
		后	2.7	3.6	1.2	3.4	6.9	14.5	42.3	21.4
	(左右+牺牲桩)	左/右	4.0	3.6	3.5	4.3	10.1	31.0	16.7	14.4
	(四桩+牺牲桩)	A/B	4.3	4.4	4.5	3.9	7.5	11.7	5.3	0
		C/D	3.2	3.7	2.8	2.5	15.6	4.6	11.3	5.1

9.4　冲刷的主被动联合防护方法

9.4.1　主被动联合防护方法概述

主动防护与被动防护方法虽然都可以达到保护桥梁基础的作用,但均存在不足。抛石防护方法的问题主要表现在两方面:首先,在安装阶段,由于施工环境的影响,抛石从抛石船上往下抛掷时,常常会在水流方向产生一定的落距,使抛石不能准确就位,导致重复抛掷,浪费大量的人力、财力;其次,在使用期间,如果对水力条件估计不足,或由于自然原因而流速改变时,抛石会被冲垮而大量流失。如京广线K648+623黄河铁路大桥(马明正,2005),尽管每年汛期都预抛片石笼防护,但每年抛投的片石笼都会有较大程度的流失,导致"年年抛投、年年流失",造成较大的经济损失,也对桥墩基础构成威胁。对于牺牲桩防护方法而言,其防护效果受到水流方向变化的影响较大,当来流攻角变化达到一定程度时,可能彻底失去防护作用。但实际工程中,水流方向变化往往十分复杂,牺牲桩在设置之后无法轻易调整,在应对水流方向变化方面略显不足。为更好地利用主动防护与被动防护的优势,使得防护体系能更有效地面对复杂环境条件,笔者和杨昕(2016)提出了一种牺牲桩与护底抛石的联合防护方法(图9.10)。

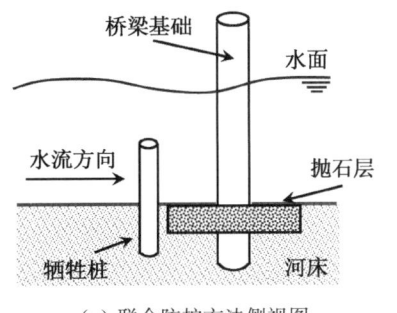
(a) 联合防护方法侧视图

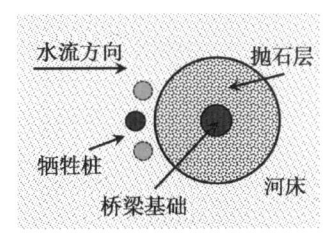
(b) 联合防护方法俯视图

图9.10 牺牲桩与护底抛石联合防护方法示意图

当牺牲桩与抛石共同存在时,来流先经过布设在基础前方的牺牲桩,然后到达基础周围。由于牺牲桩的存在,来流的流速和能量被降低,使得抛石附近水流作用大大减弱,抛石层更为稳固。当抛石层稳定性得到保障之后,其对河床的加固效果便可以持续发挥,使得修缮维护费用大大降低。根据实际条件,当水力条件为河道较宽、流速稳定、演化成熟的河流时,牺牲桩群可采用单桩、排桩或三角式布置,通过桥墩主墩宽度确定牺牲桩直径及间距;当水力条件为河道较窄、来流方向变化较大或弯曲河道时,牺牲桩群采用梅花式布置,可以有效地阻挡多个方向的来流,由桥墩主墩宽度和水流参数的变化范围共同确定牺牲桩直径及间距;当水力条件为水力条件多变、演化频繁的河流时,牺牲桩群采用变高度布置,由桥墩主墩宽度和水力条件确定牺牲桩直径及间距。

9.4.2 主被动联合防护方法效果初探

试验以3根并排布置的牺牲桩为例,采用直径为0.03 m的模型桩和直径为0.01 m的牺牲桩,抛石采用中值粒径$d_r=2\sim4.2$ mm的碎砖块进行模拟,探索了流速为25 cm/s、水深为20 cm的条件下,无防护、单一抛石防护、单一牺牲桩防护、联合防护Ⅰ(牺牲桩与模型桩间净距为3倍模型桩径)、联合防护Ⅱ(牺牲桩与模型桩间净距为4倍模型桩径)、联合防护Ⅲ(牺牲桩与模型桩间净距为6倍模型桩径)。以单桩的局部冲刷结果为参照,试验对不同防护体系的效果进行对比分析,并着重对联合防护方法的不同布置形式进行探索。相应地,针对同样水力条件下的以上六种工况开展了数值模拟研究,采用计算流体力学模型进行三维数值模拟,与室内试验的结果对比见表9.4。

从室内试验结果可知,与无防护工况进行对比,单一抛石防护冲刷深度减少55.3%,单一牺牲桩防护冲刷深度减少28.9%,抛石防护效果较优;若采用抛石与牺牲桩联合防护(3D),比无防护时的冲刷深度减少86.8%,比单一抛石防护的冲刷深度减少58.8%,比单一牺牲桩防护的冲刷深度减少74.1%,其防护效果比单一措施更优;牺牲桩的排布方式也会对联合防护效果产生影响,牺牲桩与桥墩距离不宜过长,设置为3倍墩径的长度为宜。数值模拟结果与室内试验结果得到的规律类似,只是有防护时的计算结果比室内试验结果小很多,这是由两方面因素导致的:一方面,数值计算模型的水力条件可以保持恒定不变,而室内试验中水力条件可能会有一定波动;另一方面,数值计算模型在处理颗粒间相互作用时略显不足,需要继续改进。

表9.4 几种防护方法的室内试验结果与数值计算结果对比(数据来自杨昕,2016)

防护方法		无防护	抛石防护	牺牲桩防护	联合防护Ⅰ	联合防护Ⅱ	联合防护Ⅲ
布置形式				3D	3D	4D	6D
室内试验	最大冲深/cm	3.8	1.7	2.7	0.5	0.7	0.8
	减冲比/%	—	55.3	28.9	86.8	86.8	78.9
数值模拟	最大冲深/cm	3.6	0.9	2.08	0.22	0.22	0.49
	减冲比/%	—	75	42.2	93.4	93.4	86.4

9.4.3 冲刷防护方法的细观机理分析

桥梁基础周围局部冲刷防护方法的细观机理与冲刷过程的细观机理基本一致。如前文所述,局部冲刷的过程涉及水流、结构和泥沙三方面之间的相互作用,而牺牲桩与护底抛石联合防护方法是针对水流与泥沙进行的防护,如图9.11所示。水流对泥沙的直接冲击由于抛石的存在而大大减小,而由于牺牲桩的存在,在基础周围形成的下降水流与旋涡首先被减弱,在其与泥沙作用之前再一次被抛石减弱,从而达到防护效果。整个过程中,水流相关的作用被减弱了三次,使得河床材料较无防护时更加稳定。

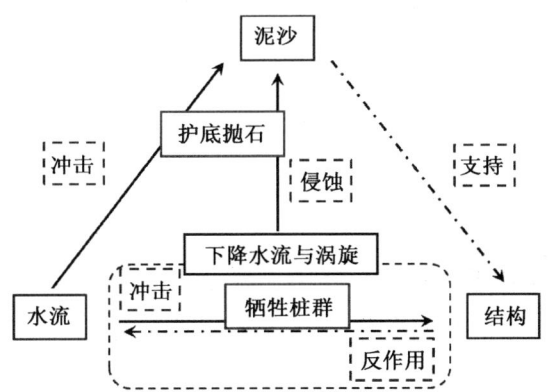

图 9.11 牺牲桩与护底抛石联合防护方法的冲刷相互作用关系

冲刷防护方法的细观机理同样应当关注河床材料在冲刷过程中的临界条件。当在临界条件以内时,水力条件不足以引起床面侵蚀,冲刷不会发生;当达到临界条件之后,冲刷就会发生。河床材料的临界切应力(τ_c)被认为是判定冲刷发生与否的最重要的临界条件。当河流产生的剪切应力(τ)小于河床材料的临界剪切应力(τ_c)时,冲刷不发生。因此,当认为河床各处泥沙材料的临界剪切应力相同时,水流与基础之间相互作用的流场结果便可以反映出其冲刷特性。而当河床各处泥沙材料临界剪切应力不同或由于防护措施而被加强时,水流与基础之间相互作用的流场需要与河床材料最终的临界剪切应力相比较。存在防护措施时,与第 4 章分析局部冲刷过程细观机理时类似,概念上,当局部冲刷达到以下关系时,认为局部冲刷将达到平衡状态或局部冲刷将不会发生:

$$\xi_{SP}\alpha_F\tau_F \leqslant \xi_R\beta_R\tau_{CR} + \beta_S\tau_{CS} \tag{9.2}$$

式中,ξ_{SP} 为牺牲桩存在时对来流产生的剪切应力的折减系数,与牺牲桩的布置形式及来流夹角有关,小于 1;α_F 为来流产生的剪切应力的影响力系数,与基础和来流的相互作用有关;τ_F 为来流产生的剪切应力;ξ_R 为护底抛石之间以及护底抛石与冲刷坑之间相互作用导致的临界剪切应力增大系数;β_R 为护底抛石自身形状对其临界剪切应力的影响力系数;τ_{CR} 为护底抛石的临界剪切应力;β_S 为泥沙自身形状对其临界剪切应力的影响力系数;τ_{CS} 为泥沙的临界剪切应力。

附　录

附录 A　土体响应的 Mindlin 解

作用于深度坐标 z_p 处的单位水平集中力和单位竖向集中力在深度坐标 z 处产生的水平位移由 Mindlin 解表示如下：

$$f_1(z, z_p) = \frac{(1+\nu)}{8\pi E_s(1-\nu)}\left\{\frac{(3-4\nu)}{R_1} + \frac{1}{R_2} + \frac{x^2}{R_1^3} + \frac{(3-4\nu)x^2}{R_2^3} + \frac{2z_p z(1-3x^2/R_2^2)}{R_2^3} + \frac{4(1-\nu)(1-2\nu)\{1-x^2/[(R_2+z_p+z)R_2]\}}{R_2+z_p+z}\right\} \tag{A1}$$

$$f_2(z, z_p) = \frac{r(1+\nu)}{8\pi E_s(1-\nu)}\left\{\frac{(z-z_p)}{R_1^3} + \frac{(3-4\nu)(z-z_p)}{R_2^3} - \frac{4(1-\nu)(1-2\nu)}{R_2(R_2+z+z_p)} + \frac{6z_p z(z+z_p)}{R_2^5}\right\} \tag{A2}$$

式中，E_s 为土体杨氏模量；ν 为泊松比；$R_1 = \sqrt{r^2+(z-z_p)^2}$；$R_2 = \sqrt{r^2+(z+z_p)^2}$；$x$ 和 r 分别为所求位移点与集中力作用点之间的 x 轴向距离和水平距离。

同理，作用于深度坐标 z_p 处的单位水平集中力和单位竖向集中力在深度坐标 z 处产生的竖向位移由 Mindlin 解表示如下：

$$f_3(z, z_p) = \frac{x(1+\nu)}{8\pi E_s(1-\nu)}\left\{\frac{z-z_p}{R_1^3} + \frac{(3-4\nu)(z-z_p)}{R_2^3} - \frac{6z_p z(z+z_p)}{R_2^5} + \frac{4(1-\nu)(1-2\nu)}{R_2(R_2+z+z_p)}\right\} \tag{A3}$$

$$f_4(z, z_p) = \frac{(1+\nu)}{8\pi E_s(1-\nu)}\left\{\frac{(3-4\nu)}{R_1} + \frac{8(1-\nu)^2-(3-4\nu)}{R_2} + \frac{(z-z_p)^2}{R_1^3} + \frac{(3-4\nu)(z+z_p)^2-2z_p z}{R_2^3} + \frac{6z_p z(z+z_p)^2}{R_2^5}\right\} \tag{A4}$$

式(6.38)—式(6.40)的系数 $f_1(z_i, z_p)$，$f_2(z_i, z_\tau)$，$f_2(z_i, z_b)$，$f_3(z_i, z_p)$，$f_3(z_b, z_p)$，$f_4(z_i, z_\tau)$，$f_4(z_i, z_b)$，$f_4(z_b, z_\tau)$ 和 $f_4(z_b, z_b)$ 可由式(A1)—式(A4)确定。

附录 B 土体柔度矩阵系数与积分求解

式(6.47)中子矩阵 $[f_{\rho L}]$，$[f_{\rho V}]$，$[f_{wL}]$ 和 $[f_{wV}]$ 的系数分别为

$$f_{\rho L}(i,j) = \iint\limits_{A_{pe}} f_1(z_i, z_p) \left(\frac{z_p}{l}\right)^{j-1} dA_p \quad (i=1,2,\cdots,n_q)(j=1,2,\cdots,k_1) \tag{B1}$$

$$f_{\rho V}(i,j) = \iint\limits_{S_e} f_2(z_i, z_\tau) \left(\frac{z_p}{l}\right)^{j-1} ds \quad (i=1,2,\cdots,n_q)(j=1,2,\cdots,k_2) \tag{B2}$$

$$f_{\rho V}(i,j) = \iint\limits_{A} f_2(z_i, z_b)\sigma_b dA \quad (i=1,2,\cdots,n_q)(j=k_2+1) \tag{B3}$$

$$f_{wL}(i,j) = \iint\limits_{A_{pe}} f_3(z_i, z_p) \left(\frac{z_p}{l}\right)^{j-1} dA_p \quad (i=1,2,\cdots,n_g)(j=1,2,\cdots,k_1) \tag{B4}$$

$$f_{wL}(i,j) = \iint\limits_{A_{pe}} f_3(z_b, z_p) \left(\frac{z_p}{l}\right)^{j-1} dA_p \quad (i=n_g+1)(j=1,2,\cdots,k_1) \tag{B5}$$

$$f_{wV}(i,j) = \iint\limits_{S_e} f_4(z_i, z_\tau) \left(\frac{z_p}{l}\right)^{j-1} ds \quad (i=1,2,\cdots,n_g)(j=1,2,\cdots,k_2) \tag{B6}$$

$$f_{wV}(i,j) = \iint\limits_{A} f_4(z_i, z_b)\sigma_b dA \quad (i=1,2,\cdots,n_g)(j=k_2+1) \tag{B7}$$

$$f_{wV}(i,j) = \iint\limits_{S_e} f_4(z_b, z_\tau) \left(\frac{z_p}{l}\right)^{j-1} ds \quad (i=n_g+1)(j=1,2,\cdots,k_2) \tag{B8}$$

$$f_{wV}(i,j) = \iint\limits_{A} f_4(z_b, z_b)\sigma_b dA \quad (i=n_g+1)(j=k_2+1) \tag{B9}$$

其中，积分 $\iint\limits_{A_{pe}} f_1(z, z_p) \left(\frac{z_p}{l}\right)^{j-1} dA_p$ 可表示为

$$\iint\limits_{A_{pe}} f_1(z, z_p) \left(\frac{z_p}{l}\right)^{j-1} dA_p = \iint\limits_{dl_e} f_1(z, z_p) \left(\frac{z_p}{l}\right)^{j-1} dz_p dB \tag{B10}$$

对冲刷后桩基的实际埋置长度 l_e 积分：

$$\int_{l_e} f_1(z, z_p) \left(\frac{z_p}{l}\right)^{j-1} dz_p = \frac{(1+\nu)}{8\pi E_s(1-\nu)l^{j-1}}[(3-4\nu)F'_{aj} + F_{aj} + x^2 F'_{bj} + (3-4\nu)x^2 F_{bj} +$$
$$2z(F_{cj} - 3x^2 F_{dj}) + 4(1-\nu)(1-2\nu)(F_{ej} - x^2 F_{fj})] \tag{B11}$$

式中

$$F'_{aj} = \sum_{i=1}^{j} -\eta_i^{j-1} z^{j-i} f'_{ai}, \quad F_{aj} = \sum_{i=1}^{j} (-1)^{j-1} \eta_i^{j-1} z^{j-i} f_{ai}$$

$$F'_{bj} = \sum_{i=1}^{j} -\eta_i^{j-1} z^{j-i} f'_{bi}, \quad F_{bj} = \sum_{i=1}^{j} (-1)^{j-1} \eta_i^{j-1} z^{j-i} f_{bi}$$

$$F_{cj} = \sum_{i=1}^{j} (-1)^{j} \eta_i^{j} z^{j-i+1} f_{ci}, \quad F_{dj} = \sum_{i=1}^{j} (-1)^{j} \eta_i^{j} z^{j-i+1} f_{di}$$

$$F_{ej} = \frac{1}{r^2} \sum_{i=1}^{j} (-1)^{j-1} \eta_i^{j-1} z^{j-i} f_{ei}, \quad F_{fj} = \frac{1}{r^2}(2F_{ej} - F_{aj})$$

上述表达中，η_i^{j-1} 代表二项式 $(a-b)^{j-1}$ 展开后的系数。例如，取二项式 $(a-b)^{j-1}$ 为 $(a-b)^2$，那么 $j=3$，且 η_1^2，η_2^2 和 η_3^2 分别为 $1,-2$ 和 1。此外，上述表达中 f'_{ai}，f'_{bi}，以及 f_{ai} 到 f_{ei} 的积分解析表达如下，并采用高斯积分对桩径 d 积分。

$$f'_{ai} = \int_{z-S_d}^{z-l} \frac{h^{i-1}}{\sqrt{r^2+h^2}} dh, \quad f_{ai} = \int_{z+S_d}^{z+l} \frac{h^{i-1}}{\sqrt{r^2+h^2}} dh$$

$$f'_{bi} = \int_{z-S_d}^{z-l} \frac{h^{i-1}}{\sqrt{(r^2+h^2)^3}} dh, \quad f_{bi} = f_{ci} = \int_{z+S_d}^{z+l} \frac{h^{i-1}}{\sqrt{(r^2+h^2)^3}} dh$$

$$f_{di} = \int_{z+S_d}^{z+l} \frac{h^{i-1}}{\sqrt{(r^2+h^2)^5}} dh, \quad f_{ei} = \int_{z+S_d}^{z+l} (h^{i-1}\sqrt{r^2+h^2} - h^i) dh$$

类似的，积分 $\iint_{S_e} f_2(z, z_p) \left(\dfrac{z_p}{l}\right)^{j-1} ds$ 可表示为

$$\iint_{S_e} f_2(z, z_p) \left(\frac{z_p}{l}\right)^{j-1} ds = \int_0^{2\pi} \int_{S_d}^{l} f_2(z, z_p) \left(\frac{z_p}{l}\right)^{j-1} \left(\frac{d}{2}\right) dz_p d\theta \quad \text{(B12)}$$

对冲刷后桩基的实际埋置长度 l_e 积分：

$$\int_{l_e} f_2(z, z_p) \left(\frac{z_p}{l}\right)^{j-1} dz_p = \frac{r(1+\nu)}{8\pi E_s(1-\nu)l^{j-1}} [zF'_{aj} - F_{aj} + (3-4\nu)(zF'_{bj} - F_{bj}) - $$
$$4(1-\nu)(1-2\nu)(F_{cj} - F_{dj}) + 6zF_{ej}]$$

(B13)

式中

$$F'_{aj} = \sum_{i=1}^{j} -\eta_i^{j-1} z^{j-i} f_{ai}, \quad F_{aj} = \sum_{i=1}^{j} -\eta_i^{j} z^{j-i+1} f_{ai}$$

$$F'_{bj} = \sum_{i=1}^{j} (-1)^{j-1} \eta_i^{j-1} z^{j-i} f_{bi}, \quad F_{bj} = \sum_{i=1}^{j} (-1)^{j} \eta_i^{j} z^{j-i+1} f_{bi}$$

$$F_{cj} = \sum_{i=1}^{j} (-1)^{j-1} \eta_i^{j-1} z^{j-i} f_{ci}, \quad F_{dj} = \frac{1}{r^2} \sum_{i=1}^{j} (-1)^{j-1} \eta_i^{j-1} z^{j-i} f_{di}$$

$$F_{ej} = \sum_{i=1}^{j} (-1)^{j} \eta_i^{j} z^{j-i+1} f_{ei}$$

f_{ai} 到 f_{ei} 的积分解析表达如下，并采用高斯积分对式（B12）中的 θ 积分。

$$f_{ai} = \int_{z-S_d}^{z-l} \frac{h^{i-1}}{\sqrt{(r^2+h^2)^3}} dh, \quad f_{bi} = \int_{z+S_d}^{z+l} \frac{h^{i-1}}{\sqrt{(r^2+h^2)^3}} dh$$

$$f_{ci} = \int_{z+S_d}^{z+l} \frac{h^{i-2}}{\sqrt{r^2+h^2}} dh, \quad f_{di} = \int_{z+S_d}^{z+l} (h^{i-2}\sqrt{r^2+h^2} - h^{i-1}) dh$$

$$f_{ei} = \int_{z+S_d}^{z+l} \frac{h^{i}}{\sqrt{(r^2+h^2)^5}} dh$$

同样，积分 $\iint_{A_{pe}} f_3(z, z_p) \left(\frac{z_p}{l}\right)^{j-1} dA_p$ 可表达为

$$\iint_{A_{pe}} f_3(z, z_p) \left(\frac{z_p}{l}\right)^{j-1} dA_p = \iint_{dl_e} f_3(z, z_p) \left(\frac{z_p}{l}\right)^{j-1} dz_p dB \tag{B14}$$

对冲刷后桩基的实际埋置长度 l_e 积分：

$$\int_{l_e} f_3(z, z_p) \left(\frac{z_p}{l}\right)^{j-1} dz_p = \frac{x(1+\nu)}{8\pi E_s(1-\nu)l^{j-1}} [zF'_{aj} - F_{aj} + (3-4\nu)(zF'_{bj} - F_{bj}) + \\ 4(1-\nu)(1-2\nu)(F_{cj} - F_{dj}) - 6zF_{ej}] \tag{B15}$$

式中，系数 F'_{aj}，F_{aj}，F'_{bj}，F_{bj}，F_{cj}，F_{dj} 和 F_{ej} 已由式（B13）给出，同时采用高斯积分对式（B14）中的桩径 d 积分。

此外，积分 $\iint_{S_e} f_4(z, z_p) \left(\frac{z_p}{l}\right)^{j-1} ds$ 可表达为

$$\iint_{S_e} f_4(z, z_p) \left(\frac{z_p}{l}\right)^{j-1} ds = \int_0^{2\pi} \int_{S_d}^{l} f_4(z, z_p) \left(\frac{z_p}{l}\right)^{j-1} \left(\frac{d}{2}\right) dz_p d\theta \tag{B16}$$

对冲刷后桩基的实际埋置长度 l_e 积分：

$$\int_{l_e} f_4(z, z_p) \left(\frac{z_p}{l}\right)^{j-1} dz_p = \frac{(1+\nu)}{8\pi E_s(1-\nu)l^{j-1}} \{(3-4\nu)F'_{aj} + [8(1-\nu)^2 - (3-4\nu)]F_{aj} + \\ F'_{bj} + (3-4\nu)F_{bj} - 2zF_{cj} + 6zF_{dj}\} \tag{B17}$$

式中

$$F'_{aj} = \sum_{i=1}^{j} -\eta_i^{j-1} z^{j-i} f'_{ai}, \quad F_{aj} = \sum_{i=1}^{j} (-1)^{j-1} \eta_i^{j-1} z^{j-i} f_{ai}$$

$$F'_{bj} = \sum_{i=1}^{j} -\eta_i^{j-1} z^{j-i} f'_{bi}, \quad F_{bj} = \sum_{i=1}^{j} (-1)^{j-1} \eta_i^{j-1} z^{j-i} f_{bi}$$

$$F_{cj} = \sum_{i=1}^{j} (-1)^j \eta_i^j z^{j-i+1} f_{ci}, \quad F_{dj} = \sum_{i=1}^{j} (-1)^j \eta_i^j z^{j-i+1} f_{di}$$

式中,f'_{ai},f'_{bi} 以及 f_{ai} 到 f_{di} 可通过数值解析积分给出,并采用高斯积分对式(B16)中的 θ 进行积分。

最后,积分 $\iint_A f_2(z, z_p) \sigma_b dA$ 和 $\iint_A f_4(z, z_p) \sigma_b dA$ 可表达为

$$\iint_A f_2(z, z_p) \sigma_b dA = \sigma_b \int_0^{2\pi} \int_0^{d/2} f_2(z, z_p) r_b dr_b d\theta$$

$$\iint_A f_4(z, z_p) \sigma_b dA = \sigma_b \int_0^{2\pi} \int_0^{d/2} f_4(z, z_p) r_b dr_b d\theta$$

式中,r_b 为桩底截面半径。关于半径 r_b 的积分可参照 Poulos 和 Davis(1980)的研究成果,并再次采用高斯积分对 θ 进行积分。

附录 C 转换矩阵

转换矩阵 $[T]$ 具体表示如下：

$$[T] = \begin{bmatrix} [T_L] & \\ & [T_V] \end{bmatrix} \tag{C1}$$

式中，矩阵 $[T]$ 为 $(n_q+n_g+1)\times(k_1+k_2+1)$ 阶矩阵，且子矩阵 $[T_L]$ 的阶数为 $n_q\times k_1$，其包含的系数具体如下：

$$T_{Lij} = \frac{1}{2}(l-S_d)d\eta_i\left(\frac{z_i}{l}\right)^{j-1} \quad (i=1,2,\cdots,n_q)(j=1,2,\cdots,k_1) \tag{C2}$$

对于子矩阵 $[T_V]$，其阶数为 $(n_g+1)\times(k_2+1)$，包含的系数为

$$T_{Vij} = \frac{1}{2}\pi(l-S_d)d\eta_i\left(\frac{z_i}{l}\right)^{j-1} \quad (i=1,2,\cdots,n_g)(j=1,2,\cdots,k_2) \tag{C3}$$

$$T_{Vij} = \pi\left(\frac{d}{2}\right)^2 \quad (i=n_g+1)(j=k_2+1) \tag{C4}$$

附录 D 变分控制方程的矩阵表达

桩土刚度矩阵 $[k]$ 表示如下

$$[k] = [k_p] + [Z_{LA}]^T [k_{sLA}] [Z_{LA}] \tag{D1}$$

式中

$$[k_p] = \begin{bmatrix} [k_H] & & \\ & [k_M] & \\ & & [k_G] \end{bmatrix} \tag{D2}$$

$$[Z_{LA}] = \begin{bmatrix} [Z_H] & & \\ & [Z_M] & \\ & & [Z_G] \end{bmatrix} \tag{D3}$$

$$[k_{sLA}] = [T_{LA}][f_{LA}]^{-1} \tag{D4}$$

子矩阵 $[k_H]$ 为

$$[k_H] = \frac{E_p I_p \pi^4}{2l^3} \begin{bmatrix} 0 & & & & \\ & 0 & & & \\ & & 1^4 & & \\ & & & \ddots & \\ & & & & n^4 \end{bmatrix} \tag{D5}$$

子矩阵 $[k_M]$ 为

$$[k_M] = \frac{E_p I_p \pi^4}{2l^3} \begin{bmatrix} 0 & & & & \\ & 0 & & & \\ & & \left(\frac{1}{2}\right)^4 & & \\ & & & \ddots & \\ & & & & \left(\frac{2n-1}{2}\right)^4 \end{bmatrix} \tag{D6}$$

对于 $k \times k$ 阶的子矩阵 $[k_G]$，其包含的系数由下式给出：

$$k_{Gij} = E_p \pi \left(\frac{d}{2}\right)^2 \frac{(i-1)(j-1)}{l(i+j-3)} \quad (i=1,2,\cdots,k)(j=1,2,\cdots,k) \tag{D7}$$

子矩阵$[Z_H]$为

$$[Z_H] = \begin{bmatrix} 1 & \dfrac{z_1}{l} & \sin\left(\dfrac{\pi z_1}{l}\right) & \cdots & \sin\left(\dfrac{n\pi z_1}{l}\right) \\ 1 & \dfrac{z_2}{l} & \sin\left(\dfrac{\pi z_2}{l}\right) & \cdots & \sin\left(\dfrac{n\pi z_2}{l}\right) \\ \vdots & \vdots & \vdots & & \vdots \\ 1 & \dfrac{z_{n_q}}{l} & \sin\left(\dfrac{\pi z_{n_q}}{l}\right) & \cdots & \sin\left(\dfrac{n\pi z_{n_q}}{l}\right) \end{bmatrix} \tag{D8}$$

子矩阵$[Z_M]$为

$$[Z_M] = \begin{bmatrix} 1 & \dfrac{z_1}{l} & \cos\left(\dfrac{\pi z_1}{2l}\right) & \cdots & \cos\dfrac{(2n-1)\pi z_1}{2l} \\ 1 & \dfrac{z_2}{l} & \cos\left(\dfrac{\pi z_2}{2l}\right) & \cdots & \cos\dfrac{(2n-1)\pi z_2}{2l} \\ \vdots & \vdots & \vdots & & \vdots \\ 1 & \dfrac{z_{n_q}}{l} & \cos\left(\dfrac{\pi z_{n_q}}{2l}\right) & \cdots & \cos\dfrac{(2n-1)\pi z_{n_q}}{2l} \end{bmatrix} \tag{D9}$$

$(n_g+1) \times k$ 阶子矩阵$[Z_G]$的系数由下式给出：

$$Z_{Gij} = \left(1 - \dfrac{z_i}{l}\right)^{j-1} \quad (i = 1, 2, \cdots, n_g+1)(j = 1, 2, \cdots, k) \tag{D10}$$

此外，矩阵$[f_{LA}]$表示如下：

$$[f_{LA}] = \begin{bmatrix} [f_{\rho L}] & & [f_{\rho V}] \\ & [f_{\rho L}] & [f_{\rho V}] \\ [f_{wL}] & [f_{wL}] & [f_{wV}] \end{bmatrix} \tag{D11}$$

式中，子矩阵$[f_{\rho L}]$,$[f_{\rho V}]$,$[f_{wL}]$和$[f_{wV}]$的系数已由附录B给出。

矩阵$[T_{LA}]$表示如下：

$$[T_{LA}] = \begin{bmatrix} [T_L] & & \\ & [T_L] & \\ & & [T_V] \end{bmatrix} \tag{D12}$$

式中，子矩阵$[T_L]$和$[T_V]$的系数已由附录C给出。

附录 E 选取的地震波

序号	地震名称	年份	测站名称	震级	场地类型	PGA/g
1	SuperstitionHills-02	1987	ParachuteTestSite	6.5	II	0.149
2	ImperialValley-06	1979	CerroPrieto	6.5	II	0.157
3	Landers	1992	MorongoValleyFireStation	7.3	II	0.159
4	Parkfield-02	2004	SlackCanyon	6.0	I	0.211
5	SuperstitionHills-02	1987	ParachuteTestSite	6.5	II	0.232
6	Landers	1992	JoshuaTree	7.3	II	0.255
7	Landers	1992	JoshuaTree	7.3	II	0.284
8	LomaPrieta	1989	CoyoteLakeSouthwestAbutment	6.9	I	0.304
9	ImperialValley-06	1979	CerroPrieto	6.5	II	0.314
10	Landers	1992	MorongoValleyFireStation	7.3	II	0.318
11	Parkfield-02	2004	SlackCanyon	6.0	I	0.349
12	SanSalvador	1986	GeotechInvestigCenter	5.8	II	0.421
13	Parkfield-02	2004	SlackCanyon	6.0	I	0.422
14	Landers	1992	MorongoValleyFireStation	7.3	II	0.446
15	Chuetsu-oki	2007	YoshikawakuJoetsuCity	6.8	I	0.453
16	LomaPrieta	1989	CoyoteLakeSouthwestAbutment	6.9	I	0.485
17	SanSalvador	1986	NationalGeograficalInst	5.8	II	0.534
18	Landers	1992	JoshuaTree	7.3	II	0.568
19	Kobe	1995	KJMA	6.9	II	0.630
20	SanSalvador	1986	GeotechInvestigCenter	5.8	II	0.704
21	Duzce	1999	Bolu	7.1	II	0.739
22	Kobe	1995	KJMA	6.9	II	0.834
23	SanSalvador	1986	GeotechInvestigCenter	5.8	II	0.842
24	Chuetsu-oki	2007	YoshikawakuJoetsuCity	6.8	I	0.906
25	LomaPrieta	1989	CoyoteLakeSouthwestAbutment	6.9	I	0.970
26	SanSalvador	1986	NationalGeograficalInst	5.8	II	1.068
27	Parkfield-02	2004	Parkfield-StoneCorral1E	6.0	II	1.366
28	MorganHill	1984	CoyoteLakeSouthwestAbutment	6.2	I	1.462
29	Duzce	1999	Bolu	7.1	II	1.612
30	Kobe	1995	KJMA	6.9	II	1.668

参 考 文 献

[1] Achmus M, Thieken K. Behavior of piles under combined lateral and axial loading[C]//Proceedings of the 2nd International Symposium on Frontiers in Offshore Geotechnics(ISFOG), Perth, Australia, 2010a:465-470.

[2] Achmus M, Thieken K. On the behavior of piles in non-cohesive soil under combined horizontal and vertical loading[J]. Acta Geotechnica, 2010b,5(3):199-210.

[3] Adhikary B D, Majumdar P, Kostic M. CFD simulation of open channel flooding flows and scouring around bridge structures[C]//Proceedings of the 6th WSEAS International Conference on Fluid Mechanics, 2009:106-113.

[4] Akgüner C, Olson R E. Empirical correlations of Young's modulus for displacements of driven piles [C]//Int Found Congr Equip Expo ASCE, 2009:270-277.

[5] Alipour A, Shafei B, Shinozuka M. Reliability-based calibration of load and resistance factors for design of RC bridges under multiple extreme events: scour and earthquake[J]. Journal of Bridge Engineering, ASCE, 2013, 18(5): 362-371.

[6] Amini A, Melville B W, Ali T M, et al. Clear-water local scour around pile groups in shallow-water flow[J]. Journal of Hydraulic Engineering, 2012,138(2):177-185.

[7] Anagnostopoulos C, Georgiadis M. Interaction of axial and lateral pile responses[J]. Journal of Geotechnical Engineering, ASCE, 1993,119(4):793-798.

[8] Annandale G W. Scour technology mechanics and engineering practice[M]. New York: McGraw-Hill, 2006.

[9] API Recommended Practice. Recommended practice for planning, designing and constructing fixed offshore platforms-working stress design[S]. Washington, DC, American Petroleum Institute, 2000.

[10] Arneson L A, Zevenbergen L W, Lagasse P F, et al. Evaluating scour at bridge[R]. 5th ed. US Department of Transportation FHWA, 2012.

[11] Ataie-Ashtiani B, Beheshti A A. Experimental investigation of clear-water local scour at pile groups [J]. Journal of hydraulic engineering, 2006,132(10):1100-1104.

[12] Azzouz A S, Krizek R J, Corotis R B. Regression analysis of soil compressibility[J]. Soils Found, 1976,16(2):19-29.

[13] Banerjee P K, Davis T G. The behaviour of axially and laterally loaded single piles embedded in non-homogeneous soils[J]. Geotechnique, 1978,28(3):309-326.

[14] Banerjee S, Goh S H, Lee F H. Earthquake-induced bending moment in fixed-head piles in soft clay [J]. Geotechnique, 2014,64(6):431-446.

[15] Banerjee S, Goh S H, Lee F H. Response of soft clay strata and clay-pile-raft systems to seismic shaking[J]. Journal of Earthquake and Tsunami, 2007,1(3):233-255.

[16] Banerjee S, Prasad G G. Seismic risk assessment of reinforced concrete bridges in flood-prone regions [J]. Structure and Infrastructure Engineering, 2013,9(9):952-968.

[17] Basu D, Salgado R. Elastic analysis of laterally loaded pile in multi-layered soil[J]. Geomechanics and Geoengineering, 2007,2(3),183-196.

[18] Bennett C R, Lin C, Parsons R L, et al. Evaluation of behavior of a laterally loaded bridge pile group under scour conditions[C]//Proceedings of SEI 2009 Structures Congress, Texas, 2009:290-299.

[19] Breusers H, Raudkivi A. Scouring, hydraulic structures design manual[M]. CRC Press, 1991.

[20] Briaud J L, Ting F C K, Chen H C, et al. Erosion function apparatus for scour rate predictions[J]. Journal of Geotechnical & Geoenvironmental Engineering, 2001,127(2):105-113.

[21] Briaud J L, Ting F C K, Chen H C, et al. SRICOS: prediction of scour rate in cohesive soils at bridge piers[J]. J Geotech Geoenviron Eng, 1999:125(4):237-246.

[22] Briaud J L. Case histories in soil and rock erosion: Woodrow Wilson Bridge, Brazos River Meander, Normandy Cliffs, and New Orleans Levees [J]. Journal of Geotechnical & Geoenvironmental Engineering, 2008,134(10):1425-1447.

[23] Briaud J L. Scour depth at bridges: method including soil properties I: maximum scour depth prediction[J]. Journal of Geotechnical & Geoenvironmental Engineering, 2015a, 141(2):04014104.

[24] Briaud J L. Scour depth at bridges: method including soil properties II: time rate of scour prediction [J]. Journal of Geotechnical & Geoenvironmental Engineering, 2015b, 141(2):04014105.

[25] Broms B B. Lateral resistance of piles in cohesionless soils[J]. J Soil Mech and Found Div, 1964,90 (3):123-156.

[26] Chang F F, Karim M. An experimental study of reducing scour around bridge piers using piles[R]. Rep South Dakota Dept of Highways, 1972.

[27] Chang K C, Sung Y C, Liu K Y, et al. Seismic performance of an existing bridge with scoured caisson foundation[J]. Earthq Eng Eng Vib, 2014, 13(Suppl. 1):S151-S165.

[28] Chen L T, Poulos H G. Piles subjected to lateral soil movements[J]. Journal of Geotechnical Engineering, 1997, 123(9): 802-811.

[29] Chen Z, Guo X. Numerical investigation of dynamic properties of scoured shallow foundation and impact on seismic response of structures[C]//Proceedings of the 6th international conference on scour and erosion. Societe Hydro-technique De France, Paris, 2012.

[30] Chiew Y M. Local scour at bridge piers[R]. Rep. No. 355, University of Auckland, School of Eng Auckland, New Zealand, 1984.

[31] Chiew Y M. Mechanics of riprap failure at bridge piers[J]. Journal of Hydraulic Engineering, 1995, 121(9):635-643.

[32] Chiew Y M. Scour prection at bridge piers[J]. Journal of Hydraulic Engineering, 1992, 118(9): 1260-1269.

[33] Coleman S E. Clearwater local scour at complex piers[J]. Journal of Hydraulic Engineering, ASCE, 2005, 131(4):330-334.

[34] Comodromos E M, Papadopoulou M C. Response evaluation of horizontally loaded pile groups in clayey soils[J]. Geotechnique, 2012, 62(4): 329-339.

[35] Cornell C A, Jalayer F, Hamburger R O, et al. Probabilistic basis for 2000 SAC federal emergency management agency steel moment frame guidelines[J]. Journal of Structural Engineering ASCE, 2002, 128(4): 526-533.

[36] Coyle H M, Reese L C. Load transfer for axially loaded piles in clay[J]. J. Soil Mech and Found Div,

1966, 92(2):1-26.

[37] Daniels J B. Flood debris build-up loading and assessment of adequacy of ALDOT bridge pile bents during extreme flood/scour events[D]. Master of Science, Auburn University, 2005.

[38] Dargahi B. Controlling mechanism of local scouring[J]. Journal of Hydraulic Engineering, 1990, 116(10): 1197-1214.

[39] Davis P J, Rabinowitz P. Methods of numerical integration[M]. 2nd ed. New York: Academic Press, 1984.

[40] Deng L, Kutter B, Kunnath S. Centrifuge modeling of bridge systems designed for rocking foundations [J]. Journal of Geotechnical and Geoenvironmental Engineering, 2012, 138(3):335-344.

[41] Dey S, Bose S K, Sastry G L N. Clear water scour at circular piers: a model[J]. Journal of Hydraulic Engineering, 1995, 121(12):869-876.

[42] Dezi F, Carbonari S, Leoni G. A model for the 3D kinematic interaction analysis of pile groups in layered soils[J]. Earthq Eng Struct Dyn, 2009, 38:1281-1305.

[43] Dezi F, Carbonari S, Leoni G. Kinematic bending moments in pile foundations[J]. Soil Dynamic and Earthquake Engineering, 2010, 30:119-132.

[44] Dezi F, Carbonari S, Morici M. A numerical model for the dynamic analysis of inclined pile groups[J]. Earthq Eng Struct Dyn, 2016, 45(1):45-68.

[45] Dobry R, Gazetas G. Simple method for dynamic stiffness and damping of floating pile groups[J]. Geotechnique, 1988, 38(4):557-574.

[46] Dolinar B. Predicting the normalized, undrained shear strength of saturated fine-grained soils using plasticity-value correlations[J]. Applied Clay Science, 2010, 47(3):428-432.

[47] Escoffier S. Experimental study of the effect of inclined pile on the seismic behavior of pile group[J]. Soil Dynamics and Earthquake Engineering, 2012, 42:275-291.

[48] Federal Highway Administration(FHWA). National Bridge Inventory(NBI): Bridge by Year Built [EB/OL]. http://www.fhwa.dot.gov/bridge/yrblt06.htm.

[49] FEMA. HAZUS99 users' manual[S]. Federal Emergency Management Agency, 1999.

[50] Foti S, Sabia D. Influence of foundation scour on the dynamic response of an existing bridge[J]. Journal of Bridge Engineering, 2011, 16(2):295-304.

[51] Froelich D C. 1988. Analysis of onsite measurement of scour at piers[C]//Proc 1988 National Conf on Hydraulic Engineering, Reston, VA: ASCE:534-539.

[52] Gao D, PosadaG L, Nordin C F. Pier scour equations used in the People's Republic of China—review and summary[R]. US. Department of Transportation, Federal Highway Administration, Publication FHWA-SA-93-076,1993.

[53] Gaudio R, Grimaldi C, Tafarojnoruz A, et al. Comparison of formulae for the prediction of scour depth at piers[C]//European Iahr Congress, 2010.

[54] Gaudio R, Tafarojnoruz A, Calomino F. Evaluation of flow-altering countermeasures against bridge pier scour[J]. Journal of Hydraulic Engineering, 2012, 50(1):297-305.

[55] Gaydarov N A, Zakharov Y N, Ivanov K S, et al. Numerical and experimental studies of soil scour caused by currents near foundations of gravity-type platforms[C]//International Conference on Civil Engineering, Energy and Environment(CEEE2014), Hong Kong.

[56] Gazetas G, Dobry R. Horizontal response of piles in layered soils[J]. Journal of Geotechnical

Engineering, 1984a, 110(1):20-40.

[57] Gazetas G, Fan K, Kaynia A. Dynamic response of pile groups with different configurations[J]. Soil Dynamics and Earthquake Engineering, 1993, 12: 239-257.

[58] Ghosn M, Moses F. Highway of bridge design for extreme events[M]. National Cooperative Highway Research Program, NCHRP Report 489. Washington, DC: Transportation Research Board, National Academy Press, 2003.

[59] Goel A, Pal M. Application of support vector machines in scour prediction on grade-control structures [J]. Engineering Applications of Artificial Intelligence, 2009, 22(2):216-223.

[60] Govindasamy A V, Briaud J L, Kim D, et al. Observation method for estimating future scour depth at existing bridges[C]//International Conference on Scour and Erosion, 2010:41-65.

[61] Guo X, Chen Z. Lifecycle multihazard framework for assessing flood scour and earthquake effects on bridge failure[J]. ASCE-ASME J Risk Uncertain Eng Syst Part A: Civ Eng 2016, 2(2):C4015004.

[62] Guo X, Wu Y, Guo Y. Time-dependent seismic fragility analysis of bridge systems under scour hazard andearthquake loads [J]. Eng Struct, 2016, 121:52-60.

[63] Ha J G, Lee S H, Kim D S, et al. Simulation of soil-foundation-structure interaction of Hualien large-scale seismic test using dynamic centrifuge test[J]. Soil Dynamics and Earthquake Engineering, 2014, 61-62: 176-187.

[64] Haque A, Rahman M M, Islam G T, et al. Scour mitigation at bridge piers using sacrificial piles[J]. Int J Sediment Res China, 2007, 22(1):49-59.

[65] Heibaum M, Trentmann J. Partial grouted riprap for enhanced scour resistance[C]// International Conference on Scour and Erosion(ICSE-5), San Francisco, California, 2010: 1-10.

[66] Hirai H. A Winkler model approach for vertically and laterally loaded piles in nonhomogeneous soil [J]. Int J Numer Anal Meth Geomech, 2011, DOI: 10.1002/nag.1078.

[67] Hung W Y, Lee C J, Chung W Y, et al. Seismic behavior of pile in liquefiable soil ground by centrifuge shaking table tests[J]. Journal of Vibro Engineering, 2014, 16(2): 712-720.

[68] Hussien M N, Tobita T, Iai S, et al. On the influence of vertical loads on the lateral response of pile foundation[J]. Computers and Geotechnics, 2014, 55: 392-403.

[69] Hwang H, Liu J B, Chiu Y H. Seismic fragility analysis of highway bridges[C]// Referenzmodellierung, 2001.

[70] Imberger J, Alach D, Schepis J. Scour behind circular cylinders in deep water[C]// Proceedings of 18th Conference on Coastal Engineering, 1982, Cape Town, South Africa.

[71] Jain N K, Ranjan G, Ramasamy G. Effect of vertical load on flexural behaviour of piles [J]. Geotechnical Engineering, 1987, 18:185-204.

[72] Jain S C, Fischer E E. Scour around bridge piers at high Froude numbers[R]. Rep No. FHWA-RD-79-104, Federal Highway Administration, Washington D. C. , 1979.

[73] Jaky J. The coefficient of earth pressure at rest[J]. Journal of the Society of Hungarian Architects and Engineers, 1944, 78(22): 355-358.

[74] Jeong S, Kim Y, Kim J. Influence on lateral rigidity of offshore piles using proposed p-y curves[J]. Ocean Engineering, 2011, 38:397-408.

[75] Kameshwar S, Padgett J E. Multi-hazard risk assessment of highway bridges subjected to earthquake and hurricane hazards[J]. Engineering Structures, 2014, 78: 154-166.

[76] Kang M, Banerjee S, Lee F H, et al. Dynamic soil-pile-raft interaction in normally consolidated soft clay during earthquakes[J]. Journal of Earthquake and Tsunami, 2012, 6(3):1250031.

[77] Karasev O V, Talanov G P, Benda S F. Investigation of the work of single situ-cast piles under different load combinations[J]. J Soil Mech Found Eng, 1977, 14(3):173-177.

[78] Karthigeyan S, Ramakrishna V V G S T, Rajagopal K. Influence of vertical load on the lateral response of piles in sand[J]. Computers and Geotechnics, 2006, 33(2): 121-131.

[79] Karthigeyan S, Ramakrishna V V G S T, Rajagopal K. Numerical investigation of the effect of vertical load on the lateral response of piles[J]. Journal of Geotechnical and Geoenvironmental Engineering, ASCE, 2007, 133(5): 512-521.

[80] Khan M, Andres D, Neill C, et al. Discussion: Bridge pier scour prediction by gene expression programming[J]. Water Management, 2015, 167(6):368-369.

[81] Khan Z H, Amanat K M. Riverbed scouring effect in bridge pile foundation during earthquake[J]. Geotechnical Special Publication, 2014(GSP240):343-352.

[82] Kim S H, Shinozuka M. Development of fragility curves of bridges retrofitted by column Jacketing[J]. Probabilistic Engineering Mechanics, 2004, 19(1-2): 105-112.

[83] Kim S R, Huang L C, Oh M. Group effect on bearing capacities of tripod bucket foundations in undrained clay[J]. Ocean Eng, 2014, 79:1-9.

[84] Kim Y, Jeong S, Lee S. Wedge failure analysis of soil resistance on laterally loaded piles in clay[J]. Journal of Geotechnical and Geoenvironmental Engineering, 2011, 137(7):678-694.

[85] Kim Y, Jeong S, Won J. Effect of lateral rigidity of offshore piles using proposed p-y curves in marine clay[J]. Marine Georesources & Geotechnology, 2009, 27(1):53-77.

[86] Ko Y Y, Lee W F, Chang W K. Scour evaluation of bridge foundations using vibration measurement[C]//International Conference on Scour and Erosion. San Francisco, CA, 2010: 884-893.

[87] Kothyari U C, Garde R C J, Raju K G R. Temporal Variation of Scour Around Circular Bridge Piers [J]. Journal of Hydraulic Engineering, 1992: 1091-1106.

[88] Kraft Jr L M, Ray R P, Kagawa T. Theoretical t-z curves[J]. J Geotech Engrg Div, 1981, 107(11): 1543-1562.

[89] Kulhawy F H, Mayne P W. Manual on estimating soil properties for foundation design[R]. Rep No. EL-6800, Palo Alto, CA: Electric Power Research Institute, 1990.

[90] Kumar C, Sreeja P. Evaluation of selected equations for predicting scour at downstream of ski-jump spillway using laboratory and field data[J]. Engineering Geology, 2012, 129-130(12):98-103.

[91] Kumar V, Rangaraju K G, Vittal N. Reduction of local scour around bridge piers using slot and collar [J]. Journal of Hydraulic Engineering, 1999, 125(12): 1302-1305.

[92] Lagasse P F, Clopper P E, Zevenbergen L W, et al. Countermeasures to protect bridge piers from scour[R]. NCHRP Rep 593. Washington, DC: Transportation Research Board; 2007.

[93] Landers M N, Mueller D S, Richardson E V. US Geological Survey field measurements of pier scour [C]//Stream Stability and Scour at Highway Bridges: Compendium of Stream Stability and Scour, 1991, 127(5): 585-607, ASCE.

[94] Laursen E M, Toch A. Scour around bridge piers and abutments[R]. Iowa Highway Research Board, 1956.

[95] Lechosław G, Bierawski S M. DEM-FEM model of highly saturated soil motion due to seepage force

[J]. Journal of Waterway Port Coastal & Ocean Engineering, 2006, 132(5):401-409.

[96] Lee J, Prezzi M, Salgado R. Experimental investigation of the combined load response of model piles driven in sand[J]. Geotechnical Testing Journal, 2011, 34(6):653-667.

[97] Lee J, Prezzi M, Salgado R. Technical paper: Influence of axial loads on the lateral capacity of instrumented steel model piles[J]. International Journal of Pavement Research and Technology, 2013, 6(2):80-85.

[98] Lee T L, Jeng D S, Zhang G H, et al. Neural network modeling for estimation of scour depth around bridge piers[J]. Journal of Hydrodynamics, Ser B, 2007, 19(3): 378-386.

[99] Levy N H, Einav I, Randolph M F. Modelling combined loading of piles with local interacting yield surfaces[C]//Proceedings of the 1st International Symposium on Frontiers in Offshore Geotechnics (ISFOG), 2005:873-879.

[100] Li F, Han J, Lin C. Effect of scour on the behavior of laterally loaded single piles in marine clay[J]. Marine Georesources and Geotechnology, 2013, 31(3):271-289.

[101] Li Z, Escoffier S, Kotronis P. Centrifuge modeling of batter pile foundations under earthquake excitation[J]. Soil Dynamics and Earthquake Engineering, 2016, 88: 176-190.

[102] Liang F Y, Chen H B, Chen S L. Influences of axial load on the lateral response of single pile with integral equation method [J]. International Journal for Numerical and Analytical Methods in Geomechanics, 2012, 36(16): 1831-1845.

[103] Liang F Y, Wang Y Q, Han J. Numerical analysis of scouring effects on the behavior of pile foundations with the Mohr-Coulomb model[C]// GeoHunan International Conference. 2011, GSP 214: 82-87.

[104] Lin C, Bennett C, Han J, Parsons R L. Scour effects on the response of laterally loaded piles considering stress history of sand[J]. Comput Geotech, 2010, 37(7-8):1008-1014.

[105] Lin C, Han J, Bennett C, Parsons R L. Analysis of laterally loaded piles in sand considering scour holedimensions[J]. J Geotech Geoenviron Eng, 2014b, 140(6):04014024.

[106] Lin C, Han J, Bennett C, et al. Analysis of laterally loaded piles in soft clay considering scour-hole dimensions[J]. Ocean Eng, 2016, 111:461-470.

[107] Lin C, Han J, Bennett C, et al. Technical note: behavior of laterally loaded piles under scour conditions considering the stress history of undrained soft clay[J]. J Geotech Geoenviron Eng, 2014a, 140(6):06014005.

[108] Loli M, Anastasopoulos I, Bransby M, et al. Caisson foundations subjected to reverse fault rupture: Centrifuge testing and numerical analysis [J]. Journal of Geotechnical and Geoenvironmental Engineering, 2011, 137(10):914-925.

[109] Lu J Y, Hong J H, Su C C, et al. Field measurements and simulation of bridge scour depth variations during floods[J]. Journal of Hydraulic Engineering, 2008, 134(6):810-821.

[110] Maeso O, Aznarez J J, Garciia F. Dynamic impedances of piles and groups of piles in saturated soils [J]. Computers and Structures, 2005, 83(10-11 SPEC. ISS.):769-782.

[111] Makris N, Gazetas G. Dynamic pile-soil-pile interaction. Part II: Lateral and seismic response[J]. Earthquake Engineering and Structural Dynamics, 1992, 21(2):145-162.

[112] Matlock H, Reese L C. Generalized solutions for laterally loaded piles[J]. J Soil Mech and Found Div, 1960, 86(SM5): 63-89.

[113] Matlock H. Correlation for design of laterally loaded piles in soft clay[C]// Proceedings of the 2nd Annual Offshore Technology Conference. Houston: American Institute of Mining, Metallurgical, and Petroleum Engineers; 1970: 277-594.

[114] Matlock H. Correlations for design of laterally loaded piles in soft clay[C]// Offshore Technology in Civil Engineering's Hall of Fame Papers from the Early Years, 1970: 77-94.

[115] Matutano C, Negro V, López-Gutiérrez J S, et al. Scour prediction and scour protections in offshore wind farms[J]. Renewable Energy, 2013, 57: 358-365.

[116] Mayne P W, Kulhawy F H. Ko-OCR relationship in soils[J]. J Geotech Engrg Div, 1982, 108(6): 851-872.

[117] Melville B W, Chiew Y M. Time scale for local scour at bridge piers[J]. Journal of Hydraulic Engineering, 1999, 125(1), 59-65.

[118] Melville B W, Coleman S E. Bridge Scour[M]. Colorado: Water Resources Publications, 2000.

[119] Melville B W, Hadfield A C. Use of sacrificial piles as pier scour countermeasures[J]. Journal of Hydraulic Engineering, 1999, 6(2): 1221-1224.

[120] Melville B W, Sutherland A J. Design method for local scour at bridge piers[J]. J Hydraulic Engng, 1988, 114(10): 1210-1226.

[121] Melville B W. Live-bed scour at bridge piers[J]. Journal of Hydraulic Engineering, 1984, 110(9): 1234-1247.

[122] Meyerhof G G, Sastry V V R N. Bearing capacity of rigid piles under eccentric and inclined loads[J]. Can Geotech J, 1985, 22: 267-276.

[123] Meyerhof G G, Yalcin A S, Mathur A K. Ultimate pile capacity for eccentric inclined load[J]. J Geotech Eng, ASCE, 1983, 109(3): 408-423.

[124] Meyerhof G G, Yalcin A S. Pile capacity for eccentric inclined load in clay[J]. Can Geotech J, 1984, 21(3): 389-396.

[125] Meyer-Perter E. Formulas for bed-load transport[C]//Proc of Congress Iahr, 1948.

[126] Mindlin D. Force at a point in the interior of semi-infinite solid[J]. Physics, 1936, 7: 195-202.

[127] Mohamed T A, Noor M J M M, Ghazali A H, et al. Validation of some bridge pier scour formulae using field and laboratory data[J]. Am J Environ Sci, 2005, 1(2):119-125.

[128] Mueller D S, Landers M N. Channel scour at bridges in the United States: FHWA-RD-950184 3D3C1-212[R]. Federal Highway Administration, 1996.

[129] Mueller D S, Wagner C R. Field observations and evaluations of streambed scour at bridges[R]. Office of Engineering Research and Development, Federal Highway Administration, McLean, VA, 2005.

[130] Muir Wood D. Soil behavior and critical state soil mechanics[M]. Cambridge, UK: Cambridge University Press, 1990.

[131] Muqtadir A, Desai C S. Three-dimensional analysis of a pile group foundation[J]. Int J Numer Analyt Meth Geomech, 1986, 39(1): 97-111.

[132] Myrhaug D, Rue H. Scour around group of slender vertical piles in random waves[J]. Applied Ocean Research, 2005, 27(1):56-63.

[133] Naval Facilities Engineering Command(NAVFAC). Foundations and earth structures, design manual 7.2[M]. Department of Defense, Washington DC, 1982.

[134] Novak M. Dynamic stiffness and damping of piles[J]. Canadian Geotechnical Journal, 1974, 11(4): 574-598.

[135] Oliveto G, Hager W H. Temporal evolution of clearwater pier and abutment scour[J]. Journal of Hydraulic Engineering, 2002, 128(9): 811-820.

[136] Ottaviani M. Three-dimensional finite element analysis of vertically loaded pile groups[J]. Géotechnique, 1975, 25(2): 159-174.

[137] Padron L A, Aznarez J J, Maeso O, et al. Impedance functions of end-bearing inclined piles[J]. Soil Dynamic and Earthquake Engineering, 2012, 38: 97-108.

[138] Pal M, Singh N K, Tiwari N K. Support vector regression based modeling of pier scour using field data[J]. Engineering Applications of Artificial Intelligence, 2011, 24(5):911-916.

[139] Park C W, Park H I, Cho Y K. Evaluation of the applicability of pier local scour formulae using laboratory and field data[J]. Marine Geotechnology, 2014, 35(1):1-7.

[140] Parker G, Toro-Escobar C, Voigt R L. Countermeasures to protect bridge piers from scour[R]. St. Anthony Falls Laboratory, University of Minnesota, MN, 1998.

[141] Pise P J. Investigations on laterally loaded pile groups[C]//Symposium on Recent Developments in the Aanlysis of Soil Behavior and their Application to Geotechnical Structures, Sydney, Australia, 1975:129-144.

[142] Poland C, Hill J, Sharpe R, et al. Performance based seismic engineering of buildings[R]. Structural Engineers Association of California, 1995.

[143] Potyondy J G. Skin friction between various soils and construction materials[J]. Geotechnique, 1961, 11(4): 339-353.

[144] Poulos H G, Davis E H. Pile foundation analysis and design[M]. Wiley, New York, 1980.

[145] Poulos H G. Behavior of laterally loaded piles: II-group piles[J]. Journal of the Soil Mechanics and Foundation Division, ASCE, 1971b, 97(5): 733-751.

[146] Poulos H G. Behavior of laterally loaded piles: I-single piles[J]. Journal of the Soil Mechanics and Foundation Division, ASCE, 1971a, 97(5): 711-731.

[147] Poulos H G. Design of reinforcing piles to increase slope stability[J]. Can Geotech J, Ottawa, Canada, 1995, 32: 808-818.

[148] Prasad G G, Banerjee S. The impact of flood-induced scour on seismic fragility characteristics of bridges[J]. Journal of Earthquake Engineering, 2013, 17(6): 803-828.

[149] Qi W G, Gao F P, Randolph M F, et al. Scour effects on p-y curves for shallowly embedded piles in sand[J]. Géotechnique, 2016, 66:1-13.

[150] Qi W G, Gao F P. Physical modeling of local scour development around a large-diameter monopile in combined waves and current[J]. Coastal Engng, 2014, 83: 72-81.

[151] Randolph M F, Wroth C P. An analysis of the vertical deformation of pile groups[J]. Geotechnique, 1979, 29(4): 423-439.

[152] Randolph M F, Wroth C P. Analysis of deformation of vertically loaded piles[J]. Journal of Geotechnical Engineering Division, ASCE, 1978, 104(12): 1465-1488.

[153] Randolph M F, Wroth C P. Application of the failure state in undrained simple shear to the shaft capacity of driven piles[J]. Geotechnique, 1981, 31(1): 143-157.

[154] Randolph M F. The response of flexible piles to lateral loading[J]. Geotechnique, 1981, 31(2):247-

259.

[155] Raudkivi A J, Ettema R. Clear-water scour at cylindrical piers[J]. Journal of Hydraulic Engineering, 1983, 109(3): 338-350.

[156] Reese L C, Cox W R, Koop F D. Analysis of laterally loaded pile in sand[C]//Proc 6th Annual Offshore Technology Conf, Houston, 1974:2080.

[157] Reese L C, Cox W R, Koop F D. Analysis of laterally loaded piles in sand[C]// Offshore Technology in Civil Engineering Hall of Fame Papers from the Early Years, 1974: 95-105.

[158] Richardson E V, Davis S R. Evaluating scour at bridges[R]. Federal Highway Administration, Washington D C, 1995.

[159] Richardson E V, Davis S R. Evaluating Scour at Bridges[R]. Hydraulic Engineering Circular No. 18 (HEC-18), Rep. No. FHWA: NHI 01-001, Federal Highway Administration, Washington DC, 2001.

[160] Richardson J E, Panchang V G. Three-dimensional simulation of scour-inducing flow at bridge piers [J]. Journal of Hydraulic Engineering, 1998, 124(5):530-540.

[161] Richardson K J, Davis S R. Evaluating scour at bridges[R]. Federal Highway Administration, Washington DC, 1993.

[162] Rijn L C V. Sediment transport, Part I: bed load transport[J]. Journal of Hydraulic Engineering, 1985, 110(10):1431-1456.

[163] Rollins K M, Peterson K T, Weaver T J. Lateral load behavior of full-scale pile group in clay[J]. Journal of Geotechnical and Geoenvironmental Engineering, ASCE, 1998, 124(6): 468-478.

[164] Salim M, Jones J S. Scour around exposed pile foundations[C]//North American Water and Environment Congress & Destructive Water, ASCE, 1999:2202-2211.

[165] Sastry V V R N, Meyerhof G G. Behavior of flexible piles under inclined loads[J]. Canadian Geotechnical Journal, 1990, 27(1): 19-28.

[166] Sastry V V R N, Meyerhof G G. Lateral soil pressures and displacements of rigid piles in homogeneous soils under eccentric and inclined loads[J]. Can Geotech J, 1986, 23:281-286.

[167] Sato M, Tabata K, Abe A. Large-scale shake table test on lateral spreading of a sheet-pile wall model and its centrifuge simulation[C]//Fifth International Conference on Recent Advances in Geotechnical Earthquake Engineering and Soil Dynamics, San Diego, California, 2010: 1-8.

[168] Selahattin K, Galip S, Kutsi S E. 3D model for prediction of flow profiles around bridges[J]. Journal of Hydraulic Research, 2010, 48(4):521-525.

[169] Shen W Y, Chow Y K, Yong K Y. Variational solution for vertically loaded pile groups in an elastic half-space[J]. Geotechnique, 1999, 49(2): 199-213.

[170] Shen W Y, Teh C I. Analysis of laterally loaded pile groups using a variational approach[J]. Geotechnique, 2002, 52(3): 201-208.

[171] Sheppard D M, Demir H, Melville B. Scour at wide piers and long skewed piers[R]. National Cooperative Highway Research Program Rep. 682, Transportation Research Board, 2011, Washington, DC.

[172] Sheppard D M, Melville B, Demir H. Evaluation of existing equations for local scour at bridge piers [J]. Journal of Hydraulic Engineering, 2014, 140(1): 14-23.

[173] Sheppard D M, Odeh M, Glasser T. Large scale clear-water local pier scour experiments[J]. J

Hydraul Eng,2004, 130(10):957-963.

[174] Sheppard D M, Ontowirjo B, Zhao G. Local scour near single piles in steady currents[C]//Proceedings of the 1st Hydraulics Engineering Conference, San Antonio,1995.

[175] Sheppard D, Bloomquist D, Slagle P. Rate erosion properties of rock and clay[R]. Final Report BD-545 RDWO, University of Florida, Gainsville, FL, USA, 2006.

[176] Song S T, Wang C Y, Huang W H. Earthquake damage potential and critical scour depth of bridges exposed to flood and seismic hazards under lateral seismic loads[J]. Earthquake Engineering and Engineering Vibration, 2015, 14(4): 579-594.

[177] Sorochan E A, Bykov V I. Performance of groups of cast-in place piles subjected to horizontal loading [J]. J Soil Mech Found Eng, 1976, 13(3):157-161.

[178] Soulsby R L, Whitehouse R J S W. Threshold of sediment motion in coastal environments[C]//Pacific Coasts and Ports 1997 Conference, 1997:149-154.

[179] Soulsby R. Dynamics of marine sands: a manual for practical applications[M]. Thomas Telford Publication, London, 1997.

[180] Sumer B M, Bundgaard K, Fredsøe J. Global and local scour at pile group[C]//15th Int Offshore and Polar Eng Conf, Int Society of Offshore and Polar Engineers, 2005, Seoul, Korea, 577-583.

[181] Sumer B M, Cristiansen N, Fredsøe J. Time scale of scour around a vertical pile[C] //Proc. 2nd International Offshore and Polar Engineering Conference, San Francisco, CA: ISOPE, 1992, 3: 308-315.

[182] Sumer B M, Fredsøe J, Christiansen N. Scour around a vertical pile in waves[J]. J Waterway Port Coastal and Ocean Engng, 1992, 118(1): 15-31.

[183] Sumer B M. Wave scour around a pile in sand, medium dense, and dense silt[J]. Journal of Waterway Port Coastal & Ocean Engineering, 2007, 133(1):14-27.

[184] Sutherland A J. Reports on bridge failures[R]. Road Research Unit Occasional Paper, National Roads Board, Wellington, New Zealand, 1986.

[185] Taghavi A, Muraleetharan K K, Miller G A, et al. Seismic soil-pile-structure interaction in improved soft clay: centrifuge tests[C]//Proceedings of the International Foundations Congress and Equipment Expo 2015, San Antonio, Texas, ASCE, 2015: 2410-2419.

[186] Trochanis A M, Bielak J, Christiano P. Three-dimensional nonlinear study of piles[J]. J Geotech Engrg, 1991, 117(3):429-447.

[187] Vanoni V A, et al. Sedimentation engineering[M]. ASCE-manuals and reports on engineering practice -No. 54, ASCE, New York, 1975.

[188] Vasquez J A, Walsh B W. CFD simulation of local scour in complex piers under tidal flow[C]//33rd IAHR Conference Water Engineering for a Sustainable Environment, 2009, Vancouver.

[189] Wang G, Sitar N. Numerical analysis of piles in elasto-plastic soils under axial loading[C]//Proc 17th ASCE Eng Mech Conf, Univ of Delaware, 2004: 1-8.

[190] Wang S C, Liu K Y, Chen C H, et al. Experimental investigation on seismic behavior of scoured bridge pier with pile foundation[J]. Earthq Eng Struct Dyn, 2015, 44: 849-864.

[191] Wang Z H, Duenas-Osorio L, Padgett J E. Influence of scour effects on the seismic response of reinforced concrete bridge[J]. Engineering Structures, 2014b, 76: 202-214.

[192] Wang Z H, Padgett J E, Duenas-Osorio L. Risk-consistent calibration of load factors for the design of

reinforced concrete bridges under the combined effects of earthquake and scour hazards[J]. Engineering Structures, 2014a, 79: 86-95.

[193] Wardhana K, Hadipriono F C. Analysis of recent bridge failures in the United States[J]. Journal of Performance of Constructed Facilities, 2003, 17(3):144-150.

[194] Wen C Y. Mechanics of Fluidization[J]. Chem Eng Prog Symp Ser, 1966, 62:100-111.

[195] Whitaker T. Experiments with model piles in groups[J]. Géotechnique, 1957, 7(4): 147-167.

[196] White C M. The equilibrium of grains on the bed of a stream[J]. Proceedings of the Royal Society A, 1940, 174(958):322-338.

[197] Whitehouse R. Scour at marine structures: A Manual for Practical Applications[J]. International Ophthalmology Clinics, 1998, 30(3):198-208.

[198] Winterwerp J C, Bakker W T, Mastbergen D R, et al. Hyperconcentrated sand-water mixture flows over erodible bed[J]. Journal of Hydraulic Engineering, 1992, 118(11):1508-1525.

[199] Xu K J, Poulos H G. General elastic analysis of piles and pile groups[J]. Int J Numer Analyt Meth Geomech, 2000, 24: 1109-1138.

[200] Yang Z, Jeremic B. Study of soil layering effects on lateral loading behaviour of piles[J]. J Geotech Geoenviron Eng, 2005, 131(6): 762-770.

[201] Yeo U G, Gang J G, Korea J. Field investigation of bridge scours in small and medium streams(2)[J]. Journal of Korea Water Resources Association, 1999, 32(1): 49-59.

[202] Yoon T, Kim D. Bridge pier scour protection by sack gabions[C]//World Water and Environmental Resources Congress, Orlando, Florida, 2001: 1-8.

[203] Yu H, Zeng X W, Lian J J. Seismic behavior of offshore wind turbine with suction caisson foundation[C]//Geo-Congress 2014 Technical Papers, GSP 234, ASCE, 2014: 1206-1214.

[204] Zanke U C E, Hsu T W, Roland A, et al. Equilibrium scour depths around piles in noncohesive sediments under currents and waves[J]. Coastal Engng, 2011, 58(10): 986-991.

[205] Zhang L M, Mcvay M C, Han S J, et al. Effects of dead loads on the lateral response of battered pile groups[J]. Canadian Geotechnical Journal, 2002, 39(3): 561-575.

[206] Zhang L, Goh S H, Liu H B. Seismic response of pile-raft-clay system subjected to a long-duration earthquake: centrifuge test and finite element analysis[J]. Soil Dynamics and Earthquake Engineering, 2017, 92: 488-502.

[207] Zhao M, Cheng L, Zang Z. Experimental and numerical investigation of local scour around a submerged vertical circular cylinder in steady currents[J]. Coastal Engineering, 2010, 57(8), 709-721.

[208] Zhong R, Huang M S. Winkler model for dynamic response of composite caisson-piles foundations: Seismic response[J]. Soil Dynamics and Earthquake Engineering, 2014, 66: 241-251.

[209] Zhu H, Chang M F. Load transfer curves along bored piles considering modulus degradation[J]. J Geotech Geoenviron Eng, 2002, 128(9): 764-774.

[210] Zhu Z W, Liu Z Q. CFD prediction of local scour hole around bridge piers[J]. Journal of Central South University, 2012, 19, 273-281.

[211] Zhukov N V, Balov I L. Investigation of the effect of a vertical surcharge on horizontal displacements and resistance of pile columns to horizontal loads[J]. J Soil Mech Found Eng, 1978, 15(1):16-21.

[212] 曹圣华. 苏通大桥巨型群桩基础冲刷防护研究[D]. 南京：河海大学，2006.
[213] 陈国兴. 岩土地震工程学[M]. 北京：科学出版社，2007.
[214] 陈晶，高峰，沈晓明. 基于ABAQUS的桩侧摩阻力仿真分析[J]. 长春工业大学学报（自然科学版），2006，1：27-29.
[215] 陈力波. 汶川地区公路桥梁地震易损性分析研究[D]. 成都：西南交通大学，2007.
[216] 陈鹏，李文华，范涛，等. 土体冲刷对桥梁桩基影响的三维差分模拟计算分析[J]. 山东科技大学学报：自然科学版，2007(4)：23-26.
[217] 陈伟锋. 西江特大桥桥墩冲刷防护与加固[J]. 广州航海高等专科学校学报，2011，19(2)：21-23.
[218] 窦国仁. 全沙模型相似律及设计实例[J]. 水利水运科技情报，1977(3)：3-22.
[219] 窦国仁. 再论泥沙起动流速[J]. 泥沙研究，1999(6)：1-9.
[220] 费康，张建伟. ABAQUS在岩土工程中的应用[M]. 北京：中国水利水电出版社，2010.
[221] 高大钊，袁聚云. 土质学与土力学[M]. 北京：机械工业出版社，2001.
[222] 谷音. 基于结构易损性的斜拉桥多灾害防治问题研究[R]. 同济大学博士后出站报告，2009.
[223] 胡聿贤. 地震工程学[M]. 2版. 北京：地震出版社，2006.
[224] 贾承岳，梁发云，王玉. 冲刷深度对单桩自振频率影响的试验分析初探[J]. 结构工程师，2013，29(1)：114-117.
[225] 贾承岳. 冲刷深度对简支桥模态参数影响的模型试验与数值分析[D]. 上海：同济大学，2013.
[226] 阚译，王群，林桂宾. 桥渡水毁的原因与对策[J]. 铁道工程学报，1998，58(2)：36-42.
[227] 李鸿晶，陆铭，温增平，等. 汶川地震桥梁震害的特征[J]. 南京工业大学学报，2009，31(1)：24-29.
[228] 李彦初. 冲刷作用下高铁桥梁桩基础静动力特性模型试验与理论分析[D]. 上海：同济大学，2013.
[229] 李玉成，滕斌. 波浪对海上建筑物的作用[M]. 3版. 北京：海洋出版社，2015.
[230] 郦仲焕. 新沂河桥的浅基防护[J]. 铁道建筑，1991(4)：13-15.
[231] 梁发云，王亚强，谢立全. 波浪作用下群桩局部冲刷特性水槽模型试验初步研究[J]. 温州大学学报，2010，31(Sup.1)：286-290.
[232] 梁发云，姚国圣，陈海兵，等. 土体侧移作用下既有轴向受荷桩性状的室内模型试验研究[J]. 岩土工程学报，2010，32(10)：1603-1609.
[233] 刘兵. 冲刷作用下桥墩及其桩基地震易损性分析[D]. 上海：同济大学，2017.
[234] 刘自明，王邦楣，陈开利. 桥梁深水基础[M]. 北京：人民交通出版社，2003.
[235] 卢中一，高正荣，黄建维. 大型群桩基础局部冲刷试验研究报告[R]. 南京水利科学研究院，2006.
[236] 卢中一，高正荣，黄建维. 苏通大桥大型桩承台桥墩基础的局部冲刷防护试验研究[J]. 中国港湾建设，2009(1)：3-8.
[237] 卢中一，高正荣，吴丽华，等. 南京长江三桥桥墩基础的局部冲刷[J]. 人民长江，2005，36(10)：48-50.
[238] 马亢，裴建良. 桩筏基础-土动力相互作用的离心机模型试验研究[J]. 岩石力学与工程学报，2011，30(7)：1488-1495.
[239] 马明正. 京广线黄河大桥桥墩浅基防护技术[J]. 铁道建筑，2005(6)：48-49.
[240] 彭君. 桥梁群桩基础局部冲刷特性数值模拟与冲刷深度计算公式对比[D]. 上海：同济大学，2017.
[241] 泰荣昱. 论河床冲刷和粗化[J]. 武汉大学学报（工学版），1981(3)：45-55.
[242] 唐谢兴，张友亮. 结构动力时程分析中的阻尼问题研究[J]. 建筑结构学报，2006，36（增刊）：

56-64.

[243] 陶静,赵升伟,徐超. 上海长江大桥桥墩冲刷坑深度研究[J]. 世界桥梁,2009(S1):73-77.

[244] 王琛. 桥梁深水基础冲刷机理及防护方法研究[D]. 上海:同济大学,2019.

[245] 王金昌,陈页开. ABAQUS在土木工程中的应用[M]. 浙江:浙江大学出版社,2007.

[246] 王睿,张建民,张嘎. 侧向流动地基单桩基础离心机振动台试验研究[J]. 工程力学,2012,29(10):98-105.

[247] 王亚强. 群桩基础冲刷作用模型试验研究及其承载性状三维数值分析[D]. 上海:同济大学,2011.

[248] 王玉. 群桩基础局部冲刷机理波流水槽试验与冲刷深度计算方法研究[D]. 上海:同济大学,2014.

[249] 邬贵全. 汶川地震灾后地区部分河流冲刷对桥梁基础的影响及对策分析[J]. 西南公路,2013(1):81-84.

[250] 吴持恭. 水力学[M]. 5版. 北京:高等教育出版社,2016.

[251] 徐力,王东晖. 杭州湾跨海大桥水中低墩区钢管桩设计[J]. 公路,2006,9:16-20.

[252] 徐挺. 相似方法及其应用[M]. 北京:机械工业出版社,1995.

[253] 许国辉,常瑞芳,李安龙,等. 海波浪作用下粘质粉砂底床性态变化的试验研究[J]. 黄渤海海洋,2000,18(1):19-26.

[254] 许珊珊. 水力学与桥涵水文[M]. 北京:化学工业出版社,2015.

[255] 杨俊杰. 相似理论与结构模型试验[M]. 武汉:武汉理工大学出版社,2005.

[256] 杨昕. 桥墩基础局部冲刷抛石防护性能的模型试验与数值模拟[D]. 上海:同济大学,2016.

[257] 杨延凯,马如进,陈艾荣. 冲刷作用对大跨度自锚式悬索桥地震响应的影响[J]. 沈阳建筑大学学报,2015,31(5):778-786.

[258] 姚锦宝,夏禾,战家旺. 铁路桥梁基础受冲刷对桥墩模态特性的影响分析[J]. 中国铁道科学,2008,29(1):31-35.

[259] 叶爱君,张喜刚,刘伟岸. 河床冲刷深度变化对大型桩基桥梁地震反应的影响[J]. 土木工程学报,2007,40(3):58-62.

[260] 叶镇国,彭文波. 水力学与桥涵水文[M]. 2版. 北京:人民交通出版社,2011.

[261] 于清泉. 冲刷对群桩竖向承载力影响的试验研究[C]//青岛海湾大桥国际桥梁论坛论文集,2006:308-312.

[262] 袁聚云,徐超,贾敏才,等. 岩土体测试技术[M]. 北京:机械工业出版社,2011.

[263] 张浩. 冲刷条件下桥梁桩基承载变形特性及其地震动力响应研究[D]. 上海:同济大学,2017.

[264] 张辉清,刘新文,尹行厚,等. 石泉汉江大桥加固维修技术[J]. 公路,2004,5:171-174.

[265] 张雄文,董学武,李镇. 苏通大桥主塔墩基础群桩效应研究[J]. 河海大学学报(自然科学版),2006,2:200-203.

[266] 张志忠. 长江口细颗粒泥沙基本特性研究[J]. 泥沙研究,1996(3):67-73.

[267] 中华人民共和国交通部. 公路工程水文勘测设计规范:JTG C30-2015[S]. 北京:人民交通出版社,2015.

[268] 中华人民共和国交通部. 公路桥梁抗震设计细则:JTJ/T B02-01-2008[S]. 北京:人民交通出版社,2008.

[269] 中华人民共和国住房和城乡建设部. 城市桥梁抗震设计规范:CJJ 166-2011[S]. 北京:中国建筑工业出版社,2011.

[270] 中华人民共和国住房和城乡建设部. 建筑基桩检测技术规范:JGJ 106-2003[S]. 北京:中国建筑工

业出版社，2003.
[271] 钟锐，黄茂松. 沉箱加桩复合基础地震响应离心试验[J]. 岩土力学，2014，35(2)：380-388.
[272] 钟锐. 桩箱基础的动力分析与离心振动台试验[D]. 上海：同济大学，2013.
[273] 周奎，李伟，余金鑫. 地震易损性分析方法研究综述[J]. 地震工程与工程震动，2011，31(11)：106-113.
[274] 朱百里，沈珠江. 计算土力学[M]. 上海：上海科学技术出版社，1990.
[275] 朱以文，蔡元奇，徐晗. ABAQUS与岩土工程分析[M]. 北京：中国图书出版社，2005.
[276] 庄茁，张帆，岑松，等. ABAQUS非线性有限元分析与实例[M]. 北京：科学出版社，2002.